auto + wanderschuh

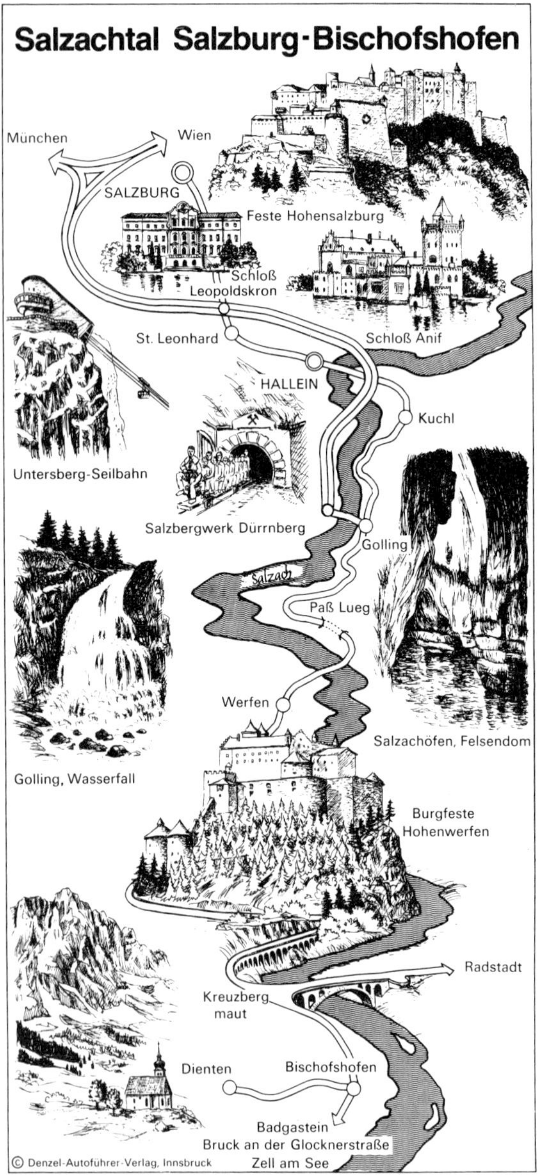
Salzachtal Salzburg-Bischofshofen
München
Wien
SALZBURG
Feste Hohensalzburg
Schloß
Leopoldskron
St. Leonhard
Schloß Anif
HALLEIN
Kuchl
Untersberg-Seilbahn
Salzbergwerk Dürrnberg
Golling
Salzach
Paß Lueg
Werfen
Salzachöfen, Felsendom
Golling, Wasserfall
Burgfeste
Hohenwerfen
Radstadt
Kreuzberg
maut
Dienten
Bischofshofen
Badgastein
Bruck an der Glocknerstraße
Zell am See
© Denzel-Autoführer-Verlag, Innsbruck

SALZBURG
SALZKAMMERGUT

auto+wanderschuh

Ein reich illustrierter Führer durch das Salzburger Land mit seinen fünf Gauen unter Einschluß des Berchtesgadener Landes und des gesamten Salzkammergutes in der Kombination «Autofahren und Wandern».

Mit allen anfahrbaren oder mit Aufstiegshilfen erreichbaren Ausgangspunkten für insgesamt 305 familienfreundliche Wanderungen, davon sind 163 Rundwanderungen. Hierzu 52 Wanderwege-Skizzen.

Neu bearbeitet und herausgegeben von EDUARD DENZEL

VERLAG HARALD DENZEL KG
A-6020 INNSBRUCK

Band 5 der Reihe „Denzel kombiführer auto + wanderschuh"

Texte: Eduard Denzel
Sprechende Talschaft-Grafiken: Kurt Sommerauer
Umschlaggestaltung: Harald Denzel
Fotosatz: Studio Rizner, Salzburg
Druck und Binden: Welsermühl, Druck- und Verlagshaus AG, Wels
Printed in Austria

2., völlig neubearbeitete und erweiterte Ausgabe

CIP-Titelaufnahme der Deutschen Bibliothek

Salzburg – Salzkammergut: ein reich illustrierter Führer durch das Salzburger Land mit seinen 5 Gauen unter Einschluß des Berchtesgadener Landes und des gesamten Salzkammergutes in der Kombination „Autofahren und Wandern"; mit allen anfahrbaren oder mit Aufstiegshilfen erreichbaren Ausgangspunkten für insgesamt 305 familienfreundliche Wanderungen, davon 163 Rundwanderungen / Eduard Denzel. – 2. Ausg. – Innsbruck: Denzel, 1990.
(Auto + [und] Wanderschuh ; Bd. 5)

ISBN 3-85047-745-2

Zum Geleit

Der Begriff **Salzburger Land** wurde zur Unterscheidung von Salzburg als Stadt geprägt. Schon mehrere Jahrhunderte gliedert sich das Land in Gaue, die durch Gebirge und Talengen voneinander getrennt sind. Der Flachgau setzt sich aus dem Salzburger Becken, dem Alpenvorland und aus einem Anteil des Salzkammergutes (deren andere Anteile Oberösterreich und Steiermark besitzen) zusammen. Südlich der Stadt Salzburg, noch vor dem hochragenden Tennen- und Hagengebirge, beginnt im breiten Tal der Salzach der Tennengau mit der alten Salzstadt Hallein. Von Südosten zieht das Lammertal aus dem Tennengebirge herab und mündet nördlich des Paß Lueg in die weite Niederung der Salzach. Der südlich daran anschließende Pongau hat im mittleren Salzachtal, im obersten Ennstal und im Gasteinertal seine wichtigsten touristischen Zentren. Ganz von Bergen umschlossen und vom Norden her nur über den Radstädter Tauernpaß oder durch den Scheiteltunnel der Tauernautobahn erreichbar, liegt etwas abgeschieden der Lungau. Umrahmt von den Hohen Tauern, den Kitzbühler Alpen, den Leoganger und Loferer Steinbergen sowie vom Steinernen Meer, präsentiert sich, von der Natur großartig ausgestattet, der Pinzgau im Westen des Bundeslandes Salzburg. Hier nimmt südlich des Zeller Sees die berühmte Großglocknerstraße, nach wie vor das „Paradestück" unter den österreichischen Hochstraßen ihren Ausgang. Sie verbindet das Salzburger Land mit Kärnten und verläuft zu mehr als zwei Drittel über Salzburger Boden. Die Edelweißstraße leitet zum höchsten anfahrbaren Punkt und vermittelt ein Panorama mit 37 Dreitausendern und 19 Gletscherfeldern! In der Kombination „Mit Auto und Wanderschuh" erreicht man im Salzburger Land eine stattliche Anzahl besonders lohnender Ziele.

Den Naturfreund fasziniert in diesem Land die Vielfalt der Wandermöglichkeiten. An der Trumer Seenplatte und im Salzkammergut bieten sich, abseits vom Verkehr, bequeme Rundwanderungen um die Seen an, während die weit vorgeschobenen Flyschberge ein prächtiges Alpenpanorama vermitteln. Besonders familienfreundliche Wanderungen findet man in den Bergen der Osterhorngruppe, welche häufig stark bewaldet und von ausgedehnten Almen umgeben sind. In diesem Gebirge wechseln sanfte Rasenkuppen mit auffallenden, felsigen Gipfelaufbauten ab. Herrliche Erlebnisse vermitteln auch Almwanderungen in der Dachsteinregion angesichts des zerklüfteten Gosaukammes oder der formschönen Bischofsmütze. Unvergeßlich bleiben Wanderungen zu den einsamen Bergseen wie beispielsweise an den Tappenkarsee im Pongau oder zum Rotgüldensee im Lungau. Pinzgau und Pongau warten mit zahlreichen besuchenswerten Klammstrecken, Höhlen und Grotten auf. Als größte Eishöhle der Erde erlangte die Eisriesenwelt bei Werfen Berühmtheit. Die meisten Höhlen in den Ostalpen sind im Salzburger Land zu finden, darunter manche unerforschte oder nur teilweise erforschte Systeme. Zu den Hauptsehenswürdigkeiten in der Natur zählen die vielen Wasserfälle, deren berühmteste Vertreter die großartigen Krimmler Wasserfälle mit einer Fallhöhe von über 400 m die größten Europas sind. Dicht an der Alpenhauptkammlinie, in den gletscherreichen Hohen Tauern, sind manche Dreitausender im Verbund mit Aufstiegshilfen fast mühelos von den Talorten aus erreichbar. Eine Pinzgauer Besonderheit sind auch die berühmten Höhenwege, der „Pinzgauer Spaziergang", wegen seiner Streckenlänge eher als Weitwanderweg zu bezeichnen, der Ausdauer erfordert, und der „Saalachtaler Höhenweg". Die Salzburger Kalkalpen erstrecken sich auch über das Berchtesgadener Land, zu dem seit jeher viele Wechselbeziehungen bestehen und dessen parkähnliche Landschaft zu genußreichen Bergwanderungen einlädt. Mit diesem Nachbarland wird das Salzburger Land ganzheitlich im vorliegenden Band erfaßt. Der Führer möge mit seinen kompakten Informationen ein zuverlässiger und ständiger Begleiter durch dieses an Wanderungen und Naturschönheiten überreiche Land sein.

Der bewährte Kombiführer wurde anläßlich seiner neuerlichen Herausgabe durch Aufnahme zahlreicher Wandervorschläge im ganzheitlichen Salzkammergut, somit auch durch attraktive Landesteile Oberösterreichs und der Steiermark, wesentlich erweitert. Damit wurden in der abwechslungsvollen Berge- und Seenlandschaft auch alle touristischen Zusammenhänge sowohl um den Wolfgangsee, Mondsee und Attersee als auch im Ausseer Land, im Toten Gebirge und im stark gegliederten Höllengebirge auf sinnvolle Weise hergestellt. Auch wurden Möglichkeiten für Kombinationen schiff (boot) + wanderschuh entsprechend aufgezeigt.

Der Herausgeber — Innsbruck, im Frühjahr 1990

Inhaltsübersicht

Salzburg – Salzkammergut mit Auto und Wanderschuh,
Verzeichnis der Wanderungen und Rundwanderungen 7
Leistungsanforderungen für den Wanderer 12
Landschaftliche Klassifikationen der Wanderwege 12
Landschaftliche Klassifikationen der Touristenstraßen 12
Fahrtechnische Schwierigkeitsgrade
(Denzel-Alpenstraßen-Skala) 13
Mit Auto oder Zweirad anfahrbare Hochpunkte 15
Beschreibung der Wanderungen und Rundwanderungen
unter Brücksichtigung der Zufahrtswege 21
Register der geographischen und touristischen Namen 277

Salzburg mit Auto und Wanderschuh

Verzeichnis der Wanderungen und Rundwanderungen

Abkürzungen: W = Wanderung hin und zurück, RW = Rundwanderung, AP = Ausgangspunkt
* für schöne und lohnende Wanderung, ** für abwechslungsreiche, sehr empfehlenswerte Wanderung, *** für außergewöhnlich schöne, an großartigen Szenerien besonders reiche Wanderung.

FLACHGAU UND SALZKAMMERGUT

Salzburg – Oberndorf – Michaelbeuern 21
W 1 Maria Plain 22
W 2 Kaiserbuche 22
RW 3 Haunsberg 24
RW 4 Lielonberg 25

Salzburg – Obertrum – Mattsee – Mattighofen 25
W 5 Buchberg bei Mattsee* 25
RW 6 Tiefsteinklamm, Tannberg 26
RW 7 Mattsee 27
RW 8 Grabensee* 27
RW 9 Teufelsgraben Wildkar-Wasserfall 27

Salzburg – Henndorf am Wallersee – Straßwalchen 28
RW 10 Heuberg 28
RW 11 Ziehfanken, Steinwandl 29
RW 12 Steinwandl, Große Plaike 29
W 13 Heimkehrerkreuz, Große Plaike 30
RW 14 Wallersee 30
W 15 Irrsberg 31

Salzburg – Thalgau – Mondsee 32
W 16 St. Kolomanskapelle, Kolomanstaferl 33
RW 17 Große Plaike, AP Thalgauberg 33

Salzburg – St. Gilgen – Strobl – Bad Ischl 33
RW 18 Gaisberg 34
RW 19 Nockstein*, AP Lospichl 36
RW 20 Lidaunberg 37
RW 21 Hintersee 37
RW 22 Regenspitze*, AP Hintersee 38
W 23 Genneralm, Gennerhorn, Hoher Zinken 38
RW 24 Faistenauer Schafberg* 39
W 25 Zwölferhorn*, AP Laimerwirt 40
RW 26 Filbling, Filblingsee 40
RW 27 Fuschlsee 42
RW 28 Schober* 43
RW 29 Eibensee 43
W 30 Mozartblick 43
W 31 Falkenstein* 44
W 32 Schafberg**, AP Pucha 45
W 33 Zwölferhorn*, AP St. Gilgen 46
RW 34 Gamswandalm, Sausteigalm, Fahrbachalm 46
RW 35 Bleckwandhütte, Bleckwand 47
RW 36 Bleckwand 47
W 37 Sparber 48
W 38 Labenberg 49
RW 39 Wieslerhorn* 50
W 40 Braunedelkogel* 50
W 41 Schafberg**, AP St. Wolfgang 50
RW 42 Schafberg**, AP St. Wolfgang 52

Thalgau – Hof bei Salzburg – Ebenau – Hallein 52
RW 43 Plötz*, Wieselberg 53
W 44 Wieserhörndl, AP Wumwinkl 54
RW 45 Wieserhörndl, AP Spielbergalm 55
RW 46 Schlenken*, Schmittenstein* 55

TENNENGAU

Salzburg – Hallein – Golling – Paß Lueg 57
W 47 Schloßpark Hellbrunn 57
RW 48 Glasenbachklamm 58
RW 49 Erentrudisalpe 59
W 50 Kleiner Barmstein*, AP Hallein 61
RW 51 Regenspitze*, AP Grundbichl 64
W 52 Hoher First*, Dürlstein* 65
W 53 Schwarzer Berg* 66

RW	54	Leitenalm, Neslanger Alm	66
RW	55	Gollinger Wasserfall*, Schöne Aussicht	67
W	56	Stahlhaus*, AP Bluntautal	68
RW	57	Salzachöfen*	68

Golling – Abtenau – Paß Gschütt bzw. Lungötz 69

W	58	Lammeröfen*	69
W	59	Roadberg, Seitenalm	70
RW	60	Strubberge*	70
W	61	Laufener Hütte, Tennalm*	72
RW	62	Großer Traunstein*, First	73
W	63	Schober*	73
RW	64	Gamsfeld**	74
W	65	Zwieselalm*, AP Paß Gschütt	75
W	66	Gwechenbergalm, Tagweide**	76
W	67	Zwieselalmhaus, Zwieselalmhöhe*	76
RW	68	Stuhlalm, Theodor-Körner-Hütte, Am Jöchl	77
RW	69	Großer Donnerkogel***	78
RW	70	Schindlmaißalm	80
RW	71	Mahdalmhütte, Mähderriedel*	80

PONGAU

Paß Lueg – St. Johann i.P. – Lend 81

W	72	Dr.-Friedrich-Oedl-Haus*, Eisriesenwelt***	82
W	73	Burg Hohenwerfen*	82
W	74	Ostpreußenhütte**	84
RW	75	Heinrich-Hackel-Hütte**	84
RW	76	Tauernkogel***	85
W	77	Werfener Hütte**, Elmaualm**	85
W	78	Mitterfeldalm*	87
W	79	Hochkeil**	87
W	80	Erichhütte**	87
W	81	Taghaube**	88
RW	82	Schneeberg***, AP Dientner Sattel	88
W	83	Schneeberg***, AP Althauser Sattel	90
W	84	Hochklingberg	90
RW	85	Buchberg bei Goldegg*	91
RW	86	Gamskögerl*	91

Lend – Gasteiner Tal – Böckstein 92

W	87	Entrische Kirche	92
RW	88	Schuhflicker**	93
RW	89	Fulseck*	94
RW	90	Türchlwand**	94
RW	91	Gasteiner Höhenweg*	95
RW	92	Poserhöhe*	98
W	93	Gamskarkogel***	98
W	94	Kötschachtal**	99
W	95	Reedsee**	99
RW	96	Palfnerscharte***	99
W	97	Hüttenkogel*, Graukogel**	100
RW	98	Stubnerkogel**, Zitterauer Tisch**	100
RW	99	Böcksteiner Höhenweg**, Zitterauer Alm	101
W	100	Anlauftal*, Untere Radeckalm	101
W	101	Bockhartsee-Hütte*	102
W	102	Großer Silberpfennig**	102
RW	103	Niedersachsenhaus**, Senator-Beindorf-Weg***, AP Sportgastein	103
W	104	Hagener Hütte**	103

Bischofshofen – Radstadt – Mandling 104

RW	105	Korein**	104
RW	106	Höllbergwald	106
RW	107	Stauchgut	107
W	108	Hofpürglhütte*, AP Retteneggalm	107
RW	109	Hofpürglhütte**, AP Hoferalm	108
W	110	Steiglkogel**	108
W	111	Kramersattel**	108
W	112	Rötelstein**	109

St. Johann i. P. – Wagrain – Altenmarkt – Radstadt 110

RW	113	Hochgründeck**	112
W	114	Liechtensteinklamm**	112
RW	115	Kitzstein**	113
W	116	Saukarkopf*	114
W	117	Draugstein**, Filzmooshörndl*	114
W	118	Sonntagskogel*	115
RW	119	Grießenkareck*, Moser-eck***, AP Wagrain	115
W	120	Tappenkarsee**	116
W	121	Glingspitze**, Schiereck**	116
RW	122	Grießenkareck*, AP Flachau	118
RW	123	Bergggh. Sattelbauer*	118
RW	124	Roßkopf*	118
W	125	Strimskogel*	119

LUNGAU

Flachau – Tauerntunnel – St. Michael i. L. 120
W 126 Lackenkogel* 121
W 127 Südwiener Hütte*, AP Flachautal 122
W 128 Franz-Fischer-Hütte*, Stierkarkopf* 122
RW 129 Jakoberalm**, Franz-Fischer-Hütte** 123
RW 130 Mosermandl*** 123
W 131 Weißeck** 124
W 132 Stricklerhütte 124
RW 133 Rotgüldensee**, Schrovinschartl* 125

Radstädter Tauern – Mauterndorf – Katschberg 126
RW 134 Seekarspitze*, AP Grünwaldkopf 127
RW 135 Seekarspitze*, AP Seekarhaus 128
W 136 Südwiener Hütte*, AP Felseralm 128
W 137 Wildsee* 129
W 138 Gamsleitenspitze*, Zehnerkarspitze* 130
RW 139 Glöcknerin** 130
W 140 Gurpitscheck** 130
RW 141 Speiereck* 132
RW 142 Schloß Moosham* 132
W 143 Kareck**, Tschaneck* 133
RW 144 Kareck** 134

St. Michael i. L. – Tamsweg – Seethal 135
W 145 Anderlsee** 136
RW 146 Großer Königstuhl** 138
RW 147 St. Leonhard* 138
W 148 Lasaberg* 139
W 149 Landschitzseen* 140
RW 150 Grazer Hütte* 140
RW 151 Preber** 142

Mauterndorf – Tamsweg – Predlitz (Murtal) 143
W 152 Fanninghöhe* 143
W 153 Zechnerkarspitze* 143
W 154 Landwiersee-Hütte** 144
RW 155 Kleiner Königstuhl, Mühlhauser Höhe 145
RW 156 Gstoßhöhe 145

PINZGAU

Steinpaß – Lofer – Saalfelden – Zell am See 146
RW 157 Aschauer Klamm*, Achhorn, AP Steinpaß 147
W 158 Hochalm, Sonntagshorn** 149
W 159 Fischbachfall und Staubfall* 149
RW 160 Dürrnbachhorn, AP Heutal 150
W 161 Alte und Neue Traunsteiner Hütte* 150
RW 162 Großes Hundhorn* 150
RW 163 Sonnegg 152
RW 164 Grubhörndl* 152
RW 165 Maria Kirchenthal 154
W 166 Schmidt-Zabierow-Hütte* 154
W 167 Vorderkaserklamm*, Dalsenalm 154
W 168 Lamprechts-Ofenloch* 155
RW 169 Seisenbergklamm* 155
W 170 Ingolstädter Haus* 156
W 171 Sausteigen** 156
RW 172 Spielberghorn** 158
RW 173 Schattberg**, Klingler Törl** 158
RW 174 Hohe Penhab* 160
RW 175 Staffkogel** 160
RW 176 Schmittenhöhe** 161
RW 177 Panoramaweg Schmittenhöhe – Schrambachkopf** 161
W 178 Pinzgauer Spaziergang*** 162
RW 179 Zeller See** 162
RW 180 Erlhofplatte*, AP Thumersbach 163
RW 181 Hundstein***, AP Thumersbach 164

Saalfelden – Leogang – Paß Grießen – Hochfilzen 165
RW 182 Birnbachloch* 165
W 183 Passauer Hütte** 165
RW 184 Asitzkopf* 166
RW 185 Haiderbergkopf** 166
RW 186 Spielbergtörl** 167

Saalfelden – Filzensattel – Dienten – Lend 168
RW 187 Einsiedelei St. Georg am Palfen 169
RW 188 Peter-Wiechenthaler-Hütte** 170
W 189 Riemannhaus** 170
RW 190 Wh. Jufenalm, Primbachkogel* 171
RW 191 Hundstein***, AP Maria Alm 172
W 192 Bertgenhütte** 172

Zell am See – Fuscher Tal – Großglocknerstraße 173
W 193 Kasereck*, Kreuzköpfl* 176
W 194 Hinteres Modereck** 176
W 195 Brennkogel*** 177

Zell am See – Unterpinzgau – Lend 178
W 196 Erlhofplatte*, AP Bruck a. d. Glocknerstr. 178
W 197 Hundstein***, AP Moosalm-Hütte 179
RW 198 Kitzlochklamm**, Maria Elend 179
RW 199 Hochalm* 180
RW 200 Hirschkopf** 181
RW 201 Grubereck** 182
W 202 Bernkogel** 182
RW 203 Niedersachsenhaus**, AP Kolm-Saigurn 183
RW 204 Senator-Beindorf-Weg***, AP Kolm-Saigurn 183

Zell am See – Uttendorf – Mittersill 185
RW 205 Neumayeralm 185
RW 206 Maiskogel*, Drei-Wallner-Höhe* 186
RW 207 Alexander-Enzinger-Weg***, Krefelder Hütte 187
RW 208 Stausee Mooserboden** 188
W 209 Heinrich-Schwaiger-Haus* 188
RW 210 Rund um die Wiegenköpfe* 189
RW 211 Medelzkopf** 189
RW 212 Geißstein** 190

Paß Thurn – Mittersill – Felbertauerntunnel 191
RW 213 Resterhöhe* 192
W 214 Amertaler See* 192
W 215 Felbertauern*, St. Pöltener Hütte 193

Mittersill – Oberpinzgau – Gerlosstraße 195
W 216 Hollersbachtal, Wh. Edelweiß 195
W 217 Habachtal*, Gh. Alpenrose 196
RW 218 Wildkogel** 196
W 219 Steinkogel** 198
W 220 Untersulzbachtal*, Wh. Stockeralm 198
W 221 Obersulzbachtal**, Gh. Postalm 198
RW 222 Seebachsee** 199
RW 223 Gernkogel** 199
W 224 Falkenstein 200
RW 225 Krimmler Wasserfälle*** 200
W 226 Krimmler Tauernhaus** 202
RW 227 Plattenkogel* 202
W 228 Ronachgeier* 202
RW 229 Königsleiten** 203
W 230 Zittauer Hütte** 203

BERCHTESGADENER LAND

Salzburg – Berchtesgaden – Steinpaß 205
W 231 Untersberg*, Berchtesgadener Hochthron** 205
RW 232 Koppelschneid – Hohe Götschen 207
W 233 Schellenberger Eishöhle, Toni-Lenz-Hütte 209
W 234 Kleiner Barmstein*, AP Oberbarmstein 209
RW 235 Almbachklamm 209
W 236 Kneifelspitze 210
RW 237 Stöhrhaus*, Berchtesgadener Hochthron**, AP Hintergern 211
W 238 Wimbachklamm, Wimbachgrieshütte* 211
W 239 Blaueishütte* 211
RW 240 Halsalm, Halskopf 213
W 241 Hirschbichl, Litzlalm* 213
W 242 Toter Mann* 214
W 243 Neue Traunsteiner Hütte*, AP Schwarzbachwacht 214

Rund um den Obersalzberg 215
W 244 Zinkenkogel 215
W 245 Purtscheller Haus* 216
RW 246 Kehlsteinhaus** 216
RW 247 Königsbachalm 217

Salzburg – Bad Reichenhall – Steinpaß 218
W 248 Lattengebirge, Karkopf** 218
RW 249 Lattengebirge, Moosenalm 219
W 250 Aschauer Klamm*, AP Schneizlreuth 219

Salzburg – Großgmain – Berchtesgaden – Königssee 220
RW 251 Naturpark Untersberg, Waldquizweg 220
W 252 Stöhrhaus*, AP Hallthurm 221
W 253 Schneibstein** 221

RW 254 Gotzenalm*, Warteck* 222
RW 255 Grünstein*, Kühroint-Alm* 222

OBERÖSTERR. SALZKAMMERGUT

Paß Gschütt – Gosautal – Hallstätter See 224
RW 256 Gosausee-Rundweg* 224
W 257 Vorderer Gosausee* und Hintere See-Alm 225
W 258 Soleleitungsweg Hallstatt – Bad Ischl – Ebensee 226
RW 259 Krippenstein**, Heilbronner Weg* 227
W 260 Hallstätter See, Ostuferwanderung 228

Bad Ischl – Pötschenhöhe – Bad Aussee 228
RW 261 Jainzenberg 229
RW 262 Zimnitz (Leonsberg)** 230
W 263 Katrinalm, Hainzen* und Roßkopf* 230
W 264 Rettenbachtal, Rettenbachalm und Ischler Hütte 232
RW 265 Predigtstuhl** und Hütteneckalm* 233
RW 266 Jausenstation Jochwand-Aussicht* 234
RW 267 Goiserer Hütte* und Paul-Preuß-Hütte* 234

Bad Ischl – Ebensee – Gmunden – Vöcklabruck 235
RW 268 Ebenseer Hochkogelhaus* und Schönberg** 235
W 269 Erlakogel (Schlafende Griechin)** 236
W 270 Gassl-Tropfsteinhöhle* und Gasslkogel* 236
RW 271 Langbathseen** 238
W 272 Helmeskogel**, Kaiserweg*, Vordere Spitzalm 238
W 273 Aberfeldkogel** und Rieder Hütte* 239
W 274 Großer und Kleiner Sonnstein* 240
RW 275 Grünberg* und Laudachsee* 240
RW 276 Laudachsee* und Hohe Scharte 242

Gmunden – Scharnstein – Almtal 243
W 277 Spitzplaneck* und Kasberg** 246
RW 278 Almsee* 246
RW 279 Rund um die Ödseen*, Almtaler Haus 247
W 280 Pernecker Kogel 248

Mondsee – Atterseeuferstraßen – Seewalchen 250
RW 281 Kulmspitze, Radstatt-Sattel* und Mondseeberg 250
RW 282 Rund um die Ackerschneid, Burggrabenklamm*, Buchberghütte* 250
RW 283 Hochplettspitze* 252
W 284 Egelsee bei Buchenort 253
W 285 Attersee-West*- und Ostwanderweg* 254
RW 286 Hochleckenhaus*, AP Taferlklause 255
RW 287 Brunnkogel**, AP Taferlklause 255
RW 288 Roßmoos und Reither Gupf 256
W 289 Richtberg (Taferl) und Alpenberg 258
RW 290 Hongar und Hohe Luft, AP Kasten 260

STEIRISCHES SALZKAMMERGUT

Pötschenhöhe – Bad Aussee – Tauplitz 262
W 291 Hoher Sarstein***, AP Pötschenhöhe 262
RW 292 Rund um den Altausseer See* 264
RW 293 Loser Hütte*, AP Blaa-Alm 265
W 294 Loser**, AP Loser Hütte 266
W 295 Bräuningzinken**, AP Augstsee 266
RW 296 Zinkenkogel (Ausseer Zinken)** 268
RW 297 Richard-Eybner*- und Rebenburg-Promenade* 269
RW 298 Rund um den Grundlsee* 270
W 299 Toplitzsee**, Kammersee und Kammerboden 271
W 300 Rötelstein* 272
RW 301 Kampl* 272
RW 302 Lawinenstein*, AP Hollhaus 273
W 303 Traweng*, AP Hollhaus 274
W 304 Großes Tragl**, AP Hollhaus 274
RW 305 Steirersee* und Schwarzensee*, AP Tauplitz 276

Leistungsanforderungen

Die drei Kategorien für den Wanderer

Unter besonders einschränkenden Umständen konnten die Begriffsbestimmungen für Schwierigkeitsgrade nach der sechsteiligen Alpenskala im Rahmen der hier vorgenommenen Auswahl an Wanderwegen keine Anwendung finden, weshalb die Wanderungen ihrem Sinn entsprechend, nach **Leistungsanforderungen** beurteilt wurden.

LA 1 Spaziergänge bis max. 2 Std. Gehzeit, keine nennenswerten Steigungen, gute Wege.

LA 2 Wanderungen bis 6 Std. Gehzeit in alpinem Gelände auf markierten Wegen; etwas Ausdauer und Übung erforderlich.

LA 3 Touren bis max. 6 Std. Gehzeit in alpinem und hochalpinem Gelände. Markierte Wege und Steige; Trittsicherheit, Ausdauer und Schwindelfreiheit sind unbedingt erforderlich.

Landschaftliche Klassifikationen
der Wanderwege

* schöne und lohnende Wanderung
** abwechslungsreiche, sehr empfehlenswerte Wanderung, welche mehrere landschaftlich hervorragende Punkte berührt
*** außergewöhnlich schöne, an großartigen Szenerien besonders reiche Wanderung

Landschaftliche Klassifikationen
der Touristenstraßen

Naturgemäß ist eine solche Einstufung immer relativ aufzufassen, denn **Wetter, Jahres-** und **Tageszeit** und vor allem die individuellen Eindrücke, die Touristen von der Landschaft gewinnen, sind oft grundverschieden. Es ging jeder Kennzeichnung durch die entsprechende Zahl von Sternen eine sehr kritische Betrachtung voraus; um den Wert einer derartigen Klassifikation zu sichern, konnten daher Sternchen nicht in freigebiger Weise gesetzt werden, wie dies häufig bei Reiseführern praktiziert wird.

Es bedeuten, auf die jeweiligen Strecken bezogen:

* landschaftlich schöne und lohnende Strecke
** landschaftlich hervorragende und empfehlenswerte Strecke
*** landschaftlich außergewöhnlich schöne, hochalpine Strecke

Es bedeuten, auf einzelne touristische Punkte bezogen:
* einen Besuch wert, ** einen Umweg wert, *** eine Reise wert

Fahrtechnische Schwierigkeitsgrade

Denzel-Alpenstraßen-Skala in der aktuellen Neufassung

SG 1 Sehr leicht zu befahrende Bergstrecke auch für Anfänger geeignet.

Objektive Merkmale: durchgehend normal (mindestens 6 m) breite Asphalt- oder Betonfahrbahn. Keine oder nur wenige Kehren, gegebenenfalls diese überbreit ausgebaut. Trassenverlauf ohne stark gekrümmte Kurven. Durchgehend randgesicherte Strecke. Steigungen bis 9%.

SG 2 Strecke ohne nennenswerte Anforderungen, auch von vorwiegend Bergungewohnten leicht zu befahren.

Objektive Merkmale: durchgehend zweispurige, überwiegend staubfreie Fahrbahn, welche auch ein reibungsloses Begegnen mit größeren Omnibussen und sonstigem Schwerverkehr der Norm ermöglicht. Gut ausgebaute Kehren mit kaum merklichen Steigungen in den Wendeplatten. Allgemein verkehrsgerechter, übersichtlicher Trassenverlauf ohne „Flaschenhälse". Größtenteils randgesichert. Steigungsmaxima bis 15%.

SG 3 Strecke erfordert Praxis und sichere Fahrtechnik auf Bergstraßen.

Objektive Merkmale: Fahrbahn überwiegend knapp zweispurig, abschnittsweise auch einspurig mit Ausweichen. Teilweise oder zur Gänze ohne staubfreien Belag. Häufig enge Kehren mit verstärkter Steigung. Vielgewundene Straße mit stark gekrümmten Kurven. Meist ohne Randsicherungen. Längere Dauersteigungen über 15%.

SG 4 Auch für Berggewohnte schwierige Strecke, erfordert deutlich ein weit über den Durchschnitt herausragendes fahrerisches Können.

Objektive Merkmale: meist einspuriger Fahrweg mit nur wenig Ausweichmöglichkeiten. Kein homogener Fahrbahnzustand, manchmal grob geschottert. Stellenweise stark ausgefahren oder ausgewaschen und wenig unterhalten. Eventuell auftretende Seitenneigungen, bei Nässe glitschiger Grasbewuchs, noch passierbare Furten, Engstellen durch Vermurungen, verschlammter Grund usw. Nicht ausgebaute sehr enge Kehren mit Reversierzwang für fast alle Mittelklassewagen. Mit Ausnahme besonders gefährdeter Stellen keine gesicherten Fahrbahnränder. Empfindliche Steigungen auch in Höhenlagen mit dünner Luft (über 2000 m).

SG 5 sehr schwierige und gefährliche Strecke, Benützung auf eigene Gefahr!

Objektive Merkmale: Alle unter SG 4 angeführten Merkmale. Weiters die kaum noch erkennbare Wegerhaltung, wobei mit stellenweiser Abrutschung der Trasse, extremer Fahrbahnverengung durch Vermurungen und anderen Hindernissen (z. B. Felsblöcke) usw. zu rechnen ist. Loser, grober Schotter auch in sehr engen und steilen Kehren. Zwang zum Reversieren auch für Kleinwagen. Einschränkung der mindest erforderlichen Bodenfreiheit infolge schlechter Wegverhältnisse und Neigung zum Festfahren mit extrem tiefliegenden Teilen wie Ölkühler, Ölwanne, Ölablaßschraube, Differential u. a. Elementen, je nach Bauart. Total ungesicherte Fahrbahnränder, auch auf beiderseits gefährlich ausgesetzten Kammstrecken oder sonstigen stark exponierten Passagen. Längere, besonders steinschlaggefährdete Strecke.

Die Bestimmungsfaktoren heißen Lenker, Kraftfahrzeug und Straße. Die nebenstehende Bewertungsskala bezieht sich auf normal vorne oder hinten angetriebene Personenkraftwagen, nicht aber auf allradgetriebene Fahrzeuge, denn diese sind anderen Kriterien unterworfen. Folgende Abmessungen von Pkw gelten auf Bergstraßen als praktikabel: die jeweilige Gesamtlänge kann sich zwischen 3 m und 5 m erstrecken, die gesamte Breite kann jeweils zwischen 1.40 m und 1.80 m sein, die Gesamthöhe zwischen 1.30 m und 1.60 m. Die untere Grenze der Bodenfreiheit ist mit 12 cm angenommen. Durchschnittswerte sind bei Verdichtung, Literleistung (Verhältnis Hubraum zu Motorleistung), Leistungsgewicht, Radstand und Wendekreisdurchmesser erforderlich.

Hinsichtlich der Straßenverhältnisse wurden allgemeiner Verlauf, Belag, Breite, Randsicherungen, Streckenlänge, Steigungen bzw. Gefälle, relative und absolute Höhen zur Gesamtbeurteilung mit herangezogen. Die einzelnen Bewertungen haben nur für die schneefreie Jahreszeit Gültigkeit. Erschwernisse wie Nebel, starker Regen, Dämmerung oder nächtliche Dunkelheit sowie andere subjektive Einflüsse blieben unberücksichtigt. Die Angaben beziehen sich auf den jeweils im Berichtsjahr während einer Inspektion angetroffenen Zustand und der, zu diesem Zeitpunkt gültigen Verkehrsregelung. Die Beschaffenheit nur wenig instand gehaltener Sträßchen und deren Befahrbarkeit sind naturgemäß ständigen Schwankungen unterworfen. Fallweise kommt man daher nicht umhin, bei Ortsansässigen Auskünfte einzuholen. Keine Gewähr kann für Angaben über vorübergehende Sperren infolge von Baumaßnahmen oder akuten Gefahren geleistet werden. Die Zuordnung des jeweiligen Schwierigkeitsgrades ist nicht an die Erfüllung aller aufgezählten, möglichen objektiven Merkmale gebunden; sie ergibt sich bei überwiegendem Vorhandensein der geschilderten Zustände. Die Schwierigkeit wächst mit der Stärke der Abweichung von der jeweiligen Durchschnittsnorm.

Durch die Einführung der vier Zwischengrade SG 1-2, SG 2-3, SG 3-4 und SG 4-5 wurde die Fünfer-Grundskala wesentlich erweitert; die Zwischengrade erlauben nun exakt differenzierte Aussagewerte. De facto umfaßt die Denzel-Alpenstraßen-Skala der fahrtechnischen Schwierigkeitsgrade insgesamt neun Stufen!

Die Angaben über ein- bzw. knapp zweispurigen Ausbau einer Straße beziehen sich nur auf Pkw. Zweispurig besagt, daß Pkw auch Reisebussen oder Schwerfahrzeugen ohne Anhalten begegnen können. Begegnungen von Reisebussen, die aus beiden Richtungen kommen, behindern sich nicht, wenn die Straße normal breit, das heißt mindestens 6 m breit ausgebaut ist und auch der Straßenverlauf überschaubar ist.

Für sämtliche fahrtechnische Angaben und Straßenzustandsberichte kann keinerlei Gewähr geleistet werden. Eine Nichtbeachtung offizieller Fahrverbote seitens nicht dazu berechtigter Straßen- bzw. Wegebenützer erfolgt jeweils auf eigene Gefahr und Haftung.

Mit Auto oder Zweirad anfahrbare Hochpunkte

In eckige Klammern gesetzte Pässe bzw. Sattel sind nur von einer Seite her anfahrbar im Gegensatz zu Übergängen mit beiderseits befahrbaren Rampen. «Sattel» steht jeweils für niedrig gelegene Übergänge. Wenn eine Staße nicht ganz auf die Spitze eines Berges führt, wurde die Höhe des jeweiligen Straßenendpunktes angegeben. Sämtliche Angaben erfolgen ohne Gewähr.

Name	Art	Seehöhe m	max. Steigung %	Schwierigkeitsgrad	Seite
Abraham-Alm*	Hochtal	1584	16	3	142
Aichereben*	Hochplat.	750	12	3	253
Almfried, Gh.	Hochplat.	1760	12	3–4	132
Almtaler Haus	Hochtal	760	7	3	244
Almtalstraße*	Hochtal	589	5	1–2	243
Althauser Sattel*	Sattel	1174	11	3	90
Angertal, Gh.	Hochtal	1190	10	2	94
Arthurhaus*	Hochplat.	1502	12	2–3	86
Bachlalm*	Hochplat.	1495	11	3	106
Bachrain, Gh.	Hochplat.	950	17	3	66
Bärenwirt, Jst.	Hochtal	507	7	2–3	68
Birgkarhaus**	Sattel	1379	18	2–3	86
Bischofmütze, Gh.	Hochplat.	960	13	3	76
Böckstein	Hochtal	1131	10	2	92
Böndlsee	Hochplat.	850	8	2–3	91
Breitebenalm*	Hochplat.	1402	20	3–4	113
Brennerwirt	Hochtal	508	5	2	67
Buchberg, Gh.	Hochplat.	740	12	2–3	25
Bürglhütte, Jst.	Hochplat.	1695	12	4	190
Daxlueg, Gh.	Hochplat.	736	12	2–3	28
Dielalm, Gh.	Hochplat.	1016	12	3	83
Dientner Sattel**	Sattel	1379	18	2–3	86
Döller-Holzlager	Hochplat.	890	12	2–3	39
Dürreck, Hinterbrand	Hochtal	1150	15	2	215
Dürrnberg, Zollamt	Sattel	860	7	1–2	60
Edelweißspitze**	Gipfel	2571	14	2–3	176
Ellmautal	Hochtal	1350	12	3–4	114
Embach	Hochplat.	1017	18	3	179
Enzinger Boden*	Hochplat.	1468	12	2–3	188
Erentrudisalpe, Gh.	Hochplat.	906	11	2–3	58
Fageralm, Gh.	Hochplat.	887	11	2–3	58
Fanningberg	Hochplat.	1500	12	2	143
Farrenau, Hochberghaus	Hochplat.	1180	18	3	243
Felbertauernstraße*	Tunnel	1650	9	1–2	191
Felser Alm	Hochplat.	1660	16	3	128
Filzen*	Sattel	1291	15	2–3	168
Filzmoos	Hochtal	1055	7	1–2	105
Filzstein, Gh.	Hochplat.	1643	13	2–3	202
Filzsteinalpe*	Hochplat.	1628	16	3	195
Finkau-Alm, Gh.	Hochtal	1420	5	2	203

Name	Art	Seehöhe m	max. Steigung %	Schwierig-keitsgrad	Seite
Gaisberg*	Gipfel	1273	13	2	33
Gamsblick, Gh.	Hochplat.	1037	10	2–3	84
Gasthofalm, Untere	Hochtal	1205	10	2	121
Georgenberg, Kirche	Hochplat.	528	12	3	65
Gerlos	Sattel	1507	12	2–3	195
Gmundnerberg**	Sattel	830	15	2	259
Goldegg, Hofmark	Hochplat.	823	8	2	91
Granitzlwald	Hochtal	1540	15	3	144
Grazer Hütte**	Hochplat.	1896	15	4	140
Großglockner, Hochtor**	Tunnel	2505	12	2–3	173
Großmauerhof	Hochplat.	1123	13	3	80
Grundbichl, Gh.	Hochtal	865	16	4	64
Gschwand	Hochplat.	950	12	2–3	74
Hahnbaum, Hotel*	Hochplat.	1125	14	3	110
Halleiner Haus	Hochplat.	1143	13	2–3	55
Haunsberg, Kaiserbuche	Sattel	764	12	2–3	22
Hinterberg	Hochplat.	1000	14	3	76
Hintere Lignitzalm*	Hochtal	1540	14	2–3	144
Hintergahberg**	Hochplat.	863	10	3	258
Hintersee, Felbertal*	Hochtal	1313	15	2	192
Hintertrattbergalm	Hochplat.	1440	15	3–4	64
Hochedhof	Hochplat.	1270	14	3	199
Hochlackenhof	Hochtal	774	10	2–3	43
Hochsattel	Sattel	1023	12	3	70
Hochschwarzeck*	Hochplat.	1030	13	2	213
Hopffeldboden*	Hochtal	1090	9	2–3	199
Irrsberg, Wimmerhof	Hochplat.	735	14	2–3	31
Jägersee*	Hochtal	1097	8	2–3	116
Kaiserbuche	Sattel	764	12	2–3	22
Kaltenbachtal	Hochtal	850	8	1–2	168
Karneralm	Hochplat.	1893	16	2–3	145
Kasbergalmstraße**	Hochplat.	1530	14	2–3	244
Katschberghöhe	Paß	1641	15	2	134
Katschberg	Tunnel	1194	2	1–2	121
Kesselfall	Hochtal	1030	12	2–3	185
Klachauer Höhe	Hochtal	833	7	1–2	228
Kochalmbauer	Hochtal	902	8	2–3	273
Kollerhöhe	Sattel	880	25	2–3	213
Kolm-Saigurn**	Hochplat.	1626	13	3–4	179
Kolomansberg	Hochplat.	916	13	3	32
Königalm**	Hochplat.	1675	9	2–3	122
Königsleiten, Ort	Hochplat.	1600	12	2	203
Koppenstraße	Hochtal	690	23	2–3	268
Krepper, Jst.	Hochplat.	700	12	2–3	151
Krispl	Sattel	926	13	2	55

Name	Art	Seehöhe m	max. Steigung %	Schwierig-keitsgrad	Seite
Laimerwirt, Gh.	Hochplat.	810	12	3–4	40
Langerhof	Hochplat.	1359	12	3	139
Lindlingalm	Hochtal	1298	12	2–3	157
Loferer Alm*	Hochplat.	1425	14	3	152
Loipler Straße	Sattel	880	25	2–3	214
Loserstraße**	Hochplat.	1600	10	2	264
Mahdbauerweg	Hochtal	771	8	3–4	256
Mahdegg, Gh.*	Hochplat.	1202	12	2–3	85
Mandlwandstraße*	Hochplat.	1502	12	2–3	86
Maria Kirchenthal	Hochplat.	880	12	3	154
Mitteregg, Gh.	Hochplat.	900	12	3	34
Moosalm-Hütte*	Hochtal	1533	12	3–4	178
Neubachtal, Forsthaus	Hochtal	1000	6	2–3	80
Niedergadenalm	Hochtal	1233	18	3	47
Oberbarmstein	Hochplat.	750	10	3	205
Oberhofalm*	Hochplat.	1268	12	3	106
Oberlehen	Hochplat.	850	12	2–3	78
Offensee	Hochtal	665	10	2–3	235
Paß Grießen	Sattel	963	8	1–2	165
Paß Gschütt	Sattel	969	17	2	69
Paß Hallthurm	Hochtal	693	9	1–2	220
Paß Lueg	Tunnel	552	7	1–2	57
Paß Strub	Hochtal	677	6	1–2	152
Paß Thurn*	Sattel	1274	7	1–2	191
Piendlalm, Untere	Hochplat.	1329	12	3	144
Pinzgauer Höhe	Sattel	1507	12	2–3	195
Pommerbauer (Astau)	Hochplat.	990	14	3	76
Postalmhütte	Hochplat.	1282	9	2	48
Pötschenhöhe*	Sattel	982	9	1–2	228
Prebersee*	Hochplat.	1514	12	2–3	140
Radstädter Tauern**	Paß	1739	12	2	126
Rasthüttenweg	Hochtal	1000	18	2–3	81
Rechtegg, Gh.	Hochtal	1253	20	3–4	198
Retteneggalm*	Hochplat.	1370	12	3	106
Roßbrand**	Gipfel	1710	16	2–3	110
Roßfeld-Ringstraße	Hochplat.	1543	13	1–2	215
Rotgülden	Hochtal	1368	13	3	124
Rupertihaus	Hochplat.	1265	12	2–3	86
Sattelbauer	Hochplat.	1280	12	2–3	121
Sausteigalm	Hochplat.	1069	12	3–4	40
Scharfling	Sattel	604	6	2	44
Schartenalm	Hochplat.	1051	12	3–4	48

Name	Art	Seehöhe m	max. Steigung %	Schwierigkeitsgrad	Seite
Schönfeld	Sattel	1740	13	3	136
Schwabalm*	Hochtal	1210	15	4	116
Schwaitlalm	Hochtal	620	12	3	58
Schwarzbachwacht	Sattel	868	11	1 – 2	205
Schwarzenbichl	Sattel	1246	12	2 – 3	134
Seebauer, Großarl	Hochtal	1072	10	2 – 3	113
Seewaldsee*	Hochplat.	1074	12	2 – 3	65
Spielbergalm	Hochplat.	1280	13	3	54
Sportgastein	Hochplat.	1600	10	1 – 2	102
St. Martin i. T.	Sattel	950	9	2	69
Statzer Haus*	Gipfel	2117	15	3 – 4	171
Steinhüttelalm	Hochplat.	948	12	3	233
Steinpaß	Tunnel	558	4	1 – 2	146
Stiedler, Gh.	Hochtal	900	10	2	211
Sulzenalm (Wallehen)**	Hochplat.	1620	12	3 – 4	106
Taferlhöhe	Sattel	829	12	1 – 2	255
Tannberg	Hochplat.	786	9	2	26
Tauern	Tunnel	1340	3	1 – 2	120
Tauplitzstraße*	Hochplat.	1621	11	2	273
Thalgauberg, Burschach	Hochplat.	916	13	2 – 3	32
Traunsteinstraße**	Hochtal	431	4	2	242
Umkehrstube	Sattel	568	10	2	254
Unkener Heutal	Hochtal	980	18	3	147
Unterdürrmoos	Sattel	1060	13	3	80
Vollererhof	Hochplat.	762	10	2 – 3	59
Vorderer Gosausee**	Hochtal	933	14	2	224
Vorderer Langbathsee*	Hochtal	664	8	2 – 3	238
Vordertrattberg	Hochplat.	1480	15	3 – 4	64
Wachtberg*	Hochplat.	700	14	2 – 3	257
Wagrainer Höhe	Sattel	933	9	2	110
Wallehen, Gh. (Sulzenalm)**	Hochplat.	1620	12	3 – 4	109
Wartenfels, Jst.	Hochplat.	924	10	2 – 3	42
Werfenweng*	Hochplat.	901	12	2 – 3	84
Wildgerlostal	Hochtal	1420	5	2	203
Wildpark Hochkreut	Hochplat.	959	13	2 – 3	258
Wintererhof	Hochplat.	850	12	2 – 3	75
Wörenhof	Hochplat.	1100	13	3	80
Zaglauwinkl	Hochplat.	948	12	2 – 3	84
Zauchensee*	Hochplat.	1350	9	1 – 2	118
Zeferer, Hachau*	Hochplat.	1140	10	2	106
Zillreit	Sattel	1116	12	2 – 3	55
Zistelalpe	Hochplat.	986	12	2	34
Zum Predigtstuhl	Hochplat.	973	12	2 – 3	233

Der **Vordere Gosausee** einschließlich der Gosaulacke reihen sich hintereinander in einer Bruchlinie, welche der früher tiefer herabreichende Hallstätter Gletscher ausgehobelt hat. Blick gegen den Dachstein mit seinen Gletschern → RW 256 und W 257. Foto LVA-Salzburg

Eines der besonders eindrucksvollen Motive aus der **Eisriesenwelt** bei Werfen im Pongau → W 72. Foto Abel, LVA Salzburg

FLACHGAU UND SALZKAMMERGUT

Salzburg (424) ist die Hauptstadt des Bundeslandes Salzburg und liegt am Rande der Alpen. Die 140.000 Einwohner zählende Stadt wird von der Salzach durchflossen. Wichtiger Straßen- und Schienenverkehrsknotenpunkt. Westautobahn Salzburg-Wien, Autobahn München-Salzburg und Tauernautobahn Salzburg-Villach. Der Flughafen befindet sich im SW der Stadt. Salzburg ist ein sehr bedeutender österreichischer Warenumschlagplatz, vor allem im Außenhandel mit der BRD. Uralter Siedlungsboden, als solcher bereits in der mittleren Steinzeit nachweisbar. Fast 1000 Jahre war Salzburg die Residenz selbständiger geistlicher Fürsten, der Erzbischöfe von Salzburg. Heute unter den Städten ein seltenes Juwel mittelalterlicher und barocker, insbesonderer kirchlicher Baukunst. Weltberühmte Salzburger Festspiele im August, stark frequentierte Osterfestspiele, Musikhochschule Akademie Mozarteum, Universität, Kongreßhaus, Haus der Natur mit reichen Sammlungen. Abtei St.Peter um 700 vom hl. Rupert, dem heutigen Landespatron gegründet, seit 798 Erzbistum Salzburg.

Für Salzburgs engere und weitere Stadtlandschaft sind die Berge charakteristisch. In weitem Bogen zu einer lockeren Kette geschlossen setzen sie einerseits dem Auge gegen S eine Grenze, andererseits gewähren ihre Höhen dem Wanderer imposante Tiefblicke auf die in der Ebene hingestreute Stadt. Auf den Gaisberg (1286) führt eine gut angelegte Autostraße und auf den Untersberg (1853) eine modernisierte Seilschwebebahn. Den Kern der Altstadt aber rahmen wieder Berge: der Festungsberg, der Mönchsberg, der Rainberg und der Kapuzinerberg. Sie verklammern in einzigartiger Weise den steingewordenen Formwillen des schöpferischen Geistes, sichtbar mit den Urkräften der Natur. Die Festung Hohensalzburg ist ein Symbol für diese beglückende Synthese. Am Rande der Stadt liegen die ehem. erzbischöflichen Schlösser Kleßheim, Leopoldskron und Hellbrunn, jedes von unverwechselbarer Eigenart und einst wie jetzt Stätten heiterer Lebensfreude oder festlicher Begegnung. Entlang der Salzach oder der Stadtberge führen die Straßen in die innere Stadt. Auf engstem Raum stehen dort Kirchen, Paläste und Bürgerhäuser, hierarchisch gruppiert um den Dom.

Salzburg-Oberndorf-Michaelbeuern

Sanfte Hügel und schwere Ackerböden, saftige Wiesen und reiche Frucht prägt dieses Alpenvorland, zwischen dessen grüner Flur und dunklem Wald das Blau zahlreicher warmer Seen hervorleuchtet. Im **Salzburger Flachgau** laden heimelige Orte zum Verbleiben ein, die Ufer der Seen zu Spaziergängen und die wellige Moränenlandschaft zu Wanderungen auf stillen Wegen. Das dichte Straßennetz ist zur Gänze ausgebaut.

Aus dem Stadtzentrum Salzburg über die Elisabethstraße, Ausfahrt durch die Itzlinger Hauptstraße. Die Lamprechtshausener-B 156 leitet an Bergheim vorbei und verläuft weiter am Rande der ausgedehnten Salzachauen; sie ist streckenweise vorzüglich und kreuzungsfrei ausgebaut, was ein rasches Vorwärtskommen erlaubt. Die Orte Bergheim und Anthering werden umfahren. In Oberndorf Grenzübertrittsstelle mit Straßenbrücke über die Salzach in den Nachbarort Laufen. Von Lamprechtshausen setzt sich die nur mäßig frequentierte B 156 in Richtung Braunau und das Innviertel fort

Die direkte Straße nach Michaelbeuern zweigt bereits in Weitwörth von der B 156 re. ab und leitet über Nußdorf am Haunsberg (441) und Vorau zur sehenswerten Stiftskirche der Benediktiner, 13 km.

W 1 **Maria Plain, 530 m.** Die 1673 vollendete Wallfahrtskirche steht auf aussichtsreicher Höhe im N der Festspielstadt Salzburg. Die zweitürmige barocke Fassade dieser Wandpfeilerkirche ist weithin sichtbar. Sie besitzt eine sehenswerte Innenausstattung, darunter acht Wandbilder des Martin Johann Schmidt, genannt „Kremserschmidt". Eine Asphaltstraße zweigt an der Plainbrücke von der Itzlinger Hauptstraße Richtung Bergheim re. ab und leitet über das Gh. „Linde", zuletzt auf dem Plainberg kräftig ansteigend und nur einspurig, zum Gh. „Maria Plain" empor; hier findet man einen schattigen Parkplatz vor. Nun auf Fußweg über mehrere Stufen hinauf zur Kirche, 5 Min. Die vier Kalvarienbergkapellen mit Figuren von Thomas Schwanthaler liegen am Hang des Kirchenhügels. Weiters besitzt die Schmerzenskapelle eine Pietà von Franz Schwanthaler. Die Heilig-Grab-Kapelle ö. der Kirche ist eine Nachbildung des Heiligen Grabes in Jerusalem. Der gesamte Rücken des Plainer Berges mit seinem schönen Baumbestand steht unter Landschaftsschutz.

Haunsberg, Gasthaus Kaiserbuche, 764 m.
Diese aus dem Flachgau sich markant erhebende Anhöhe zwischen Salzach und dem Obertrumer See ist mit der kugelkörmigen Kaiserbuche weithin sichtbar. Die durchgehend asphaltierte und streckenweise auch normal breit ausgebaute Haunsbergstraße führt von Obertrum (511) über eine bewaldete Einsattelung (764) des langgestreckten Flyschrükkens und auf seiner Westseite in Serpentinen hinab nach Weitwörth (400), wo sie in die Lamprechtshausener-B 156 einmündet, 11 km. Auf der Ostseite war sie im Bj. zwischen Kathingstraß und der Scheitelhöhe nur knapp zweispurig, jedoch in ihrem Verlauf übersichtlich. Die w. Rampe ist kurvenreich und überwindet den HU mit ein paar Serpentinen. Ausgesetzte Stellen sind durch Leitplanken abgesichert, SG 2–3. Bevor man auf der w. Rampe in den Wald untertaucht, kommt man an der re. der Straße reizvoll gelegenen Jausenstation „Hochbergalm" vorbei. Eine kurze Zufahrt leitet von der Scheitelhöhe über die alleinstehende Kaiserbuche zum Waldrand mit dem gleichnamigen Gasthaus. Die Ausblicke richten sich gegen das Seengebiet des Flachgaues. Nur die w. Abhänge gewähren auch Aussicht auf die jenseits der Salzach gelegenen Seen, den Abtsdorfer- und Waginger See.

W 2 **Kaiserbuche, 764 m.** Die kugelige Kaiserbuche zählt zu den Wahrzeichen des Flachgaues. Hierher ritt Kaiser Joseph II. im Oktober 1779, um das Land zu überblicken, welches von Bayern an Salzburg kam. Auf dem sogenannten „Kaiserplatz" wurde zur Erinnerung an den Besuch Seiner Majestät die Kaiserbuche gepflanzt, deren Alter sich jetzt mit knapp 200 Jahren angeben läßt. Obgleich man sie heute bequem mit dem Fahrzeug erreichen kann, bieten sich sowohl aus Richtung Seeham (506) am Obertrumer See als auch von Schlößl aus an der Landesstraße Weitwörth – Nußdorf leichte Anstiegswege an. Der gelb mark. Wanderweg Nr. 20 leitet von Seeham oberhalb des → Teufelsgrabens über den Weiler Innerwall nach Doppl und Kaltenaigen zur Kaiserbuche, 2 Std., eine Variante führt über das Ausflugsgh. „Hörndl" (bei Webersdorf) in 2½ Std. hierher.

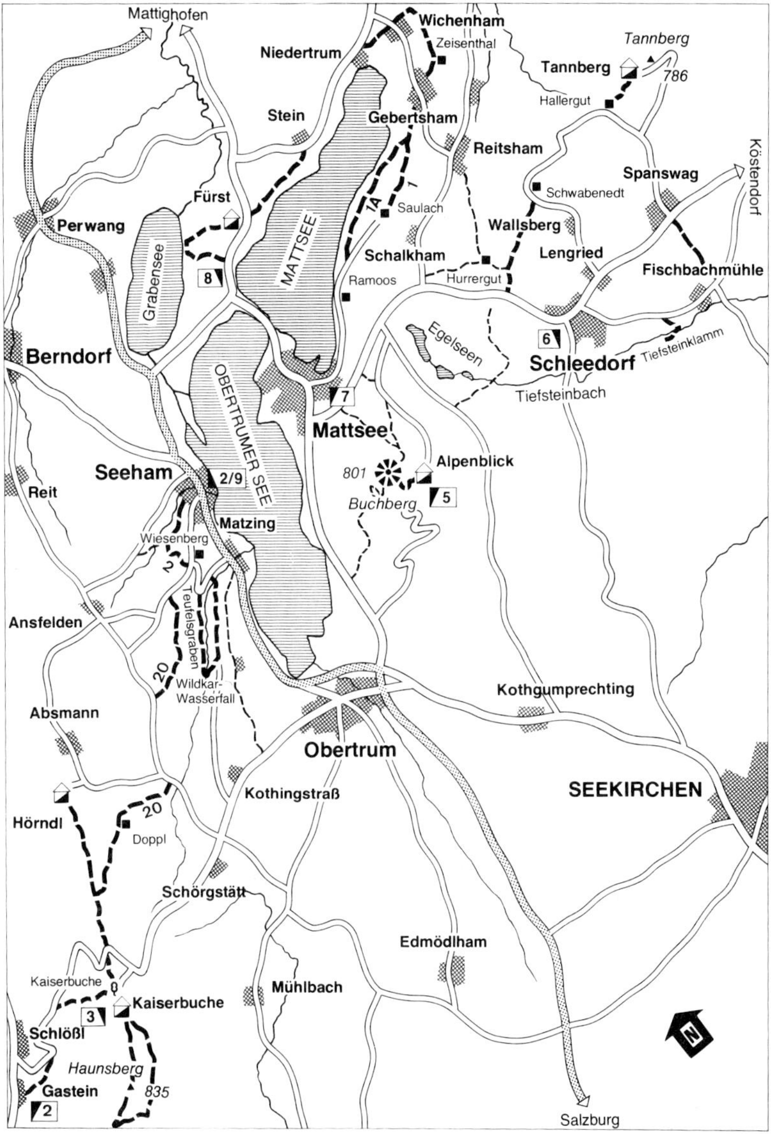

Mattighofen
Wichenham
Zeisenthal
Tannberg
Niedertrum
Tannberg
786
Hallergut
Stein
Gebertsham
Reitsham
Köstendorf
Spanswag
Schwabenedt
Fürst
1A
1
Saulach
Perwang
MATTSEE
Wallsberg
Grabensee
Lengried
Schalkham
Fischbachmühle
8
Ramoos
Hurrergut
Egelseen
6
Berndorf
OBERTRUMER SEE
Schleedorf
Tiefsteinklamm
7
Tiefsteinbach
Mattsee
Alpenblick
801
Seeham
2/9
Reit
5
Buchberg
Matzing
Wiesenberg
2
Teufelsgraben
Ansfelden
20
Wildkar-Wasserfall
Kothgumprechting
Absmann
Obertrum
SEEKIRCHEN
Kothingstraß
Hörndl
20
Doppl
Schörgstätt
Edmödlham
Kaiserbuche
Mühlbach
Kaiserbuche
3
Schlößl
N
Haunsberg
835
Gastein
2
Salzburg

Eine Wanderung aus dem Oichtenbachtal benützt vom Weiler Gasteig bei Schlößl anfangs die Bergstraße bzw. einen Holzziehweg, kürzt die Schleife oberhalb der bewirtsch. ,,Hochbergalm" ab und führt in 1 1/2 Std. zum Ziel. Z für Wanderung hin und zurück mit AP Seeham zirka 4 Std., mit AP Schlößl 2 1/2 Std., LA 2. Hierzu Wanderwege-Karte 1 Trumer Seenplatte.

RW 3 **Haunsberg, 835 m.** Sein Name leitet sich vom Salzburger Geschlecht der Haunsperger ab; eine Ruine des mittelalterlichen Ansitzes der Herren von Haunsperg steht bei St. Pankraz (besuchenswerte Filialkirche) oberhalb des sogenannten ,,Schlößlbruches", wo leuchtend gelber Quarzsand abgebaut wird. Der langgestreckte, bewaldete Flyschrücken reicht von Acharting (406) im S bis Nußdorf am Haunsberg (441) im N und kulminiert im trigonometrischen Punkt 836. Dort gibt es zwar gute Ausblicke nach S, jedoch kein Rund-um-Panorama. Auch auf dem Grat gibt es nur bei Waldblößen gelegentlich Durchblicke in das Salzburger Becken, die Salzachniederung und zum Abtsdorfer- und Waginger See. Eine Wanderung zum Gipfel lohnt sich daher nicht wegen der Aussicht, denn diese ist umfassender von der alleinstehenden Kaiserbuche aus, sondern wegen der mannigfaltigen Natureindrücke und der Ruhe in den wildreichen Wäldern. Wählt man das Gh. ,,Kaiserbuche" zum AP, so leitet ein nicht mark. Forstweg auf der Ostseite durch die Fichtenwälder. Mit sanftem Gefälle wandert man um die sw. Flanke des Haunsberges herum. Der Forstweg endet an einer Rodung bei einem Holzsammelplatz. Steile Holzziehwege kommen vom Kamm herab und treffen auf den Forstweg. Man kann auf ihnen die Gipfelregion mit der ,,Gabrielsruhe" erreichen. Zurück folgt man dem Kammweg abwärts, welcher durch dichten Wald zum Gh. ,,Kaiserbuche" hinabführt. Z 1 1/2 Std., LA 1–2. Hierzu WWK 1 Trumer Seenplatte.

Oberndorf bei Salzburg (401). Der im Alpenvorland schön gelegene Markt mit zirka 3000 Einwohnern ist reich an geschichtlicher Vergangenheit. Noch heute künden die marmornen Grabdenkmäler in der Stiftskirche selbst sowie im Kreuzgang der benachbarten alten Schifferstadt Laufen von der einstigen Wohlhabenheit der Salz- und Schiffsherren dieser Flußsiedlung. Der Vertrag von München im Jahre 1816 trennte dann die alte salzburgische Stadt Laufen in das heutige Laufen li. der Salzach, und in Oberndorf re. der Salzach. Zum Schutze gegen räuberische Überfälle auf den Ort bzw. den Salz- und Warentransport auf der Salzach wurde laut Statut von 1278 eine sogenannte Schiffermiliz (heute Schiffergarde genannt) gegründet, welche trotz der bewegten Vergangenheit bis zum heutigen Tage existiert. Ihre alten Verteidigungswaffen, wie Hieb- und Stichlanzen, Steinfeuergewehre, die alten Kriegs- und Ehrenfahnen sowie die schönen alten Uniformen können im Museum der historischen Schifferschützen besichtigt werden.

1818 wurde in der alten St.-Nikolaus-Kirche das schönste aller Weihnachtslieder ,,Stille Nacht, heilige Nacht" zum ersten Mal gesungen und von hier aus in die weite Welt getragen. Die alte Kirche steht seit 1905 nicht mehr; 1937 wurde eine schlichte Gedächtniskapelle zu Ehren der beiden Liedschöpfer Josef Mohr und Franz Xaver Gruber an derselben Stelle errichtet und eingeweiht.

Michaelbeuern (471) ist eine bereits 767 in Otting (Oberbayern) gegründete und 977 hierher übertragene Benediktinerabtei. Das Glanzstück der sehenswerten Stiftskirche St. Michael ist der barocke Hochaltar des Meinrad Guggenbichler mit dem Altarbild des

Johann Michael Rottmayr von 1692. Im besuchenswerten Kloster soll man es nicht versäumen, den Konventstock mit Bibliothek, den Abteisaal mit Fresken, das Refektorium mit Stukkaturen und den Sommerchor mit schönem alten Chorgestühl zu besichtigen.

Lielonberg, 569 m. Von Michaelbeuern kann man auf den Lielonberg, eine beherrschende Anhöhe im N der Benediktinerabtei, in zirka 30 Min. ansteigen. Der Moränenhügel bietet eine gute Aussicht auf das Alpenvorland mit seiner reizvollen Landschaft. Der Fußweg führt bis Unterlielon, dann geht es weglos zum wenig ausgeprägten Gipfel. Zurück zum Stift eventuell auf dem aus Richtung Oichten kommenden Fahrweg. Z 1 Std., LA 1. **RW 4**

Salzburg-Obertrum-Mattsee-Mattighofen

Ausfahrt von Salzburg, Ortsteil Schallmoos, auf der Vogelweiderstraße bzw. Landstraße unter der Westbahn hindurch zum AA Salzburg-Nord. Weiter nach Kasern und Elixhausen. Gut ausgebaute Landesstraße mit nur geringen Steigungen. Abzweigung nach Obertrum li. In Mattsee Vorsicht bei Ortsdurchfahrt! Der Ort wird im NW durch den Wartstein-Tunnel umfahren. Man gelangt unweit des „Doktorschlößls" zu einer wichtigen Straßengabelung: li. nach Perwang n. des Grabensees bzw. nach Seeham am Obertrumer See, re. zum Gh. „Moorbad Mattsee". Von der Landesgrenze noch 13 km bis Mattighofen.

Buchbergstraße, Gasthof Alpenblick 740 m.
Das einspurige Asphaltsträßchen mit Ausweichen nimmt seinen Ausgang von der Landesstraße Mattsee-Neumarkt am Wallersee gegenüber der Sportbootswerft Schöchl in Obernberg, zirka 2 km vom Ortszentrum Mattsee entfernt. Nach 100 m hält man sich an der Wegegabelung bei einer Kapelle re. und folgt der HT ,,Buchberg". Auf einer kurzen Steigungsstrecke fährt man an einem Einzelgehöft vorbei, dann durch den Wald zum Touristenparkplatz ,,Vogelhütte", einem AP für drei dort näher bezeichnete Rundwanderwege. Über das Gräblerbrünndl zieht das schmale Sträßchen leicht ansteigend weiter. Nach 3 km erreicht man in guter Aussichtslage den Gh. ,,Alpenblick". Hier ist EP des Sträßchens, SG 2–3. Eine andere, 5 km lange Zufahrt für Pkw leitet von Obertrum herauf. Der Wirtschaftsweg bis zum Gipfelplateau des Buchberges ist durch einen Schranken versperrt.

Buchberg*, 801 m. Der Österr. Naturschutzbund, Landesgruppe Salzburg, hat im europäischen Naturschutzjahr 1970 den Buchberggipfel im Ausmaß von 13.000 m^2 erworben, um ihn der Bevölkerung zur Freude und Erholung zu erhalten. In der Folge wurde der gesamte Gipfelbereich und auch die weitere Umgebung als Naturpark gestaltet und im Juni 1972 der Öffentlichkeit übergeben. Vom Gh. ,,Alpenblick" steigt der Weg nur mäßig an und man erreicht das Gipfelplateau in 20 Min. Aufgestellte Bänke und Tische laden dort zur Rast ein. **W 5**

Im Bj. war die Aussicht durch die, seit ihrer Einpflanzung hochgewachsenen Bäume zum großen Teil verstellt. Diese Veränderungen sind auch bei anderen Aussichtspunkten bzw. Aussichtswarten aus analogen Umständen zu beobachten.

Das Panorama umfaßt im S Steinernes Meer, Hoher Göll, Hochkönig, Hagengebirge, Ankogelgruppe, Tennengebirge, Bischofsmütze, Hoher Dachstein, Schafberg. Im SW Loferer Steinberge, Reiteralpe, Lattengebirge, Leoganger Steinberge, Hochkalter, Untersberg, Watzmann, die Festung Hohensalzburg. Im W Haunsberg mit Kaiserbuche, Hochgern, Hochfelln, Wilder Kaiser, Hochstaufen. Im N Mattsee und Grabensee. Im O Kolomansberg, Höllengebirge, Traunstein, Totes Gebirge. Dieser bekannte Aussichtsberg im Flachgau ist ein besonders lohnendes Ziel für ältere Personen und für Familien mit Kindern. Z 30 Min., LA 1. Andere, mark. Anstiegswege führen von Mattsee bzw. von der Landesstraße nach Neumarkt am Wallersee durch schönen Buchenwald auf den Gipfel. Von Obertrum leitet der „Siglweg" auf den Buchberg. Hierzu Wanderwege-Karte 1 Trumer Seenplatte.

RW 6 **Tiefsteinklamm – Tannberg, 786 m.** Der Tiefsteinbach sammelt die Abflüsse der Egelseen und durchmißt ein Naturschutzgebiet. Der seichte Bach bildete s. von Schleedorf eine besuchenswerte, kleine Klamm mitten durch das sanftwellige Hügelland des Flachgaues. Sie ist von Schleedorf aus erreichbar, wenn man der grünen HT in s. Richtung zirka 1.5 km folgt. Sein Fahrzeug stellt man auf einem schmalen Streifen der bewaldeten Strecke ab und hat nur wenige Gehmin. zur romantischen Klamm mit bemoosten Felsen. Darüber wölbt sich das Laub des Buchenwaldes. Ein Holzsteg leitet über den Bach, dann allerdings in eine Sackgasse. Am s. Ende der Klamm schließt sich ein Quellschutzgebiet an. Die Tiefensteinklamm läßt sich in eine ausgedehnte Rundwanderung einbinden: man geht zur Fischbachmühle weiter und dann über Spanswag auf den Rücken des Tannberges. Zurück über Hallergut-Hurrergut nach Schleedorf (616), das man als günstigen AP gewählt hat. Z 3 Std., LA 1–2. Hierzu Wanderwege-Karte 1 Trumer Seenplatte.

Andere Anstiege zum Tannberg führen auf mark. Wanderwegen von Mölkham über Hurrergut-Himmelsberg, von Köstendorf oder auch von der Eisenbahnstation Neumarkt-Köstendorf über Tannham.

Tannbergsträßchen, Gasthaus Tannberg, 786 m.
Von der Köstendorfer Landesstraße Mattsee – Neumarkt am Wallersee bieten sich zwei Zufahrten an, eine von Spanswag mit der sehenswerten, alten Dorflinde (Naturdenkmal), die andere, etwas kürzere von der Aral-Tankstelle bei Köstendorf (561). Sie sind beide asphaltiert, jedoch nur knapp zweispurig, Pkw können problemlos aneinander vorbeifahren, für Begegnungen mit größeren Nutzfahrzeugen gibt es genügend Ausweichstellen, SG 2. Entfernungen bis zum EP: von Spanswag 4 km, von Köstendorf 3.5 km, SG 2. Der Tannberg ist ein markanter Moränenhügel, dessen spornartiger, schmaler Grat in 785 m Seehöhe seinen Scheitelpunkt hat; hier wurde ein Funkturm für die Erdölgesellschaft errichtet. Schöner Blick vom Wirtsgarten des Gh. „Tannberg", wo Bänke und Tische unter schattigen Kastanien aufgestellt sind: von den Seen des Flachgaues sieht man zwar nur den Wallersee, jedoch zeigen sich vortrefflich die Berchtesgadener Alpen mit Watzmann und Hochkalter. Nach NW hat man Weitblicke durch das Tal der Mattig bis in den Raum von Simbach/Braunau am Inn; im NO reicht der Blick über den ausgedehnten Kobernaußer Wald und den Hausruck bis nach Ried im Innkreis.

Die **Trumer Seenplatte,** auch Drei-Seen-Gebiet genannt, setzt sich aus dem Obertrumer See, dem Mattsee oder Niedertrumer See und dem Grabensee zusammen. Sie liegt im N des Salzburger Flachgaues und grenzt an das Land Oberösterreich. Die Seen sind in stellenweise recht tiefen (Mattsee 40 m Tiefe) eiszeitlichen Wannen aufgestaut. Eine schmale Landzunge trennt den Ober- vom Niedertrumer See. Der Grabensee liegt etwas versteckt hinter einem Schilfgürtel bzw. vor einem Buchenwald. Der Mattsee entwässert in den Obertrumer See, dieser wiederum in den Grabensee. Der Abfluß der gesamten Trumer Seenplatte erfolgt durch die Mattig. Hauptort ist das über 1200 Jahre alte Mattsee (506) mit seinem von weither sichtbaren, 76 m hohen Kirchturm (Goliath), dem höchsten Turm des Flachgaues. Das Stift wurde 777 vom Baiernherzog Tassilo I. gegründet und kam durch Schenkung im Jahre 907 zu Passau.

Mattsee-Rundwanderung. AP ist das Fischerstüberl im SO des Ortes Mattsee. Es gibt keinen unmittelbaren Uferweg, denn der ö. Ufersaum ist fast zur Gänze mit Landhäusern (Zweitwohnungen) verbaut! Man folgt zunächst dem Ramooser Fahrweg bis zu einer Wegteilung: geradeaus Fußsteig nach Gebertsham (544), Mark. 1 A; re. Höhenweg über Saulach nach Gebertsham, Mark. 1, weiß-blaue Mark., HT. Nun um den Seespitz herum entweder auf dem Wanderweg über Zeisenthal nach Wichenham, was lohnender ist, oder mit etwas kürzerer Distanz auf dem Sträßchen direkt nach Wichenham. Der Wanderweg setzt sich nun nach Niedertrum fort. Man wechselt zur Straße über, welche durch Rackersing nach Stein führt. Dann verbindet ein Wanderweg mit der Hauptstraße Mattighofen–Mattsee, auf die man beim Gh. ,,Fürst" trifft. Die Straße leitet über die schmale Landzunge zurück zum AP in Mattsee. Z 3 Std., LA 1–2. Hierzu Wanderwege-Karte 1 Trumer Seenplatte. **RW 7**

Grabensee*, 503 m. Er liegt idyllisch im N der Trumer Seenplatte, deren Gewässer kommunizieren und in der Mattig ihren Abfluß zum Inn finden. Der unter Naturschutz gestellte Landstreifen zwischen Mattsee und Grabensee ist ein reizvolles Wandergebiet. Wählt man seinen AP an der Landesstraße nach Mattighofen (Parkplatz gegenüber dem ,,Doktorschlößl"), so folgt man der Mark. 18 A zunächst auf einem aufgeschütteten Knüppeldamm durch die reizvolle Wald- und Moorlandschaft. Man überquert den Fahrweg Zellhof-Guggenberg und gelangt an das bewaldete Ostufer des Grabensees. Hübsch gelegene Badeplätze wurden an einem zirka 200 m langen Uferstreifen parzelliert und als solche besonders durch Tafeln gekennzeichnet. Sie liegen abseits des Schilfgürtels, wo die Fische ihre Laichplätze haben. Das Ostufer ist von schönen hohen Buchen umsäumt. Man geht nun zum Gh. ,,Moorbad Mattsee" weiter bzw. bis zum Gh. ,,Fürst" an der Landesstraße. Auf dieser am Waldrand zurück zum AP. Z 1 Std., LA 1. Hierzu WWK 1 Trumer Seenplatte. **RW 8**

Teufelsgraben und Wildkar-Wasserfall. Mit AP Seeham (506) läßt sich eine kleine Rundwanderung unternehmen, wenn man zunächst der Mark. 2 durch den Pfarrergraben folgt, dann über die Wiesenberghöhe zur Häusergruppe **RW 9**

Wiesenberg geht (bis dorthin auch Sträßchen). Nun benützt man Weg Nr. 3, welcher über die Doppelmühle durch den schattigen Teufelsgraben zum romantischen Wildkar-Wasserfall leitet. Dann über die Röhrmoosermühle zur schön gelegenen Pension „Schießentobelhof", dem neuen Trakt eines alten Erbhofes mit herrlichem Walmdach. Zurück auf dem Fußweg, welcher ö. des Teufelsgrabens am Waldrand in Richtung Matzing führt und in das Doppelmühlsträßchen einmündet. Von Matzing auf der Landesstraße nach Seeham, falls man nicht den ruhigeren Fußweg über Wiesenberg vorzieht, welcher mit Abstand und parallel zum Wiesenbergsträßchen verläuft. Z zirka 2 Std., LA 1. Hierzu Wanderwege-Karte 1 Trumer Seenplatte.

Salzburg-Henndorf am Wallersee-Straßwalchen

Die Wiener B 1 verläßt Salzburg über die Stadtteile Gnigl und Esch. Bei Eugendorf tangiert man die Anschlußstelle Wallersee der Westautobahn; nach N leitet eine gute Landesstraße in das Seengebiet des Flachgaues, zum Wallersee, Obertrumer- und Mattsee. Die B 1 setzt sich über Henndorf und Neumarkt am Wallersee nach Straßwalchen fort. Bemerkenswert ist, daß die B 1 im Freiland gut ausgebaut ist, auf Steigungsstrecken Kriechspuren besitzt, jedoch im verbauten Gebiet trotz starker Frequenzen keine Ortsumfahrungen hat. Fortsetzung nach Frankenmarkt und Vöcklabruck

Berggasthof Daxlueg, 736 m.
Der in aussichtsreicher Lage am Hang des Heuberges hingeschmiegte Berggh. „Daxlueg" ist ein gern besuchtes Ausflugsziel in der unmittelbaren Umgebung der Festspielstadt Salzburg. Er gehört dem berühmten Stiftskeller St. Peter in Salzburg und ist verpachtet. Von der Wiener-B 1 zweigt man bei Mayrwies, zirka 5 km vom Stadtzentrum entfernt, re. in die Auffahrt nach Daxlueg ab, HT. Das geteerte Bergsträßchen ist nur knapp zweispurig, bei Begegnungen mit Omnibussen sind Ausweichstellen zu benützen. Durch prächtigen Laubwald steigt man am Hang des Heuberges (901) bzw. des Petersberges mit max. 12% an, Geschwindigkeits-Limit 40 km/h, SG 2–3. Um den Gasthof, den man nach 3.5 km vom Abzweig erreicht, erleichtert eine Schleife das Wenden der Fahrzeuge. Hervorragende Ausblicke auf den Untersberg, die Salzachstadt und zur Trumer Seenplatte des Flachgaues. Zur Wolfgangsee-B 158 leitet ein nur einfacher Fahrweg hinab, welcher wenig ö. der Postbus-Haltestelle „Nockstein" in sie einmündet.

RW 10 **Heuberg, 901 m.** Vom Berggh. „Daxlueg" Fußweg auf den bewaldeten Heuberg. Nach Überschreiten des Scheitels trifft man auf einen von Petersberg (875) herabziehenden Forstweg, dem man hinab bis zur Jagdhütte folgt. Nun hält man sich re. und geht über den Sockererbauern zum AP zurück, wo man den kurzen Rundgang bei einem Z von 1 Std. beendet, LA 1.

Die Runde läßt sich erweitern, wenn man vom Petersberg über Sommeregg zum Gh. „Schwaighofer" weitergeht, und dann über Schwandt die reizvolle

Terrassenwanderung unternimmt. Von Schwandt nicht zur Gruberfeld-Siedlung hinabsteigen, sondern re. der Mark. folgen. Z 2½ Std., LA 1–2. Hierzu Wanderwege-Karte 3 Gaisberg.

Straße Henndorf–Altentann–Lichtentann–Pfongau–Steindorf

Dieser durchgehend staubfreie Straßenzug, welcher ö. der Wiener-B 1 alternativ zu ihr verläuft, erschließt die AP für lohnende Wanderungen zu den Flyschbergen Ziehfanken, Große Plaike und Kolomanstaferl, welche zwischen dem Wallersee und der Thalgauer Senke einen langgestreckten, vorwiegend bewaldeten Kamm bilden. Die zirka 14 km lange Straße durchmißt die stark gegliederte Moränenlandschaft mit ihren zahlreichen Hügeln und kleinen Talungen. Die Fahrbahnbreiten schwanken zwischen 3 und 5 m und sind daher knapp zweispurig. Kurvige Streckenabschnitte, jedoch keine nennenswerten Steigungen, SG 2. Altentann war einst eine Wasserburg, brannte dann ab. Man fährt direkt an Burgteich und Meierei vorbei. Von der einstigen Burg Lichtentann am Rande des Henndorfer Waldes gibt es nur noch Ruinenreste. Die Ruine Wildeneck liegt hoch über dem Irrsee sö. des Ortes Sommerholz (776), den man von Neumarkt auf einem guten Sträßchen erreichen kann. Das Schloß Sighartstein hingegen ist noch gut erhalten; es liegt sö. von Neumarkt am Wallersee. Eine asphaltierte Stichstraße leitet von Altentann zum Jagelbauern hinauf, wo der Steinwandlweg seinen Ausgang nimmt.

Ziehfanken, 897 m, und Steinwandl, 900 m. Der Ziehfanken ist der am **RW**
weitesten nach W vorgeschobene Flyschberg jener hufeisenförmig verlau- **11**
fenden Kette mit Großer Plaike-Lehmberg-Kolomansberg-Stein. Er ist nur im Zusammenhang mit der Ersteigung des „Steinwandl" wegen derer prächtigen Aussicht lohnend. Wählt man als AP das Gh. „Stallergut" an der Landesstraße Henndorf–Thalgau, 2.5 km von der B 1 entfernt (Abzw. am Schlachterbach), so leitet der mark. Ziefankenweg über den Lichtmannsbergbauern durch den Wald aufwärts und führt etwas unterhalb des Gipfels weiter zum „Steinwandl". Man gelangt auf einer Einsattelung an eine Wegespinne, wo sich der vom Jagelbauern heraufziehende „Steinwandlweg" und das sich von Thalgauberg (Mooswirt) emporwindende Forststräßchen mit dem Kammweg vereinigen, 1¼ Std. Dann wird's etwas steiler und in 15 Min. hat man den Aussichtspunkt am „Steinwandl" mit Tisch und Bänken erreicht. Zurück benützt man von der beschriebenen Wegespinne den weiß-blau mark. „Steinwandlweg" durch den Mooserwald hinab zum Jagelbauern, 30 Min. zuletzt schöner Waldweg, ebenfalls weiß-blau mark. zur Stallerwirtin, 45 Min., HT. Alternativ kann man auch als AP den Moosbauern, 500 m sö. des Gh. „Stallergut" wählen. Z 2¾ bis 3 Std., LA 2. Hierzu Wanderwege-Karte 2 Große Plaike.

Steinwandl und Große Plaike, 1034 m. Man kann zwischen zwei Wegen und **RW**
zwei verschiedenen AP wählen: der eine führt vom Gehöft Graben aus, das **12**
auf einem Nebensträßchen erreichbar ist, wenn man vor Altentann geradeaus am Grabenbach weiterfährt. Durch den Mooserwald 1 Std., weiß-blaue Mark., HT. Der andere Anstieg beginnt beim Jagelbauern und ist ebenfalls weiß-blau mark., HT „Steinwandlweg", 1 Std. Z 2 Std., falls man An- und Abstieg zu einer Rundwanderung verbindet. Zwischen Weidl und Grabenbach benützt man einen Verbindungsweg. Hierzu Wanderwege-Karte 2 Große Plaike.

W 13 **Heimkehrerkreuz und Große Plaike, 1034 m.** Die Große Plaike ist der wohl ausgeprägteste Flyschberg des Flachgaus und liegt als höchste Erhebung auf der Kammlinie zwischen Ziehfanken und Kolomanstaferl. Dieser Rücken ist beiderseits stark bewaldet. Die Aussicht beschränkt sich auf den Flachgau mit seinen Seen und auf die Grasberge des Salzkammergutes. Eine Besonderheit der Flyschberge ist das „Steinwandl", eine zirka 40 m hohe Felswand, die bereits von weither erkennbar ist, besonders wenn man aus Richtung Henndorf kommt.

AP ist der Bauernhof unterhalb der Ruine Lichtentann, zirka 200 m von der Durchzugsstraße bzw. 10 Gehmin. vom Gh. „Kienberg" entfernt. HT „Zur Ruine Lichtentann 15 Min.", „Zum Heimkehrerkreuz 45 Min.". Der Anstiegsweg leitet zwischen Schloßgraben und Amselbach durch den Henndorfer Wald. Beim Heimkehrerkreuz trifft man auf den Kolomansweg, welcher von Kolomanstaferl als Höhenweg zur Großen Plaike führt. Es lohnt sich, über die Große Plaike noch bis zum „Steinwandl" hinabzusteigen, wo man in guter Aussichtslage Tisch und Bänke auf einem geeigneten Rastplatz vorfindet, vom AP bis hierher 1 1/2 Std. Am „Steinwandl" gibt es eine bemerkenswerte, jedoch streng geschützte Alpenflora! Rückweg wie Anstiegsweg. Z 2 1/2 Std., LA 2. Hierzu Wanderwege-Karte 2 Große Plaike.

Der **Wallersee (505)** ist mit einer Längsausdehnung von 6 km der größte unter den Flachgauseen. Ob sein Name von dem Fisch Waller oder Wels herrührt, welcher eine Länge bis zu 2 m erreichen kann, ist fraglich. Der warme Badesee wartet an seinen Ufern mit gepflegten Strandbädern auf. Hier auch eingerichtete Campingplätze.

RW 14 **Wallersee-Rundwanderung.** Eine 17 km lange Rundwanderung ist möglich bei teilweiser Benützung von Nebenstraßen und Fahrwegen. Geeignete AP sind der Gh. „Fischtaging" (Weindl) im S und das Strandcamping Neumarkt am Wallersee im N. Von Fischtaging zunächst ein kurzes Stück auf der Landesstraße in Richtung Seekirchen, dort zweigt re. ein Fußweg (HT) durch das baumlose Ried und über die Fischach zum Schilfgürtel ab, der Heimat zahlreicher Vogelarten ist. Die mauerumgürtete Seeburg mit ihren Ecktürmen entstand bereits im 11. Jh., war lange Zeit Lodronscher Besitz und dient heute als Schülerheim. Sie ist nach wie vor ein Wahrzeichen von Seekirchen. Nun re. am Campingplatz und Strandbad vorbei und auf dem Uferweg ö. der Westbahnstrecke nach Zell. Hinter der Brücke über den Mühlbach setzt sich re. der Fußweg am Rande des Moores fort. Man kommt über den Altbach, wenig weiter beim Prager-Fischer über dem Wallerbach. In Wied erreicht man den Fahrweg, welcher zum Strandcamping Neumarkt leitet. Nun am Ostufer weiter, wobei man die Marien-Halbinsel re. liegen läßt. Über den Weidenbach gelangt man nach Seebrunn, umgeht dort das Strandbad Henndorf und trifft am Schlachterbach beim Austritt aus dem reizvollen Wäldchen auf die von Henndorf herabziehende Landesstraße, welche zum AP nach Fischtaging zurückleitet. Z 4 1/2 Std., LA 2.

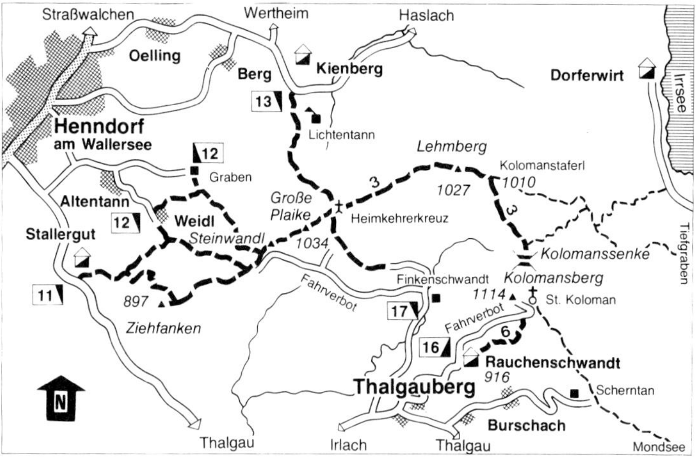

Wanderwege-Karte 2 Große Plaike

Wimmerhof am Irrsberg, 735 m

Der Irrsberg (844) zählt wie der Tannberg zu den nördlichsten Erhebungen des Salzburger Flachgaues. Seine stark bewaldete Kuppe läßt trotz seiner Exponiertheit nur mehr eine beschränkte Aussicht zu. Er liegt wenig s. von Irrsdorf, ist jedoch nur aus Richtung Neumarkt am Wallersee bzw. von Steindorf her über Pfongau (566) anfahrbar. Bis Pfongau hat man normal breite Asphaltstraßen, 3 bzw. 2 km lang. Nun folgt man der HT „Lengroid" auf einem einspurigen, asphaltierten Güterweg. Hinter Lengroid hält man sich li. Mit einer max. Steigung von 14% erreicht man nach 4 km den alleinstehenden Wimmerhof am s. Abhang des Irrsberges, SG 2–3. Aussicht auf das Voralpengebiet.

Irrsberg, 844 m. Im NO des Salzburger Flachgaues gelegen, übertrifft **W**
er alle anderen Erhebungen dieses Landstriches, auch noch den Haunsberg **15**
um wenige Höhenmeter. Sein abgeplatteter Gipfel bietet allerdings nicht jene Aussicht, die man sich von einem Berg in exponierter Lage erwartet. Der Grund hierfür liegt in der intensiven Aufforstung des Gipfelplateaus, welche in den letzten Jahrzehnten vorgenommen wurde; der Jungwald gibt im Verein mit dem alten Baumbestand nur gelegentlich Blicke frei. Im Bj. waren auf dem Irrsberg keinerlei Markierungen zu finden. Vom AP beim Wimmerhof strebt man auf einem Feldweg zunächst dem linearen Saum des Hochwaldes zu. Man bewegt sich auf der nach SO geneigten Seite des Berges wie auf einer „schiefen Ebene". Auf dem grasigen Hang weisen vier Hochstände, welche in kurzen Abständen, aufgestellt wurden, auf den Wildreichtum dieser Gegend hin. Im Bj. begegnete man auch zahlreichen Hasen und Fasanen. Schon wärend des Anstieges zum Hochwald weitet sich rasch der Blick hinab auf den Zeller- oder Irrsee und durch die Senke der Zeller Ache zum Mondsee. Im Vorblick hat man das Kirchlein von Sommerholz, dahinter den stark bewaldeten Rücken mit

Kolomanstaferl, Großer Plaike und Ziehfanken. Im SW den Wallersee, im SO ragen markant Schafberg und Dachstein auf, nach O reicht der Blick über das Höllengebirge bis zum Toten Gebirge. Ein Holzziehweg leitet bis zur Scheitelhöhe des Irrsberges, auf der nur mehr ein überdachtes Holzkreuz ohne Kruzifixus steht. Z 45 Min., LA 1–2.

Salzburg-Thalgau-Mondsee

Benützt man die stark frequentierte Westautobahn, so bieten sich hauptsächlich die Anschlüsse Salzburg-Mitte (auch für Kraftfahrer aus dem Raum Freilassing) und Salzburg-Nord an. Der Autobahnabschitt von Salzburg nach Mondsee zählt zu den landschaftlich reizvollsten in Österreich: aus dem sanfthügeligen Flachgau kommend durchmißt man die weite Talung der Fuschler und Griesler Ache. Herrliche Ausblicke auf die Kalkklippen der Höhenzüge mit der Drachenwand und der scharfkantigen Gestalt des Schafberges und andere bekannte Berge des w. Salzkammergutes. In entgegengesetzter Fahrtrichtung zeigen sich als markante Erhebungen Gaisberg und Nockstein, im NO der Kolomansberg mit dem halbkugelförmigen Bau einer militärischen Beobachtungsstation. Längs der Autobahn wurden mehrere Park- und Rastplätze angelegt, manche von ihnen an guten Aussichtspunkten. Der Ort Mondsee liegt im Schnittpunkt mehrerer wichtiger Straßen. Man kann den Ort Mondsee auch auf der fast parallel verlaufenden Strecke über Eugendorf (B 1) – Kraiwiesen – Thalgau (B 151) erreichen. Anschlüsse zum Zeller See, Attersee und Traunsee

Kolomansberg, Gasthaus Rauchenschwandt, 916 m

Aus der Thalgauer Senke bieten sich zwei Auffahrten an: die eine nimmt ihren Anfang in Irlach am AA Thalgau, leitet unter der Westautobahn hindurch und steigt durch den Wald zunächst nach Binwinkel an. Man kommt an einem Hochmoor vorbei, ehe man die erste Straßenteilung erreicht. Hier li. Abzw. eines Fahrweges über den ,,Mooswirt" in das Fischbachtal bis zum Bauern in Finkenschwandt, 2 km, wo ein Forstweg (Sperrschanken) zum Steinwandl hinaufführt. Folgt man von der oben erwähnten Straßenteilung re. der Bergstraße weiter, so kommt man zur Jausenstation ,,Rauchenschwandt", 6 km von Irlach entfernt. Eine Weiterfahrt am Rande des militärischen Sperrgebietes bis zur St.-Kolomans-Kapelle (1098) ist verboten.

Vom ,,Storecker" in Thalgauberg gibt es eine Querverbindung hinüber nach Burschach (824), welche in Scherntan endet. Vom s. Abhang des Kolomansberges, insbesondere vom Gh. ,,Rauchenschwandt", bietet sich ein prächtiges Panorama mit Untersberg, Hoher Göll, Watzmann, Mondsee, Schober mit Ruine Wartenfels, Schafberg und die Berge der Osterhorngruppe.

Die andere Auffahrt nach Thalgauberg beginnt am ö. Ortsrand von Thalgau (545), hier grüne HT, und führt zunächst unter der Autobahn hindurch, dann durch einen bewaldeten Graben zum Storecker hinauf, wo sie in die von Irlach heraufziehende Straße einmündet. An zwei Abzweigungen halte man sich jeweils li., denn re. gelangt man nach Burschach. Dem Straßennetz von Thalgauberg sind die SG 2–3 bzw. 3 zuzuordnen. Die Asphaltstraße zum Gh. ,,Rauchschwandt" ist knapp zweispurig. Die Steigungen bzw. Gefällstrekken überschreiten kaum 13%.

Im Salzkammergut kann man häufiger als in anderen Teilen der Alpen bzw. Voralpen Biotope antreffen. **Biotope** nennt man durch bestimmte Pflanzen- und Tiergesellschaften gekennzeichnete Lebensräume. Foto Verlagsarchiv

Oben: Begegnung mit einer munteren Bergwandergruppe bei Mühlbach am **Hochkönig**. Foto LVA Salzburg

Unten: Almenidyll mit Ziegenherde im **Oberpinzgau**. Foto Mötschlmaier, LVA Salzburg

Das reizvoll gelegene Kirchlein von **Au bei Lofer** mit den Loferer Steinbergen; re. vom Türmchen ist das Große Reifhorn, li. davon sind die Ochsenhörner erkennbar. Foto LAV-Salzburg

Bergwandermotiv aus dem Tennengebirge mit der charakteristischen Berggestalt des **Großen Traunstein** → RW 62. Foto W. Schnöll, VV Abtenau

St. Kolomanskapelle, 1098 m, und Kolomanstaferl, 1010 m. Die Gipfelregion des Kolomansberges ist militärisches Sperrgebiet. Es beginnt in der Nähe des Gh. „Rauchenschwandt" (913) bergwärts und ist ausgeschildert. Fußgängern ist es gestattet, Weg mit Mark. 6 durch den Wald bis zur St. Kolomanskapelle zu benützen, 45 Min. Von dort hat man Aussicht auf den Mondsee und den Irrsee. Der Kolomansweg Nr. 3 führt nun weiter über eine Einsattelung zum Kolomanstaferl (1010) und zum Lehmberg (1027). Die Kammwanderung über den bewaldeten Rücken der Flyschberge läßt sich ohne wesentliche HU über das Sebastianitaferl bis zur Großen Plaike (1034) fortsetzen. Den vom Fischbach und seinen Nebenbächen entwässerten, hufeisenförmigen Talkessel umwandert man vom AP Thalgauberg bei einem Z von zirka 5 Std., LA 2. Hierzu Wanderwege-Karte 2 Große Plaike. **W 16**

Große Plaike, 1034 m, AP Finkenschwandt in Thalgauberg. Der Gipfel der Großen Plaike und das ihm sw. vorgelagerte „Steinwandl" lassen sich von der Südseite her bequem erreichen. Beim Bauern in Finkenschwandt gibt es eine Wegeverzweigung, an der man zunächst am Fischbach geradeaus weitergeht bis li. ein Forstweg abzweigt, dem man aufwärts folgt. Dieser leitet in einen nicht mark. Fußweg über und führt den bewaldeten Hang zur Kammlinie empor, auf der das Heimkehrerkreuz steht, 45 Min. Nun steigt man li. zum Gipfel der Großen Plaike an, 15 Min. und gelangt nach weiteren 15 Min. zum aussichtsreich gelegenen Rastplatz am „Steinwandl". Nun hat man bis zur Wegespinne in Richtung Ziehfanken nur mehr ein kurzes Stück zu wandern. Auf dem Forststräßchen über das Quellgebiet „Schönfeichtplatzl" hinab zum AP 45 Min. Z 2 Std., LA 2. Hierzu Wanderwege-Karte 2 Große Plaike. **RW 17**

Salzburg-St. Gilgen-Strobl-Bad Ischl

Die außerhalb der Salzburger Stadtgrenze hervorragend ausgebaute Wolfgangsee-B 158 zählt zu den frequentiertesten Verkehrswegen des Salzkammergutes, weil sie auch mit viel Transitverkehr in Richtung Graz über Bad Ischl-Bad Aussee belastet wird. Sie leitet sich allmählich landschaftlich steigernd, aus dem Salzachtal über die Moränen des ehem. Salzachgletschers in die prächtige Berge- und Seenlandschaft des Salzkammergutes. Am Fuschlsee und Wolfgangsee führt sie auf ihren aussichtsreichen Südufern entlang. Abschnittsweise ist sie kreuzungsfrei ausgebaut, besitzt Überbreiten und Kriechspuren in den Steigungen, die optimal ausgeglichen sind. Fuschl, St. Gilgen und Strobl werden umfahren. Anschlüsse zum Traunsee bzw. zum Hallstätter See

Gaisbergstraße*, Wendeschleife 1273 m
Die Gaisbergspitze (1287) zählt zu den hervorragendsten Aussichtswarten in der näheren Umgebung der Festspielstadt Salzburg. Man verläßt die Stadt über den Ortsteil Gnigl. Mit zwei Serpentinen schwingt sich die Wolfgangsee-B 158 zur bewaldeten Talung zwischen Heuberg und Kühberg empor. Die 9 km lange Gaisbergstraße nimmt in Guggenthal (636)

direkt von der B 158 ihren Ausgang. Sie verläuft zunächst kurvig unterhalb der Gersbergalm (300 m lange Zufahrt mit 15% Steigung) und über das Hotel ,,Kobenzl" auf der Judenbergalm nach S bis dicht an den Rauchenbühel, um hier mit einer einzigen Spitzkehre ihre Richtung um fast 180° zu ändern. Unterhalb des Hotels ,,Zistelalpe" (986) mündet das von Glasenbach über Vorderfager, Oberwinkl und das Gh. ,,Mitteregg" heraufziehende, 10 km lange Fahrsträßchen ein. Wenig weiter findet man Parkplätze am AP des → Gaisberg-Rundwanderweges.

Um den HU von zirka 300 m zwischen dem Hotel ,,Zistelalpe" und der Wendeschleife unter dem Gaisberggipfel zu überwinden, steigt die Straße nunmehr kräftig mit Maxima von 13% hoch über der Zistelalm an und leitet über eine Spitzkehre zum Gipfelplateau, das zahlreiche Abstellplätze bietet. Hier große Sendeanlage des ORF, n. davon das Gipfelkreuz. Drachenflieger bzw. Hängegleiter benützen an Schönwettertagen scharenweise die gegen Aigen gerichtete Absprungrampe. Die Breiten der durchgehend asphaltierten Gaisbergstraße schwanken zwischen 5 und 8 m, kurvige Streckenabschnitte, SG 2. Die südliche Auffahrt von Glasenbach über das Gh. ,,Mitteregg" ist nur einspurig mit Ausweichen, jedoch auch asphaltiert, mit max. Steigungen bis 12% und mehreren Geschwindigkeitsbeschränkungen, SG 3.

Berühmt ist die Aussicht vom Gipfelplateau: im SO die Firnfelder des Dachsteins, der breite Kamm des Tennengebirges, die auffallende Senke des Salzachtales am Paß Lueg, zwischen Hagen- und Tennengebirge gelegen, woran sich nach W Hoher Göll und Untersberg anschließen. Nach NO reicht der Blick weit hinaus in den Flachgau mit der Seenplatte, welche vom Wallersee, Obertrumer See, Mattsee und Grabensee gebildet wird.

RW 18 **Gaisberg-Rundwanderung, 1000 m.** Der vorwiegend bewaldete Rundwanderweg in einer Höhenlage von zirka 1000 m wurde von der Stadtgemeinde Salzburg angelegt, seine HU schwanken nur geringfügig. Der AP befindet sich gegenüber dem Hotel ,,Zistelalpe" (986). Es spielt keine Rolle ob man im oder gegen den Uhrzeigersinn die Runde begeht. Beginnt man in nö. Richtung, so quert man zunächst unterhalb der Gaisbergstraße die Zistelalm. Durch eine breite Waldschneise hat man nach S Ausblicke auf das Salzachtal. Jenseits der markanten Senke am Paß Lueg erheben sich li. die Berge des Tennengebirges, re. die des Hagengebirges. Neben dem Weg sind mehrere Ruhebänke aufgestellt. Es folgt eine lange bewaldete Strecke, die nur gelegentlich an Waldlichtungen Ausblicke gestattet. Am östlichsten Punkt angelangt, trifft man auf den mark. Steig Nr. 4, welcher bergwärts die Spitzkehre der Gaisbergstraße tangiert und weiter zum Gipfel leitet, talwärts über den Klausberg (902) und Gaisbergau nach Koppl führt, HT. Schlägerungen geben den Blick zum markanten Nockstein und zum Wallersee frei, die Ausblicke in den Flachgau reichen bis in das Drei-Seen-Gebiet. Von der NW-Seite führt links ein mark. Serpentinensteig hinauf zur Gaisbergspitze, re. hinab zur Gersbergalm, HT. In eindrucksvoller Weise überwindet man auf einem zirka 100 m langen, hölzernen und gesicherten Steg den hellen, steil abfallenden Plattenkalk an der w. Flanke des Gaisberges. Hier hat man Tiefblicke auf das Hotel ,,Kobenzl" und die Stadt Salzburg. An dieser Stelle wird vor Steinschlag gewarnt, Kinder sind an der Hand zu führen! Der Verkehrslärm brandet aus dem Tal bis herauf in die Felswände. Nach zirka 1 Std. gelangt man zum AP zurück, LA 1. Hierzu Wanderwege-Karte 3 Gaisberg.

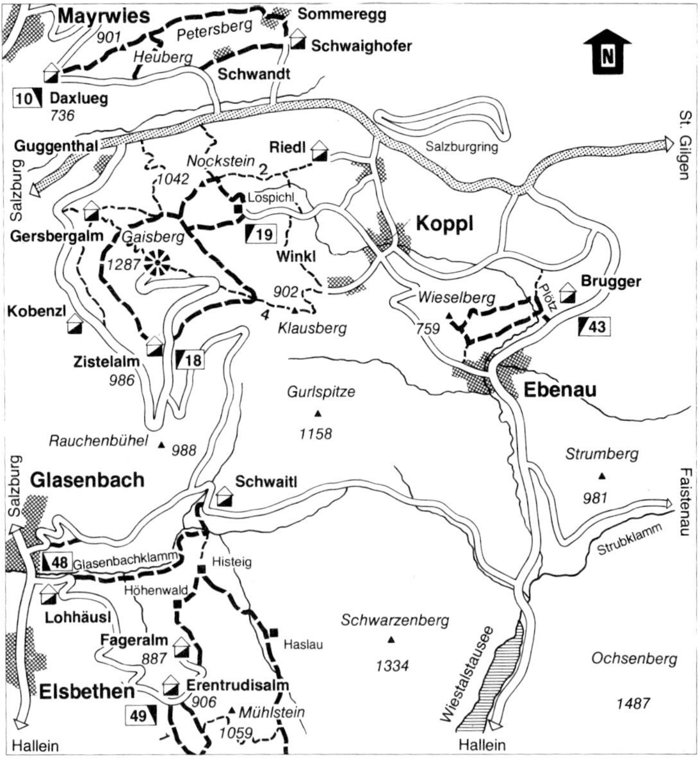

Wanderwege-Karte 3 Gaisberg

Unterkoppl – Koppl – Winkl

Die zweispurig ausgebaute und asphaltierte Straße nach Koppl (755) nimmt von der Wolfgangsee-B 158 in Unterkoppl ihren Anfang und steigt mäßig zum reizvoll gelegenen Erholungsdorf an, 2 km. Zwei Abzweigungen sind hier von touristischem Interesse: erstens die asphaltierte Zufahrt zum Gh. „Riedl" bzw. zu den Riedl-Liften, Abzw. re., HT. Zweitens die Abzw. re. bei der Postautohaltestelle, HT „Ebnerweg", ein asphaltierter, einspuriger Güterweg mit kaum Ausweichen hinauf zum Ebnerbauern, 1.3 km. Schließlich leitet auch ein staubfreies Sträßchen von der Dorfkirche in Koppl zum Lospichlbauern in den Winkl. An der Straßenteilung beim Hochspannungsmasten muß man sich re. halten und fährt bis in den hinteren Zipfl des Winkls, wo man nach 2.5 km (ab Koppl) sein Fahrzeug auf einem bez. Parkplatz li. unterhalb des letzten Gehöftes (mit betoniertem Silo) abstellen kann. Alle genannten Straßen-EP sind zugleich AP für Besteigungen des Nocksteins.

RW 19 **Nockstein*, 1042 m AP Lospichl.** Der mehrere hundert Meter hoch aufragende markante Felskopf an der nö. Flanke des Gaisbergs ist eines der Wahrzeichen in Salzburgs unmittelbarer Umgebung. Seine Besteigung wird zu einem kleinen alpinen Erlebnis. Der Nockstein ist wegen seiner hervorragenden Aussicht sowohl auf die Stadt Salzburg mit Kapuzinerberg und Festungsberg, als auch weit hinaus in den Flachgau und in den bayrischen Rupertiwinkel sowie in das Salzkammergut hinein, besonders lohnend. Wählt man von AP Lospichlbauer den kürzesten Anstieg, so wandert man zunächst zur Jagdhütte am Waldrand auf einem Feldweg weiter und gelangt zu einem Holzkreuz, das von weither sichtbar ist. Ein steiler Steig durch den Wald läßt bald den Kamm erreichen, über den von O der rot mark. Anstiegsweg Nr. 2 mit AP Ebnerbauer bei 1½ Std. Gehzeit heraufzieht. Zwischen hochstämmigen Buchen und Fichten trifft man wenig weiter auf den Serpentinenweg, welcher vom Gh. ,,Nockstein" an der B 158 von N heraufführt, Weg Nr. 1, rot-weiß-rot mark. Nun auf dem Kamm weiter bis zu einer kleinen Scharte. Eine kurze drahtseilgesicherte Kletterei läßt von hier aus den Gipfel ,,bezwingen", 45 Min. vom AP. Koppler Jungbürger lassen es sich jeweils zum 1. Mai nicht nehmen, den Felsgipfel mit einem Maibaum zu krönen. Um nicht denselben Weg zurückgehen zu müssen, empfiehlt es sich, von der eingangs erwähnten Scharte den rot-weiß-rot mark. Weg bis zu einer kleinen Kanzel (970) in sw. Richtung hinabzusteigen, wobei eine Felspassage eine kurze Kletterei ,,auf allen Vieren" von zirka 7 m erfordert; es gibt hier aber auch eine gefahrlose Umgehung li. unterhalb, durch den Wald. Vor der Kanzel li. abzweigen in einen rot mark. Holzbringungsweg, welcher bei nur mäßigem Gefälle etwas weiter ausholt und durch dichten Fichtenwald zum AP zurückleitet. Z 2 Std., LA 2–3. Hierzu Wanderwege-Karte 3 Gaisberg.

Hof bei Salzburg – Faistenau – Hintersee – Lämmerbach

Die gut ausgebaute Landesstraße nimmt ihren Ausgang von der Wolfgangsee-B 158 unmittelbar beim Gh. ,,Baderluck". Sie zieht durch den Faistenauer Graben in den Siedlungsraum von Faistenau (786), das umfahren wird. Hier öffnet sich eine moränenartige Beckenlandschaft, einst von den Ästen des Salzach- und Traungletschers gebildet. Die Straße setzt durch den weit verstreuten Ort Anger fort und erreicht nach den letzten Häusern von Vordersee den stillen Hintersee; dieser ist durch Ablagerung mächtiger Moränen, die hier einen Rückstau des Wassers bewirkten, entstanden. Der See steht mit seinen Uferstreifen ringsum unter Naturschutz. Auf vorzüglicher Straße gelangt man tauglbachaufwärts rasch zum Ort Hintersee (746). Dort teilt sich das Tal und man folgt der HT ,,Lämmerbach" weiter talein nach Aschau und nach Bernau in das Herz der Osterhorngruppe. Nach zuletzt nur mehr einspurigem Streckenabschnitt endet die Straße 3.5 km von Hintersee (19 km von Baderluck) entfernt am Zusammenfluß von Grubenbach, Gennerbach und Schatzbach. Hier findet man mehrere Abstellplätze. Für die anschließende Gennerstraße der Österr. Bundesforste besteht ein Allgemeines Fahrverbot. Im Bj. bis Aschau normal breite Asphaltstraße, keine nennenswerten Steigungen, SG 2.

Flachgauer Orte mit Heimatmuseen: Arnsdorf (F. X. Gruber-Museum), Ebenau, Mattsee (Heimat- und Stiftsmuseum), Michaelbeuern (Klostersammlung), St. Gilgen (Wezlhäusl), Seeham (Heimatstube), Seekirchen (Heimat- und Stiftsmuseum), Strobl (Denkmal ,,Lipphaus"); im Aufbau: Köstendorf, Neumarkt am Wallersee, Obertrum.

Lidaunberg 1237 m. Er gilt als Hausberg der Faistenauer. Wegen der starken Aufforstung bietet er nur eine beschränkte Aussicht, hauptsächlich auf die s. gelegenen Berge wie Wieserhörndl, Regenspitz, Gruber- und Gennerhorn, sämtliche der Osterhorngruppe angehörend, und weiter auf den Hohen Dachstein mit Gosaugletscher sowie auf die Große und Kleine Bischofsmütze. AP für eine Rundwanderung ist Pointing im NW von Faistenau (786), Zufahrt auf der Lidaunstraße über die Kreuzfichte, an der man nach früher geübtem Brauch Totenbretter anbrachte. Man folgt der bergseitig verlaufenden Straße bis zu einer stillgelegten Schottergrube, wo man sein Fahrzeug abstellt. Nun Anstieg auf Weg Nr. 44 durch Mischwald von Buchen, Föhren und Eiben. Nach zirka 30 Min. Wegeteilung, an der man sich re. hält, denn geradeaus führt ein anderer Weg in Richtung Hof. Mit insgesamt drei Kehren, die an ausgesetzten Stellen durch Zäune abgesichert sind, gewinnt man den Grat, welcher in weiterer Folge zum Lidaungipfel leitet, 1 1/4 Std. Von den Kehren bieten sich bemerkenswerte Ausblicke wie z.B.auf Gaisberg und Watzmann. Zurück entweder auf dem Anstiegsweg oder alternativ auf einem Steig über die Kammlinie in sö. Richtung zum trigonometrischen Punkt 1062, wo man scharf wendet, um dann durch den Hochwald entlang der sw. Flanke des Lidaunberges hinabzusteigen. Man trifft schließlich wieder auf den Anstiegsweg und kehrt auf diesem zum AP zurück. Z 2 Std., LA 2. Hierzu Wanderwege-Karte 5 Fuschl–St. Gilgen. **RW 20**

Rund um den Hintersee, 688 m. Eine besonders zur Blütezeit wegen der herrlichen Flora empfehlenswerte Wanderung, welche sich mit einem Abstecher zur sogenannten „Eiskapelle“ gut verbinden läßt. Als AP eignet sich mit Vorzug der neben der Hinterseer Landesstraße angelegte Parkplatz gegenüber dem Forsthaus Hintersee (708). Es empfiehlt sich, die Rundwanderung entgegen dem Uhrzeigersinn durchzuführen, weil der s. Seeuferweg gleich Anschluß an die Griesbachstraße der ÖBF bei der Königstattmühle findet. **RW 21**

Weg Nr. 47 leitet zunächst parallel zur Landesstraße in Richtung St. Leonhard-Kapelle und überquert den Tauglbach auf einer Brücke. Über Hirschpoint dann ufernah zur n. Seebucht. Den Ort Vordersee mit der bekannten Forellenstation „Fischerwirt“ läßt man re. liegen. Über die prächtigen Uferwiesen und die Brücken über Brunn- und Almbach zur sw. Uferstrecke. Der Stausee, welcher der Energiegewinnung dient, und alle seine Uferstreifen sind unter Landschaftsschutz gestellt. Der weitere Weg führt nun an einem Pumpwerk, dann an der steilen, aus Dolomitgestein bestehenden „G'sperrten Wand“ vorbei. Vom s. See-Ende durch den Wald zur Königstattmühle (bei Gabelung re. halten!), wo man auf das Griesbachsträßchen trifft. Wer nach dem Seerundgang, 2 Std., direkt zum AP zurück möchte, hält sich hier li.

Auf dem Forststräßchen am einsamen Schloß Langreith vorbei und auf mark. Weg Nr. 51 talein zur „Eiskapelle“ (zirka 900), einer Höhle in der ö. Bergflanke des Wieserhörndl, 1 Std. Nun talaus zurück zum AP. Z 3 1/2 bis 4 Std., LA 1–2. Hierzu Wanderwege-Karte 8 Hintersee.

RW 22 **Regenspitze*, 1675 m, AP Hintersee.** Die Regenspitze läßt sich von mehreren Seiten her bzw. von verschiedenen Ausgangspunkten aus besteigen. Der wohl empfehlenswerteste, jedoch nicht kürzeste nimmt s. des Ortes Hintersee (746) seinen Ausgang. Vom Dorf folgt man dem Sträßchen re. der Kirche, fährt am Hauenstein, einem mächtigen überhängenden Felsblock vorbei und überquert bald darauf den Ladenbach. Nach der Brücke findet man geeignete Abstellplätze.

Zunächst benützt man den Weg mit AV-Mark. 851, doch verläßt man diesen oberhalb des Satzsteingutes und zweigt li. an der Tiefenbachbrücke zur Feuchtensteinalm (1220) ab, die sich auf einem Serpentinenweg in 1 1/2 Std. erreichen läßt. Ein lohnender Abstecher führt von hier durch die moorige Senke zum n. sich erhebenden Feuchtenstein (1249) mit prächtigem Blick auf das Hintersteiner Tal. Hin und zurück zirka 45 Min.
Von den Hütten der Feuchtensteinalm setzt sich der mark. Steig zur Regenspitze auf dem Breiten Grat fort. Man wandert über sanft ansteigende Almböden bis zum „Schafelzaun" hinauf, dann durch schütteren Mischwald und an wetterzerzausten Fichten bergan. Die letzte Wegstrecke zum Gipfel durch den Latschengürtel im felsdurchsetzten Gelände wird zwar etwas steiler, doch ist sie keinesfalls beschwerlich, 1 1/4 Std. Das Gipfelpanorama vemittelt vor allem eine Schau der Osterhorngruppe mit fast allen ihren namhaften Erhebungen. Bei guten Sichtverhältnissen sind Dachstein, Bischofsmütze Tennen- und Hagengebirge sowie der Hochkönig zu erkennen.

Für den Abstieg wählt man Weg mit AV-Mark. 840, welche durch die mit Latschen bewachsene Westflanke, zuletzt in zahlreichen Serpentinen zum Bildstöckl auf der Bergalm (1250) hinableitet. Von den Almhütten ist eine während des Sommers als einfache Jausenstation bewirtsch. Man folgt der Mark. 851 auf reizvollem Almweg bei sanftem Gefälle zur Auhofalm und an der Berglehne weiter hinab in das vom Tiefenbach durchflossene Tal. Hier trifft man wieder auf den Anstiegsweg. Z 4 1/2 bis 5 Std., LA 2–3. Hierzu WWK 4 Regenspitze-Gennerhorn.

W 23 **Genneralm, 1295 m, Gennerhorn, 1735 m, und Hoher Zinken, 1764 m.** Der AP befindet sich am Ende der Lämmerbachstraße. Nun Anstieg auf dem Gennerweg der ÖBF, mit Nr. 8 bezeichnet. Nach Überwindung des ersten steileren Teilstückes wendet sich der Fahrweg leicht nach re. und führt entlang des Waldrandes an mehreren dort abzw. Stichwegen vorbei in Richtung Gruberhorn. Man kommt unterhalb einer stark zerklüfteten, roten Felswand (Adneter Schichten) vorüber. Durch alten Tannenbestand gelangt man bald zur bewirtsch. Genneralm, 1 1/2 Std.

Bei einer Einsattelung trifft man auf den AV-Weg 840, welcher in sw. Richtung über die Sonneben zum Gennerhorn leitet und nur geübten Bergwanderern anzuraten ist, 1 1/2 Std. In ö. Richtung führt ein anderer Weg fast eben zu einem Sattel (1256), wo der Anstieg auf den Hohen Zinken (1764) beginnt, 2 Std. Rückwege jeweils wie Anstiegswege. Z Gennerhorn 4 1/2 bis 5 Std., LA 3. Z Hoher Zinken 5 1/2 Std., LA 2–3. Hierzu WWK 4 Regenspitze-Gennerhorn.

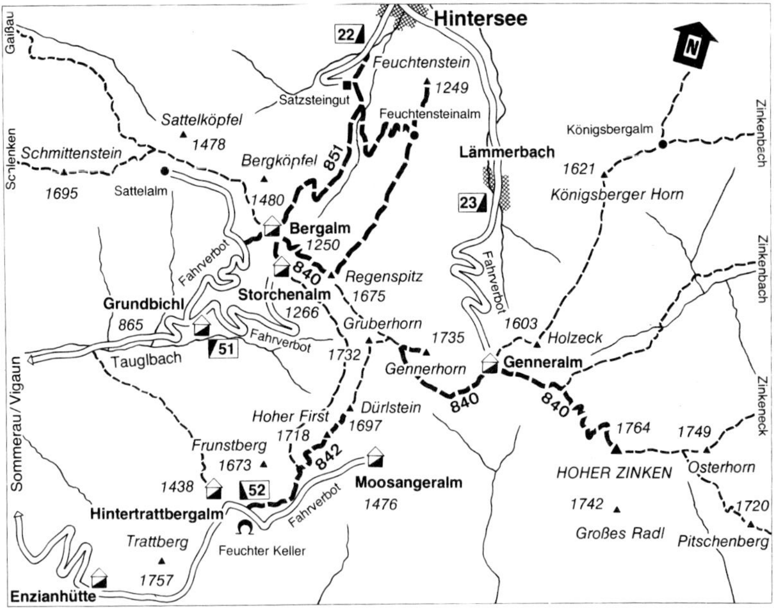

Wanderwege-Karte 4 Regenspitze–Gennerhorn

Faisten- (Faistenauer-) Schafberg*, 1559 m. Er ist dem Zwölferhorn im W benachbart und bietet ein prächtiges Panorama auf Berge und Seen des westlichen Salzkammergutes. Von Faistenau zunächst auf Straße in Richtung Tiefbrunnau. Hinter Steg (750) zweigt nahe einer Kapelle re. die asphaltierte Zufahrt zum Zementwarenerzeuger Dittelbacher ab; dieser folgt man weiter aufwärts über die Döller-Gehöfte bis zu einem Holzlagerplatz (890). Hier findet man geeignete Abstellplätze für das Auto, die bei Rückkehr günstig zu erreichen sind. **RW 24**

Der Anstiegsweg Nr. 41 führt nun durch den Döllerer Wald auf der orogr. re. Seite des Baches aufwärts. Die Mittereggalm (1108) bleibt re. liegen. Nach einem Serpentinenanstieg sind die Hütten der Hochwiesalm (1350) erreicht, 1½ Std. Von hier Gipfelanstieg zum Faisten- Schafberg 45 Min. Vom Gipfelkreuz in knapp 30 Min. zurück zur Hochwiesalm und auf dem mark. Weg weiter zur Schafbergalm. Von dort hinab zur Schafbachalm (1038), wo in einer Jausenstation eine zünftige Brettljause mit hausgemachter Butter, Hüttenkäse und Getränken winkt. Das Schafbachtal nun auf der li. Seite bis Mitterholz talaus, Mark. 854. Auf halber Wegstrecke in Richtung Hatz zweigt li. ein Fußweg ab, der anfangs durch den Wald etwas ansteigt, dann jedoch ohne wesentlichen HU zum AP zurückleitet. Z 4½ bis 5 Std., LA 2–3. Hierzu WWK 5 Fuschl–St. Gilgen.

W 25 **Zwölferhorn*, 1522 m, AP „Laimerwirt".** Ein lohnendes Wanderziel im Raum Faistenau bzw. St. Gilgen. Das Waldgh. ,,Laimerwirt" (810) in Aschau erreicht man mit Auto entweder von der B 158, Abzw. in Brunn s. Fuschl am See, 3 km, oder von Faistenau durch die Tiefbrunnau, 10 km. Der Güterweg bis zum Parkplatz vor der Sausteigalm befand sich im Bj. in einem schlechten Zustand und ist nicht empfehlenswert.

Man folgt zunächst dem Stubnerbach auf dem Güterweg aufwärts und erreicht, zuletzt auf einer Serpentinenstrecke, den Rand der reizvoll in einer Mulde gelegenen Sausteigalm (1069), auch Saustallalm genannt, bis zum Almgasthaus 1 1/4 Std. Von hier Anstieg zur Zwölferhornhütte (1480), wobei man die Wahl zwischen dem direkten Serpentinensteig oder den etwas weiter ö. über den Elferkopf (1375) verlaufenden, weniger steilen Weg hat. Beide Anstiege sind mit Nr. 1 mark., bis zum Gipfelkreuz hat man 1 Std. bzw. 1 1/2 Std.

Das Zwölferhorn, auf das von St. Gilgen auch eine Seilbahn (Vier-Personen-Gondeln) führt, bietet eine berühmte Aussicht: Im W der Untersberg, Hoher Göll, Watzmann und Steinernes Meer, im SW die mächtigen Gebirgsstöcke des Hochkönig mit der Übergossenen Alm, des Hagen- und Tennengebirges. Letzterem sind die grasigen Kuppen und felsigen Spitzen der Osterhorngruppe vorgelagert. Im S ist die Bischofsmütze und der Hohe Dachstein erkennbar, im SO Totes Gebirge und Höllengebirge. Ganz markant im NO der Schafberg. Als Abstieg zur Sausteigalm empfiehlt sich zunächst der mark. Weg in Richtung Pillsteinkopf, welcher dann über die Stubneralm hinabführt. Weiterer Rückweg zum AP wie Aufstiegsweg. Z 4 1/2 bis 5 Std., LA 2–3. Hierzu Wanderwege-Karte 5 Fuschl – St. Gilgen.

RW 26 **Filbling, 1307 m, und Filblingsee, 1064 m.** Der Filbling ist ein stark bewaldeter, sanfter Bergrücken, welcher parallel zum s. Ufer des Fuschlsees verläuft. Seine Begehung im Zusammenhang mit dem s. Seeweg läßt sich zu einer abwechslungsvollen Rundwanderung verbinden. Wählt man als AP die Postbus-Haltestelle s. des Jagdhofes Fuschl, so findet man bei Höfnerhäuser, nur wenig von der B 158 entfernt, geeignete Abstellplätze für Pkw. Der Weg leitet zunächst dicht am Wildpark vorbei und bei einer Kapelle trifft man auf den vom Gh. ,,Baderluck" heraufziehenden Anstiegsweg Nr. 8. Dieser grün-rot mark. Steig führt durch den Wald zum Kamm hinauf, dem man bis zum Gipfelkreuz folgt, 1 1/2 Std. Während des nur wenig frequentierten Anstieges bieten gelegentlich Waldblößen Ausblicke auf den Fuschlsee. Die Gipfelwiese hingegen vermittelt eine schöne Aussicht auf die Berge- und Seenlandschaft des Salzkammergutes, zum Hochkönig mit Übergossener Alm, zum Dachstein mit den ausgedehnten Firnfeldern des Gosaugletschers.

Der Abstieg hinab zum verträumt in einer Karmulde liegenden Filblingsee gestaltet sich anfangs etwas steiler. Auf einem Serpentinensteig erreicht man zunächst die Filblingalm, dann den kreisrunden, stillen Waldsee, wo man gerne eine Rast einlegt, 30 Min. ab Gipfelwiese. Während des Sommers gibt es hier eine bemerkenswerte Seerosenblüte. Ab der Filblingalm hat man einen

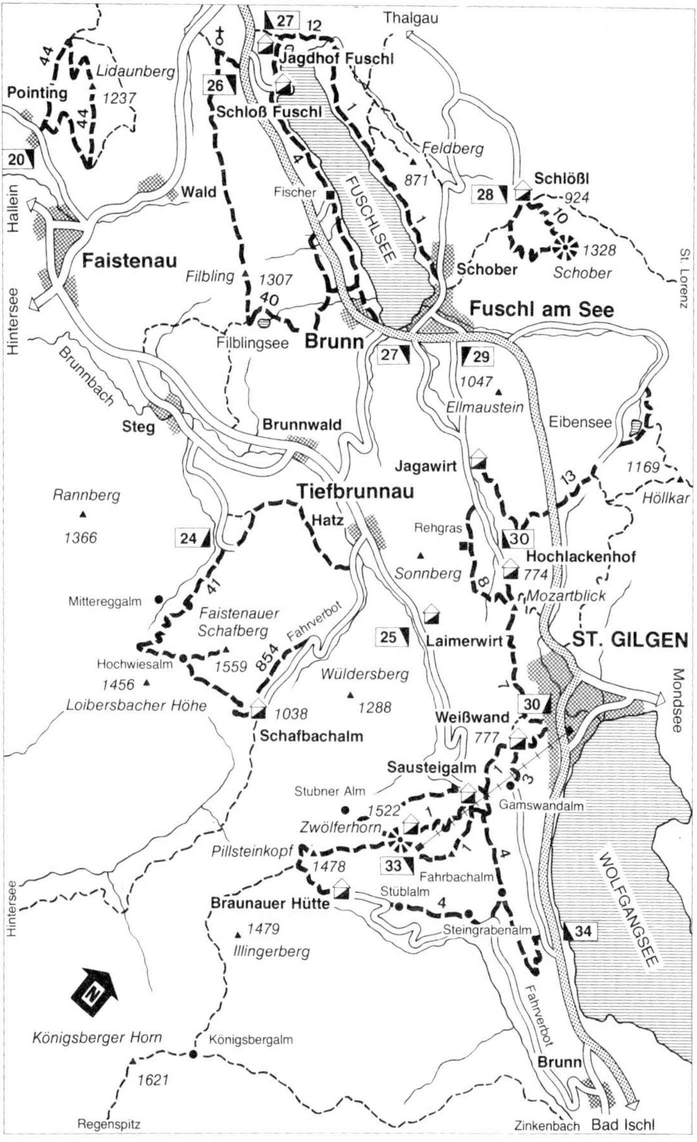
Thalgau
Jagdhof Fuschl
Lidaunberg
1237
Pointing
Schloß Fuschl
Feldberg
871
Wald
Fischer
FUSCHLSEE
Schlößl
924
1328
Schober
Schober
St. Lorenz
Hallein
Faistenau
Filbling
1307
Hintersee
Fuschl am See
Filblingsee
Brunn
Brunnbach
1047
Ellmaustein
Steg
Brunnwald
Eibensee
Jagawirt
1169
Höllkar
Rannberg
1366
Tiefbrunnau
Hatz
Rehgras
Hochlackenhof
774
Sonnberg
Mozartblick
Mittereggalm
Faistenauer
Schafberg
Fahrverbot
Laimerwirt
ST. GILGEN
Hochwiesalm
1559
854
Wüldersberg
Mondsee
1456
Loibersbacher Höhe
1038
1288
Weißwand
777
Schafbachalm
Sausteigalm
Stubner Alm
1522
Gamswandalm
Zwölferhorn
Pillsteinkopf
1478
Fahrbachalm
WOLFGANGSEE
Stüblalm
Braunauer Hütte
Steingrabenalm
1479
Illingerberg
Hintersee
N
Fahrverbot
Königsberger Horn
Königsbergalm
1621
Brunn
Regenspitz
Zinkenbach
Bad Ischl

guten Weg mit Mark. 40, welcher den steilen Waldhang nach Oberbrunn hinableitet, weitere 30 Min. Bevor man die B 158 erreicht, hat man die Wahl, entweder den li. abzweigenden Fahrweg zu benützen, welcher direkt zum Badeplatz „Fischerhaus" führt, oder auf der Bundesstraße über die Brücke zu gehen, um dann über den Wesenauer Hof (mit Silo) Anschluß an den Seeweg Nr. 4 zu finden. Über das Fischerhaus auf vorwiegend bewaldetem Uferweg, an dem auch Rastbänke aufgestellt sind, zum „Badeplatz Höfner". Dann die reizvolle Bucht entlang zum Schloß Fuschl, das bereits von weither erkennbar ist. Hier verläßt man den See und kehrt zum AP Höfnerhäuser zurück. Z 4 Std., LA 2. Hierzu Wanderwege-Karte 5 Fuschl–St. Gilgen.

RW 27 **Rund um den Fuschlsee, 664 m.** Der zwischen Wäldern und Wiesen reizvoll eingebettete Fuschlsee ist 4 km lang, 1 km breit und hat eine Fläche von 5 km². Die tiefste Stelle des Sees mißt 66 m. Im Sommer steigt seine Wassertemperatur auf 22°C an. In den Buchten laden mehrere idyllische Freibadeplätze zu einer Erfrischung im Wasser ein. Eine Umwanderung des Sees erfordert einen Z von zirka 4 Std., LA 1–2. Geeignete AP sind der Jagdhof Fuschl (im Haus ist auch ein Jagdmuseum untergebracht), direkt an der B 158 gelegen, oder das Gh. „Brunn" am Beginn der Fuschler Seepromenade; schließlich bilden auch der Seewinkel n. Fuschl am See (670) an der Thalgauegger Straße oder der Schwandbauer nö. des Fuschler Moores geeignete und mit Auto erreichbare AP. Das Fuschler Moor ist mit seiner außergewöhnlichen Flora ein landschaftliches Juwel und die Orchideenblüte im Frühjahr ist besonders einladend für eine Wanderung. Der Seeweg am n. Ufer ist mit Nr. 1, der am s. Ufer mit Nr. 4 rot-weiß-rot mark. und beschildert. Der Verbindungsweg durch das Fuschler Moor ist mit Nr. 12 bezeichnet. Der Seeweg am Nordufer führt durch ein Waldstück, dann etwas erhöht auf einem felsigen Uferabschnitt mit herrlichen Ausblicken auf den See und vielen Rastplätzen. Am Südufer leitet der Weg abwechselnd entweder ganz am See oder etwas abseits von ihm durch schönen Laubwald bis zum Badeplatz Höfner. Der Wildpark liegt in der Nähe des Jagdhofes w. der B 158 und dehnt sich gegen Elsenwang zu aus. Z zirka 3 bis 4 Std., LA 1–2. Hierzu WWK 5 Fuschl–St. Gilgen.

Das auf einer Halbinsel liegende Schloß Fuschl wurde im 16. Jh. als Jagdschloß der Salzburger Erzbischöfe erbaut und ist seit Jahrzehnten ein bekanntes Nobelhotel. Eine Reihe von Fuschler Bauern übte einst die Fischerei aus. Die Fischereirechte der Kleinfischer wurden jedoch später vom Landesherrn einem Hoffischer übertragen, der nun die Fische aus dem „Fuschler Hofküchensee" zur Gänze an den erzbischöflichen Hof abzuliefern hatte.

Ruine Wartenfels, Schutzhütte und Jausenstation, 924 m

Die Thalgauegger Landesstraße von Fuschl nach Thalgau ist ab Egger Höhe (788) in Richtung Thalgau ausgebaut, hingegen befand sich der Abschnitt von Fuschl bis zum Schotterwerk im Bj. in keinem guten Zustand. Auf der Egger Höhe hat man den Abzweig der 2 km langen, nur einspurigen, jedoch asphaltierten Stichstraße zum „Schlößlwirt", direkt am Anstieg auf den Schober (1328) gelegen, SG 2–3.

Schober*, 1328 m. Der Schober ist eine vorgeschobene Erhebung der Salzburger Kalkalpen gegen den Flachgau zu. Seine exponierte Lage vermittelt trotz seiner relativ geringen Gipfelhöhe herrliche Ausblicke über den Fuschlsee auf die sanften Grasberge der Osterhorngruppe, zum Mondsee, Attersee, Wolfgangsee und zum Irrsee (Zeller See). Seine Besteigung, welche von Ostern bis Wintereinbruch möglich ist, macht kaum Schwierigkeiten; die wenigen ausgesetzten Stellen wurden durch Drahtseile gut abgesichert. AP ist die Jausenstation „Schlößl". Auf mark. Weg Nr. 10 ist man in wenigen Min. Anstieg bei der Ruine Wartenfels (1021); hier Aussichtsplattform mit Rastbank. Bereits von dieser Stelle eröffnet sich ein prächtiger Blick hinaus in den weiten Flachgau wie von einer Aussichtskanzel. Auf einem Serpentinensteig durch den Wald gewinnt man rasch an Höhe. Einen Felsturm umgeht man an seiner Basis. In knapp 1 Std. ist das Gipfelkreuz erreicht. Der s. Vorgipfel, Frauenkogel (1303) genannt, läßt sich ebenfalls besteigen. Als Abstieg wählt man alternativ den weiter s. verlaufenden Jägersteig, welcher in Serpentinen durch die bewaldeten Abhänge bequem hinableitet, bis man auf den von Fuschl heraufziehenden Wanderweg trifft. Nun re. zurück zum AP. Z 1 1/2 Std., LA 2–3. Hierzu Wanderwege-Karte 5 Fuschl–St. Gilgen. **RW 28**

Eibensee, 952 m. Dieser fischreiche Karsee liegt waldumsäumt unter dem Eibenseekopf (1205) ö. von Fuschl am See, wo man seinen AP hat. Man verläßt die B 158 in Richtung St. Gilgen beim Haus Nr. 18 und folgt li. über die Brücke dem Forstweg durch das Eibenseebachtal, Mark. 13. Im Vorblick hat man die Drachenwand, welche sich hier von ihrer zahmen Seite zeigt. Das bewaldete Tal verengt sich zusehends. Nach zirka 1 Std. erreicht man das Wildmoos, einen bereits verlandeten See, welches dem Eibensee n. vorgelagert ist. Hier trifft man besonders reizvolle Rastplätze an. Zum Eibensee hat man noch einen kurzen Anstieg von 25 Min. durch dichten Fichtenwald. Bei der Wegteilung geht man geradeaus weiter; der Weg li. führt um den Marienkopf herum zum Höllkar (1169) mit Übergang zum Mondsee. Vom s. Ufer des Eibensees leitet ein mark. Fußsteig hinab zur Eibenseealm, bis dorthin auch Forstweg von Wildmoos. Dem Fußsteig folgt man geradeaus weiter abwärts bis zur Kleiner-Kapelle (735), wo man die B 158 quert. Nun am Kleiner-Bauern vorbei und kurzer Anstieg am bewaldeten Gegenhang des Ellmausteins. Schließlich am „Jagawirt" vorbei nach Unterellmau und auf Fahrweg zurück nach Fuschl am See. Z 3 1/2 bis 4 Std., LA 2. Hierzu WWK 5 Fuschl–St. Gilgen. **RW 29**

Aussichtspunkt „Mozartblick", 860 m. Er vermittelt einen guten Überblick des Wolfgangsees mit den markanten, ihn umrahmenden Bergen wie Zwölferhorn, Schafberg, Bleckwand und Sparber sowie viele andere. Man kann ihn vom Gh. „Brunn" (680) bei Fuschl am See bequem über die Ellmaustraße erreichen; auch ist die Zufahrt mit Auto über den „Jagawirt" bis zum Gh. „Hochlackenhof" (774) möglich. Z für Fußwanderung hin und zurück mit Wegvariante 8 über Rehgras 2 1/2 bis 3 Std., LA 1–2. Wählt man St. Gilgen (545) als AP, so leitet vom Ortsteil Irlreit sw. der B 158 der sogenannte „Mozartsteig" mit Mark. 7 in 45 Min. zu diesem lohnenden Aussichtsziel. Z 1 1/4 Std., LA 1–2. Hierzu Wanderwege-Karte 5 Fuschl–St. Gilgen. **W 30**

Scharfling-Sattel, 604m

Die Mondsee-B 154 stellt eine wichtige Verbindung zwischen dem Wolfgangsee und dem Mondsee her. Sie nimmt am Straßendreieck in St. Gilgen (545) ihren Ausgang und leitet zunächst auf einer Strecke hoch über dem Ufer nach Winkl, wo sie die alte, am Seeufer entlangführende Straße aus dem Brunnwinkl aufnimmt.

Ein einspuriges Sträßchen zweigt bei der Postbus-Haltestelle re. nach Aich ab und führt am Gh. „Linde" vorbei. Mit starkem Gefälle von zirka 20 bis 25% gelangt man hinab zur Schiffsanlegestelle Fürberg und in die von Kennern geschätzte, weil windgeschützte Badebucht.

Den unter Naturschutz gestellten Krotensee läßt man re. liegen, ehe man zur ausgeprägten Einsattelung des Scheitels gelangt. Mit zwei weit ausholenden Schleifen senkt sich die gut ausgebaute B-154 bei ausgeglichenem Gefälle von 6% hinab nach Scharfling am Mondsee, 5 km, SG 2. Ausgesetzte Stellen wurden mit Leitplanken versehen. In Scharfling (483) hat man einen hervorragend ausgebauten Anschluß über die Umfahrung Mondsee zur Westautobahn in Richtung Salzburg und weiter zur Grenzübertrittsstelle Walserberg. Die Strecke über den Scharfling-Sattel stellt die zeitlich kürzeste Verbindung zwischen dem Walserberg und Bad Ischl sowie in das Ausseer Land (Steirisches Salzkammergut) her.

W 31 **Falkenstein*, 795 m.** AP ist der Parkplatz in der Seebucht von Fürberg am n. Ufer des Wolfgangsees. Hier beginnt unmittelbar der mark. Anstiegsweg 28 zum Falkenstein. Mehrere Kreuzwegstationen stehen neben dem alten und teilweise auch steilen Pilgerweg. Man kommt am Scheffl-Denkmal vorüber; es erinnert an Josef Viktor von Scheffel (1826–1886), dem Verfasser der Bergpsalmen. Nach re. zeigt eine HT zum Scheffelblick. Wenig weiter findet man einen ähnlichen Aussichtspunkt, den sogenannten „Aberseeblick". Abersee war früher ein gebräuchlicher Name für Wolfgangsee. Nun nochmals kurzer Anstieg, worauf man abwärts in die grüne Mulde am Falkenstein gelangt. Hier Felsenkapelle und Wunderquelle. Li. hinauf führt ein Steig zum Wallfahrtskirchlein (717). Der Wanderweg leitet dann über den Scheitelpunkt (795) und senkt sich mäßig zum Rubritzbach hinab. Nach Querung des Baches gelangt man bald zu einer Wegeteilung: re. weiter hinab nach Ried (Frauenstein) und auf der Uferstraße nach St. Wolfgang (549); li. Fortsetztung des Terrassenweges, welcher w. Aschenschwand auf den Rieder Steig trifft und dann ebenfalls in den sehenswerten Ort St. Wolfgang hinabführt, 2½ Std.

Auf der Uferstraße kommt man an der Einmündung des Dittlbaches vorbei, welcher die Landesgrenze zwischen Salzburg und Oberösterreich bildet. Zwischen seiner Einmündung und jener des Zinkenbaches am gegenüberliegenden Ufer hat der Wolfgangsee mit nur 240 m seine engste Stelle. Rückweg wie Herweg bzw. bis zur Wegevereinigung vor dem Rubitzbach eine der beiden Alternativen. Z 5 Std., LA 2. Wegen der mannigfachsten lanschaftlichen Eindrücke empfiehlt es sich, den Rückweg per Schiff zu unternehmen, welches fahrplanmäßig auch in Fürberg anlegt. Hierzu WWK 6 Schafberg.

Wanderwege-Karte 6 Schafberg

Der **Wolfgangsee* (538)**, früher auch Abersee genannt, ist ungefähr 10 km lang, im Durchschnitt 2 km breit, bis 113 m tief und bedeckt eine Fläche von 14 km². Er ist zwar von höheren Bergen als der benachbarte Fuschlsee umgeben, doch fehlt ihm das ernste Gepräge, wie es die Felswände an anderen Salzkammergutseen der Landschaft verleihen. Weiter ostwärts wird der See beiderseits von Schwemmkegeln eingeengt. Die schmälste, nur wenig hundert Meter breite Stelle wird von einer Autofähre zur Überfahrt von und nach St.Wolfgang (549), den Hauptort des Sees, benützt. Der herrlich gelegene Ort ist durch sein spätgotisches Wallfahrtskirchlein aus dem 15. Jh. mit dem Hochaltar von Michael Pacher zu einer Berühmtheit geworden.

Schafberg, 1782 m. AP Pucha.** Der Schafberg zählt zu den berühmtesten **W**
Aussichtsbergen des seenreichen Salzkammergutes. Nicht weniger als 14 **32**
Alpenseen lassen sich von seinem Gipfel aus zählen. Der Anstiegsweg von W her beginnt hinter der Waldschänke in Pucha nahe des Krotensees am Scharfling-Sattel. Man steigt zumeist durch den Wald auf dem etwas steilen, jedoch gut mark. Weg Nr. 20 auf. Nach 45 Min. quert man das weniger steile Sträßchen der ÖBF. Die Obere Glasherrnalm (949), an der man bald vorüberzieht, befindet sich in Verfall. Nun steigt der Weg kräftig und in Serpentinen zum Eignerriedl (1326) an, wo er sich mit dem von St. Wolfgang heraufziehenden Riedersteig Nr. 23 vereinigt. Eine Bank an der Waldlichtung ladet zur Rast ein; sie vermittelt einen eindrucksvollen Tiefblick auf den Wolfgangsee. Der weitere Anstiegsweg zur bewirtsch. Schafbergalpe (1364), 2 Std. vom AP, verläuft relativ flach. Von hier ist der Schafberg, welcher zwar als Hausberg von St. Wolfgang gilt, jedoch zu St. Gilgen gehört, zum Greifen nahe. Über das weitläufige Gelände der Schafbergalpe leitet auch die Trasse der Zahnradbahn, deren Geleise man auf dem Anstieg zum Gipfel zweimal quert. Dann geht's einen Grashang hinauf und über Felsplatten und Stufen an der steil abfallen-

den Nordwestkante gelangt man bequem zum Gipfelplateau mit dem Berghotel. In seiner Nähe befindet sich auf einer steil abfallenden Felsenkanzel die Himmelpforthütte, 1¼ Std. von der Schafbergalpe. Rückweg wie Aufstiegsweg. Z 5 Std., LA 2–3. Hierzu Wanderwege-Karte 6 Schafberg.

W 33 **Zwölferhorn*, 1522 m, AP St. Gilgen.** Natürlich ist es reizvoll, den Berg selbst zu ersteigen, aber auch die Fahrt mit der Seilbahn auf den Gipfel kann zu einem besonderen Erlebnis werden. Die Talstation befindet sich in St. Gilgen (545) an der stark frequentierten Ortsumgehungsstraße. Bei einer Fahrzeit von 16 Min. in den Vier-Personen-Gondeln genießt man Ausblicke auf sieben Seen und nach S zum Dachstein hin. Von der Bergstation erreicht man dann in 10 Gehmin. das Gipfelkreuz. Bergab wandert man auf Weg Nr. 1 über den Elferkopf (1375) hinab zur Sausteigalm (1069) und weiter über das Gh. „Weißwand" (777) zurück zum AP am Bahnhofsplatz. Z 2 Std., LA 2.

Die Bergabwanderung läßt sich wesentlich ausdehnen, wenn man vom Gipfel zunächst dem mark. Weg nach S zum Pillsteinkopf (1478) folgt, dann Weg Nr. 4 zur Jausenstation „Braunauer Hütte" auf der Illinger Alm benützt, um dann über die Stüblalm (1051) oberhalb des Steingrabens, durch den ein Fahrweg zieht, zur Steingrabenalm (877) hinabzusteigen. Schließlich kommt man noch an der Fahrbachalm (921) vorüber. Unterhalb der Sausteigalm (Saustallalm) trifft man auf den zum Gh. „Weißwand" hinabführenden Weg Nr. 1. Z 3½ bis 4 Std., LA 2–3. Hierzu Wanderwege-Karte 1 Fuschl–St. Gilgen.

RW 34 **Gamswandalm–Sausteigalm (1069) – Fahrbachalm.** Eine abwechslungsreiche Almwanderung zwischen Wolfgangsee und Zwölferhorn. AP ist die Postbus-Haltestelle „Franzosenschanze" an der Wolfgangsee-B 158. Der Name „Franzosenschanze" erinnert an die dort 1805 errichteten Befestigungsanlagen gegen die Franzosen. Nun bergan auf bewaldetem Fahrweg mit gelegentlichen Tiefblicken auf den Wolfgangsee. Bald bleibt der Wald zurück und nach knapp 1 Std. sind die Böden der Gamswaldalm erreicht. Über weichen Wiesenteppich führt Weg mit Mark. 3 an der Almhütte vorbei und man gelangt zu einem Waldrand. Auf schmalem Steig nun den Waldsaum entlang. Kühn hinausragende Felskanzeln bieten eindrucksvolle Ausblicke. Den Steig weiter abwärts wandernd wird die erste Seilbahnstütze erreicht. Über den Gunzenbach auf einem hölzernen Steg zur gegenüberliegenden Seite. Im kurzen Gegenanstieg gelangt man zum Alpengh. „Weißwand" in prächtiger Aussichtslage hoch über St. Gilgen, 30 Min. Die Tiefblicke auf den Wolfgangsee mit seinen Seichtstellen, vergleichbar mit grünen See-Augen, beeindrukken besonders. Im Vorblick hat man Schafberg, Krotensee und einen Teil des Mondsees. Vom Berggh. „Weißwand" (777) nun Anstieg auf Weg Nr. 1 in Richtung Sausteigalm. Diesen verläßt man bereits unterhalb der Alm, um dem Weg mit Mark. 4 zur Fahrbachalm (921) zu folgen, 1½ Std. Hier erneut Wegeteilung: geradeaus zur Steingrabenalm, li. auf nicht mark. Steig zu einer Jagdhütte und an der nächsten Gabelung scharf li. Schließlich wandert man in Serpentinen hinab zum AP „Franzosenschanze" (552), 45 Min. Z 4 Std., LA 2. Hierzu Wanderwege-Karte 5 Fuschl–St. Gilgen.

Alpenstraße Niedergaden, Niedergadenalm, 1233 m
Man erreicht sie aus Richtung St. Gilgen am Abzweig von der B 158 beim „Steckerlfisch" in Zinkenbach; aus Richtung Strobl über die Jausenstation „Landauer". Das 7.5 km lange, mautpflichtige Bergsträßchen ist einspurig mit Ausweichen angelegt und war im Bj. nur im unteren Abschnitt asphaltiert. Die Steigungen erreichen ein Maximum von 18%, das Geschwindigkeitslimit wurde mit 30 km/h festgesetzt, SG 3. Von den engen Kehren bieten sich Prachtblicke auf das gegenüberliegende St. Wolfgang, den Wolfgangsee und auf den Schafberg. Mehrere Jausenstationen findet man am Wege wie „Schwarzeneck (Schweizer Alm), Illigbauer und Fumerhütte" Nach 6.4 km hat man li. einen Parkplatz für die Besucher der Bleckwandhütte (1329). Der EP liegt auf einer Einsattelung über dem Saugraben.

Bleckwandhütte, 1329 m, und Bleckwand, 1541 m. Eine fast unbeschwerliche Gipfelbesteigung, geeignet für Bergwanderer jeden Alters. Günstige Zeit von Anfang Juni bis Anfang November. Besonders empfehlenswert im Herbst, wenn sich die Buchen- und Lärchenwälder verfärben. Der AP liegt an der Niedergaden-Alpenstraße, 800 m nach Passieren der Schwarzeneck-Alm; hier wurde für die Gäste der Bleckwandhütte ein Parkplatz angelegt. Ein schmaler Serpentinensteig leitet in 30 Min. durch den hochstämmigen Wald hinauf zur Hütte (1329) des Touristenvereins Naturfreunde, Ortsgruppe Strobl. Ihre Lage mit Ausblicken auf Wolfgangsee und Schafberg ist besonders reizvoll. Gegen NW hat man in unmittelbarer Nachbarschaft den Breitenberg (1261) und das Zwölferhorn (1522). Nun folgt man Weg Nr. 31 über den anfangs breiten und allmählich schmäler werdenden Rücken zum Gipfelkreuz (1540) und s. weiter zum höchsten Punkt der Bleckwand (1541), 30 Min. Der im O sich erhebende Sparber (1502) mit seinem gespaltenen Gipfel lenkt die Blicke auf sich. Über dem Weißenbachtal sieht man die ö. Erhebungen der Osterhorngruppe: Rettenkogel (1781), Bergwerkskogel (1781), Rinnkogel (1823) und im S das Gamsfeld (2028). Sie liegen bereits dicht am Grenzverlauf mit Oberösterreich. Bei guten Sichtverhältnissen zeigt sich auch der Hohe Dachstein mit dem Gosaugletscher. Nun auf der Gipfelwiese ein kurzes Wegstück zurück. Noch vor dem Gipfelkreuz leitet li. ein mark. Steig über schöne Almhänge in zirka 30 Min. zur Niedergadenalm (1233) hinab, wo es mehrere Jausenstationen gibt, wie Wetzler, Fumerhütte und Illingbauer. Schließlich hat man auf dem Niedergadensträßchen noch einen guten Kilometer zum AP zurückzugehen, 15 Min. Z zirka 2 Std., LA 2. Hierzu WWK 7 Postalm. **RW 35**

Rund um die Bleckwand, 1541 m. Mit AP Gh. „Mahdhäusl" (680) läßt sich eine abwechslungsvolle Rundwanderung einschließlich einer Gipfelbesteigung unternehmen. Die Zufahrt hierher zweigt von der B 158 nach S ab, HT „Schartenalm". Die Abzweigungsstelle liegt zirka 3 km von Strobl entfernt. Zunächst durch Mischwald über die Untere- und Obere Bleckwandalm in knapp 2 Std. zur Bleckwandhütte (1329). Die Anstiegswege sind mit Nr. 34 bzw. Nr. 32 gekennzeichnet. Auf dem stetig schmäler werdenden Rücken in knapp 30 Min. zum Gipfelkreuz und weiter zum höchsten Punkt (1541). Aussicht → RW 35. Man hat nun die Wahl zwischen dem steilen Direktabstieg Nr. **RW 36**

31 hinab zur bewirtsch. Schartenalm (1051) oder dem mäßigen, jedoch längeren Abstieg über die Niedergadenalm (1233) → RW 35, welcher für eine erholsame Wanderung besser geeignet ist und auch landschaftlich mehr bietet, 1¼ Std. Ab Schartenalm benützt man nicht das in weit ausholenden Serpentinen hinabziehende Schartensträßchen, sondern den mark. Almweg über die Nestleralm und das Quellgebiet des Moosbaches bis li. eine HT zum Gh. „Mahdhäusl" zeigt. Diesen Verbindungsweg Nr. 34 zur Bleckwandalm verläßt man bald wieder, um an der nächsten Abzw. re. auf dem Anstiegsweg zurück zum AP zu gehen. Z zirka 5 Std., LA 2–3. Hierzu WWK 7 Postalm.

Schartenstraße, Schartenalm, 1051 m
Dieses Bergsträßchen ist ein ö. der Bleckwand fast parallel zur Niedergadenstraße verlaufender, einspuriger Fahrweg mit Ausweichen, welcher von der B 158 w. Strobl seinen Ausgang nimmt und zwischen Bleckwand und Sparber (1502) zur bewirtsch. Schartenalm hinaufleitet, 4.5 km, SG 3–4. Von den Kehren im unteren Streckenabschnitt gibt es einen Zugang zum bewirtsch. Mahdhäusl (680).

Weißenbachtal, Postalmhütte, 1282 m
Die Postalm wird nach der Seiser Alm von Fremdenverkehrsbeflissenen als zweitgrößtes, zusammenhängendes Almgebiet Europas apostrophiert. Einen Vergleich mit der berühmten Seiser Alm hält die stark gegliederte Postalm allerdings nicht aus, weil der hochalpine Charakter infolge der geringeren Höhenlage und der weniger profilierten Gebirgsformationen fehlt; hier dominieren Grasberge, auf der Seiser Alm hingegen die vielgezackten Dolomiten.

Von der Wolfgangsee-B 158, Abzweigung an der Strobler Umfahrung, leitet eine mautpflichtige Straße zunächst durch das Weißenbachtal bis zur idyllisch gelegenen Jausenstation „Simonhütte", 6.5 km. Dann gewinnt die durchwegs normal breite und asphaltierte Bergstraße mit neun Kehren, die alle benannt sind wie z.B. Gamsfeldkehre, beträchtlich gegen die Braunalm zu an Höhe und erreicht bald den ö. Rand der Postalm. Hier Straßenteilung: li. zum Groß-Parkplatz, re. zum Höhenparkplatz (1300). Die Höchststeigung beträgt nur 9%, SG 2. Den EP „Höhenparkplatz" erreicht man 14.5 km von der B 158 entfernt. An Schönwettertagen ist die Postalm ein stark frequentiertes Ausflugsgebiet. Parken nur auf eigene Gefahr, für Parkschäden durch weidendes Vieh wird keine Haftung übernommen! Die Postalmhütte unter der Kapelle liegt nur wenige Gehmin. vom Höhenparkplatz entfernt.

W **Sparber, 1502 m.** Der Sparber mit seinem interessanten, gespaltenen Gipfel
37 zählt zwar zu den lohnendsten Aussichtsbergen im S des Wolfgangsees, doch ist seine Besteigung etwas beschwerlich. Der AP ist beim Gh. „Weberhäusl" (560). Zufahrt von der B 158 s. Strobl und vom „Bachlerwirt" in Weißenbach. Bis zum Almgh. „Kleefeld" mit Forellenzucht und kleinem Wildgehege folgt man der Mark. 7 bzw. AV-Mark. 879, zirka 30 Min. Auf halber Wegstrecke zweigt re. der mit Nr. 8 mark. Zugang zum Aussichtspunkt unterhalb des Brustwandkopfes (895) ab, HT „Zur Aussicht". Sehr schöner Blick auf Wolfgangsee und Schafberg. Hinter dem Kleefeldhof verläßt man den AV-Weg und zweigt re. ab, um auf Weg neben dem Schärferbach zur Dürntalalpe (977) mäßig anzusteigen. Dann kräftigerer Anstieg und über die sö. Flanke zum Sparbergipfel, 3½ Std. Rückweg wie Anstiegsweg. Z 5½ Std., LA 3. Hierzu Wanderwege-Karte 7 Postalm.

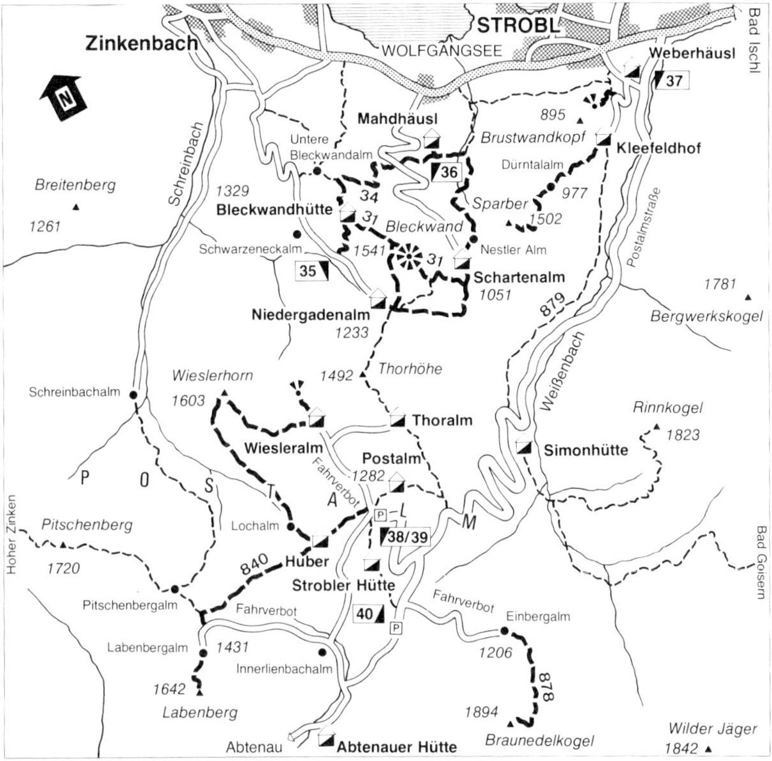

Wanderwege-Karte 7 Postalm

Labenberg, 1642 m. Eine leichte und familienfreundliche Bergwanderung, welche beim Höhenparkplatz an der Postalm ihren AP hat. Man folgt zunächst dem Weg mit AV-Mark. 840, welcher fast flach über das Berggh. ,,Huber" (Schermbergler Hütte) in sw. Richtung verläuft, bis man an eine Gabelung gelangt: nun li. zur unbewirtsch. Labenbergalm (1431), 1 1/4 Std. Der AV-Weg führt re. zum Pfitschenberg und zum Hohen Zinken (1764) weiter. Bald trifft man mit dem Almweg zusammen, welcher von der Innerlienbachalm heraufzieht, Zufahrt bis zum Parkplatz beim Lienbachhof. Von der Labenbergalm in 45 Min. über einen Grasrücken, zuletzt etwas steilerer Anstieg zum Gipfel. Von dort hat man einen guten Überblick des gesamten Postalmgebietes, der größten zusammenhängenden Alm Österreichs. Zirka 5000 Stück Rind- und Jungvieh werden hier im Sommer aufgetrieben. Milch, Butter, Topfen und Bauernbrot kann man meist bei den Sennern erhalten. Z 3 1/2 Std., LA 2. Hierzu WWK 7 Postalm. **W 38**

RW 39 **Wieslerhorn*, 1603 m.** Das Wieslerhorn ist ein besonders lohnender Aussichtsberg im NW der Postalm. Der Gestalt nach handelt es sich um einen nach S abgeplatteten Grasberg mit einer auffallend profilierten Spitze, die sich mit einem Horn vergleichen läßt. Nach N steil abfallender und vorwiegend bewaldeter Berg. AP ist der Höhenparkplatz an der Postalm. Man folgt zunächst der AV-Mark. 840 zum Alpengh. „Huber" (Schermberger Hütte). Ein rot mark. Steig leitet an der Lochalm (1320) vorbei und zieht hoch über dem Wieslergraben von S her auf den teilweise mit Almböden bedeckten und mit hochstämmigen Lärchen garnierten Rücken zum Gipfelkreuz, 1 1/2 Std. Prachtvolle Aussicht hinab zum Wolfgangsee und hinüber zum Schafberg. Nach NO blickt man in den Talkessel von Bad Ischl. Im SW ragt das Osterhorn (1749) auf, nachdem diese Gebirgsgruppe benannt wurde, im SO das Gamsfeld und dahinter der Hohe Dachstein (2995) mit dem Großen Gosaugletscher. Zurück kann man den direkten Steig (stellenweise nur Spuren) mit rot mark. Steinen bzw. mark. Felspartien hinab zur Wiesleralm (1361) wählen, 30 Min. Der Abstieg vollzieht sich in baumlosen und steilem Gelände; an heißen Tagen ist man dort der Sonne stark ausgesetzt. Mehrere Jausenstationen laden auf der Wiesleralm zu einer wohlverdienten Rast ein: die Erlbachhütte, die Station „Seeblick" und die Station „Schafbergblick". Von dort sind es nur 15 Gehmin. zur sogenannten „Kleinen Aussicht" (diese im Gegensatz zur „Großen Aussicht" auf dem Wieslerhorn), welche man von einem bewaldeten Sporn gegen den Wolfgangsee zu hat. Auf dem Güterweg, welcher fast flach verläuft, in 30 Min. zurück zum AP. Große Rinder- und Pferdeherden, welche auf den Almwiesen neben dem Weg weiden, üben meist auf jung und alt eine bemerkenswerte Anziehung aus. Z 2 1/2 bis 3 Std., LA 2. Hierzu WWK 7 Postalm.

W 40 **Braunedelkogel*, 1894 m.** Dieser Aussichtsgipfel lockt besonders die Bergsteiger an. Als AP empfiehlt sich der Großparkplatz (1200), HT an der Straße, Abzw. li. zum „Unteren Parkplatz". Ein mark. Güterweg leitet von der Schnitzhofalm über den Rußbach zunächst zur sö. gelegenen Einbergalm (1206). Hier beginnt im engeren Sinne der Anstieg, wobei zirka 700 m HU zu überwinden sind. Man folgt auf einem Fußsteig der Mark. 878. Der Weg leitet an den Schrofen in einen Pfad über und führt an der NO-Flanke des Berges zum Gipfel, 2 1/2 Std. Reiches Vorkommen von Alpenrosen, daher zur Zeit ihrer Blüte besonders lohnend. Z 4 bis 4 1/2 Std., LA 2–3. Hierzu WWK 7 Postalm.

W 41 **Schafberg**, 1782 m, AP St. Wolfgang.** Auffahrt von St. Wolfgang (549) mit der Schafbergbahn, einer der noch wenigen dampflokbetriebenen Zahnradbahnen in den Alpen. Ihr Vorbild war die im Jahre 1871 eröffnete Rigibahn am Vierwaldstätter See in der Zentralschweiz. Aus Gründen der Nostalgie zählt sie, 1893 eröffnet, heute zu den meist frequentierten Bergbahnen, welche von Mitte Mai bis Anfang Oktober verkehrt. Pfauchend und qualmend schieben die Dampflokomotiven ihre Züge in zirka 1 Std. zur Bergstation. Der berühmte Aussichtsberg bietet ein Rundum-Panorama, das seinesgleichen

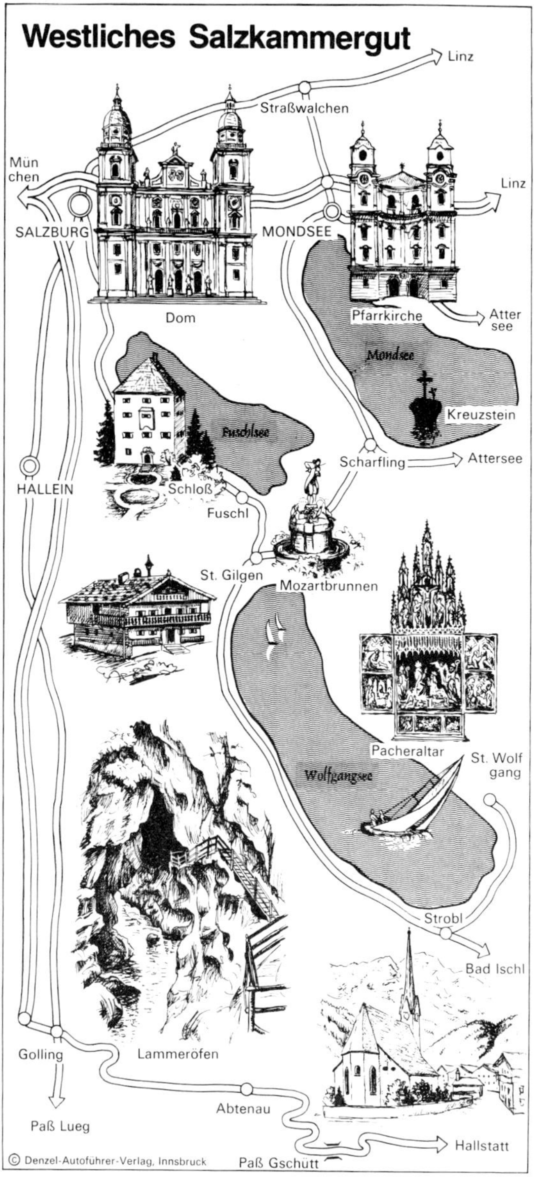
Westliches Salzkammergut
Linz
Straßwalchen
Mün
chen
Linz
SALZBURG
MONDSEE
Dom
Pfarrkirche
Atter
see
Mondsee
Kreuzstein
Fuschlsee
Scharfling
Attersee
HALLEIN
Schloß
Fuschl
St. Gilgen
Mozartbrunnen
Pacheraltar
St. Wolf
gang
Wolfgangsee
Strobl
Bad Ischl
Golling
Lammeröfen
Abtenau
Paß Lueg
Hallstatt
© Denzel-Autoführer-Verlag, Innsbruck
Paß Gschütt

sucht. Dominant sind die Ausblicke auf die Berge- und Seenlandschaft des Salzkammergutes. Insgesamt kann man 14 Seen zählen! Weit reicht der Blick nach N in das mehr flache Land Oberösterreichs bis sich Himmel und Erde vermählen. Die Bergabwanderung auf Weg Nr. 20 über die Schafbergalm und weiter talwärts auf dem Riedersteig, Mark. Nr. 23 über die Dorneralm, nimmt einen Z von zirka 2 Std. und eine LA 2 in Anspruch. Sie verläuft auf längeren Strecken fast parallel und mit Abstand zur Zahnradbahn. Hierzu Wanderwege-Karte 6 Schafberg.

RW 42 **Rund um den Schafberg**, 1782 m AP St. Wolfgang.** Diese empfehlenswerte Umwanderung des Gipfelmassivs erfordert einen Z von zirka 4 1/2 Std. einschließlich einer Gipfelbesteigung, wobei summarisch für Auf und Ab zirka 1000 Höhenmeter zu bewältigen sind. Der Purtschellersteig auf der Südseite des Schafberges erfordert allerdings Trittsicherheit, doch sind exponierte Stellen am Felsen durch Drahtseile abgesichert. Bis zur Zwischenstation Schafbergalpe (1364) benützt man die Schafbergbahn. Es empfiehlt sich, eine Hin- und Retourkarte zu lösen.

Zunächst auf Weg Nr. 20 über einen Grashang, dann über Felsplatten und Stufen an der steil abfallenden Nordwestflanke vorbei in 1 1/4 Std. auf das Gipfelplateau mit dem Berghotel. Von hier weiter zur Himmelpforthütte. Durch die „Himmelpforte" auf gut angelegtem Serpentinensteig Nr. 17 die steile Rinne hinab, an deren Fußpunkt man sich nach O wendet. Nun entlang der eindrucksvollen Nordabstürze in Richtung Suissenlacke bei anfangs leichtem, später stärkerem Gefälle. Bei der Wegeteilung hält man sich re. (li. führt ein anderer Weg hinab zur Eisenauer Alm). Man gelangt zuerst zum Mittersee (1390) und über einen zahmen Sattel (1437) am ö. Törlspitz vorbei zum Wegeknoten am Mönichsee (1280) hinunter. Dort hält man sich dann scharf re.; der Purtschellersteig, Mark. 17, führt zunächst durch den Wald bergan und dann über steil abfallende Grashänge bis man in ein felsiges Gelände kommt. Hier ist eine besonders exponierte Stelle zu überwinden. Schließlich wandert man über flache Grashänge mäßig bergab bis man wieder auf die Trasse der Zahnradbahn trifft. Zuletzt etwas steiler hinab zur Station Schafbergalpe und mit der Bahn zurück zum AP. LA 3. Hierzu Wanderwege-Karte 6 Schafberg.

Thalgau-Hof bei Salzburg-Ebenau-Hallein

Diese gut ausgebaute Verbindung gestattet ohne nennenswerte Steigungsstrecken eine großzügige Umfahrung des Großsiedlungsraumes Salzburg im O der Stadt und vermittelt günstige Zufahrtsmöglichkeiten von NW her in das beliebte Wandergebiet der Osterhorngruppe. Wegen der relativ schwachen Frequenzen erlaubt sie ein rasches Vorwärtskommen auch während der Hauptreisezeiten. Mögliche Stauräume um den Knoten Salzburg lassen sich vermeiden, wenn man bei der AA Thalgau die Westautobahn verläßt und auf bezeichneter Strecke direkt dem AA Hallein der Tauernautobahn zustrebt.

Rund um die Plötz*, Wieselberg 759 m. Eine abwechslungsvolle, leichte Wanderung für jung und alt, die von April bis Wintereinbruch realisierbar ist. AP ist der Gh. „Schroffengut“ (Brugger) in Vorderschroffenau. Man geht zunächst ein paar hundert Meter neben der Straße in Richtung Ebenau bis man zur Rettenbachbrücke gelangt. Hier zeigt re. eine HT an, daß man sich im „Naturpark Plötz“ befindet. Ein Wiesenweg leitet an der ersten, längst stillgelegten Mühle für Getreide- und Futtermittel vorbei. Man folgt jetzt der blauen Mark. zum 25 m hohen Wasserfall auf einem steilen, jedoch nur kurzem Steig. Dieser ist gegen die Schlucht hin ungesichert. Befinden sich Kinder in Begleitung, so führt man sie am besten an der Hand. Die Staubecken vor den alten Mühlen, die in der Schlucht übereinander angeordnet sind, laden im Sommer zum Baden ein. Der Rettenbach kommt aus dem Koppler Moor und führt nach Regengüssen braunes Moorwasser mit sich. Die oberste Mühle steht romantisch zwischen senkrecht abfallenden Felswänden. Unterhalb des Wasserfalles kolkte der Bach mehrere Dolinen (Strudellöcher) aus, das sind trichterförmige Vertiefungen im Gestein. **RW 43**

Die blaue Mark. leitet nun am eindrucksvollen Wasserfall vorbei, der Weg flacht sich dann ab und man gelangt bei einem Steg zu einer Wegeteilung: geradeaus Weg Nr. 7 (rote Mark.) nach Koppl, li. über den Steg trifft man auf den Höhenweg mit gelber Mark., welchem man durch den Buchenwald aufwärts folgt. Nach zirka 30 Min. erreicht man eine Aussichtsbank, welche vor einer Waldlichtung steht. Von hier blickt man nach S auf die markante Senke am Paß Lueg und hat li. das Tennengebirge und re. das Hagengebirge vor sich. Der breite, stark bewaldete Rücken des Schwarzenberges (1334) verdeckt den Blick ins Salzachtal. Der Höhenweg setzt sich durch einen Taleinschnitt fort. Auf der Gegensteigung im Buchenwald zeigt eine HT den kurzen Abstecher zum „Watzmannblick“ auf dem Wieselberg an. Nun zurück zum Weg mit gelber Mark. und auf einem Serpentinensteig durch den Wald bergab. Am unteren Waldrand verläßt man nun endgültig die gelbe Mark., die nach Ebenau leitet, wo an der nw. Ortseinfahrt eine der alten Getreidemühlen mit zwei Rädern als Schauobjekt aufgestellt ist und dort auch betrieben wird. Am Waldrand folgt man nun li. der blauen Mark. mit Blume und der HT „Waldweg“. Durch den „Naturpark Plötz“ wandert man durch den Fichtenwald leicht bergan und kommt am „Naturbad“ vorbei. Bald trifft man auf den Anstiegssteig und kehrt auf diesem zum AP zurück. Z 1½ bis 2 Std., LA 1–2. Hierzu Wanderwege-Karte 3 Gaisberg.

Hinterebenau – Strubklamm – Vordersee

Dieses 8 km lange, staubfreie Sträßchen verbindet die Hinterebenau durch die vom Almbach gebildete Strubklamm mit dem Hintersee. Es ist nur knapp zweispurig, an Engstellen gibt es Ausweichen. Das Sträßchen windet sich durch die Klammstrecke bis in den Lettengraben, die unübersichtlichen Kurven bedingen eine vorsichtige Fahrweise. Bei den Häusern von Alm kommt man am re. gelegenen Felsenbad vorbei, die tonnenartigen Auskolkungen des Almbaches bilden hier natürliche Bassins für ein Freibad, HT. Der Hintersee steht mit seinem Uferstreifen unter Naturschutz. Vor der Brunnbachbrücke zweigt re. ein asphaltierter Güterweg ab, welcher in das entlegene Wurmwinkltal hinaufleitet. Im Ort Vordersee mündet das Verbindungssträßchen in die gut ausgebaute → Landesstraße Faistenau – Hintersee – Lämmerbach ein.

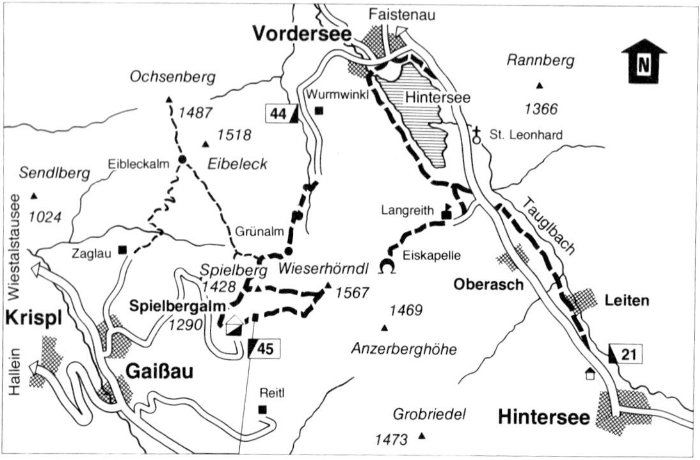

Wanderwege-Karte 8 Hintersee

W 44 **Wieserhörndl, 1567 m, AP Wurmwinkl.** Das Wieserhörndl ist die höchste Erhebung um Faistenau. Vom Ende des Güterweges im Kessel des Wurmwinkltales folgt man der Mark. 50 (AV-Mark. 852) durch den Wald zum Weißen Bach, der überquert wird. Auf dem re. abzw. Almweg geht man nur kurz flach weiter. Dann gewinnt man in mehreren Serpentinen bei Ausblicken auf schroffe Felsen des gegenüberliegenden Berges rasch an Höhe. Allmählich lichtet sich der Buchenwald und nach Überwindung einiger Felsblöcke sind die Böden der Grünalm (1181) erreicht. Durch „saure Wiesen" weiter bergan zum Moser-Denkmal (1247) mit Gedenktafel an den Revierjäger Rupert Moser, welcher von Wilderern erschossen wurde, 1 1/2 Std. Nun verläuft der Steig steil aufwärts und dem Grat entlang. Nach Austritt aus dem Hochwald blickt man zur Spielbergalm hinab, von welcher der s. Anstiegsweg zum Spielberg (1428) heraufleitet; dieser vereinigt sich w. des Gipfels mit dem n., von Wurmwinkl heraufziehenden Weg. Über eine Bergwiese nun zum Gipfelkreuz hinauf, wo sich eine gute Aussicht bietet, die sich vom ö. benachbarten Wieserhörndl (1567) noch wesentlich steigert, 1 1/4 Std. Rückweg wie Anstiegsweg. Z zirka 4 1/2 Std., LA 2–3. Hierzu WWK 8 Hintersee.

Wiestalstausee – Gaißau – Reitlehen

Die Straße beginnt am Wiestalstausee, wo sie beim Gh. „Höhenwart" (586) von der Durchzugsstraße abzweigt. Sie führt mit mehreren, unübersichtlichen Kurven, zweispurig ausgebaut und asphaltiert, am Mörtlbach mäßig aufwärts zum Strubwirt (hier auch Postbus-Haltestelle). Nach N führt die Sendelbergstraße der ÖBF. Li. zweigt über einen Holzsteg das asphaltierte Mautsträßchen zum Gh. „Spielbergalm" (1280) ab; es ist nur einspurig angelegt, hat Ausweichen auf Sicht, die max. Steigung beträgt 13%, SG 3. Wenig weiter gelangt man auf der Landesstraße zum „Sagwirt" in Gaißau (703) und zur Talstation des Doppelsesselliftes in Reitlehen (864), wo die ausgebaute Straße endet, 6 km. Die Straße über den Krispler Sattel → Hallein – Gaißau.

Wieserhörndl, 1567 m, AP Spielbergalm. Vom EP des Mautsträßchens bei der Sessellift-Bergstation auf der Spielbergalm (1310) leitet Weg mit AV-Mark. 852 direkt auf den Gipfel des Wieserhörndls, einem lohnenden und von S her bequem erreichbaren Aussichtsberg, 45 Min. Bergab wählt man mit Vorteil zunächst den Verbindungsweg zum weiter w. gelegenen Spielberg (1428). Vom Gipfelkreuz geht man dann noch ein kurzes Wegstück zum Hochwald hinab. Hier findet man eine Wegeteilung, an der man sich li. hält, denn re. führt ein anderer Weg zum Moser-Denkmal. Der Abstieg in s. Richtung zum Gh. ,,Spielbergalm" ist unbeschwerlich, hier kehrt man zum AP zurück, 1 Std. Z knapp 2 Std., LA 1–2. Hierzu WWK 8 Hintersee. **RW 45**

Hallein–Krispler Sattel–Gaißau

Von Hallein (461), dem Hauptort des Tennengaues, zunächst über die Salzachbrücke und das Bahnhofsgelände. Bei der nächsten Straßenteilung hält man sich li. und folgt der HT ,,Wiestal–Ebenau", überbrückt die Tauernautobahn und folgt nun der Straße am Almbach talein. An der Seefeldmühle (Postbus-Haltestelle) ist re. die Abzw. der normal breiten und asphaltierten Bergstraße zum Krispler Sattel (926); sie überwindet den HU von knapp 500 m am Hohenschneidberg mit nur einer ausgeprägten Kehre. Das Steigungsmaximum erreicht 13%, SG 2. Die sonnigen, terrassenartigen Abhänge bieten gute Ausblicke auf Watzmann und Hochkalter, Hohen Göll und Hagengebirge. Der Gh. ,,Schorn" neben der Straße bietet eine bemerkenswerte Aussicht, auch auf das Salzachtal. Auf der Scheitelhöhe steht das holzschindelbedeckte Kirchlein von Krispl, welches sich reizvoll in die abwechslungsvolle Landschaft einfügt. Die vorzüglich ausgebaute Ostrampe leitet mit Aussicht auf Schmittenstein, Spielberg und Wieserhörndl über zwei Haarnadelkehren, die Schmittensteinkehre (847) und Gaisbergkehre (750) hinab nach Gaißau (703), um beim Sagwirt in die → Talstraße einzumünden. Hallein–Gaißau 15 km.

Gasthof „Zillreit", 1116 m

Kommt man von der Scheitelhöhe in Krispl (926), auf der ein überdachtes Bildstöckl mit der Holzplastik des hl. Leonhard steht, und fährt zirka 1 km auf der w. Rampe Richtung Hallein hinab, so findet man bei einer Postbus-Haltestelle li. den Abzweig (896) des einspurigen, asphaltierten Sträßchens zum Gh. ,,Zillreit". Es ist zirka 3 km lang und leitet auf aussichtsreicher Strecke am Gh. ,,Alpenrose" vorbei, SG 2–3. Schöne Ausblicke auf das Hagengebirge und den Hochkönig mit Übergossener Alm. Die Weiterfahrt zum Formaugut der ÖBF ist nicht gestattet, hingegen wird die kurze Zufahrt zum Halleiner Haus (1143), einer Hütte der Naturfreunde, geduldet.

Schlenken*, 1648 m, und Schmittenstein*, 1695 m. Blickt man in der Umgebung von Hallein auf den Gebirgszug ö. des Salzachtales, so erkennt man über dem Rengerberg sanfte Rasenkuppen, die durch Kämme miteinander verbunden sind; stellenweise sind sie gekrönt von auffallenden felsigen Gipfelaufbauten. Schlenken und Schmittenstein sind charakteristische Vertreter der Osterhorngruppe, die sich vorwiegend aus Oberalmer Schichten aufbaut, in denen schmale Bänder der härteren Barmsteinkalke eingelagert sind. Diese Bänder bilden in Gipfelnähe festungsartige Klötze, welche ein besonderes **RW 46**

Merkmal für zahlreiche Erhebungen in der Osterhorngruppe sind. Selbst Napoleon soll den Schmittenstein anfangs für eine Festung gehalten haben – daß er darauf schießen ließ, ist allerdings ein Märchen! Der Tauglbach bewirkte tiefe Einschnitte in die Oberalmer Schichten, wodurch eindrucksvolle und nur schwer zugängliche Schluchten entstanden sind. Hoch über den Schluchten trifft man ausgedehnte Almgebiete an. Quellen gibt es dort nur in bescheidenem Umfang, dagegen sind Dolinen und Höhlen, besonders zwischen Rengerberg und Tauglboden, recht zahlreich: Namen wie Hennerloch, Hausloch, Reitloch u. a. sind w. des Kasbachgrabens zu finden. Den Kontrast dieser Landschaft zwischen romantischen Schluchten, ausgedehnten Almböden, dunkelgrünen Latschenfeldern und schroffen, kalkfarbenen Gipfelaufbauten empfindet der Bergwanderer als besonders reizvoll.

Vom AP beim Gh. ,,Zillreith" (1116) leitet der Weg mit AV-Mark. 840 zunächst zu der auf einer Waldblöße liegenden Halleiner Hütte (1143). Die Ferienkolonie und den abgebrannten Gh. ,,Formau" läßt man auf dem Weiterweg re. liegen. Dann trifft man auf eine Wegeteilung: re. zur Schlenkenalm, li. der Mark. 840 folgend, Anstieg durch den Wald zum Kammrücken, der sich bald zu einer Schneide verschmälert. Nach 1 1/4 Std. hat man die ,,Jagernasen" (1507), eine ausgeprägte Felskanzel mit Tiefblicken auf Gaißau und die Talung des Mörtlbaches erreicht. Nach W Ausblicke auf Hallein und hinüber zum Untersberg. Die nun anschließende Gratwanderung hinüber zum Schlenken erfordert Trittsicherheit und Schwindelfreiheit; es ist jedoch möglich, die ausgesetzte Passage auf einem mark. Steiglein re. zu umgehen. Nach weiteren 45 Min. ist man auf dem Gipfel des Schlenken (1648) angelangt. Prächtiges Panorama mit Untersberg, Hagengebirge, Hoher Göll, Hochkönig mit Übergossener Alm, Tennengebirge und Dachstein, bei guten Sichtverhältnissen auch einige Erhebungen der Niederen Tauern.

Für die Kammwanderung bis zum Schmittenstein (1695) ist eine weitere Std. anzusetzen. Der Weg verläuft anfangs fast flach und teilweise durch Latschen. An einer ausgesetzten Stelle leitet ein Drahtseil über eine Felsschneide. Schließlich hat man von einem Sattel aus noch einen letzten Gipfelanstieg zu bewältigen, der jedoch unbeschwerlich ist. Der gut mark. Steig zieht nun von N her zum Gipfel hinauf, dessen Aussicht jener vom Schlenken ähnelt, vom Gh. ,,Zillreit" 3 Std.

Rückweg: vom Gipfel hinab zum vorher erwähnten Sattel (1560). Nun folgt man der Abzw. li. zur Schlenkenalm; bei einer Wegeteilung hält man sich re., denn geradeaus kommt man zur Tenneralm (1270) und zur Nigelkaralm hinab. Auf dem fast flachen Weg zur Schlenkenalm (1374) lädt ein Brünnlein mit Quellwasser zu einer willkommenen Erfrischung ein. Am Almgatter angelangt, wählt man den oberen Almweg. Den direkten Abstieg vom Schlenken zur Schlenkenalm wird benützen, wer die RW nur auf einen der beiden Aussichtsgipfel beschränken möchte. Schließlich führt der Rückweg durch den Wald hinab und trifft nw. Formau wieder auf den Anstiegsweg. Z 4 1/2 bis 5 Std., LA 2–3.

TENNENGAU

Salzburg-Hallein-Golling-Paß Lueg

Mehrere Verkehrswege stehen für diese Route im Salzachtal zur Verfügung: wählt man die Ausfahrt orographisch re. der Salzach, so fährt man ab Nonntalbrücke über die Aigner Straße nach Elsbethen und auf gut ausgebauter Landesstraße nach Hallein. Bleibt man li. der Salzach, so benützt man die Ausfahrt durch die Alpenstraße und hält sich in Anif li., um der Salzachtal-B 159 nach Hallein zu folgen. Schließlich kann man auch zwischen der AA Salzburg-Süd und der AA Golling die Tauernautobahn befahren. Während die B 159 durch den Scheiteltunnel des Paß Lueg (552) leitet, überwindet die Autobahn den Engpaß der Salzach mit den wildromantischen Salzachöfen in zwei Tunnels. Der B 159 fehlt zwischen Anif und Golling ein neuzeitlicher Ausbau: man muß mitten durch die Orte fahren.

Schloßpark Hellbrunn. Die weitläufige und besonders besuchenswerte **W**
Anlage ist der älteste Barockpark Österreichs. Das frühbarocke Lustschloß, **47**
in dem von April bis Oktober Führungen stattfinden, wurde von Santino Solari für Erzbischof Markus Sittikus 1613–1619 erbaut. Im Garten Vorführung der kunstvollen Wasserspiele. Das „Römische Theater" mit Statuennischen ist mit reichem Kieselmosaik verziert. Die „Orpheusgrotte" ist ein Steinhäuschen, dessen Innenraum durch Tuffsteinverkleidung zu einer Grotte umgestaltet wurde. Gegenüber der sehenswerten „Neptungrotte" liegen der „Sternweiher" und der „Brunnen Altemps"; jeder Sternspitze entspringt eine Quelle. Eine Steinbockgrotte und ein Dianabrunnen flankieren den Zuschauerraum für das „Mechanische Theater", ein aus 256 geschnitzten Holzfiguren bestehendes und durch Wasserkraft betriebenes Theater. In der mit Tuff verkleideten „Midas- oder Kronengrotte" treibt ein Wasserstrahl eine Krone zur Decke. In den meisten Grotten gibt es verborgene Wasserdüsen, die überraschend in Aktion treten und sommerlichen Besuchern zu einer spontanen Erfrischung verhelfen. Im Garten großer „Karpfen- oder Inselweiher"; nicht weit davon entfernt, im sogenannten „Englischen Park" eine Statue der Kaiserin Elisabeth. Im weitläufigen Park schöne Spazierwege nach O und SO mit aufgestellten Ruhebänken. Große Spielwiese. Im „Monatsschlößchen" auf dem Hellbrunner Berg fand das Salzburger Volkskundemuseum mit bemerkenswerten Sammlungen Unterkunft. Das „Steintheater" (Felsentheater) mit der ältesten Gartenfreilichtbühne Europas ist aus einem Natursteinbruch entstanden. Besuchenswert ist auch der Tiergarten im w. Teil des Schlosses, welcher als Bergwelt-Zoo vor allem Tiere der Alpen wie Steinwild, Gemsen, Rotwild u. a. zeigt. Das Freigehege mit seinen Felskulissen erweckt eine naturgetreue Nachempfindung vom Lebensraum des Wildes. Hellbrunn liegt im S von Salzburg und ist zirka 5 km vom Stadtzentrum entfernt. Zufahrt sowohl über die Alpenstraße als auch über die Nonntaler Hauptstraße und Morzger Straße.

Parkplätze vor dem Haupteingang und am Fürstenweg; für die Besucher des Bergwelt-Zoos empfiehlt es sich, das Fahrzeug beim Parkplatz an der Morzger Straße abzustellen. Z nach Belieben, LA 1.

RW 48 **Glasenbachklamm, AP Gh. „Lohhäusl", 480 m.** Eine Wanderung durch die 3 km lange Klamm läßt sich bei jung und alt ohne Probleme ausführen. Sie liegt im Naherholungsbereich der Stadt Salzburg und ist während der ganzen schneefreien Jahreszeit auf einem breiten Weg bequem begehbar. Ganz besonders lohnt sich eine herbstliche Wanderung, wenn das Laub der Buchen, Bergahorne, Eschen und Ulmen sich verfärbt hat und bei mittags einfallenden Sonnenstrahlen sehr stimmungsvoll wirkt; auch die Farben der verschiedenen Gesteinsarten bzw. Konglomeraten kommen durch das reflektierende Licht voll zur Geltung. Der AP läßt sich bequem entweder über die Oberalmer Landesstraße oder die Alpenstraße und die Glasenbacher Salzachbrücke erreichen. Im Ort Glasenbach nach der Klausbachbrücke erste Abzw. li. mit Zufahrt zur Jausenstation ,,Lohhäusl" einbiegen, wo man sein Fahrzeug abstellen kann.

Der breite Fußweg leitet auf dem orogr. li. Uferstreifen neben dem Klausbach, der nach zwei Drittel der Strecke einen scharfen Knick nach N macht. Die Schlucht ist keineswegs so eng und düster wie die berühmten Felsklammen im Pinzgau und im Pongau, wo die Felswände oft so stark zusammentreten, daß kaum mehr ein Spalt Himmel zu sehen ist. Die Glasenbachklamm ist eher unter die zahmen Klammstrecken einzuordnen, wie sie häufig auch in Mittelgebirgen anzutreffen sind. Am oberen Ausgang hält man sich li. und folgt dem Weg hinauf zum Gh. ,,Schwaitlalm", 1 Std. Möchte man nicht auf dem gleichen Weg zurück, so kann man das Sträßchen über Vorderfager benützen und hat dann wieder einen Fußweg hinab nach Glasenbach. Im Ort folgt man unmittelbar nach der Klausbachbrücke dem Klammweg, welcher zum AP zurückleitet. Z 2 bis 2½ Std., LA 1–2. Hierzu Wanderwege-Karte 3 Gaisberg.

Gh. Erentrudisalpe, 906 m, und Gh. Fageralm, 887m

Das asphaltierte, 5.3 km lange Bergsträßchen nimmt in Glasenbach (450) unweit des Ausflugsgh. ,,Lohhäusl" seinen Ausgang und leitet s. und oberhalb der Glasenbachklamm durch schönen Buchenwald. Mit vier Kehren gewinnt es bald an Höhe, die Steigung beträgt max. 11 % Bei Gfalls hält man sich an der Gabelung re. (li. nach Höhenwald 2 km). Kurvenreich gelangt man auf dem nur knapp zweispurigen Sträßchen über Oberleiten zur reizvoll auf einer aussichtsreichen Terrasse gelegenen Erentrudisalpe mit gelobtem Einkehrgh., 4.5 km. Nach weiteren 800 m endet das Sträßchen beim Alpengh. ,,Fageralm", SG 2–3.

Berghotel „Schwaitlalm", 620 m

An der Straße von Glasenbach nach Ebenau bzw. zum Wiestal-Stausee liegt unweit der Straßenteilung von Vorderfager das gepflegte Berghotel, welches wegen seiner Nähe zur Stadt Salzburg auch ein beliebtes Ausflugsziel der Salzburger ist. Besonders im Zusammenhang mit einem Besuch von Hellbrunn oder einer Fahrt auf den aussichtsreichen Gaisberg läßt sich eine Einkehr auf der Schwaitlalm günstig verbinden.

Erentrudisalpe, 906 m. Eine kleine, aber nicht minder reizvolle Rundwanderung nimmt vom Bergsträßchen w. des Gh. ,,Erentrudisalpe" ihren Ausgang und leitet zunächst auf einem Wiesensteig mäßig zur Schwarzenbergalm aufwärts. Weg Nr. 1 (schwarzer Einser auf gelbem Grund) wechselt nun über in eine heitere Landschaft mit lichtem Mischwald, Almböden, zwischendurch Wacholderstauden und ausgedehnte Flecken mit Erika, welche einen heideartigen Charakter ausstrahlen. An Waldblößen sieht man hinüber zum Untersberg. In s. Richtung erblickt man unterhalb der Terrasse den ,,Vollererhof" (762), der ebenfalls als AP für diese RW in Betracht kommt (Zufahrt von Puch bei Hallein über den ,,Finkenwirt"). Bald mündet der Fußweg in einen stark geschotterten Güterweg, der vom ,,Vollererhof" heraufzieht. Diesem folgt man nur ein kurzes Stück bis li. ein Holzbringungsweg in den Hochwald abzweigt. Nun heißt es achtgeben: es zweigt bald li. ein schmaler Holzziehweg ab, der durch das dichte Unterholz ansteigt. Auf diesem geht man so lange bis man den vom Mühlstein (1059) herabziehenden Steig mit blauer Mark. kreuzt. Diesem folgt man nun durch Wald und schöne Bergwiesen abwärts und gelangt zum AP zurück. Eine besonders an heißen Sommertagen empfehlenswerte Wanderung. Z 1½ Std., LA 1–2.

RW 49

Für Leute, die gern und viel über Almen und durch einsame Wälder gehen wollen, ist die große Wanderung ,,Rund um den Mühlstein" auf durchgehend mark. Wegen das Richtige. Sie leitet vom Gh. ,,Erentrudisalpe" zunächst in ö. Richtung über den Lettenbach zum Gehöft Schermau oberhalb des Gh. ,,Fageralm" (887). Dort zweigt vom Bergsträßchen ein mark. Fußweg ab, welcher hinab über Höhenwald (702) nach Hirsteig zieht. Weiter auf Fahrweg über Schönau nach Haslau (657). Von hier leitet der Fußweg über den Klausbach, an den Gehöften von Klaus und Mühlstein vorbei nach Gimpl (741) im Hinteren Wiestal. Dort hat man wiederum einen Fahrweg, Mark. 2. Vor Tratten biegt man auf Fußsteig 1 b zum ,,Vollererhof" ab und folgt dann der Mark. 1 bis man auf den eingangs beschriebenen kleinen Rundgang trifft. Über die Schwarzenbergalm zurück zum AP. Z 4½ bis 5 Std., LA 2. Hierzu WWK 3 Gaisberg.

Hallein (450) ist mit 14.500 Einwohnern die zweitgrößte Bezirksstadt des Salzburger Landes. Stadtrecht seit dem Jahr 1230. Die Stadt liegt zwischen der Salzach und dem Dürrnberg, dessen Salzlager bereits in prähistorischer Zeit abgebaut wurden, und erlebte durch den Salzhandel im 13. und 14. Jh. ihre Blütezeit. Durch Niederlassungen von Industriebetrieben ist in jüngerer Vergangenheit die alte Salinenstadt weit über den mittelalterlichen Rahmen hinausgewachsen. Mehrere altehrwürdige Häuserzeilen im Inn-Salzachstil blieben der Nachwelt erhalten. Im besuchenswerten Keltenmuseum befinden sich großartige Funde aus Keltengräbern, auch Bodenfunde aus der jüngeren Bronzezeit, aus der Hallstatt-, Latène- und Römerzeit, u. a. die berühmte, vorgeschichtliche Schnabelkanne aus Bronze vom Dürrnberg. Im Museum ist auch die Originalgitarre F. X. Grubers, auf welcher der Welt schönstes Weinachtslied ,,Stille Nacht, heilige Nacht" erstmals erklungen ist, aufbewahrt. Das Salzachtal ist im Verkehrsraum Salzburg–Hallein durch Eisenbahn, Autobahn, Bundes-, Landes- und Gemeindestraßen hervorragend erschlossen. Eine Kabinenseilbahn leitet nach Bad Dürrnberg hinauf, das auch durch eine neue Straße mit Hallein verbunden wird.

Das **Halleiner Salzbergwerk am Dürrnberg** zählt zu den ältesten Bergbauen Mitteleuropas. Das äußerst interessante Schaubergwerk ist vom 1. Mai bis 30. Sept. täglich geöffnet; vom 1. Mai bis 15. Juni und vom 1. Sept. bis 30. Sept. jeweils zwischen 9 und 17 Uhr, vom 16. Juni bis 31. August von 8 bis 17 Uhr. Der Besucher wird mit einem Lokzug im Obersteinbergstollen (735) in die Grube gebracht. Die Besichtigung umfaßt zwei Etagen, die mit „Rutschen" völlig gefahrlos von Groß und Klein befahren werden können. Unterirdische Schaustellen und ein Laugwerk (Salzsee) zeigen die Entwicklung des Salzwesens von der Frühgeschichte bis zur Gegenwart. Zirka 200 m unter der Erdoberfläche ist die Staatsgrenze symbolisch durch eine Tafel angezeigt, die Grenze wird hier ohne Ausweis überschritten. Aufgrund der Salinenkonvention aus dem Jahre 1829 kann Österreich innerhalb eines festgelegten Grubenfeldes unter dem Berchtesgadener Gebiet Salz abbauen; dafür haben 90 bayrische Lehensbesitzer das Recht auf Arbeit in diesem Bergbau, außerdem besitzt Bayern das Nutzungsrecht in den österr. Saalachforsten, welche sich s. von Lofer im Pinzgauer Saalachtal ausdehnen. Nach der Auffahrt mit einer Rolltreppe erfolgt die Ausfahrt auf Grubenwagen mit einem Lokzug durch den Obersteinbergstollen zurück zum AP. Man kann einschließlich der Seilbahnbenützung mit einem zeitlichen Aufwand von 2 Std. rechnen, wobei die Führung durch das Bergwerk 1 1/4 Std. in Anspruch nimmt.

Dürrnberg-Panoramastraße*, Grenzübertrittsstelle Dürrnberg, 860 m

Die neue, hervorragend ausgebaute Straße ersetzt die alte Salzbergstraße, welche mit einem Steigungsmaximum von 34% zu den steilsten Bergstraßen Österreichs zählte. Jetzt können auch große Busse mühelos bei einer durchschnittlichen Steigung von nur 7% auf zweispuriger Asphaltstraße von Hallein (469) nach Bad Dürrnberg und zum Großparkplatz vor dem Bergbau-Museum gelangen. Die neue Straße nimmt ihren Ausgang von der Salzachtal-B 156 am n. Stadtrand von Hallein und leitet zunächst durch eine betonierte Galerie in Richtung zum Gh. Wegscheid, welches etwas abseits der Straße liegt; nach re. zweigt der Kleinkirchentalweg ab, HT. Man quert das Zillsträßchen und den Wanderweg „Hühnerleit'n" bzw. den Weg zu den Barmsteinen. HT zeigen die Zufahrten nach Bad Dürrnberg und zum Bergbau-Museum an. Ein Sessellift schwebt bis auf den Gipfel des Zinken (1337). Die Aussicht von der Panoramastraße reicht nach N bis Salzburg mit der deutlich erkennbaren Festung Hohensalzburg, nach O vor allem auf die Erhebungen der Osterhorngruppe. Der letzte Straßenkilometer zum Gemeinschaftszollamt Dürrnberg war im Bj. nicht ausgebaut, SG 1-2.

Von Hallein aus kann man mit der Kabinenseilbahn oder über die neuerbaute Panoramastraße bzw. zu Fuß über den Knappensteig bis zum Bergeinfahrtsgebäude auf den Dürrnberg gelangen; dort sind sowohl für Busse als auch für Pkw genügend Parkplätze vorhanden. Der Kurort Bad Dürrnberg (770) liegt mit seinem Salzbergwerk 350 m über dem Salzachtal.

An der Vervollkommnung bzw. Aktualisierung der **kombiführer auto + wanderschuh** wird redaktionell ständig gearbeitet. Berichtigungen und Verbesserungsvorschläge werden unter Hinweis auf diese Ausgabe dankbar entgegengenommen.

Verlag Harald Denzel KG, Redaktion Auto- und Wanderführer,
A-6020 Innsbruck, Maximilianstraße 9

Darstellung der **Grubenausfahrt** früherer Jahre. Nach einem alten Stich von Hans Brunner im Archiv der Österr. Salinen AG

Kleiner Barmstein*, 851 m, AP Hallein. Der Kleine Barmstein ist in Wirk- **W**
lichkeit der um zirka 10 m höhere von den beiden Barmsteinen. Kommt man **50**
aus Richtung Salzburg nach Hallein, so heben sich ihre charakteristischen Felsfiguren als Wahrzeichen Halleins schon von weither deutlich vom Horizont ab. Sie bestehen aus den vor zirka 100 Millionen Jahren abgelagerten Barmsteinkalken, wie man sie auch beim Schmittenstein und bei anderen Gipfelaufbauten in der Osterhorngruppe kennt, allerdings mit dem Unterschied, daß bei den Barmsteinen mit ihren schmalen Schneiden die Gesteinsschichten senkrecht stehen, wogegen beim Schmittenstein eine horizontale Ablagerung stattgefunden hat.

In der Stadt Hallein geht man über den Oberen Markt am Grabmal Franz Xaver Grubers, einem der beiden Liedschöpfer des wohl schönsten deutschen Weihnachtsliedes „Stille Nacht, heilige Nacht“ zur Kirche. Dann biegt man in die stark ansteigende, alte Dürrnbergstraße ein und folgt dieser bis zum Gh. „Gemse“. Einige Schritte weiter beginnt re. der rot-weiß mark. Waldweg über die Ruine „Thürndl“ (abgeleitet von Turm) und die Landesgrenze (HT) zur sw. Wand des Kleinen Barmsteins. Sowohl die Ruine „Thürndl“ als auch die weiter n. gelegene Ruine „Gutrath“ sind Reste einer alten Befestigungsanlage, welche einst der Überwachung und Sicherung der Salztransporte zwischen Hallein und Salzburg diente. Im schattigen Buchenwald trifft man am Fuße des Kleinen Barmsteines auf einen Rastplatz mit Bänken, 1 1/4 Std. Hier mündet auch der kurze, von → Oberbarmstein herüberziehende Fußweg ein.

Von den beiden Barmsteinen gilt der Kleine als der leichter besteigbare. Die AV-Sektion Hallein hat hier in das Gestein Stufen gehauen und den Steig mit Stangen und Drahtseilen gut abgesichert. Dennoch erfolgt seine unschwierige Begehung, die ohne Zweifel ein alpines Erlebnis ist, ausnahmslos auf eigene Gefahr, 20 Min. Auf dem Gipfel steht eine Rastbank neben dem Maibaum, welcher von der Gemeinde Mehlweg-Barmstein errichtet wurde. Die Aussicht richtet sich auf das Salzachtal, auf Bad Dürrnberg, auf den schön geformten Watzmann mit seinem „Spiegelbild", den Hochkalter, weiters auf den Hohen Göll und auf die Erhebungen der Osterhorngruppe. Besonders beeindruckt der Tiefblick durch eine Felsenkluft auf die Halleiner Altstadt. Zurück kommt die Wegvariante über die Gehöfte von Barmstein in Betracht. Wegen Überschreitens der Staatsgrenze empfiehlt es sich, einen Personalausweis mitzuführen. Ein wesentlich steilerer Aufstieg nimmt n. der Brauerei Kaltenhausen seinen Ausgang; von diesem bewaldeten Serpentinensteig zweigt im oberen Drittel der Klettersteig mit einer Drahtseillänge von 30 m auf den Großen Barmstein ab. Z 2 1/2 bis 3 Std., LA 2–3. Hierzu WWK 37 Untersberg.

Vigaun – St. Koloman – Wegscheid bzw. Sommerau
Die ausgebaute Landesstraße nimmt in Langwies s. von Hallein ihren Ausgang an der Salzachtal-B 159 und leitet durch die Unterführung der Tauernautobahn nach Vigaun (469). Die alte Römberbrücke über den Tauglbach wird umfahren. An der Straßenteilung in Hellweng fährt man geradeaus weiter. Der St. Kolomaner Gletscherschliff (692) neben der neuen Straße ist ein sehenswertes Naturdenkmal; Schautafeln informieren über seine Entstehung. St. Koloman (848) ist Hauptort auf der terrassenartigen Taugl, 7 km ab B 159, und liegt inmitten einer Wegspinne. Der benachbarte Ort Wegscheid liegt wenig s. auf dem Oberlangenberg → Sträßchen zum Seewaldsee. Im Bj. endete der ausgebaute Straßenzustand auf der Taugl beim Gh. „Zur Sommerau", das man von Hellweng auch auf einer kürzeren, jedoch schmalen und windungsreichen Strecke erreichen kann. In Sommerau Straßenteilung: li. hinab durch den Tauglboden zum → Gh. „Grundbichl", re. zur Enzianhütte auf der → Vordertrattberg-Alm, 9 km.

St. Kolomaner Gletscherschliff. Der Fels wurde durch den Gletscher, der in der Eiszeit vom Lammertal nach NW floß, glattgeschliffen. Dabei lagerte sich auf dem Fels die Moräne ab, die aus Gesteinstrümmern und Lehm besteht. Nach Abschmelzen des Gletschers vor zirka 12.000 Jahren blieb die Moräne liegen. Der vom Gletscher blankgeschliffene Fels wurde hier 1974 bei Straßenbauarbeiten zufällig entdeckt und durch Abtragung der Moräne freigelegt. Um dieses Naturdenkmal zu erhalten, mußte die Trasse bei hohem Kostenaufwand verlegt werden.

Rastplätze sollte man stets so verlassen, wie man sie anzutreffen wünscht. Sorgloses Auslösen von Wald- und Flächenbränden durch Wegwerfen brennender Streichhölzer, Zigarren und Zigaretten ist unbedingt zu vermeiden.

Anschlußstellen der Tauernautobahn im Land Salzburg

HA = Halbanschlußstelle, VA = Vollanschlußstelle. Die Kilometrierung beginnt an der A 1 (Westautobahn) im Salzburger Autobahndreieck am Fuße des Walserberges. Hinter den Anschlußstellen angeführte Ortsnamen beziehen sich auf die jeweils anfahrbaren Zielorte bei kürzesten Distanzen.

km	Name	Art Richtung	Zielorte
8	Salzburg-Süd	VA	Niederalm, St. Leonhard Markt Schellenberg Berchtesgaden
16	Hallein	VA	Ebenau, Adnet, Krispl, Vigaun, St. Koloman, Kaltenhausen, Bad Dürrnberg
22	Kuchl	HA ⇄ Salzburg	Vigaun, St. Koloman, Oberlangenberg, Voregg, Gasteig
27	Golling	VA	Lammertal, Abentau, Paß Gschütt, Lungötz
34	Paß Lueg (Stegenwald)	HA ⇄ Salzburg	Paß Lueg (Scheitel), Sulzau, Tenneck
42	Werfen	HA ⇄ Salzburg	Eisriesenwelt, Bischofshofen, Mühlbach. St. Johann i. P.
44	Pfarrwerfen	HA ⇄ Radstadt	Werfenweng, Werfen, Eisriesenwelt
46	Bischofshofen	HA ⇄ B'hofen	St. Johann i. Pg., Schwarzach, Badgastein
56	Lammertal	HA ⇄ Salzburg	St. Martin, Lungötz, Rußbach bzw. Abtenau
60	Eben i. Pg.	VA	Oberfritztal, Filzmoos, Ramsau am Dachstein
62	Ennstal	VA	Altenmarkt, Zauchensee, Radstadt, Schladming
65	Flachau	VA	Wagrain, Kleinarltal
72	Flachauwinkel	VA	Oberes Ennstal, Gasthof-Alm
91	Zederhaus	HA ⇄ St. Michael	Zederhaus, Riedingtal
103	St. Michael i. L.	VA	Mauterndorf, Tamsweg, Katschberghöhe

Tauglboden, Gh. Grundbichl, 865 m
Fährt man von Vigaun tauglaufwärts, so gelangt man beim Gh. „Sommerau" zu einer Straßenteilung: re. über Brücklreit zur Enzianhütte auf der Vordertrattbergalm, li. hinab in den Tauglboden. Folgt man letzterer in den Tauglboden, so hat man zunächst den Abzweig eines Fahrweges mit Mark. 34, welcher durch die Tauglschluchten und über den „Hohen Steg" nach Kasbach hinaufleitet. Die Talstraße führt anfangs hoch über dem Bach, dann windungsreich durch den romantischen Tauglboden. Die Geschwindigkeitsbegrenzung wurde streckenweise mit nur 15 km/h festgesetzt. Die Straße ist einspurig, kurze Abschnitte sind knapp zweispurig. Bis hinauf zum Gh. „Grundbichl" Asphaltbelag. Alle abzweigenden Forststraßen der ÖBF haben Allgemeines Fahrverbot. Hinter dem „Jägerwirt" (727) verengt sich die Fahrbahn auf nur 2 m, auch findet man nur wenig Ausweichstellen! Der letzte Kilometer vor dem Gh. „Grundbichl" hatte im Bj. einen schadhaften Belag mit Schlaglöchern. Die länger andauernde Steigung hat maximal zirka 16%, sie liegt hauptsächlich in den Wendepunkten enger Kehren, SG 4. Das einsame Gasthaus steht auf einer reizvollen Terrasse inmitten eines weiten Talkessels, 5 km von Sommerau entfernt. Die stürzenden Wasser mehrerer Fälle lassen den gesamten, von hohen Bergen umgebenden Talkessel erschallen. Die privaten Zufahrten zur Storchenhütte (1266) und zur Sattelalm (1207) können nur mit Allradantrieblern bewältigt werden.

RW 51 **Regenspitze*, 1675 m. AP Gh. Grundbichl.** Der Gipfel, bei Einheimischen kurz „der Regenspitz" genannt, kann auch vom → AP Hintersee bestiegen werden. Die Weiterfahrt vom Gh. „Grundbichl" ist auf keinem der beiden Güterwege, weder zur Bergalm noch zur Storchenalm gestattet. Man steigt in zirka 1 1/4 Std. zur Bergalm (1250) auf, wobei es keine Rolle spielt, ob man den mehr w. verlaufenden Güterweg oder den mehr ö. über die Storchenalm (1266) führenden Weg benützt. Sowohl die Berg- als auch die Storchenalm werden im Sommer einfach bewirtsch. Vom Bildstöckl auf der Bergalm hat man nun einen mark. Serpentinensteig, welcher anfangs über Almböden, dann durch den Latschengürtel hinauf zur Regenspitze leitet, 1 1/4 Std.. Das Gipfelpanorama ist äußerst bemerkenswert → RW 22, Z 4 bis 4 1/2 Std., LA 2–3. Hierzu WWK 4 Regenspitze-Gennerhorn.

Vordertrattberg-Alm, Enzianhütte, 1480 m, und Hintertrattberg-Alm, 1440 m
Der geteerte Güterweg der Trattberg-Alpgemeinschaft nimmt von Sommerau seinen Ausgang. Das einspurige Bergsträßchen mit Ausweichen mißt 9 km, die Steigungen erreichen max. 15%, SG 3–4, sehr enge Kurven! Seine Benützung ist mautpflichtig. Man fährt vorwiegend durch den Wald über Brücklreit und über den Kneilgraben. Zuletzt hat man unterhalb der Gitschenwand eine Serpentinengruppe zu bewältigen. Bei der Enzianhütte öffnet sich die Aussicht gegen Dachstein und Hagengebirge. Der Almfahrweg setzt sich am Rande der steilen Berglehne fort und bietet eindrucksvolle Tiefblicke auf den → Seewaldsee und in die weite Beckenlandschaft um Abtenau. Der höchste Punkt der Bergstrecke liegt 1550 m. Nun ständig abwärts. Schließlich endet der Fahrweg an der Hintertrattberg-Alm (1440).

Tennengauer Orte mit Heimatmuseen: Golling, Hallein (Keltenmuseum), Kuchl, St. Koloman (Schulheimatstube), Vigaun.
Museen im Aufbau: Abtenau (Denkmal „Arlerhof"), Annaberg (Denkmal „Gererhof").

Die **Rotgüldenseen** zählen zu den beliebtesten Wanderzielen im Lungau. Sie erfreuen sich einer bezaubernden Lage am Fuß des Großen Hafner (3076). Foto A. Müller

Das Plateau der **Reiter Alpe** → W 161 bzw. W 243 ist ein ideales Wandergebiet. Blick gegen die Häuslhörner. Foto Ernst Baumann

Der **Jenner** → RW 247, ein Vorgipfel des Hagengebirges, ist ein berühmter Aussichtspunkt auf den herrlich gelegenen Königssee, die imposante Watzmann-Ostwand und zum „Steinernen Meer". Foto Ernst Baumann

Im Salzburger Land lassen sich, besonders in Mittelgebirgslagen, umgeben von üppiger Bergflora, **familienfreundliche Frühjahrswanderungen** unternehmen. Foto Salzburger Land Tourismus- GmbH.

Hoher First*, 1718 m, und Dürlstein*, 1697 m. Diese beiden Aussichtsberge erheben sich aus der Kernlandschaft der almen- und höhlenreichen Osterhorngruppe. Man erreicht sie bequem von der Hintertrattbergalm aus. Die Bezeichnung „Tratten“ war früher gebräuchlich für eine Niederalm, in Tirol heute noch „Niederleger“ oder „Niederaste“ benannt. Der AP befindet sich beim Parkplatz nahe dem „Feuchten Keller“ (1438), einem Felsloch, welches hier den Einstieg in eine größere Höhle vermittelt. Man folgt nun dem Weg mit AV-Mark. 842 in nö. Richtung zum „Ebenfeld“, einem ausgedehnten, freundlichen Almboden, welcher von zahlreichen Dolinen, das sind trichterartige und meist mit Wasser angefüllte Vertiefungen im Karst, übersät ist. Der Serpentinensteig führt schattenlos über einen Grashang auf der Südseite des Berges bis man den Kamm erreicht hat. Die Aussicht erweitert sich dabei zusehends und bei guten Sichtverhältnissen reicht sie vom Gipfel bis zum Dachstein und zum Hochgolling, der höchsten Erhebung in den Niederen Tauern. Nach W hat man den Hochkönig mit der Übergossenen Alm im Blickfeld. Vom AP ist es bis zum Gipfel des Hohen First knapp 1 Std. Die Kammwanderung hinüber zum n. gelegenen Dürlstein (1697) ist unbeschwerlich in zirka 30 Min. ausführbar. Der gut mark. Steig zieht teilweise durch Latschen in eine Einsattelung und dann bergan zum Gipfel. Es bieten sich Tiefblicke hinab auf die zwischen Mitte Juni und Mitte Oktober bewirtsch. Moosangerlalm (1476), die man vom AP beim „Feuchten Keller“ bequem in 1 Std. auf einem Almfahrweg durch das „Schotterloch“ erreichen kann. Die Fortsetzung des mark. Höhensteiges über eine Felsscharte und entlang des Bergrückens auf das Gruberhorn (1732) ist nur schwindelfreien und absolut trittsicheren Bergsteigern anzuraten! Z 2½ Std., LA 2. Hierzu Wanderwege-Karte 4 Regenspitze-Gennerhorn. W 52

Seewaldsee*, 1074 m

Die unter Landschaftsschutz gestellte Umgebung des Seewaldsees ist ein vortreffliches Wandergebiet. Eine knapp zweispurige, asphaltierte Straße leitet von Wegscheid am Oberlangenberg bis zum Parkplatz vor dem See, 6 km. Man fährt vorwiegend durch ausgedehnte Wälder. Nach 2 km gelangt man an eine Straßengabelung: li. asphaltiertes Verbindungssträßchen über die Teufelsmühle zur Mautstraße, welche auf die Vordertrattbergalm (Einzianhütte) hinaufführt, HT „Horn, Trattberg“ Mark. 78. Geradeaus weiter zum Seewaldsee. Nach 1 km trifft man li. auf einen Wegweiser, welcher in die Richtung von St. Wilhelm zeigt, einer Waldkapelle der Wallfahrer. Nach Seewald, das aus einem größeren landwirtschaftlichen Betrieb besteht, nun leicht bergan. Imposant wirkt von hier die steil abfallende Gitschenwand. Schließlich erreicht man nahe der Auerhütte den EP am Beginn des Landschaftsschutzgebietes mit genügend Abstellplätzen, SG 2–3.

Georgenberg, 528 m

Der Georgenberg ist ein zirka 1.500 m langer Konglomeratrücken, welcher mit seinen steilen, felsigen (Nagelfluh) Abfällen auffallend aus dem ihn umgebenden, flachen Talboden hervorragt. Sein Rücken, auf den von Asten aus, 2 km ö. Kuchl, ein schmales Sträßchen hinaufführt, SG 3, ist uralter Kulturboden. Hier gemachte Funde reichen bis zur Jungsteinzeit zurück. Das spätgotische Kirchlein auf dem Georgenberg, welches eine bemerkenswerte Außenkanzel besitzt, ist auch innen zugänglich. Schlüssel in der gegenüberliegenden Gastwirtschaft.

Berghof Bachrain, zirka 950 m

Allein wegen seiner Lage hoch über dem Salzachtal verdient der Berghof ,,Bachrain" auf dem Moosegg einen Besuch. Der anfahrbare Hochpunkt ist der günstigste AP für eine Besteigung des aussichtsberühmten Schwarzen Berges (1584). Die ausgebaute Bergstraße nimmt ihren Ausgang an der Salzachtal-B 159 zwischen Kuchl und Golling. Hier findet man an der Kertererbachbrücke die HT ,,Wagnerwirt", der man bis zur nächsten Straßenkreuzung neben dem Bach folgt. Nun re. weiter zur Gabelung: li. Zufahrt zum Gipswerk, re. Bergstraße zum Berghof ,,Bachrain", 5 km. Normal breite, asphaltierte Fahrbahn, auf der bewaldeten Strecke hat man ein Steigungsmaximum von zirka 17% zu bewältigen. Nach 2 km kommt man an der Pension ,,Stallerhof" vorbei, nach 3 km hat man li. die Zufahrt zur Jausenstation ,,Hochreith" auf dem Voregg, HT. Die ausgebaute Strecke endete im Bj. nahe des Leo-Roedel-Hauses (880), der ehem. Moosegghütte der Naturfreunde Golling. Nun hat man noch zirka 1 km auf einem einspurigen Fahrweg durch ein sanfthügeliges Terrain zurückzulegen, bevor man den EP beim Berghof ,,Bachrain" erreicht. SG 2–3, letzter Kilometer SG 3–4. Der Fahrweg über den Bachbauer hinab zum Gh. ,,Grubach" ist öffentlich nicht benützbar!

W 53 **Schwarzer Berg*, 1584 m.** Er zählt zu den besten Aussichtswarten des Tennengaues. Günstigster AP für seine Besteigung ist die anfahrbare Jausenstation ,,Berghof Bachrain". Zunächst hat man einen sanften Anstieg zu einem Wiesensattel, doch mit dem Eintritt in den Hochwald wird der Weg mit AV-Mark. 844 steinig und beschwerlich. Eine Tafel warnt vor Verlassen des Weges zur Jagdzeit, weil in diesem Revier Schußgefahr besteht. Oberhalb der Waldgrenze sehr sonniger und steiler Gipfelanstieg! Es empfiehlt sich die Mitnahme von Wasser, da nirgends eine Quelle zu finden ist. Die herrliche Aussicht zum Dachstein, Tennengebirge, Mandlwände, Hochkönig, Hagengebirge, Untersberg und hinaus bis zur Trumer Seenplatte entschädigt für die Aufstiegsmühe während der 1½ bis 2 Std. bis zum Gipfel. An klaren Herbsttagen reicht die Sicht bis zum Chiemsee. Z 3 Std., LA 3.

RW 54 **Leitenalm, 1333 m, und Neslanger Alm, 1240 m.** Ein empfehlenswerter Almenrundgang, dessen AP an der Gasteiger Straße w. von Kuchl liegt. Man fährt über die Salzachbrücke und dann unter der Tauernautobahn hindurch. Nach der Straßenbiegung findet man vor dem Gallenhof re. der Straße geeignete Abstellplätze.

Hier zweigt auch der gelb mark. Wanderweg Nr. 3 ab, der durch den Wald zum Gh. ,,Hochschaufler" (795) ansteigt. Nun auf Fahrweg weiter bis man in den Elisen-Höhenweg Nr. 23 re. abbiegt. Über den Berger- und Elisenbauer bergan und dann in den Hammergraben (Sulzgraben). Nach Überquerung des Bachbettes weiterer Anstieg zur Zwischelalm und zur unbewirtsch. Leitenalm (1333), 2½ Std. Von hier, nur zirka 200 m HU von der Roßfeld-Ringstraße entfernt, hat man einen wunderbaren Blick zum Göllmassiv, ins Lammertal und zum Dachstein.

Zirka 100 m oberhalb der Alm führt nun der Dürrnberger Weg mit AV-Mark. 451 nordwärts, den man an der Neslanger Alm wieder verläßt, um re. zur unbewirtsch. Kuchler Schihütte hinabzusteigen. Man folgt nun dem Fahrweg mit Mark. 12 über vier weitausholende Serpentinen durch den ausgedehnten Wald hinab. Unterhalb der letzten Kehre kreuzt man den Promenadenweg mit Mark. 4, welcher re. zum AP zurückleitet. Ein Abstecher von knapp 1 Std. führt zum „Schleierfall" oberhalb Stockach, falls man dem Promenadenweg li. in n. Richtung folgt. Z ohne Abstecher 4½ Std., LA 2. Hierzu WWK 39 Obersalzberg.

Torrener Hof, 480 m

Will man von Golling (483) zum Gollinger Wasserfall, so hat man bis zum „Brennerwirt" eine zirka 3 km lange asphaltierte Zufahrt. In Golling zunächst der Einbahnstraße hinab zum Abzweig folgen, dann den beschrankten, schienengleichen Übergang der Westbahn benützen und über die Salzachbrücke nach Torren fahren. Geradeaus weiter, unter der Tauernautobahn hindurch nach Nikolausdörfl und zum Torrener Hof. Hier findet man eher Abstellplätze als am EP des schmalen Sträßchens beim Gh. „Brennerwirt". Straße bis zum Torrener Hof knapp zweispurig, Fortsetzung bis zum EP nur einspurig. SG 2, zuletzt SG 3.

Gollinger Wasserfall*, zirka 600 m, und Gh. „Schöne Aussicht" 602 m. Die stürzenden Wasser sind im Frühjahr infolge der größeren Mengen besonders eindrucksvoll. Die gesamte Fallhöhe der beiden Stufen beträgt 76 m. Das gestürzte Wasser ist quellenklar, sammelt sich in einem kleinen Becken und leitet als Schwarzbach in die Salzach ab. Vom Gh. „Torrener Hof" bzw. vom „Brennerwirt" steigt man auf dem Wasserfallweg, einem gepflegten Waldweg mit Mark. 7 in wenigen Min. zu dieser Sehenswürdigkeit in der Natur an. Die Wegbenützung und Besichtigung des Wasserfalls erfolgt gegen Entrichtung einer bescheidenen Gebühr. Der Wasserfallweg setzt sich als Steig in Serpentinen fort und trifft auf den steilen Weg mit AV-Mark. 456 zum kleinen Göll (1752) und Bärnstuhl (1712), 3 Std. Eine Besteigung der beiden Gipfel ist beschwerlich und führt auch an ausgesetzten Stellen vorbei. **RW 55**

Folgt man jedoch von dieser Wegkreuzung der Mark. 7 weiter, so gelangt man nach einer längeren Waldwanderung zum Schwalberbauern. Hier hält man sich re. und wandert das Fahrsträßchen talaus zum Berggh. „Schöne Aussicht" in Gasteig weiter; Vom Einkehrgh. bemerkenswerte Ausblicke auf Dachstein und Tennengebirge. Nun hinab in den Weißenbachgraben und auf der gegenüberliegenden Seite dem Fahrweg mit Mark. 7 zurück zum AP folgen. Z 2½ Std., LA 1–2. Hierzu WWK 39 Obersalzberg.

Das Bergwandern ist das beste Kreislauftraining, insbesondere dann, wenn Höhenunterschiede zu überwinden sind. Das Absinken des Sauerstoff-Partialdruckes und des Luftdruckes ist bereits ein Belastungsmoment, das etwa bis 2000 m mühelos durch den Organismus ausgeglichen werden kann, darüberhinaus aber bereits echt spürbar wird. Daher wäre ein rascher Höhenwechsel, etwa die Wochenendbesteigung eines Dreitausenders nur solchen Menschen zuzumuten, die ein entsprechendes Vortraining mitbringen.

W 56 **Stahlhaus auf dem Torrener Joch*, 1733 m, AP Bluntautal.** Der Torrener Bach, oberhalb des Torrener Wasserfalles „Fischbach" genannt, fließt mit seinem klaren Wasser vom Torrener Joch über mehrere Stufen in das Bluntautal herab und mündet s. Golling in die Salzach. Eine Talwanderung zwischen dem Gebirgsstock des Hohen Göll und dem Hagengebirge ist abwechslungsvoll und nicht beschwerlich. Sie leitet, meist in der Nähe des Baches, durch Wälder, Wiesen und über reizvolle Almböden, zuletzt durch ausgedehnte Latschenfelder zum Ziel. Das für den öffentlichen Verkehr gesperrte Fahrsträßchen führt vom AP „Bärenwirt" (507) zunächst in vielen Serpentinen durch den Kehrgraben am Torrener Wasserfall vorbei. Nach der obersten Kehre halte man sich re. und folgt dem Fußweg Nr. 14 zur Alpwinkel-Alm (1140). An der Unteren Jochalm (1172), die besonders reizvoll liegt, trifft man wieder auf das Fahrsträßchen, 2 Std. Die Hochjagdhütten (1253) bleiben li. und man gelangt im weiteren Anstieg zur sonnseitig gelegenen Oberen Jochalm. Schließlich leitet der Weg mit Mark. 14 bzw. AV-Mark. 451 durch Latschenfelder zum Torrener Joch hinauf, auf dem das Stahlhaus (1733) steht, 1½ Std. Es wurde nach dem ersten Weltkrieg vom Industriellen Carl von Stahl der AV-Sektion Salzburg gestiftet und liegt mitten im Grenzverlauf mit der BRD. Das Stahlhaus ist auch von der Bergstation der Jennerbahn bzw. von der Königsbachalm auf Fußwegen fast mühelos erreichbar. Nach O blickt man bis zum Gosaukamm. Rückweg wie Hinweg. Z 5½ Std., LA 2. Hierzu WWK 40 Königssee.

RW 57 **Salzachöfen*.** Diese bemerkenswerte Sehenswürdigkeit in der Natur ist durch die zersägende Wirkung des Wassers (Salzach) im Laufe von vielen tausend Jahren im Gestein entstanden. Die Salzach ist an ihren engsten Stellen zwischen den Felswänden zirka 14 m breit. Die Besichtigung der Salzachöfen läßt sich günstig in einen Rundgang einbeziehen, der beim Gh. „Paß Lueg" beginnt; dieser liegt an der Salzachtal-B 159 sö. von Golling und kurz nach der Lammerbrücke. Hier kann man sein Fahrzeug abstellen.

Ein schmaler Wiesenweg mit Mark. 11 leitet in einen Fußweg über, der am Salzachufer durch eine Aulandschaft führt. An der Kapelle hält man sich li. Über mehrere Stufen steigt man unter der Straßenbrücke zum Zementwerk der Gebrüder Bernhofer an und kommt auf einen Steig, der zwar etwas beschwerlich, jedoch gut gesichert durch die Klamm führt. Man gelangt zu einer Aussichtskanzel, die einen guten Einblick in die geologische Struktur der Salzachöfen vermittelt. Nun steigt man über Serpentinen auf gutem Weg zur Scheitelhöhe des Paß Lueg an und betritt dort alten, historischen Boden mit Struber- und Turner-Denkmal sowie das barocke Wallfahrtskirchlein Maria Brunneck. Als Rückweg wählt man am besten die alte Paßstraße ö. der B 159 und im weiteren Verlauf den Fußweg hinab zum Lueg-Winkel. Ein Umweg (Forststräßchen) leitet als Variante weiter ö. über das Gehöft Steinberger zur Lammer hinab, Mark. 35, dann li. zum AP zurück. Z 2 bis 2½ Std., LA 2.

Golling-Abtenau-Paß Gschütt bzw. Lungötz

Die Lammertal-B 162 erschließt den ö. Teil des Tennengaues mit dem aufstrebenden Markt Abtenau. Sie nimmt s. Golling ihren Ausgang von der Salzachtal-B 159, wo auch der Zubringer von der AA Golling der Tauernautobahn einmündet. Im Bj. waren Zweidrittel der Straße ausgebaut, konkret der 16 km lange Abschnitt vom Salzachtal über Scheffau am Tennengebirge bis zum Gh. ,,Voglau". Der anschließende Abschnitt bis zur Einmündung in die Paß Gschütt-B 166 ö. von Abtenau harrt noch einer Modernisierung, handelt es sich doch um eine teilweise kurvenreiche und unübersichtliche Strecke. Folgt man der B 166 zum Paß Gschütt, so hat man hinab zur Lammerbrücke ein Gefälle mit 11 % in einem kurzen Tobel zu durchfahren (Vorsicht Fahrbahnverengung!) Dann verläuft die Straße neben dem Rußbach mäßig aufwärts. Der Ort Rußbach (817) wird s. umfahren. Der früher besonders im Winter gefürchtete Paß Gschütt (969) mit ehem. 25% Steigung auf seiner Ostrampe wurde völlig neu trassiert und im oberen Abschnitt bis auf 10% entschärft. Auf der Scheitelhöhe, über welche die Landesgrenze zwischen Salzburg und Oberösterreich verläuft, befindet sich das Gh. ,,Dachsteinblick". Auf der Abfahrt nach Gosau hat man zwar noch ein kurzes Gefälle von max. 17%, doch liegt dieses in einem günstigen und übersichtlichen Straßenverlauf, SG 2. Anschlüsse zum Hallstätter See bzw. zum Vorderen Gosausee

Das oberste Lammertal ist von Lungötz (828) aus entlang des Baches bis Hofhaus (970) zirka 3 km auf guter Asphaltstraße autobefahrbar. Die Fortsetzung ist nicht mehr ausgebaut und bildet die Zufahrt zum Truppenübungsplatz Au-Alm (1230).

Zwischen Lungötz und St. Martin am Tennengebirge (950) ist der befahrbare Schweigweg von Interesse, welcher n. von St. Martin bei der Postbus-Haltestelle an der B 166 abzweigt und eine größere Anzahl von Wanderwegen li. und re. des Karbaches bündelt. Der Fahrweg endet an der ,,Buttermilchalm".

Die auch unter dem etwas hochtrabenden Namen „Salzburger Dolomitenstraße" bekannte B-166 verläuft von St.Martin am Tennengebirge, mit 950 m höchste Siedlung dieser Route und daher dicht an der Wasserscheide gelegen, gut ausgebaut in sw. Richtung neben dem St.Martinbach zur AA Lammertal der TAB. Weiter talaus gelangt man nach Niedernfritz (751) und mündet dort in die Katschberg-B 99 ein.

Lammeröfen*. Die Durchbruchsklamm der wilden Lammer ist ein besonders **W**
sehenswertes Naturdenkmal. In jahrtausendelanger Arbeit hat hier das **58**
Wasser eine bis zu 60 m tiefe Felsspalte aus dem Kalkstein gesägt. Die Felswände treten bis auf wenige Meter zusammen. Unter ,,Ofen" versteht man nach altem, heimischen Sprachgebrauch eine kleine Felswand, die jedoch nichts mit einem heizbaren Ofen gemeinsam hat; die Mehrzahl ,,Öfen" deutet auf zwei, sich gegenüberstehende Felswände hin → auch Salzachöfen. Das Wasser ist normalerweise glasklar und von etwas flaschengrüner Farbe. Den interessantesten Streckenabschnitt des vorzüglich angelegten Klammsteiges findet man in der oberen Klamm; hier sind auch die tiefen Auskolkungen am besten ausgeprägt. Sämtliche Brücken und Stege sind solide Eisenkonstruktionen, ausgesetzte Stellen sind mehrfach abgesichert. Bei Beachtung aller kundgemachten Vorschriften ist die Begehung der Klamm, die auch für Schul-

ausflüge ein sehr anziehendes Ziel ist, völlig gefahrlos. AP ist Oberscheffau (510) an der Lammertal-B 162. Der Zugang zu den unteren Öfen beginnt an der Lammerbrücke und leitet an der Pension „Lammerklause“ vorbei. Für einen Durchgang rechnet man zirka 20 Min. Der Ausgang aus der oberen Klamm befindet sich unterhalb des „Parkplatzes Lammeröfen“; kommt man aus Richtung Abtenau, so stellt man hier sein Fahrzeug ab und ist in wenigen Min. am Eingang zu den oberen Öfen. Für die Besichtigung der Klamm ist eine bescheidene Gebühr zu entrichten. Der Besuch dieses Naturdenkmales läßt sich im Frühjahr eventuell mit einer Besichtigung des Winnerfalles verbinden. Z 45 Min., LA 1–2. Hierzu Wanderwege-Karte 9 Abtenau.

Abtenau – Voglau – Weitenau – Wegscheid
Das schmale, vorwiegend einspurige Sträßchen beginnt von der Lammertal-B 162 an der Lammerbrücke in Voglau. Man steigt unvermittelt an und bewältigt eine Talstufe. Durch Wald zieht man oberhalb des sehenswerten Aubach-Wasserfalls vorbei und gelangt beim Forsthaus zu einer Gabelung: re. die abgeschrankte Lienbachstraße der Österr. Bundesforste in Richtung Postalm, li. die Fortsetzung der Straße in die Weitenau. Man fährt nun auf einspuriger, kurvenreicher Strecke hoch über einer Schlucht, welche der Weitenaubach gebildet hat (im Bj. keine Randsicherungen) und kommt dann hinter einer Brücke, 9 km, in eine Talweitung. Im N des stark bewaldeten Schwarzen Berges (1584) weiter talauf über Seebach und Schönau zum Putzenbauer. Nun am Kertererbach abwärts zum Gh. „Grubach“ (auch „Grubenwirt“ genannt), wo mehrere bez. Wanderwege abzweigen. Ein Aussicht bietender Höhenfahrweg leitet nun um das Zimmereck herum und verbindet mit der Ortschaft Wegscheid auf dem Oberlangenberg. Wegscheid ist auch direkt von der Salzachtal-B 159 aus erreichbar, Abzweig Strubau zwischen Kuchl und Golling. Das 14 km lange Sträßchen durch die Weitenau vermittelt die AP für Bergwanderungen in der s. Osterhorngruppe. Es ist zwar durchgehend geteert, jedoch nicht ausgebaut. Geschwindigkeitsbeschränkung 40 km/h. Vorsicht erheischt die unübersichtliche Strecke oberhalb der Weitenbachschlucht, SG 3–4.

W 59 **Roadberg, 1225 m, und Seitenalm, zirka 940 m.** Zu diesen beiden Zielen führen zwei kleine alpine Spaziergänge. Anfahrt auf asphaltiertem, nur einspurigen Bergsträßchen, das von der Lammertal-B 162 wenig ö. des Gh. „Voglau“ nach S abzweigt. Zum AP auf dem breiten Hochsattel (1023) hat man bei gleichmäßiger Steigung 3.5 km zurückzulegen. Auf einer kurzen Fußwanderung in w. Richtung, der Mark. 15 folgend, gelangt man in nur 30 Min. Anstieg via Rocheralm zur Südkuppe des Roadberges, wo man dem wuchtigen Tennengebirge direkt gegenübersteht. Die Anhöhe vermittelt auch gute Aussicht in die Beckenlandschaft der Lammer um Abtenau, in der Ferne zeigt sich der Hohe Dachstein (2995). – Ö. vom Hochsattel leitet ein Weg mit Mark. 15a zur Jausenstation „Seitenalm“ leicht abwärts, zirka 20 Min. Z 1 Std., LA 1–2 für beide Ziele. Hierzu Wanderwege-Karte 9 Abtenau.

RW 60 **Rund um die Strubberge*.** Eine sehr abwechslungsvolle Rundwanderung, in die sich die Besichtigung einer Reihe von naturgeschützten Wasserfällen und Klammen einbeziehen läßt wie Dachserfall, Tricklfall, → Winnerfall, → Lammeröfen und schließlich der Aubachfall. Ein günstiger AP ist das Gh. „Aumühle“ s. von Abtenau (715), wo einst eine Getreidemühle in Betrieb war.

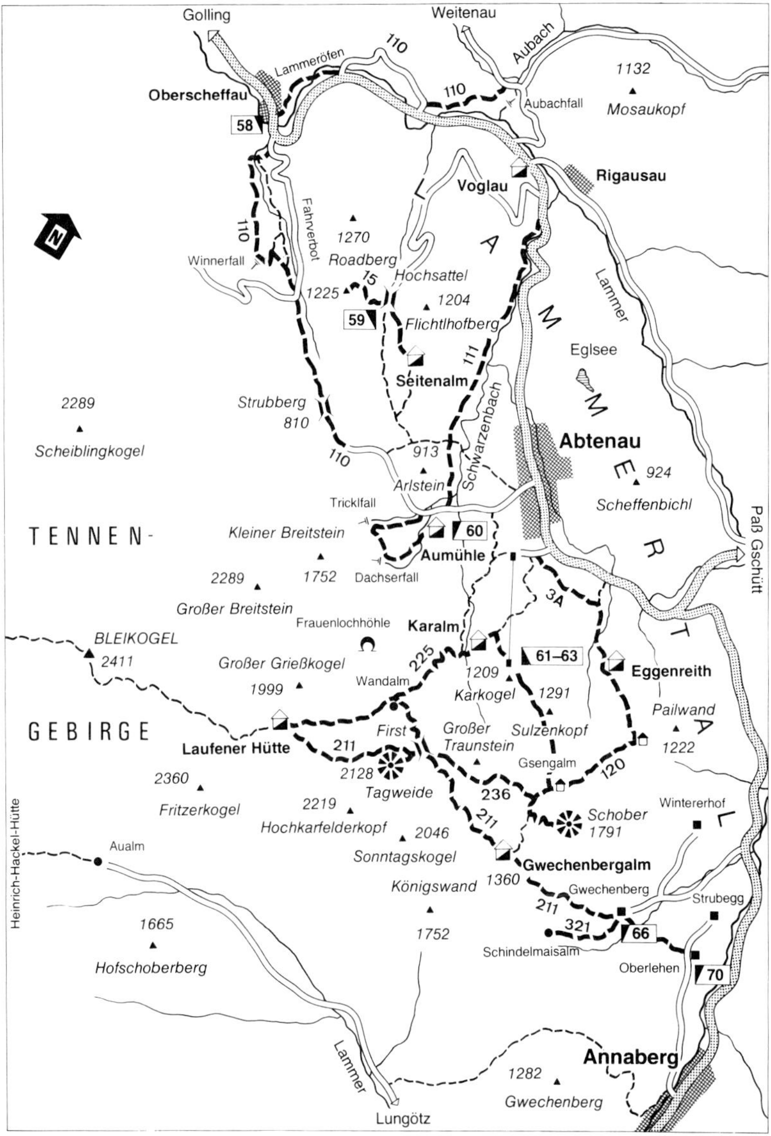
Golling
Weitenau
Aubach
110
Lammeröfen
1132
Mosaukopf
Oberscheffau
58
Aubachfall
Rigausau
Voglau
L
A
M
M
E
R
T
A
L
1270
Roadberg
Fahrverbot
Winnerfall
Hochsattel
15
1225
1204
59
Flichtlhofberg
Lammer
Eglsee
Seitenalm
111
Schwarzenbach
Strubberg
810
2289
Scheiblingkogel
913
Abtenau
924
Arlstein
Scheffenbichl
Tricklfall
Paß Gschütt
TENNEN-
Kleiner Breitstein
60
Aumühle
1752
Dachserfall
2289
Großer Breitstein
3A
Frauenlochhöhle
Karalm
BLEIKOGEL
2411
Großer Grießkogel
225
61–63
Eggenreith
1209
Karkogel
1291
1999
Wandalm
Pailwand
GEBIRGE
First
Großer Traunstein
Sulzenkopf
Laufener Hütte
211
1222
2128
Gsengalm
120
2360
Tagweide
236
Fritzerkogel
2219
Schober
1791
Wintererhof
Hochkarfelderkopf
2046
Heinrich-Hackel-Hütte
Aualm
Sonntagskogel
Gwechenbergalm
Königswand
1360
Gwechenberg
Strubegg
1665
321
66
1752
Schindelmaisalm
Oberlehen
70
Hofschoberberg
Annaberg
1282
Gwechenberg
Lungötz

Dorthin leitet von Abtenau ein Zufahrtssträßchen. Zunächst unternimmt man den Abstecher zum Dachser- und Tricklfall, welche beide unterhalb der fast senkrecht abfallenden Nordwand des Kleinen Breitsteins (1752) aus dem Felsen hervorbrechen. Auf den verkarsteten Hochflächen des Tennengebirges verschwindet nämlich das Regenwasser in Dolinen und sinkt unterirdisch durch ein System von Höhlengängen herab bis es durch Felsspalten an der Basis der Berge wieder heraustritt und über eine letzte Felsstufe zu Tal stürzt. Ein schmaler Steig durch die Schutthalden des Kleinen Breitsteins verbindet beide Zwischenziele. Vom Tricklfall zurück zur alten Poststraße nach Oberscheffau, welche über Trickl und die schwärzliche Halde des noch im zweiten Weltkrieg betriebenen Manganerzabbaus zum Strubberg-Sattel hinaufleitet, 1½ Std. Nun folgt man der Mark. 14 (110) durch die bewaldete Senke des Klausbaches zirka 2 km abwärts und kreuzt einen Güterweg. Der Fußweg mit Mark. 110 führt über den Steg auf die li. Talseite, wo man durch den Wald zum Winnerfall gelangt, der allerdings nur von Mitte Mai bis Ende Juni zur Zeit der Schneeschmelze in Erscheinung tritt. Weiter abwärts kommt man über den Winklerbauern nach Oberscheffau, 1¼ Std.

Die Rundwanderung setzt sich mit einer Begehung der sehenswerten → Lammeröfen fort. Am Ausgang der Klamm folgt man dem Fahrweg in den Wallingwinkl, Mark. 47 bzw. 49. Nun auf Weg mit Mark. 110 über Buchegg zum Aubachfall und weiter zum Forsthaus am Eingang in das Lienbachtal hinauf, 1½ Std. Von dort auf Fahrsträßchen hinab zur Lammerbrücke in der Voglau, wo man auf die frequentierte Bundesstraße trifft. Auf dieser zirka 1 km in Richtung Abtenau bis zur Schwarzenbachbrücke; dort zweigt man re. ab und benützt Weg Nr. 11 (111) über den Flichtelhof und am Schwarzen Bach aufwärts, welcher zurück zum AP beim Gh. „Aumühle“ führt, 1½ Std. Z 6 Std., LA 2. Hierzu Wanderwege-Karte 9 Abtenau.

W 61 **Laufener Hütte auf der Tennalm*, 1726 m.** Ausfahrt von Abtenau zunächst auf der B 162 in Richtung Paß Gschütt. Bei der Postbusgarage folgt man re. der Zufahrt zur Talstation der Karkogel-Sesselbahn; diese ist von Mitte Mai bis Mitte Juni und von Anfang Sept. bis Mitte Sept. nur Di., Do., So. von 9 bis 12 Uhr und von 13 bis 17 Uhr in Betrieb. Von Mitte Juni bis Anfang Sept. täglich zu den angeführten Betriebszeiten. Auffahrt mit Doppelsesselbahn zur Bergstation (1160) auf dem Karkogel.

Die Bergwanderung beginnt mit einem kurzen Abstieg zur wenig tiefer gelegenen Karalm (1007) und weiter zum Stoibanger, einer größeren Waldwiese. Aus der Mulde führt ein schmaler Steig durch den Hochwald hinauf auf das Efetleck (1087). Nun bei der HT li. halten bis man an die obere Waldgrenze unter den Steilwänden der Schallwand (1929) gelangt. Der Laufener Weg mit AV-Mark. 225 führt dann an einer etwas ausgesetzten Stelle über eine Holztreppe hoch; bergseitig ist ein Drahtseil zur Sicherung angebracht. Tritt man aus dem Wald heraus, so ist man mit den Felswänden der Tagweide (2128) konfrontiert; re. gähnt aus der senkrecht abfallenden Felswand des Großen Grießkogels

(1999) das Tor der sagenumwobenen Frauenlochhöhle. Vor Erreichen der Bergschulter mit der verfallenen Wandalmhütte kommt man zu einer Bergquelle mit köstlichem Trinkwasser.

Folgt man dem Laufener Weg weiter zur kleinen Jagdhütte auf dem Plateaurand des Törleck (1671), so hat man einen kurzen Ab- und Gegenanstieg auf einem steinigen Serpentinenpfad zu überwinden. Vom Törleck eindrucksvoller Tiefblick in die weite Beckenlandschaft um Abtenau. Man durchmiß nun den verkarsteten Tennkessel mit mehreren Dolinen, der von ausgedehnten Latschenfeldern flankiert wird. Ein letzter kurzer Aufstieg führt aus einer Mulde hinauf zur bewirtsch. Laufener Hütte. Rückweg wie Hinweg. Z 4 Std., LA 2–3.

Ausdauernde Bergwanderer wählen zurück den lohnenden Weg mit AV-Mark. 211, welcher von der Hütte unterhalb des Höllkars über den Pfannenstiel bis zum First leitet, dann Weg 236 über die Gsengalm (1147) zurück zur Sesselbahn auf dem Karkogel. Diese hochalpine Rundwanderung beansprucht einen Z von 6 Std. und eine LA 3. Hierzu Wanderwege-Karte 9 Abtenau.

Rund um den Großen Traunstein*, First, 1820 m. Anstieg von der Sessel- **RW**
bahnbergstation (1160) auf dem Karkogel über den Laufener Weg zur Wand- **62**
alm →W 61. Vom First, einer fast linearen Einsattelung zwischen Schallwand und Tagweide zieht ein auffallendes grünes Band bis zur Wandalm herab, das zum kalkfarbenen Gestein einen freundlichen Kontrast bildet. Der First (1820) vermittelt einen direkten Übergang zur → Gwechenbergalm (Quehenbergalm). An der Wandalm findet man li. gegen die Schallwand zu nur Steigspuren, doch treten keine wesentlichen Schwierigkeiten auf. Benützt man vom First Weg mit AV-Mark. 236, welcher s. und unterhalb der Schallwand und des steil aufragenden Turmes vom Großen Traunstein (1943) hindurchleitet, so gelangt man über die beschränkt bewirtsch. Gsengalm (1447) zurück zur Sesselbahn auf dem Karkogel. Alles in allem eine sehr abwechslungsreiche Rundwanderung im ö. Tennengebirge. Z $4^{1}/_{2}$ bis 5 Std., LA 3. Im Kalkgestein, welches von Schieferschichten durchzogen ist, gibt es ab Mitte Juni eine bemerkenswerte Alpenflora, es blühen u. a. Berganemonen, Alpenrosen, Steinbrech, Mieren und Leinkraut (Schuttkriecher). Hierzu Wanderwege-Karte 9 Abtenau.

Schober*, 1791 m. Den Schober kann man als Hausberg der Abtenauer **W**
bezeichnen. Er ist zwar namensgleich mit dem Schober n. von Fuschl **63**
→ RW 28, jedoch nicht ident. Beiden Erhebungen gemeinsam ist ein besonderes Panorama: der Schober als nö. Eckpfeiler des Tennengebirges vermittelt eine prächtige Aussicht auf den Gosaukamm, die Bischofsmützen, den Hohen Dachstein, auf die Erhebungen des Alpenhauptkammes mit den Hohen und Niederen Tauern.

Zur Erleichterung des Aufstieges benützt man die Sesselbahn auf den Karkogel (1160) und verkürzt damit den bewaldeten Anstiegsweg, welcher s. des Sulzenkopfes (1291) zur beschränkt bewirtsch. Gsengalm (1447) hinaufleitet.

Der Anstiegsweg mit Mark. 120 führt weiter bergan bis man li. zum Schobereinstieg auf der Gsenghöhe (1630) trifft. Auf der Gsenghöhe pfeifen noch munter die Murmeltiere und wenn man Glück hat, kann man auch gelegentlich eines erspähen. Auch Gemsen sind nicht selten hier anzutreffen, sie kommen noch im Frühsommer zu den letzten, schattseitig gelegenen Schneeflecken herab, um sich zu kühlen und Schmelzwasser zu trinken. Kurze Serpentinen führen nun zum Gipfel (1810) hinauf, das Gipfelkreuz steht jedoch weiter nö. auf einem Vorgipfel (1791), welchem man über den breiten Rücken in wenigen Min. erreicht.

Rückweg bis zur Gsengalm wie Anstiegsweg, dann jedoch hinab durch den Schoberwald auf Weg 120 zur Jagdhütte (1068), welche unterhalb der Pailwand steht. Hier folgt man am Wegeknoten dem Fußweg zur Jausenstation „Eggenreith" und wandert dann, einen Forstweg querend li. in Richtung Fischbachreith, Weg 3 b und Seetal, Weg 3 a ohne die Bundesstraße zu berühren, weiter. Zuletzt hat man zum AP nur mehr eine kurze Wegstrecke zurückzulegen. Z 4½ bis 5 Std., LA 2. Die Gsengalm ist eine Selbstversorgerhütte des Alpenvereins! Hierzu Wanderwege-Karte 9 Abtenau.

Güterweg Gschwand, EP zirka 950 m

Der durchgehend asphaltierte Güterweg vermittelt eine günstige Ausgangsbasis für eine Wanderung zur Zwieselalm-Hütte, weil man auf ihm nicht nur 350 m HU aus dem Lammer- bzw. Rußbachtal gewinnen kann, sondern weil dieser auch direkt an die Schönaustraße der ÖBF (Fahrverbot!) anschließt. Nach Gschwand leiten bis zu den Gehöften von Reit zwei Auffahrten: die eine nimmt ihren Ausgang an der Schwaighofbrücke unweit der Einmündung des Rußbaches in die Lammer (hier auch Postauto-Haltestelle) und führt, knapp zweispurig ausgebaut, mit Steigungsmaxima von 12% in Serpentinen durch den Wald zunächst nach Reit hinauf. Hier trifft sie nach 2.5 km auf das von der Reisenaubrücke am Rußbach (hier auch Postauto-Haltestelle) heraufziehende, 2 km lange Bergsträßchen. Nun noch 1 km auf aussichtsreicher Terrasse mit herrlichen Ausblicken auf den Gosaukamm zum EP hinter den Häusern von Gschwand. Von dort führt ein leichter Anstiegsweg auf die Zwieselbergalm und zur Zwieselalmhöhe → W 67.

RW 64 **Gamsfeld**, 2028 m.** Die höchste Erhebung der Osterhorngruppe ist zugleich auch einer der besten Aussichtsberge, dessen Besteigung sich besonders lohnt. Als günstigster AP gilt der Ort Rußbach (817), denn der Anmarsch von der n. gelegenen Postalm her über die Rinnbergalpe (1239) zur Angerkaralpe (1415) ist wesentlich weiter. Auch läßt sich das Gamsfeld von Rußbach aus in eine abwechslungsvolle Rundwanderung einbeziehen, indem man als Anstieg Weg 201 über die Traunwandalpe (1333) wählt, bergab jedoch Weg 202 über die Angerkaralpe benützt.

Vom Gemeindeamt in Rußbach zunächst auf Asphaltsträßchen durch den Ortsteil Rußbach-Saag in das Tal des Rinnbaches. Nach zirka 500 m Wegeteilung. Man stellt sein Fahrzeug am Uferstreifen neben dem Bach ab und folgt re. der Mark. 201 zur Traunwandalpe. Bevor dieser Weg über den Traunwandbach führt, muß man nach li. durch ein kurzes Waldstück. Anschließend leitet der Weg über einen steilen Hang in Serpentinen zur Traunwandalpe hinauf. Nun steigt man weiter in Richtung Trauerkar an. In Höhe einer ausgedehnten Schutthalde hält man sich li. und gelangt über steiles und steiniges Gelände zum Kamm und weiter durch Latschen zum Gipfel, zirka 3½ Std. Herrlicher Blick auf den Gosaukamm, auf den Hohen Dachstein und den herabziehenden Gosaugletscher.

Zurück über den Kamm zu einem breiten Sattel und dann der Wegmark. 202 re. folgend durch eine steinige Mulde hinab zur Angerkaralpe. Im weiteren Abstieg kommt man über eine mit Steinen übersäte Almwiese in den Wald. Schließlich trifft man unterhalb des Jägerhauses auf die Wegevereinigung und ist wieder beim AP. Z 5½ bis 6 Std., LA 3. An heißen Tagen empfiehlt es sich, die Rundwanderung in umgekehrter Richtung zu unternehmen, weil Weg 202 am Morgen im Schatten liegt.

Als klassische Almwanderung kann folgende Strecke empfohlen werden: Von der Rinnbachbrücke auf Sträßchen mit Mark. 203 weiter talein bis zur Schottergrube, dann Forstweg zur bewirtsch. Rinnbergalpe (1239), 1¼ Std.; nun in ö. Richtung Weg 206 zur Angerkaralpe leicht bergan, 30 Min. und ohne wesentlichen HU bei mäßigem Gefälle zur Traunwandalpe hinab, 30 Min. Von hier weiterer Abstieg ins Tal neben dem Traunwandbach, 45 Min. Z 3 bis 3½ Std., LA 2.

Zwieselalm*, 1436 m, AP Paß Gschütt. Wenig unterhalb des Scheitels zweigt von der Ostrampe des Paß Gschütt re. die Zwieselbergstraße der ÖBF ab. Nach zirka 2 km gelangt man nach der Brücke über den Vorderen Glaselbach an eine Wegeteilung: man folgt re. dem Fußweg mit Mark. 213, welcher durch ein ausgedehntes Waldgebiet führt und mehrere kleine Almen berührt. Zuletzt trifft man auf eine bedeutsame Wegegabelung: der „Austriaweg" mit Mark. 611 leitet li. zur Gablonzer Hütte (1522), Weg mit Mark. 622 zum Zwieselalmhaus (1436), HT. Es empfiehlt sich, beide Ziele und die aussichtsberühmte Zwieselalmhöhe (1587) in eine kleine Rundschleife einzubeziehen. Rückweg zum Paß Gschütt wie Hinweg. Eine leichte Wanderung für Leute, die viel und gerne gehen. Z 6 Std., LA 2. Hierzu WWK 10 Bischofsmütze. Kürzere Anstiegswege → W 67. **W 65**

Güterweg Gwechenberg und Güterweg Wintererhof

Von der Lammertal-B 166 zweigt an der Lammerbrücke bei Leitenhaus (hier auch Postauto-Haltestelle) re. ein asphaltiertes Fahrsträßchen ab, welches am Schmiedbachl talein zieht. Nach 2 km gabelt es sich: geradeaus im Talgrund zu den Häusern von Gwechenberg (850), nicht staubfreie und nur einspurige Zufahrt. Re. steigt das ausgebaute Sträßchen mit max. 12% zum „Wintererhof" an, wo es nach zirka zwei weiteren Kilometern endet. Die Bergstrecke bietet Ausblicke auf Gosaukamm und Bischofsmütze. Knapp zweispurig, SG 2–3.

W 66 **Gwechenbergalm, 1360 m und Tagweide**, 2128 m.** Zwischen dem steil aufragenden Großen Traunstein (1943) und dem Sonntagskogel (2046) erstreckt sich an den ö. Ausläufern des Tennengebirges die Gwechenbergalm (Quehenbergalm), ein auch von Tourenschiläufern sehr geschätztes Gebiet. Die „Lange Gasse", eine durch Zusammentreffen verschiedener Gesteinsschichten bedingte schmale Rinne, zieht hier vom sogenannten First, dem direkten Übergang zur Wandalm am Laufener Weg, herab. Vom AP bei den Gwechenberghöfen benützt man den AV-Weg Nr. 211, welcher zunächst zur bewirtsch. Gwechenberghütte führt. An der Alm zweigt in n. Richtung der Verbindungsweg Nr.120 zum Schobereinstieg auf der Gsenghöhe (1630) ab, den man re. liegen läßt. Auf Weg 211 weiter zur Oberen Gwechenbergalm und dann ö. unterhalb der Schallwand und des First ausholend zur Schutthalde, wo man leicht den Einstieg auf die Tagweide findet. Von hier ohne nennenswerte Schwierigkeit in 1 Std. zum Gipfel. Eine Variante mit einer Kraxelei auf allen Vieren leitet vom Kamm des bewachsenen First in direktem Anstieg durch den sogenannten „Rauchfang" zum Aussichtsgipfel. Rückweg wie Hinweg. Z 6 Std., LA 3. Trittsicherheit und Schwindelfreiheit erforderlich! - Hierzu Wanderwege-Karte 9 Abtenau.

Rauenbachtalstraße, Gh. Bischofsmütze, 960 m

Die Befahrung der Forststraße verkürzt die Anstiege aus dem Lammertal in Richtung Gosaukamm (Austriaweg) um rund eine Stunde. Sie zweigt bei der Postauto-Haltesetelle, 2 km n. von Annaberg, li. ab, HT, und ist mit ihren Verzweigungen nach Astau, zum „Dolomitenhof" bzw. zum Gh. „Bischofsmütze" (Wintersteller) oder nach Hinterberg frei befahrbar. Alle genannten Ziele liegen auf einer Hochterrasse über dem Lammertal. Die Straße war im Bj. mit ihren Verzweigungen bis auf wenige Ausnahmen asphaltiert. Die fahrtechnischen Schwierigkeiten schwanken zwischen SG 2–3 und SG 3–4. Besonders schöne Ausblicke auf den Gosaukamm sowie auf die Große und Kleine Bischofsmütze bieten sich vom „Dolomitenhof" und vom einsamen Gh. „Bischofsmütze".

Man fährt zunächst auf einer bewaldeten, knapp zweispurigen Strecke am Bach entlang (hier etwas versteckt eine alte Wassermühle) und hat nach 1 km li. den Abzweig zum Gh. „Bischofsmütze" und nach Hinterberg, 3.5 km bzw. 4 km vom AP entfernt. Zunächst kräftiger Anstieg über zwei enge Kehren der nur einspurigen Bergstrecke. Auf der Terrasse angelangt, weitet sich der Blick: Wiesen, kleine Hochmoore neben wilden Kirschbäumen und Ebereschen zieren die von welligen Moränenhügeln gezeichnete Landschaft, deren eindrucksvoller Abschluß der vielgezackte, dolomitenähnliche Gosaukamm bildet.

Die Talstraße hingegen leitet am Bach weiter bis zur Kapelle vor der ehem. Astaumühle, um sich dann neuerdings zu verzweigen: re. Anstieg durch einen Graben hinauf zum „Dolomitenhof", 3 km ab AP, li. zu den verstreut liegenden Höfen von Astau, wo im Bj. der Fahrweg beim „Pommerbauern" endete.

W 67 **Zwieselalmhaus, 1436 m, und Zwieselalmhöhe*, 1587 m.** Die Zwieselalm erstreckt sich im N des Gosaukammes. Mit ihren abgeplatteten Grashängen bildet sie einen starken landschaftlichen Kontrast zu den fast senkrechten Türmen und Klüften sowie zu den bizarren Felsnadeln des Gosaukammes. Es gibt mehrere Anstiegswege dorthin. Aus dem Salzburger Land führt der kürzeste Anstieg vom AP Hinterberg → Rauenbachtalstraße in nur 1½ bzw. 2 Std. zur Zwieselalmhöhe; hier stellt man sein Fahrzeug beim letzten Bauernhof auf der mittelgebirgsähnlichen Terrasse ab und benützt Weg 301, welcher anfangs steil durch den Wald führt. Er verflacht sich vor der Riedlkaralm (1370) und leitet dann bequem zur Zwieselalmhütte hinauf.

Ein anderer, distanzmäßig wesentlich weiterer Anstiegsweg hat seinen AP am Ende des → Güterweges Gschwand; angesichts von Gosaukamm, Großer und Kleiner Bischofsmütze wandert man auf kaum frequentiertem Weg 210 über Wiesen und Waldstücke zunächst zur Klockau-Alm und dann auf einem Forstweg durch einen bewaldeten Graben. Mäßig weiter ansteigend erreicht man von NW her das Zwieselalmhaus in zirka 2½ Std.

Der wohl bequemste, aber auch am stärksten frequentierte Zugang zum Zwieselalmhaus bietet sich von der Bergstation (1485) der Gosaukammbahn aus in nur 20 Min. → Gosautal, Vorderer Gosausee. Die Aussicht von der nahegelegenen Zwieselalmhöhe (1587), auch Hühnerkogel genannt, ist berühmt und umfaßt die Osterhorngruppe, das Tennengebirge, den Hochkönig, die Dachsteingruppe, die Radstädter Tauern, das Tote Gebirge und die Tauern vom Hafnereck bis zum Kitzsteinhorn. Die stark frequentierte Gablonzer Hütte (1522) und die Zwieselbergalm liegen s. der Zwieselalmhöhe in unmittelbarer Umgebung der Seilbahn-Bergstation. Z für Bergwanderung mit AP Hinterberg 3 bis 3½ Std., LA 2. Z für Bergwanderung mit AP Gschwand 4½ Std., LA 1-2. – Hierzu Wanderwege-Karte 10 Bischofsmütze.

Stuhlalm, 1461 m, Theodor-Körner-Hütte, 1454 m, Am Jöchl, 1601 m. **RW**
Die Stuhlalm hat eine landschaftlich besonders reizvolle Lage am «Austria- **68**
weg», einem bekannten Höhenweg zwischen Gosau und Filzmoos mit der AV-Mark. 611. AP für den Anstiegsweg ist der Pommerbauer (990) in Astau (Steuer), den man über die → Rauenbachtalstraße erreichen kann. Es handelt sich beim AV-Weg 630 um einen für den Allgemeinen Verkehr gesperrten Güterweg, der anfangs durch den Pommerwald kräftig ansteigt. Nach Bewältigung von vier Kehren gewinnt man weiter an Höhe und gelangt in 1½ Std. zur bewirtsch. Stuhlalm, welche inmitten eines Wegeknotens unterhalb des Angersteins und des Mandlkogels liegt. Die kleine Theodor-Körner-Hütte befindet sich am sw. der Alm auf einem bewaldeten Sporn.

Folgt man nun dem „Austriaweg" in sö. Richtung, so kommt man nach 25 Min. in das Stuhlloch. Zwischen Felstürmen und Zähnen zieht das Schuttfeld der „Weiten Zahring" steil herab. Den schönsten Überlick auf den Gosaukamm, die Großwand (2415), die Große- (2459) und Kleine Bischofsmütze (2430) bietet jedoch der Übergang „Am Jöchl" (1601), zirka 20 Gehmin. vom Stuhlloch entfernt. Dieser bemerkenswerte Aussichtspunkt ist auch von der s. gelegenen → Sulzkaralm (1549) bzw. von der → Mahdalmhütte (1538) auf gutem Weg erreichbar. Eine Rundwanderung läßt sich dann durchführen, wenn man als Rückweg den vom «Austriaweg» li. abzweigenden Serpentinensteig zur s. der Stuhlalm gelegenen Lochalm (1247) benützt und am Weißenbach dem Weg Nr. 312 in Richtung Steuer folgt. Z 3 1/3 bis 4 Std., LA 2. Hierzu WWK 10 Bischofsmütze.

RW 69 **Großer Donnerkogel***, 2054 m.** Als nw. Eckpfeiler des Gosaukamms bietet der Große Donnerkogel eine besonders schöne, an gegensätzlichen Bildern reiche Aussicht. Sie umfaßt die Salzkammergutberge mit dem Toten Gebirge im N und reicht gegen S bis hin zu den fernen Firngipfeln der Hohen Tauern. Sehr stimmungsvoll der Tiefblick auf den Vorderen Gosausee (937), beeindruckend die Zinnen und Türme des zerklüfteten Gosaukamms, überragt von der Bischofsmütze und li. flankiert vom Zentralmassiv der Dachsteingruppe. Im W baut sich die Felsenburg des Tennengebirges auf, darüber Hochkönig und Berchtesgadener Alpen vom Steinernen Meer bis zum Untersberg.

Von der Bergstation der Seilschwebebahn Gosausee – Zwieselalmhöhe (1485) besteigt man den Großen Donnerkogel in etwa 2 Std. Der unschwierige Normalweg, AV-Mark. 628, verläuft über die latschenbewachsene Westflanke, 1 1/2 Std. ab Unterem Törlecksattel (1575). Etwas höhere Anforderungen stellt der ebenfalls mark. s. Zugang. Beide Anstiege lassen sich zu einer großartigen Runde verbinden: von der Stuhlalm (1461) über Kleine Weitscharte (1938), Steinriesenkogel (2013) und Gaißriesenscharte (1926) zum Großen Donnerkogel, Abstieg zum Unteren Törlecksattel und abschließende Höhenwanderung über den «Austriaweg», AV-Mark. 611, zurück zum AP. Stuhlalm → RW 68.

Der Südanstieg zum Donnerkogel ist zwar vorzüglich mark., AV-Nr. 631, abschnittweise aber etwas ausgesetzt; seine Begehung verlangt Bergerfahrung und Schwindelfreiheit. Einige heikle Passagen sind drahtseilgesichert, so die Steilrinne unter dem Strichkogel (2035). Ab Kleiner Weitscharte leitet das Steiglein in anregendem Auf und Ab, größtenteils dem Gratverlauf folgend, zum Gipfelaufbau des Großen Donnerkogels. Man genießt dabei eine Vielzahl packender Landschaftsbilder; oberhalb der Weitscharte besonders schöner Rückblick auf den Angerstein (2101). Der Steinriesenkogel (2013), dessen Gipfelkuppe überschritten wird, bietet ein ähnlich großartiges Panorama wie der Große Donnerkogel. Z 6 1/2 Std. (AP Astau), LA 3. Hierzu Wanderwege-Karte 10 Bischofsmütze.

Hefenscher-Güterweg, Oberlehen 850 m

Er nimmt seinen Ausgang von der B 166 an der Lammerbrücke in Annaberg (777), hier auch Postauto-Haltestelle vor der Pension Gsenger. Auf einem Wegweiser ist folgender „sinniger Spruch“ zu lesen: steigst aufi, siechst d'Bischofsmütz, doch bleibst herunt'n, siechst halt nix! Das asphaltierte, einspurige 3 km lange Fahrsträßchen leitet unterhalb des Lehenberges zu den Gehöften von Strubegg hinauf, SG 2–3, und erschließt das Wandergebiet um Schindelmaißalm (898), Gwechenbergalm und vermittelt den Anstieg zum Schober (1791).

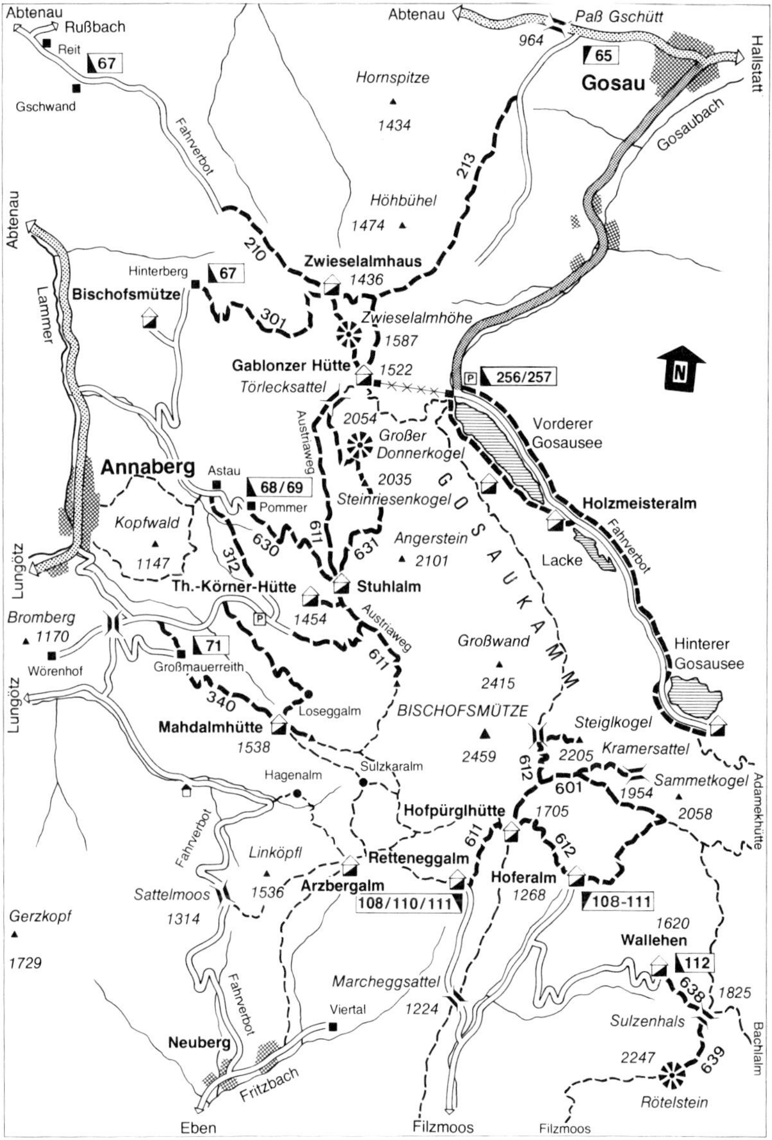

Abtenau
Rußbach
Reit
67
Gschwand
Fahrverbot
Abtenau
Paß Gschütt
964
65
Gosau
Hallstatt
Hornspitze
1434
Gosaubach
213
Höhbühel
1474
210
Zwieselalmhaus
1436
Abtenau
Lammer
Hinterberg
67
Bischofsmütze
301
Zwieselalmhöhe
1587
Gablonzer Hütte
1522
Törlecksattel
256/257
Vorderer
Gosausee
2054
Großer
Donnerkogel
Austriaweg
Annaberg
Astau
68/69
Pommer
2035
Steinriesenkogel
GOSAUKAMM
Holzmeisteralm
Kopfwald
1147
630
312
611
631
Angerstein
2101
Lacke
Fahrverbot
Lungötz
Th.-Körner-Hütte
1454
Stuhlalm
Austriaweg
Bromberg
1170
Wörenhof
71
Großmauerreith
611
Großwand
2415
Hinterer
Gosausee
Lungötz
340
Loseggalm
Mahdalmhütte
1538
BISCHOFSMÜTZE
2459
Steiglkogel
2205
Kramersattel
Sulzkaralm
Hagenalm
612
601
1954
Sammetkogel
2058
Adamekhütte
Fahrverbot
Hofpürglhütte
1705
611
612
Linköpfl
1536
Retteneggalm
Arzbergalm
Hoferalm
1268
108/110/111
108-111
Sattelmoos
1314
Gerzkopf
1729
1620
Wallehen
112
638
1825
Marcheggsattel
1224
Sulzenhals
Viertal
Fahrverbot
Neuberg
2247
639
Bachlalm
Fritzbach
Rötelstein
Eben
Filzmoos
Filzmoos

RW 70 **Schindlmaißalm, 898 m.** Einen leichten Spaziergang vermittelt der Güterweg „Hefenscher", wenn man sein Fahrzeug beim Bauernhof Oberlehen abstellt und dann li. der Mark. 321 folgt. Der Weg leitet durch einen Hochwald im N des Lehenberges herum und führt zu den Gwechenberghäusern (850). Nun bleibt man im Tal und wandert durch das Gebiet der Schindlau zu der im Talschluß verträumt gelegenen Schindlmaißalm. Rückweg wie Hinweg. Z 1 1/2 Std., LA 1. Hierzu Wanderwege-Karte 9 Abtenau.

Bärweg, Sulzbachwaldstraße, Großmauerhof, 1123 m

Dieses touristisch bedeutsame Sträßchen zweigt 1 km s. Annaberg an der Einmündung des Sulzbaches in die Lammer von der B-166 li. ab. Es bietet die Möglichkeit, über den Sattel von Unterdürrmoos (1060) nach Neuhaus hinabzufahren und das reizvolle Neubachtal nach Lungötz zu durchmessen. Im Zusammenhang mit einer Rückkehr nach Annaberg auf der B-166 läßt sich eine Runde um den Bromberg auf durchwegs asphaltierten Straßen beschreiben. Die Fahrbahnbreiten schwanken zwischen einspurig und knapp zweispurig; im Neubachtal genügend Ausweichen. Bärweg und Unterdürrmoos-Sattel SG 3, Neubachtal SG 2. Die Steigungsmaxima überschreiten nirgends 13%.

Für den Kombinierer „auto + wanderschuh" sind die Abzweigungen bzw. Stichstraßen von Interesse, weil sie gute Anschlüsse an die Wanderwege vermitteln. Schlüsselstelle ist die Wegespinne von Unterdürrmoos, 6 km von Annaberg entfernt. Eine einspurige Stichstraße leitet zum Wörenhof (1100) in guter Aussichtslage am mark. Weg 342, 2 km. Eine andere Stichstraße führt zum Parkplatz der ÖBF an der Sulzbachwaldstraße, 2.5 km; von dort Anstieg zur Theodor-Körner-Hütte (1454). Von Bergwanderern häufig benützt wird schließlich die knapp zweispurige, 3.5 km lange Stichstraße über Ebmahd zum Großmauerhof, wo sich am Aufstiegsweg 340 zur Mahdalmhütte (1538) ebenfalls ein Parkplatz (1150) der ÖBF befindet.

RW 71 **Mahdalmhütte, 1538 m, und Mähderriedel*, 1648 m.** Die bewirtsch. Mahdalmhütte kann von mehreren Seiten aus erreicht werden. Günstigster AP für den Kombinierer auto + wanderschuh ist der → Großmauerhof (1123) in Großmauerreith, weil der zu bewältigende HU von dort nur eine Aufstiegszeit von 1 1/4 Std. erfordert. Man hat eine vorwiegend bewaldete Wegstrecke, Mark. 340. Die ö. sich erhebende Graskuppe, das sogenannte Loßeck oder auch Mähderriedel genannt, ist ein besonderer Aussichtspunkt, weil er in nur 20 Min. von der Hütte aus erreichbar ist und mehr Abstand vom Gosaukamm hat als die Körnerhütte an der Stuhlalm, was einem besseren Überblick der gesamten Gebirgskulisse zugute kommt. Wandert man zurück über die Loßeckalm (frühere Schreibweise Losegg) auf einem Almweg zur → Sulzbachwaldstraße, so läßt sich bei einem Z von zirka 3 1/2 Std. und einer LA 2 eine abwechslungsvolle Rundwanderung durchführen. Hierzu WWK 10 Bischofsmütze.

Neubachtal, Forsthaus, 1000 m

Die gute Asphaltstraße durch das Neubachtal nimmt in Lungötz (828) ihren Ausgang und leitet durch ein ausgedehntes Waldgebiet zunächst nach Scherlreith zum Abzweig der Daitersbachstraße (im Besitz der ÖBF, Fahrverbot). An der Straßenteilung Neuhaus, li. zum Unterdürrmoos-Sattel, hält man sich re. und fährt am Neubach entlang weiter talein. Man kommt an der Jausenstation „Schichlreit" vorbei und gelangt kurz darauf, 6 km von Lungötz entfernt, zum Forsthaus. Ab hier Fahrverbot, Anschluß an den Weg 343 zur Hagenalm (1221) und zur bewirtsch. Arzbergalm (1330). Genügend Abstellplätze am EP vorhanden. Neubachtal SG 2-3.

PONGAU

Paß Lueg-St.Johann im Pongau-Lend

Der Paß Lueg bildete bis 1964 trotz seiner nur geringen Höhe von 573 m einen empfindlichen Engpaß im Salzachtal. Der knapp 100 m lange Scheiteltunnel bewirkte die Entschärfung der früher 16% aufweisenden N-Rampe auf nur 7%. Den aus der napoleonischen Zeit stammenden Festungstunnel auf der S-Rampe hat man ausgebaut und in den Verkehrsweg, der auf beiden Seiten des Passes mit zusätzlichen Kriechspuren aufwartet, einbezogen. Die → Tauernautobahn schneidet das komplette Salzachknie mit dem Paß Lueg durch den 1.4 km langen Ofenauer Tunnel ab, wechselt dann über die Salzachbrücke die Talseite und findet im 2 km langen Hieflertunnel seine Fortsetzung. Der AA Paß Lueg s. Stegenwald ist ein Halbanschluß, welcher nur die Ab- und Auffahrt aus bzw. in Richtung Salzburg gestattet.

Die Salzachtal-B 159 und ihre s. Fortsetzung, ab AA-Bischofshofen mit B- 311 bez., sind im Abschnitt Paß Lueg-Lend-Unterstein zwar ausgebaut, doch wird ihr angestrebter Verkehrswert als innerstaatliche Ost-Westverbindung erst nach Errichtung aller geplanten Ortsumfahrungen einschließlich des 5.4 km langen Straßentunnels von Zell am See erreicht sein. - Will man, von Salzburg kommend, in das → Gasteiner Tal, so vermittelt jetzt die neue Hangtrasse im O von Lend einen bequemen Anschluß mit nur 4% Steigung zum Portal des Gigeracher Tunnels. Diese, einst 15% Steigung aufweisende, steile Passage bildet heute weder für Reisebusse noch für Wohnwagengespanne ein Hindernis.

Bergstraße Werfen-Eisriesenwelt, Rasthütte, 1076 m

Von Werfen (548) folgt man der HT „Eisriesenwelt" zunächst hinab zur Holzbrücke über die Salzach (3 t, Anhängerverbot!), dann Serpentinenanstieg mit mehreren engen Kehren. Die max. Steigung erreicht 18%. Anfangs nur einspurig mit Ausweichen, im oberen Streckenabschnitt teilweise auch zweispurig, Leitplanken sind nur an besonders ausgesetzten Stellen angebracht. Im Bj. war nur ein 4 km langer Streckenabschnitt asphaltiert, der Rest war Erdstraße mit feingeschottertem Belag. Nach 5,3 km gelangt man zu den Abstellplätzen neben der Fahrbahn. Die Weiterfahrt bis zur Talstation der Kabinenseilbahn an der Wimmer-Rasthütte ist verboten. Man hat diese nur 700 m lange Wegstrecke zu Fuß zurückzulegen. Der Straßenendpunkt liegt in einer Höhenlage von zirka 1000 m, SG 2–3. Die Auffahrt zeichnet sich durch Ausblicke auf das Hagengebirge und das Blühnbachtal aus, ist aber vorwiegend bewaldet.
Die leistungsstarke Seilbahn mit zwei geschlossenen Gondeln kann pro Stunde mehrere hundert Personen in jeder Richtung befördern, jede Gondel hat Fassungsraum für 15 Personen. Der HU zwischen der Talstation an der Rasthütte und der Bergstation am Dr.-Friedrich-Oedl-Haus beträgt runde 500 m, die Fahrzeit nur knapp drei Minuten.

An der Vervollkommnung bzw. Aktualisierung der **kombiführer auto + wanderschuh** wird redaktionell ständig gearbeitet. Berichtigungen und Verbesserungsvorschläge werden unter Hinweis auf diese Ausgabe dankbar entgegengenommen.

**Verlag Harald Denzel KG, Redaktion Auto- und Wanderführer,
A-6020 Innsbruck, Maximilianstraße 9**

W 72 **Dr.-Friedrich-Oedl-Haus*, 1582 m, und Eisriesenwelt***, 1780 m.** Die Eisriesenwelt bei Werfen ist die größte Eishöhle der Erde und eines der größten Höhlensysteme überhaupt. Sie zählt zu den bedeutendsten Naturdenkmälern in den Ostalpen. Von den weitverzweigten Höhlengängen sind bisher über 14 km erforscht. Ihr vorderer, ansteigender Teil, fast 1 km lang, ist von 30.000 m² Bodeneis bedeckt, das stellenweise eine Dicke von mehr als 20 m aufweist. Die Hauptattraktion bildet ein 40 m hoher, gefrorener Wasserfall und eine 70 m lange und 40 m hohe Halle, «Mörk-Dom» genannt.

Die Eishöhle ist auf einer guten Steiganlage begehbar, wobei ein HU von 134 m zu bewältigen ist. Für Kleinkinder ist eine Begehung ungeeignet, auch Erwachsene mit Hunden in Begleitung sollen besser von einem Besuch Abstand nehmen. Für ältere Personen ist die Steiganlage etwas beschwerlich (zirka 700 Stufen!). Es wird dringend empfohlen, feste Schuhe und warme Kleidungsstücke zu tragen (auch warme Handschuhe anzuziehen), da die Innentemperatur auch im Sommer meistens unter Null liegt. Grubenlampen (Karbidlampen) werden den Besuchern beigestellt. In den Eishallen, vor Eiswällen und vor anderen Eisfiguren erfolgt Effektbeleuchtung durch Magnesiumlicht. Sämtliche Besuchergruppen werden von kundigen Personen geführt. Die normale Führungsdauer beträgt 1 bis 1½ Std.

Das bewirtsch. Dr.-Friedrich-Oedl-Haus befindet sich neben der Seilbahn-Bergstation am Achselkopf. Von hier bemerkenswerte Aussicht auf den Hochkönig und die Übergossene Alm (2941). Die Besuchergruppen versammeln sich vor dem Haus auf Abruf. Zwischen alten Nadelbäumen und Latschen betritt man den teilweise in den Fels gehauenen «Beißzangenweg», benannt nach einem grotesken Felsengebilde, und steigt nach Querung des Achselgrabens entlang der Hochkogelwandflucht an. Nach zirka 20 Min. ist das Eingangstor (1646) der Eisriesenwelt erreicht; im Rückblick hat man durch eine tiefe Kluft einen eindrucksvollen Blick hinab in das Salzachtal und hinüber zu den schnee- und eisbedeckten Hohen Tauern. Beim Öffnen des eisernen Portals empfängt den Besucher ein eiskalter Windstoß als Begrüßung durch die Eisriesen. Rückweg wie Hinweg. Z ab Autoabstellplatz zirka 3 bis 3½ Std. (ohne Wartezeiten an der Seilbahn und vor der Führung), LA 2. Hierzu WWK 11 Werfen.

W 73 **Burg Hohenwerfen*, 697 m.** N. von Werfen (548), auf einem bewaldeten, steil zur Salzach abfallenden Felskegel, thront die Burg Hohenwerfen, einst nach Hohensalzburg die bedeutendste Feste des Landes. Sie wurde um 1077 zur Sicherung des Südzuganges zum Paß Lueg errichtet, bereits unter Erzbischof Konrad I. (1106–47) verstärkt und im 16. Jh. in zwei Etappen ausgebaut. Die innere Burg mit Palas und Glockenturm steht schmal, aber beherrschend auf dem höchsten Punkt der Anhöhe, während die Vorwerke und der untere Bering auf den Hang übergreifen. Im Glockenturm, dem ehemaligen Bergfried, hängt eine große, 1565 von Christoph Löffler in Innsbruck gegossene Glocke, im Volksmund «Schloßahnl» genannt.

Wanderwege-Karte 11 Werfen

Vom Ort Werfen steigt man in zirka 30 Min. hinauf zur Burg, in der bis 1987 u.a. eine Gendarmerieschule untergebracht war. Im Bereich des Schloßhügels sind mehrere kleine Abstecher möglich, so zur „Vogeltenn", einer Lichtung knapp unterhalb der Feste, und zur „Waldesruhe", einem schönen Aussichtspunkt. Beide Ziele sind beschildert. – Z 45 Min. bis 1½ Std., LA 1. – Hierzu Wanderwege-Karte 11 Werfen.

Dielalm, 1016 m

Ein beliebtes Ausflugsziel in der Umgebung von Werfen (546) ist die ganzjährig bewirtsch. Dielalm. Zirka 4 km lange, kurvenreiche Zufahrt von der B 159, beschilderte Abzw. bei Hohenwerfen. Die stimmungsvolle Aussicht richtet sich vor allem auf das Salzachtal und die SW-Flanke des Tennengebirges. Einspuriges Schottersträßchen mit Ausweichen, SG. 3.

W 74 **Ostpreußenhütte**, 1625 m.** Von der Dielalm führt ein vielbegangener Pfad, AV-Mark. 401, zur bewirtsch. Ostpreußenhütte, 2 Std. Er folgt, zunächst größtenteils im Wald, dann über Almböden verlaufend, dem Bergrücken, der das Blühnbach- vom Imlautal trennt. Prächtige, auch für Familien geeignete Wanderung. Die im Jahr 1928 eröffnete Ostpreußenhütte, ein gemütliches Bergsteigerheim, erfreut sicht einer herrlichen Panoramalage am Rettenbachriedel. Die Aussicht reicht gegen O bis zum Dachsteinmassiv, im SO bis zu den Gipfelketten der Radstädter und Schladminger Tauern. Unmittelbar jenseits des Salzachtals baut sich die gewaltige Felsbastion des Tennengebirges auf, dessen Plateaucharakter aus dieser Perspektive besonders deutlich hervortritt. Sehr schön auch der Blick auf das tief eingeschnittene Blühnbachtal und seine Gebirgsumrahmung. Geübte besteigen von der Ostpreußenhütte aus in etwa 4 Std. den Hochkönig (2941). Z 3 1/4 Std., LA 1–2.

Werfenweng*, 901m

In einem landschaftlich besonders reizvollen Winkel des Pongaus, unmittelbar am Fuß des Tennengebirges, liegt die Streusiedlung Werfenweng. Von der B 159 bzw. von Pfarrwerfen aus erreicht man die sonnige, gegen kalte Nordwinde geschützte Mittelgebirgsterrasse über zwei kurvenreiche Zufahrten, je etwa 7 km. Etwas besser ausgebaut ist die s., über Dorfwerfen (553) verlaufende Straße. Beide Strecken vermitteln gute Aussicht auf die Südflanke des Tennengebirges, das Salzachtal, Hochkönig und Hagengebirge.

In Werfenweng (901) Straßenteilung: nach O in den Zaglauwinkl, nach NO in den Wengerwinkl zum bewirtsch. „Gamsblick" (1037), EP beim Frommhof; dann leitet Weg 222 durch die Wenger Au hinauf zur bewirtsch. Elmau-Alm, 20 Min. Über den Tanzboden erreicht man im weiteren Aufstieg die bewirtsch. Werfener Hütte → W 77.

Einen prächtigen Aussichtspunkt im O von Werfenweng erschließen die Tennengebirgsbahnen. Die Talstation des Zwei-Sektionen-Sesselliftes in der Zaglau (948) erreicht man rasch über eine asphaltierte Zufahrt (HT). Auf der Bischlinghöhe (Bergstation, 1834) eröffnet sich ein weites Panorama, das an klaren Tagen bis zu den Firngipfeln der Hohen Tauern reicht.

RW 75 **Heinrich-Hackel-Hütte**, 1531 m.** Die nach dem Erschließer des Tennengebirges, Dr. Heinrich Hackel, benannte Schutzhütte ist Ziel einer auch für Familien geeigneten, sehr schönen Rundwanderung. Ihren AP auf der Strussingalm erreicht man bequem mit der Tennengebirgsbahn. Von der Umsteigestation (1464) aus ist die etwa auf gleicher Höhe am Südhang des Tennengebirges gelegene Hackelhütte bereits zu sehen. Der bestens mark. Zugangsweg verläuft durch lichten Wald und über blumenreiche Almwiesen. Nach rund 30 Min. wird die bewirtsch. Mayerhofalm (1550) erreicht; re. oberhalb bleibt das Proksch-Haus. Weiter ohne nennenswerte Steigungen zu dem im Sommer bewirtsch. Schutzhaus, 1 1/4 Std., das sich einer prächtigen Aussichtslage erfreut: im W das Hochkönigsmassiv, im SW und S die Kette der Hohen Tauern, im SO Radstädter und Schladminger Tauern.

Von der Hackelhütte (ehem. Söldenhütte) kann man durch den Steinergraben direkt zur Talstation des Sesselliftes absteigen, Mark. 12. Ungleich lohnender ist allerdings der Weg sw. hinab in den Wengerwinkel, Mark. 2 und AV-Mark. 201. Er vermittelt herrliche Ausblicke auf den großartigen Talschluß der Wengerau, über dem sich die markante Felsgestalt des Hochthrons (2360), sw. Eckpfeiler des Tennengebirges, aufbaut. Rückweg via Werfenweng zur Liftstation. Z 3 Std., LA 1–2. Hierzu Wanderwege-Karte 11 Werfen.

Tauernkogel*, 2249 m.** Die Höhenwanderung zur Heinrich-Hackel-Hütte läßt sich gut mit einer Besteigung des Tauernkogels verbinden. Voraussetzung hierbei ist allerdings eine ordentliche Kondition, hat man vom Schutzhaus zum Gipfel, der als Eckpfeiler am SO-Rand des Tennengebirges eine besonders reizvolle Aussicht vermittelt, doch einen zügigen Aufstieg von rund 700 m HU zu bewältigen. Das Steiglein, Mark. 6 und 211, windet sich über Rasen- und Latschenhänge hinauf zum Stiegl (1985) und zur Tauernscharte (2114), 1¼ Std. Aus der Senke re., der roten Mark. folgend, in 20 Min. zum Gipfelkreuz. Großartig die Tiefblicke ins obere Lammertal und auf die Mittelgebirgsterrasse von Werfenweng, am s. Horizont die Gipfelketten das Alpenhauptkamms, vom Großvenediger (3674) bis zum Hochgolling (2863). Z 5½ bis 6 Std. (AP Strussingalm), LA 2–3. Hierzu Wanderwege-Karte 11 Werfen. **RW 76**

Alpengh. Mahdegg*, 1202 m

An der n. Zufahrt nach Werfenweng nimmt das 4 km lange, mautpflichtige Stichsträßchen zum Gh. Mahdegg seinen Ausgang. Abzw. in Lampersbach (HT), knapp 5 km von der B-159 bzw. von der AA Lammertal der TAB entfernt. Der im Sommer bewirtsch. Alpengasthof liegt aussichtsreich an der steilen SW-Flanke des Tennengebirges, hoch über dem Salzachtal. Prachtblick gegen W auf Hochkönig, Steinernes Meer und Hagengebirge, am sw. Horizont die Firngipfel der Hohen Tauern.

Werfener Hütte, 1969 m, und Elmaualm**, 1513 m.** Zwei beliebte Wanderziele an der Südflanke des Hochthrons (2360), beide in schöner Aussichtslage. Der Anstiegsweg zur Werfener Hütte, durchgehend mit 3 mark., verläuft über den Zistelberg (1564). Bei der Höhenkote 1380, knapp 30 Min. vom Gh. „Mahdegg", hat man li. die Abzw. (HT) eines Steigleins, AV-Mark. 227, das durch den sogenannten «Eiskeller» zur unbewirtsch. Edelweißhütte (2350) hinaufzieht. Am Tanzboden, 1¼ Std., gabelt sich der Weg erneut (HT): li. in steilen Kehren hinauf zur Werfener Hütte, 2¼ Std. ab Mahdegg, re. leicht absteigend zur bewirtsch. Elmaualm, 1½ Std. Von der Alm Prachtblick in den Talschluß der Wengerau. **W 77**

Die im Sommer bewirtsch. Werfener Hütte dient u. a. als Stützpunkt bei Klettertouren an der SW-Flanke des Tennengebirges. Unmittelbar über dem Schutzhaus erhebt sich der Hochthron (2360), zusammen mit den beiden Fieberhörnern (2157 bzw. 2278) unstreitig die formschönste Gruppe des gesamten Bergmassivs. Durch seine steilen Felsflanken ziehen mehrere, teilweise sehr schwierige Führen; auch der leichteste Anstieg über den Südgrat wird noch mit dem II. Grad der sechsteiligen Alpenskala bewertet. Sehr stimmungsvoll die Aussicht von der Werfener Hütte; sie reicht im S über die bewaldeten Höhen der Pongauer Schieferberge bis zum Alpenhauptkamm. In Ost und West stehen sich Dachstein und Hochkönig gegenüber. Z 3½ Std. (Werfener Hütte) bzw. 2¼ Std. (Elmaualm), LA 2 bzw. 1–2. Hierzu Wanderwege-Karte 11 Werfen.

Bischofshofen (544). In einem weiten Talkessel, umrahmt von teilweise bewaldeten Anhöhen, über denen die mächtigen Felsfluchten des Tennengebirges und des Hochkönigs aufragen, liegt der rund 10.000 Einw. zählende stattliche Markt. Die Gegend gilt als uralter Kulturboden; so ist am nahen Götschenberg eine kontinuierliche Siedlungstätigkeit von der Jungsteinzeit bis ins frühe Mittelalter nachgewiesen worden. Beachtenswert die dreischiffige Pfarrkirche; sie bewahrt das einzige erhaltene Beispiel eines gotischen Hochgrabes im Land Salzburg aus dem Jahre 1453. In der näheren Umgebung führen mark. Wege u. a. zum Wasserfall des Gainfeldbachs, zu den Sprungschanzen, auf die aussichtsreichen Höhen des Kreuz- und des Buchberges.

Dientner Sattel, Birgkarhaus, 1379 m**

Die Route über den Dientner Sattel (1357) bildet den ö. Abschnitt der landschaftlich sehr abwechslungsreichen Hochkönig-B 164, die Saalfelden mit Bischofshofen verbindet. Sie ist zwischen Bischofshofen (544) und Mühlbach am Hochkönig (859) normalbreit ausgebaut, verlangt aber ihres Kurvenreichtums wegen eine vorsichtige Fahrweise, insbesondere im Mühlbachgraben, SG 2. Im weiteren Verlauf über den Paß hinab nach Dienten (1078) ist die Strecke knapp zweispurig, auf kürzeren Abschnitten sogar nur einspurig, aber durchgehend asphaltiert. Auf der Ostrampe hat man kurz vor der Scheitelhöhe eine zirka 1 km lange starke Steigung mit Maxima von 18%. Eine HT markiert den Eintritt in das Landschaftsschutzgebiet Hochkönig. Die w. Rampe vermittelt zwischen dem Birgkarhaus und dem Gh. „Übergossene Alm" besonders schöne alpine Eindrücke; man hat freie Aussicht auf den gewaltigen Bergstock des Hochkönigs. Im Bj. präsentierte sich dieser Streckenabschnitt, obwohl staubfrei, in mäßigem Zustand mit teils welliger Fahrbahn. Das max. Gefälle liegt bei 8%. Bischofshofen – Dientner Sattel – Dienten 23 km, SG 2–3.

Mandlwandstraße*, Arthurhaus, 1502 m

Mühlbach am Hochkönig (859) ist AP der 8 km langen, durchgehend zweispurig ausgebauten Mandlwand-Mautstraße. Sie erschließt dem Wanderer und Bergsteiger eine günstige Basis für zahlreiche Ausflüge und Touren, deren Skala vom beschaulichen Almspaziergang bis zur schwierigen Kletterei an der Mandlwand reicht. Die Auffahrt zum Arthurhaus vollzieht sich zunächst in einigen Serpentinen an der sonnigen Südflanke des Hochkeils (1783). Man genießt Aussicht auf die Dientner Berge und den Hochkönig. Oberhalb der Abzw. zum Gh. „Bergheimat" (1180) wird auch der Blick auf die zerrissene Mandlwand mit ihren rund 30 Zinnen und Türmen frei; sie bietet vor allem am Vormittag, wenn die im Osten stehende Sonne noch tiefe Schatten wirft, ein großartiges Bild! Bei Kilometer 5.5 li. Abzw. zum Rupertihaus (1265); im Mitterberggraben folgen an der Bergstrecke nacheinander Mandlwandhaus (1330), Mitterberghaus (1340) und Hochkeilhaus (1383). Großer Parkplatz an der letzten Kehre (1484) unterhalb des Arthurhauses. Höchststeigung 12%, die alte Mitterbergstraße mit Steigungsmaxima von 28% ist gesperrt. SG 2–3.

Die Gegend um Mühlbach ist uralter Kulturboden. Bereits um 2000 v. Chr. wurde am Mitterberg und am Hochkeil nach Kupfer gegraben, und gegen Ende der Bronzezeit erlebte der Bergbau hier seine Hochblüte. In den Wirren der Völkerwanderungen gerieten die Lagerstätten dann in völlige Vergessenheit; nur ein Zufall führte 1828 zu ihrer Wiederentdeckung. Bis Ende 1977 wurde der Mühlbacher Kupferbergbau unter Tag betrieben, dann allerdings mußte er wegen Unwirtschaftlichkeit stillgelegt werden.

Mitterfeldalm*, 1670 m. Nordöstlich vom Mitterbergsattel (1516), auf einer weitschauenden Anhöhe, liegt die bewirtsch. Mitterbergalm. Sie ist Ziel eines reizvollen kleinen Abstechers, 40 Min. vom Arthurhaus. Der bequeme, nur leicht steigende Weg, AV-Mark. 430, vermittelt gute Ausblicke auf den Talkessel von Bischofshofen, über dem sich s. der bewaldete Rücken des → Hochgründecks (1827) erhebt, das Dachsteinmassiv und das Tennengebirge; zur Linken hat man die zerrissenen Felsen der Mandlwand. Z 1 Std., LA 1. Hierzu Wanderwege-Karte 12 Mühlbach-Hochkönig. **W 78**

Von der Mitterfeldalm aus besteigen ausdauernde Berggänger in etwa 4 Std. den Hochkönig (2941), der als höchste Erhebung der Salzburger Kalkalpen ein immenses Panorama vermittelt. Der mark. AV-Weg verläuft durch die Ostflanke des gewaltigen Bergstocks; am höchsten Punkt das bewirtsch. Matrashaus. Nur bei sicherem Wetter zu empfehlen, Trittsicherheit unerläßlich!

Hochkeil, 1783 m.** Obwohl bereits die Fahrt zum Arthurhaus hervorragende Einblicke in die wild zerklüfteten Felsfluchten der Mandlwand vermittelt, empfiehlt sich bei günstiger Witterung auf jeden Fall der Aufstieg zum Hochkeil, Mark. 3. In knapp 1 Std. erreicht man den Gipfel, der ein herrliches, überraschend weites Panorama bietet. Am s. Horizont reihen sich die Dreitausender der Hohen Tauern, vom Großvenediger (3674) bis zum Ankogel (3246), aneinander; ihnen schließen sich gegen O hin die Gipfelketten der Radstädter und Schladminger Tauern an. Ziemlich genau ö., unmittelbar jenseits des Salzachtals, baut sich das aussichtsberühmte → Hochgründeck auf; li. davon erkennt man die Dachsteingruppe, im NO dominiert das Tennengebirge. Urgewaltig, den Hochkeil um bis zu 1200 m überragend, die Südflanke des Hochkönigmassivs mit Hochkönig (2941), Großem und Kleinem Bratschenkopf (2859 bzw. 2685) und Mandlwand (Großer Gamsleitenkopf, 2532). Z 1 3/4 Std., LA 1–2. Hierzu Wanderwege-Karte 12 Mühlbach-Hochkönig. **W 79**

Erichhütte, 1546 m.** Eine herrliche Höhenwanderung, im Herbst bei guter Fernsicht besonders lohnend. Der mit 436 mark. AV-Weg quert die s. Hänge des Hochkönigsmassivs vom Arthurhaus bis zur Erichhütte, größtenteils fast eben verlaufend. Lediglich im Riedingtal, dem tiefsten Streckenpunkt (zirka 1380), ist eine nennenswerte Steigung zu bewältigen. Großartig die Szenerie, welche den Wanderer begleitet: auf der einen Seite hat er die mächtigen Felsfluchten des Hochkönigs (2941) und seiner Trabanten, gegenüber – ein echter **W 80**

Kontrast – die sanft profilierten, waldreichen Höhenzüge der Dientner Berge, hinter denen firnbedeckte Dreitausender der Hohen Tauern hereinlugen. Nach 2³/₄ bis 3 Std. erreicht man die meist von Mitte Mai bis Mitte Oktober bewirtsch. Erichhütte, die sich einer malerischen Lage am Fuß der → Taghaube (2159) erfreut. Bei günstigen Witterungsbedingungen reicht die Aussicht im SW bis zum Großglockner. Z 3 Std. (bis zur Wiedersbergalm, 2542) bzw. 6 Std. (bis zur Erichhütte), LA 2. Hierzu Wanderwege-Karte 12 Mühlbach-Hochkönig.

W 81 **Taghaube**, 2159 m.** Obwohl eigentlich nur ein bescheidener Gratausläufer am mächtigen Hochkönigmassiv, bildet auch die Taghaube ein dankbares Tourenziel. Sie erhebt sich genau n. über dem Dientner Sattel und vermittelt eine ungemein kontrastreiche Rundschau. Packenden Nahblicken in die zerklüftete Südflanke des Hochkönigs (2941) steht die herrliche Fernsicht auf die Dreitausender des Alpenhauptkamms gegenüber. Sehr reizvoll auch die Tiefblicke in die grünen Täler von Dienten und Mühlbach.

AP für den Abstecher auf die Taghaube ist der Dientner Sattel (1357). Vom Parkplatz w. der Scheitelhöhe erreicht man zu Fuß in gut 30 Min. die prächtig gelegene → Erichhütte (1546). Sie dient u. a. als Stützpunkt bei Hochkönig-Besteigungen über den gesicherten «Birgkarweg», AV-Mark. 432. Das Steiglein zur Taghaube zweigt zirka 30 Min. oberhalb der Hütte, bei der Höhenkote 1713, von diesem Weg re. ab (HT). Der roten Mark. folgend, gewinnt man über Wiesenhänge, zuletzt durch eine ausgehauene Latschenrinne, die leichten Felsen der Gipfelregion, 2¹/₄ Std. Trittsicherheit erforderlich! Z 3¹/₂ Std., LA 2–3. Hierzu Wanderwege-Karte 12 Mühlbach-Hochkönig.

RW 82 **Schneeberg***, 1939 m, AP Dientner Sattel.** Im Dientner Sattel (1357) besteht ein günstiger AP für die überaus lohnende Besteigung des Schneeberges, dessen Gipfel ein altberühmtes Panorama vermittelt → W 83. Die abwechslungsreiche Runde auf mark. Wegen bietet vielfältige Landschaftseindrücke; sie ist bei entsprechender Vorsicht auch für Familien mit größeren Kindern geeignet. Bis zur Klingelbergalm (1543) hat man einen bequemen Güterweg, 1¹/₄ Std. Anschließend geht es steil durch lichten Lärchenwald hinauf zum Verbindungsgrat zwischen Schneeberg und Ahornstein, den man unweit des Klausalmkreuzes (1770) gewinnt, Mark. 11. „Gipfelsammlern" eröffnet sich hier die Gelegenheit zu Abstechern auf den Ahornstein (1855) und das Kollmannsegg (1848), zusammen zirka 1¹/₄ Std. Der weitere Anstieg vollzieht sich über Almböden in ö. Richtung zum höchsten Punkt des Bergstocks, dem Schneebergkreuz oder Dientner Schneeberg (1939). Etwa 500 m nö. davon erhebt sich die Kuppe des Mühlbacher Schneeberges (1921), insgesamt 3 Std. ab Dientner Sattel. Herrlich der Blick von dieser Aussichtskanzel auf die Südflanke des Hockönigs (2941). Gut zu erkennen des Matras-Haus am höchsten Punkt.

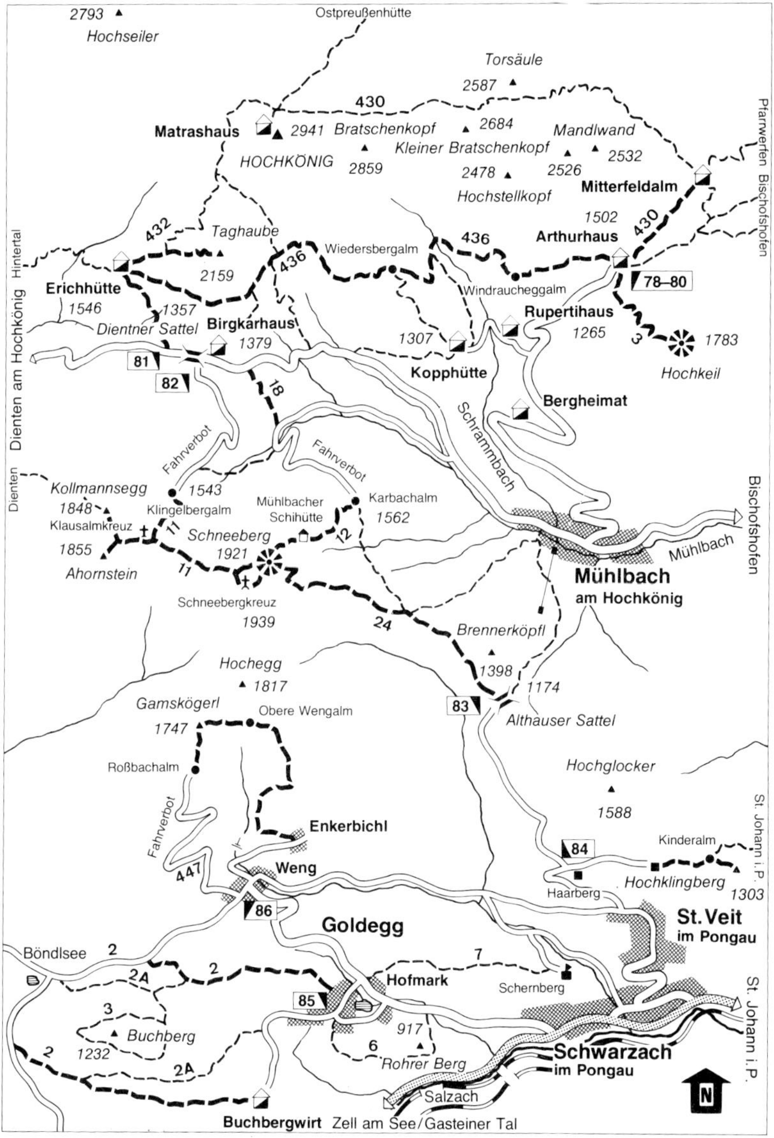

2793
Hochseiler
Ostpreußenhütte
Torsäule
2587
430
Matrashaus
2941
Bratschenkopf
2684
Mandlwand
Kleiner Bratschenkopf
2532
HOCHKÖNIG
2859
2478
2526
Hochstellkopf
Mitterfeldalm
1502
Arthurhaus
430
432
Taghaube
436
Wiedersbergalm
436
2159
78–80
Erichhütte
1546
1357
Dientner Sattel
Birgkarhaus
1379
Windraucheggalm
Rupertihaus
1265
3
1783
Hochkeil
1307
Kopphütte
81
82
18
Bergheimat
Schrammbach
Dienten am Hochkönig
Hintertal
Pfarrwerfen
Bischofshofen
Fahrverbot
Fahrverbot
Dienten
Kollmannsegg
1543
Karbachalm
1848
Klingelbergalm
Mühlbacher Schihütte
1562
Klausalmkreuz
Schneeberg
12
11
1855
1921
Ahornstein
11
Mühlbach
Mühlbach
am Hochkönig
Bischofshofen
Schneebergkreuz
1939
24
Brennerköpfl
Hochegg
1398
1817
1174
Gamskögerl
Obere Wengalm
83
Althauser Sattel
1747
Roßbachalm
Hochglocker
1588
Fahrverbot
Enkerbichl
Kinderalm
84
447
Weng
Hochklingberg
Haarberg
1303
86
St. Johann i.P.
St. Veit
im Pongau
Goldegg
Böndlsee
2
2A
2
7
Hofmark
Schernberg
85
3
917
Buchberg
2
1232
6
2A
Rohrer Berg
Schwarzach
im Pongau
St. Johann i.P.
Salzach
N
Buchbergwirt
Zell am See/Gasteiner Tal

Vom Gipfel hat man zunächst einen steilen Abstieg nö. zur Mühlbacher Schihütte (1720) und zur Karbachalm (1562), Mark. 12. Hier trifft man auf ein Alpsträßchen, das durch schönen Hochwald, zuletzt in einigen Kehren, zum Fellersbach hinableitet. Jenseits der Brücke weist eine Tafel li. zur Dientner Straße, Mark. 18. Z 5 Std., LA 2. Hierzu Wanderwege-Karte 12 Mühlbach-Hochkönig.

W 83 **Schneeberg***, 1939 m, AP Althauser Sattel.** Die höchste Erhebung der ö. Dientner Berge bietet ein herrliches, zu Recht gerühmtes Panorama, das vom Kaisergebirge im W bis zum Hohen Dachstein im O reicht. Glanzpunkt ist der Blick auf das gewaltige Kalkmassiv des Hochkönigs (2941), dem man unmittelbar gegenübersteht, beeindruckend auch die Parade der Dreitausender am s. Horizont, vom Großvenediger bis zum Großen Hafner. Den Aufstieg von St. Veit im Pongau (763) verkürzt ein Stichsträßchen (HT „Schneeberg"), das über Haarberg, wo re. ein Fahrweg zur Kinderalm abzweigt (HT), und die Höfe von Oberlehen zum Althauser Sattel (1174) führt, 6 km. Es ist zwar asphaltiert, teilweise aber nur einspurig; ob Haarberg kaum Ausweichen und keine Randsicherung. Am Althauser Sattel, der einen Übergang nach Mühlbach am Hochkönig vermittelt (nur Fußweg!), ausreichend Parkmöglichkeit. SG 3.

Der Weg zum Schneeberg folgt weitgehend dem ausgeprägten, weit hinauf bewaldeten Ostgrat, Mark. 24 bzw. 24 A. Er ist vorzüglich bez., sodaß sich keinerlei Orientierungsprobleme ergeben, und ist auch für weniger Berggewohnte und Familien geeignet, 2½ Std. Den höchsten Punkt des Bergstocks markiert nicht der mit 1921 m vermessene Nordgipfel (Mühlbacher Schneeberg), sondern das Schneebergkreuz (Dientner Schneeberg, 1939). Z 4 Std., LA 1–2. Hierzu Wanderwege-Karte 12 Mühlbach-Hochkönig.

W 84 **Hochklingberg*, 1303 m.** Hübscher Aussichtspunkt an dem vom Hochglocker (1588) gegen SO abstreichenden Grat. Der Zugang erfolgt über das von Haarberg zur Kinderalm (1260) führende, ab Kilometer 1.5 für den öffentlichen Verkehr gesperrte Stichsträßchen, Mark. 23. Da im Bereich dieses Fahrweges nur wenig Parkmöglichkeiten bestehen, empfiehlt es sich, den Wagen vor dem EP, evt. sogar bei der Abzw. Haarberg abzustellen. Von der unbewirtsch. Kinderalm (Kinderheim) steigt man in wenigen Minuten ö. hinauf zum Hochklingberg. Hier eröffnet sich eine überraschend weite Aussicht auf Hochkönig, Tennengebirge, → Hochgründeck, Dachsteingruppe und die Höhen um Klein- und Großarltal; genau im S der → Schuhflicker. Stimmungsvoller Tiefblick auf die Häuser von St. Johann im Pongau. Z 2½ Std. (AP Haarberg), LA 1–2. Hierzu Wanderwege-Karte 12 Mühlbach-Hochkönig.

Goldegg, Hofmark 823 m, und Böndlsee 850 m
Die normal breite Asphaltstraße zweigt w. Schwarzach im Pongau (601) von der B 311 re. ab und führt ohne nennenswerte Steigungen (Maxima zirka 8%) durch eine Parklandschaft mit Buchen, Erlen und Bergahornen auf die Terrasse von Goldegg und Weng, 5 km, SG 2. Der moorhaltige Goldeggsee liegt lieblich in einer Mulde eingebettet. Parkplatz unterhalb des Schlosses Goldegg, in dem das Pongauer Heimatmuseum eingerichtet ist. Die Asphaltstraße leitet über einen bewaldeten Moränenrücken weiter zum Ortsteil Weng (836), 3 km, und schließlich zum Böndlsee, welcher in einem Landschaftsschutzgebiet liegt, nochmals 3 km. Goldegg- und Böndlsee sind beliebte Badeseen. Vor dem Böndlsee parkt man entlang der Straße an den dafür bezeichneten Plätzen. Die Erholungszone um den See ist eigens ausgewiesen. Fährt man unterhalb des Seebichls vorbei, so hat man einen schmalen, asphaltierten Fahrweg direkt nach Lend hinab über das Gasthaus „Bergblick". Dieses einspurige Bergsträßchen ist nur für kleinere, wendige Pkw geeignet. Es fehlen streckenweise Ausweichstellen, das maximale Gefälle beträgt hier 28%, SG 4. Ein anderer Fahrweg leitet n. des Böndlsees über Boden hinab zum Dientenbach und verkürzt hier die Zufahrt nach Dienten beträchtlich, SG 3–4.

Rund um den Buchberg*. Die Mittelgebirgsterrasse von Goldegg, eingebettet zwischen dem Salzachgraben und den s. Abhängen des Hochecks (1817), ist ein ideales „Revier" für Liebhaber beschaulicher Spaziergänge und leichter Wanderungen. Ein Netz mark. Wege erschließt, sternförmig vom Dörfchen Goldegg (823) ausgehend, die schönsten Landschaftspunkte: Mark. 1 leitet nw. zum Weiler Weng (836), 40 Min., die Mark. 6 um den Buchenkopf (857), 1 Std., Mark. 7 zum Schloß Schernberg (761) und nach St. Veit (763), 1 1/2 Std. **RW 85**

Eine schöne Halbtagswanderung führt rund um den Buchberg (1232), dessen breiter, bewaldeter Rücken die Sonnenterrasse von Goldegg im W begrenzt. AP ist Goldegg-Hofmark; der durchgehend mit 2 bez. Weg verläuft in Höhenlagen zwischen 800 und 940 m. Man genießt hübsche Ausblicke auf das Salzachtal und die schluchtartig eingerissene Mündung des Gasteiner Tals. Einkehrmöglichkeiten am kleinen Böndlsee (850) und beim Buchbergwirt (830). Z 3 1/2 Std., LA 1–2. Hierzu Wanderwege-Karte 12 Mühlbach-Hochkönig.

Gamskögerl*, 1747 m. Obwohl etwas im Schatten des um fast 200 m höheren Schneeberges stehend, bildet auch das Gamskögerl ein dankbares Wanderziel. Sein Gipfel vermittelt ein prächtiges Panorama, das vom Wilden Kaiser bis zum Dachstein reicht und im S die Gipfelketten der Hohen Tauern einschließt. Lediglich der Ausblick nach N, auf die Kalkfluchten des Steinernen Meers und des Hochkönigs, wird durch Ahornstein (1855) und Schneeberg (1939) etwas beeinträchtigt. **RW 86**

AP für die Gamskögerl-Rundtour ist der Weiler Weng (836), 3 km nw. von Goldegg. Der durchgehend mit 447 mark. Anstieg folgt einem Alpsträßchen, das sich in Serpentinen durch den Wenger Wald zur Roßbachalm (1510) hinaufwindet, 2 3/4 Std. Von der Alm leitet die rot-weiß-rote Mark. n. zum Gipfelkreuz, 3 1/2 Std. Beim Gamskögerl handelt es sich eigentlich nur um eine dem etwas höheren Hochegg (1817) sw. vorgelagerte Kuppe. Der Abstecher zum Hauptgipfel ist unschwierig, 20 Min., aber wenig lohnend, da er keine umfassendere Aussicht bietet. Sehr reizvoll dagegen die Tiefblicke vom Gamskögerl auf die Sonnenterrasse von Goldegg und ins Salzachtal; genau s. hat man die klammartig eingerissene Mündung des Gasteiner Tals.

Beim Abstieg quert man zunächst weglos die Südhänge des Hochegg und gelangt zu der bereits vom Gipfel aus sichtbaren Hütte auf der Oberen Wengalm (1650). Hier setzt eine neue Mark. an. Sie mündet am Waldrand, rund 500 m weiter ö., in einen Pfad, der in einigen Schleifen durch die Südflanke des Filzkogels (1664) gegen Weng hinabzieht. Am Enkerbichl (958), etwa 20 Gehmin. oberhalb des Ortes, trifft man auf ein Fahrsträßchen, das bequem zum AP zurückleitet. Von der Brücke ob Weng schöner Blick auf den Zwillingsfall. Z 5 bis 5½ Std., LA 2. – Hierzu Wanderwege-Karte 12 Mühlbach-Hochkönig.

Lend-Gasteiner Tal-Böckstein

Der Gasteiner B-167 kommt eine doppelte Aufgabe zu: erstens vermittelt sie den Anschluß der gesamten Talschaft mit dem weltbekannten Kurort Badgastein (1002) an ein übergeordnetes Straßennetz via Neubaustrecke der B-311 zur Tauernautobahn. Zweitens ist sie für den Kraftfahrer Zubringer zur Bahnverladung nach Kärnten vom Bahnhof Böckstein (1131) aus; sie ist damit ein bedeutsamer Träger im Nordsüd-Transitverkehr über die Alpen. Ihr moderner Ausbau erfolgte nach den Kriterien der Sicherheit und vor allem auch der Winterfestigkeit. Dorfgastein und Bad Hofgastein werden umfahren. Der Knoten Gigerach am Eingang in das Gasteiner Tal wurde mit einem doppelstöckigen Straßentunnel, einer in Österreich ungewöhnlichen Bauweise, versehen, welche unter beengten Platzverhältnissen eine kreuzungsfreie Einbindung der B-167 in die neue B-311 ermöglichte. Die max. Steigung von 15% in einem ungünstigen Straßenverlauf zwischen Lend (636) und dem Gigerachtunnel bleibt für den Verkehr aus und in Richtung Zell am See bis zur Weiterführung der neuen B-311 nach W bestehen. Aus Richtung Salzburg-Bischofshofen hingegen hat die Auffahrt nur noch 4% Steigung. Steinschlag und Lawinen hatten in der Vergangenheit nicht selten eine Sperre dieses unbequemen Straßenstückes zwischen Lend und dem Klammpaß erzwungen, wodurch auch der Autoverlad durch den Tauern-Bahntunnel betroffen war. Heute gelangt man aus dem 180 m langen Gigerachtunnel problemlos in den 1.6 km langen Klammtunnel und weiter in das Talinnere. SG 2.

W 87 **Entrische Kirche, 1080 m.** Hoch über dem Klammpaß (797), an den ö., zum Luxkogel (1824) und zum Seekopf (2032) ansteigenden Hängen, befindet sich der Eingang zur sogenannten „Entrischen (heidnischen) Kirche", einer rund 2.5 km langen Natursinterhöhle. Sie diente während der Bauernkriege des 16. Jh. den Protestanten als Zuflucht. Vom Parkplatz beim kleinen Klammtunnel (Ruine Klammstein, HT) führt ein mark. Weglein steil durch den Wald hinauf zur Entrischen Kirche, 1 Std. Zur Zeit ist die Höhle auf eine Länge von etwa 500 m begehbar und entsprechend gesichert. Im Sommer finden täglich Führungen statt; Auskunft durch den Verkehrsverein Dorfgastein. Z 2½ Std., LA 2. Hierzu Wanderwege-Karte 13 Dorfgastein.

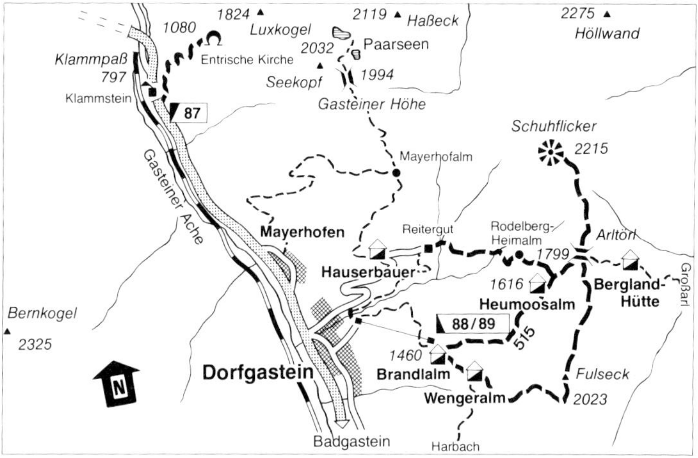

Wanderwege-Karte 13 Dorfgastein

Schuhflicker, 2215 m.** Der rund 30 km lange Gebirgskamm, welcher das Großarl- vom Gasteiner Tal trennt und gegen N hin mehr und mehr an Höhe und Profil verliert, schwingt sich nahe dem Salzachtal nochmals zu markanten Gipfeln auf. Besonders eindrucksvoll die Höllwand (2275) mit ihren mächtigen Felsfluchten, vielbesucht der leichter zugängliche Schuhflicker. Er verdankt seinen Namen einer Sage, die von zwei zu Stein gewordenen Schustergesellen erzählt. Die Bezeichnung galt ursprünglich nur für die beiden entfernt menschenähnlichen Felstürme knapp unterhalb des Gipfels, auf den sie dann überging. **RW 88**

Einen günstigen AP für die lohnende Wanderung vermittelt die von Dorfgastein (830) ausgehende Brandsteinbahn. Von ihrer Bergstation (1460) auf der Brandlalm erreicht man auf gutem Weg, AV-Mark. 515, in etwa 1 1/2 Std. über die bewirtsch. Heumoosalm (1616) das Arltörl (1799), einen seit alters her benützten Übergang ins Großarltal. Kleine Holzkapelle. Am Sattel beginnt der eigentliche ,,Gipfelsturm" (HT). Das bez. Weglein folgt dem ausgeprägten Südgrat, wendet sich am Fuß der ,,Schuhflicker" (Kreuz) nach li. und gewinnt schließlich in Serpentinen und zuletzt über leichte Felsen den höchsten Punkt, 1 1/4 Std. vom Arltörl. Im letzten Abschnitt ist Trittsicherheit erforderlich; bemerkenswerte Kalkflora. Vom Gipfelkreuz genießt man eine prächtige, für viele Aussichtswarten des Pongaus typische Rundschau: im N die Kalkalpen, von den Steinbergen bis zum Hohen Dachstein, im S der Tauernkamm. Sehr reizvoll die Tiefblicke ins Salzachtal, ins Großarl- und ins Gasteiner Tal; n. unter dem Gipfel der kleine Schuhflickersee (2060). Z 4 1/2 Std., LA 2–3.

Wer zu Fuß nach Dorfgastein absteigen möchte, nimmt den auf der Heumoosalm (1616) re. abgehenden Weg (HT). Er führt über die Rodelberg-Heimalm (1447) an der n. Flanke des tiefen Heumoosgrabens hinab ins Tal. Z 5½ Std., LA 2–3. Hierzu Wanderwege-Karte 13 Dorfgastein.

RW **Fulseck*, 2023 m.** Weniger Ambitionierte, denen die Besteigung des Schuh-
89 flickers zu beschwerlich erscheint, können sich das Fulseck zum Ziel nehmen. Lohnende, auch für Familien geeignete Rundwanderung. Vom AP Brandlalm (1460) leitet ein blau mark. Weglein über die bewirtsch. Wengeralm und die Kieselschneid hinauf zum Fulseck, 2 Std., dessen Gipfel eine bemerkenswerte Aussicht bietet, jener vom Schuhflicker fast ebenbürtig. Abstieg gegen N ins Arltörl (1799) und Rückweg via Heumoosalm (1616) zur Liftstation, 3¾ Std., LA 1–2. Hierzu Wanderwege-Karte 13 Dorfgastein.

Bad Hofgastein (858). In einer lieblichen Talweitung, umrahmt von bewaldeten Höhen, liegt der Markt Bad Hofgastein, heute ein ruhiger Ferien- und Kurort. Im 16. Jh., als der Goldbergbau am Radhausberg ob Böckstein in voller Blüte stand, galt Hofgastein nach der Stadt Salzburg als reichster Ort im Lande. Aus dieser Zeit stammt auch die stattliche spätgotische Pfarrkirche, deren schlanker, spitzbehelmter Turm das Dorfbild beherrscht.

Mark. Spazierwege verbinden Hofgastein mit verschiedenen besonders reizvollen Landschaftspunkten in der näheren Umgebung, so u. a. mit der Pyrkerhöhe (920; Gh.), 30 Min., und der Annakapelle (1074) hoch über der Mündung des Kirchbachs, 45 Min. Moderne Bergbahnen erschließen das beliebte Schi- und Wandergebiet der Schloßalm. Den Transport zum Kitzstein (1302) übernimmt eine Standseilbahn; ihr schließt sich die Schloßalm-Seilschwebebahn an. Von der Bergstation (2050) an der Kleinen Scharte leitet ein mark. Weglein n. zur Hirschkarspitze (2119), die eine gute Aussicht bietet, 25 Min. Verschiedene leichte, familienfreundliche Bergabwanderungen zur Umsteigestation Kitzstein und nach Bad Hofgastein.

Angertal, 1200 m.
In das stille, bei Bad Hofgastein von SW mündende Angertal führt eine neue, knapp 5 km lange Stichstraße; AP beim Weiler Hundsdorf an der B 167. Sie ist durchgehend auf eine Breite von 6 m ausgebaut und weist Steigungsmaxima von 10% auf. Große Parkplätze unweit vom Gh. Angertal (1190). Schöne Wanderung durch das Lafenntal hinauf zur Stanzscharte (2098), einem Übergang ins benachbarte Rauriser Tal, 3 Std., Mark. 115.

RW **Türchlwand**, 2577 m.** Für Geübte ein lohnendes Ziel ist die Türchlwand,
90 markante Erhebung in dem langgestreckten Gebirgskamm, der das Gasteiner vom Rauriser Tal trennt. Ihr Name, eine Verballhornung der k. u. k. Kartographen, geht auf den Dialektbegriff „Tüachl“ (Tüchlein) zurück, mit welchem die Einheimischen die auffallend hellen Gipfelfelsen an der Rauriser Seite des Bergstocks bezeichneten.

Ein mark. Anstieg führt von O auf die Türchlwand. AP ist das Hamburger Schiheim (1950) auf der Schloßalm, das man von der Seilbahnstation Kleine Scharte (2050) in etwa 30 Min. erreicht. Höhenverlust 100 m. Die AV-Mark. 127 leitet steil aufwärts zum langen Ostgrat der Türchlwand und zum Gipfel, 2 Std. ab Hamburger Hütte. Von der Türchlwandscharte (zirka 2280, HT) folgt das Weglein diesem vom Lungkogel (2327) zum Siebenspitz (2488) ansteigenden Kamm, an seiner Südflanke knapp unterhalb der Grathöhe bleibend. Man quert steile Rasenhänge; bei Nässe oder Schneelage ist allergrößte Vorsicht geboten (Rutschgefahr!). Sehr schön die Aussicht von der Türchlwand: im N reihen sich die Felsmassive der Kalkalpen aneinander, im S hat man den Tauernkamm. Z 4 Std., LA 2–3.

Wer zu Fuß zur Station Kitzstein (1302) bzw. nach Bad Hofgastein absteigen will, muß einen Mehrzeitaufwand von 30 Min. bzw. 1½ Std. einkalkulieren. Mark. Weg über die Untere Schloßalm (1640) und die Pyrkerhöhe. Hierzu Wanderwege-Karte 14 Badgastein.

Badgastein (1002), heute rund 7000 Einw. zählend, verdankt seinen Aufstieg zu einem der berühmtesten Kurorte des Alpenraumes den ergiebigen radioaktiven Quellen (47 °C), deren Heilkraft wohl bereits den Römern bekannt war. Als Treffpunkt gekrönter Häupter, Staatsmänner (Bismarck) und Diplomaten erlangte es im 19. Jh. sogar historische Bedeutung (Vertrag von Gastein 1865). Die stürmische Entwicklung gerade jener Zeit spiegelt sich in dem fast großstädtisch zu nennenden Ortsbild wider, das in eigenwilligem Gegensatz zur Berglandschaft und zum mächtigen Wasserfall der Gasteiner Ache steht, welcher in Kaskaden zwischen den Hochhäusern in die Tiefe stürzt. Beachtung verdient neben dem neuen Kur- und Kongreßhaus die Filialkirche St. Nikolaus, ein stilvoller gotischer Bau des frühen 15. Jh. Empfehlenswert (nicht nur bei schlechtem Wetter) ist ein Besuch des Heimatmuseums.

Die nähere Umgebung von Badgastein wird durch ein Netz von Spazier- und Wanderwegen, die zu maßvoller körperlicher Betätigung einladen, bestens erschlossen. Beliebte Ausflugsziele sind u. a. die Rudolfshöhe (1195), die Windischgrätzhöhe (1230), je 30 Min. vom Ortszentrum, und die Bellevuealm (1270), 40 Min. Die «Kaiser-Wilhelm-Promenade» leitet nö. zur Mündung des Kötschachtals, 40 Min. bis zur Hotelsiedlung Grüner Baum. Sie hat ihr Gegenstück an der li. Talseite in der «Erzherzog-Johann-Promenade», 30 Min. zum Café Hofbauer. Taleinwärts führt die «Kaiserin-Elisabeth-Promenade» am Ufer der Gasteiner Ache entlang nach Böckstein (1131), 45 Min.

Weltweit einzigartig ist der **Gasteiner Heilstollen**, aufgrund dreier Faktoren wirkungsvollstes Kurmittel im Gasteiner Tal: einem Radongehalt von 4.5 n Curie pro Liter Stollenluft, einer Lufttemperatur von 38 bis 41.5° C, einer relativen Luftfeuchtigkeit von 70 bis 95%. Eine Stolleneinfahrt mit eigenem Stollenzug dauert zirka 90 Min.

Gasteiner Höhenweg*. Der in den Jahren 1934–38 angelegte, knapp 5 km **RW**
lange Höhenweg gilt als schönste Aussichtspromenade Gasteins. Er quert, **91**
von S nach N kaum spürbar fallend, die Westflanke des → Gamskarkogels und vermittelt reizvolle Ausblicke auf die rund 150 m tiefer liegende Talsohle, die beiden Kurorte Badgastein und Bad Hofgastein und die w. Bergumrahmung, vom → Stubnerkogel (2246) über die → Türchlwand (2577) bis zum Bernkogel

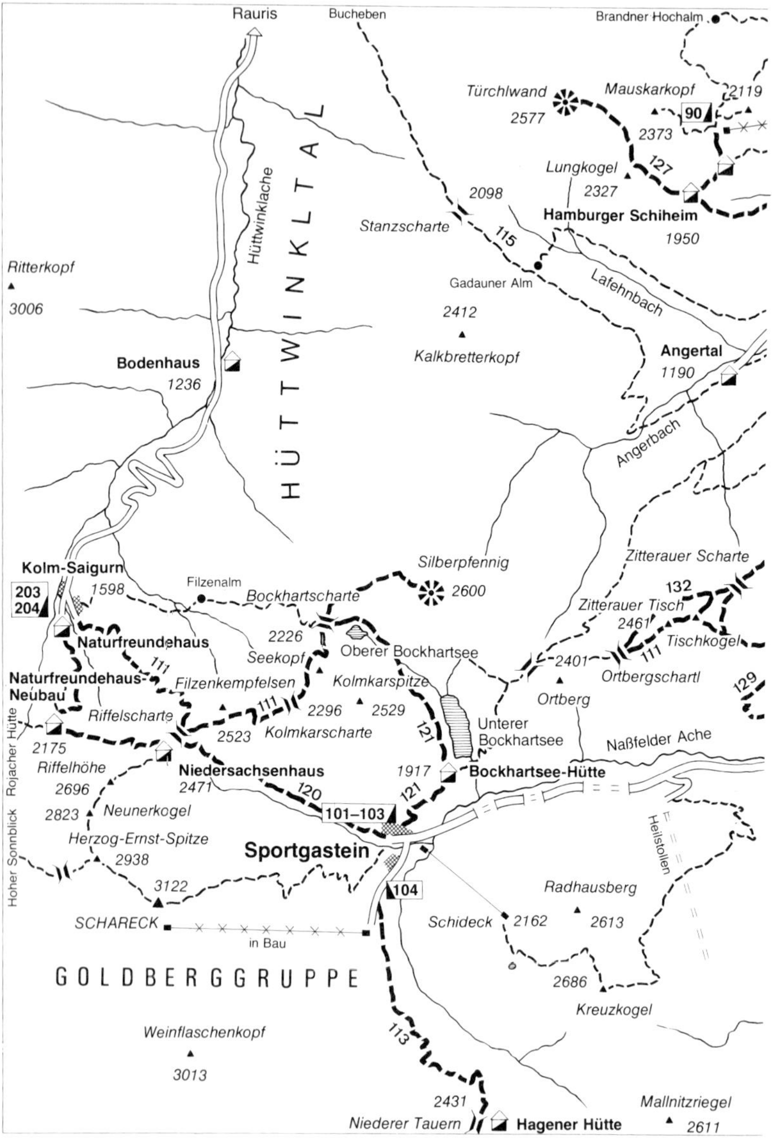
Rauris
Bucheben
Brandner Hochalm
Türchlwand
2577
Mauskarkopf
2119
90
2373
127
Lungkogel
2327
2098
Hamburger Schiheim
1950
Stanzscharte
115
Gadauner Alm
Lafehnbach
Ritterkopf
3006
2412
Kalkbretterkopf
Angertal
1190
Bodenhaus
1236
Hüttwinklache
HÜTTWINKLTAL
Angerbach
Silberpfennig
2600
Zitterauer Scharte
Kolm-Saigurn
203
204
1598
Filzenalm
Bockhartscharte
132
Zitterauer Tisch
2461
Tischkogel
2226
Oberer Bockhartsee
Naturfreundehaus
Seekopf
111
2401
Ortbergschartl
Naturfreundehaus-Neubau
Filzenkempfelsen
Kolmkarspitze
Ortberg
129
Riffelscharte
2296
2529
Unterer Bockhartsee
Rojacher Hütte
2175
2523
Kolmkarscharte
121
Naßfelder Ache
Riffelhöhe
Niedersachsenhaus
1917
Bockhartsee-Hütte
2696
2471
120
2823
Neunerkogel
101–103
Heilstollen
Herzog-Ernst-Spitze
Sportgastein
Hoher Sonnblick
2938
3122
104
Radhausberg
SCHARECK
Schideck
2162
2613
in Bau
GOLDBERGGRUPPE
2686
Kreuzkogel
Weinflaschenkopf
3013
113
2431
Mallnitzriegel
Niederer Tauern
Hagener Hütte
2611

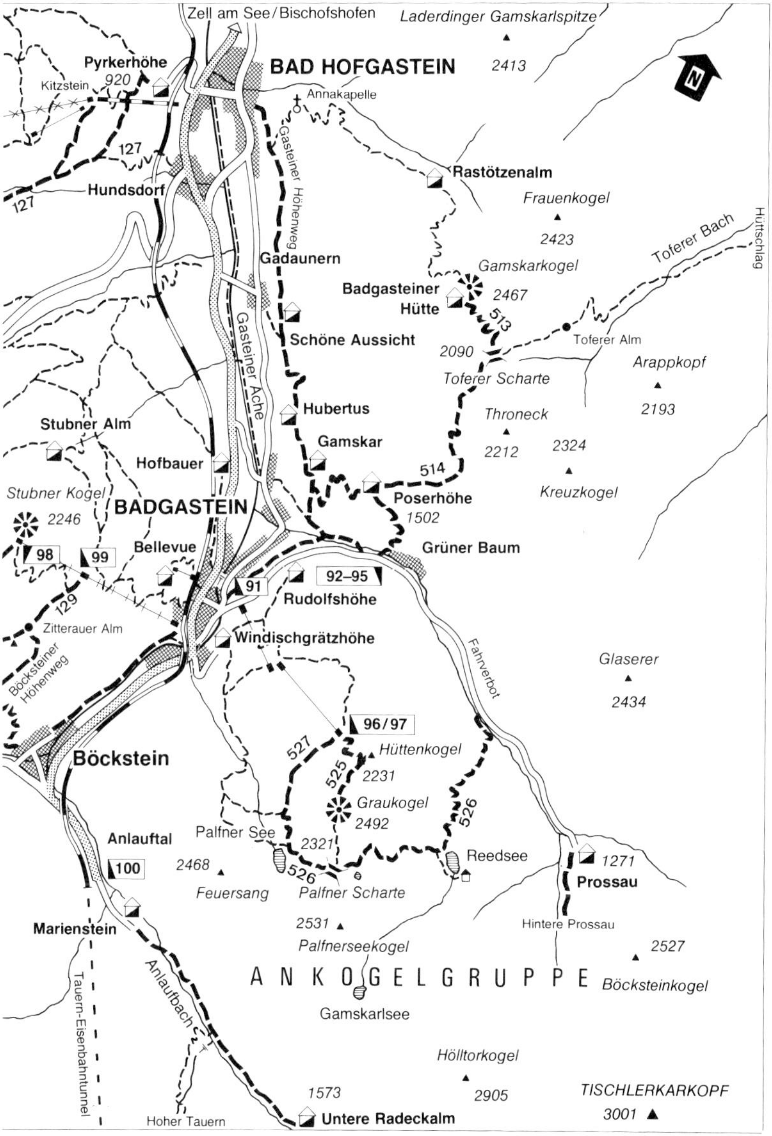

Zell am See/Bischofshofen
Laderdinger Gamskarlspitze
2413
BAD HOFGASTEIN
Pyrkerhöhe
920
Kitzstein
Annakapelle
127
Hundsdorf
Gasteiner Höhenweg
Rastötzenalm
Frauenkogel
2423
Hüttschlag
Toferer Bach
Gadaunern
Gamskarkogel
2467
Badgasteiner Hütte
513
Gasteiner Ache
Schöne Aussicht
Toferer Alm
2090
Toferer Scharte
Arappkopf
2193
Hubertus
Throneck
2212
Stubner Alm
Gamskar
2324
Hofbauer
514
Kreuzkogel
Stubner Kogel
BADGASTEIN
Poserhöhe
1502
2246
98
99
Bellevue
Grüner Baum
91
92–95
Rudolfshöhe
129
Zitterauer Alm
Windischgrätzhöhe
Böcksteiner Höhenweg
Fahrverbot
Glaserer
2434
96/97
Böckstein
527
Hüttenkogel
525
2231
Graukogel
2492
526
Anlauftal
Palfner See
2321
Reedsee
1271
100
2468
Feuersang
Palfner Scharte
Prossau
Marienstein
2531
Hintere Prossau
Palfnerseekogel
2527
ANKOGELGRUPPE
Böcksteinkogel
Tauern-Eisenbahntunnel
Anlaufbach
Gamskarlsee
Hölltorkogel
1573
2905
TISCHLERKARKOPF
3001
Hoher Tauern
Untere Radeckalm

(2325). Den s. AP beim Café Hubertus (992) erreicht man von Badgastein (1002) über die «Kaiser-Wilhelm-Promenade» und den «Ardackersteig» in etwa 40 Min., bis zum EP Hofgastein rechnet man mit weiteren 1¾ Std. Gehzeit. Der «Gasteiner Höhenweg» verläuft abwechselnd durch Waldpartien und über Wiesen; den tiefen, felsdurchsetzten Graben von Gadaunern umgeht man in einem Tunnel. Rückfahrt nach Badgastein mit dem Autobus. Z 2½ Std., LA 1. Hierzu Wanderwege-Karte 14 Badgastein.

RW 92 **Poserhöhe*, 1502 m.** Trotz ihrer verhältnismäßig geringen Höhe bietet die Poserhöhe eine gute, instruktive Aussicht auf das Gasteiner Tal und seine Berge. Besonders schön der Blick sö. in das Kötschachtal, dessen hochalpine Kulisse von Tischlerspitzgruppe und Hölltorgrat gebildet wird. Mehrere beliebte, vielbesuchte Aussichtsgipfel befinden sich im Blickfeld: ziemlich genau im W erkennt man die → Türchlwand (2577), über Badgastein den durch eine Gondelbahn erschlossenen Stubnerkogel (2246), li. davon den → Zitterauer Tisch (2461), im S erhebt sich über Böckstein der Kreuzkogel (2686), unmittelbar jenseits des Kötschachtals der → Graukogel (2492), im N, noch etwas näher, die breite Pyramide des wohl berühmtesten Gasteiner Aussichtsberges, des → Gamskarkogels (2467).

Vom Hoteldorf Grüner Baum (1064), das man von Badgastein über eine gute Zufahrt rasch erreicht, führt ein mark. Weglein direkt und extrem steil durch Buschwerk und über Wiesen hinauf zur Poserhöhe, 1¼ Std. Trittsicherheit erforderlich, bei Nässe nicht empfehlenswert. Ein etwas bequemerer Zugang hat seinen AP am «Ardackersteig», der als Fortsetzung der «Kaiser-Wilhelm-Promenade» zum → «Gasteiner Höhenweg» führt (HT), 1¼ Std. vom „Grünen Baum". Dadurch ergibt sich die Möglichkeit zu einer Rundwanderung, wobei man je nach Neigung den steileren Pfad für den Auf- oder Abstieg wählt. Auf der Poserhöhe ganzjährig bewirtsch. Gh. Z 2 Std., LA 2. Hierzu Wanderwege-Karte 14 Badgastein.

W 93 **Gamskarkogel***, 2467 m.** Der Gamskarkogel, dessen mächtige Berggestalt sich ö. über Bad Hofgastein erhebt, gilt als die klassische Aussichtswarte des Gasteiner Tals. Seine Bedeutung wurde bereits in den Pionierjahren des Alpinismus erkannt. So ließ Erzherzog Johann, der den Gamskarkogel auch bestieg, 1829 eine Unterstandshütte auf dem Gipfel errichten. Aus ihr ging das bestehende, im Sommer bewirtsch. Schutzhaus der ÖAV-Sektion Badgastein hervor.

Der vielbegangene s. Anstiegsweg zum Gamskarkogel führt von der Poserhöhe durch die bewaldete Westflanke des Thronecks (2212), zuletzt stärker steigend, in die Toferer Scharte (2090), 2½ Std., AV-Mark. 514. Weiter in bequemen Kehren über die SO-Flanke zum Gipfel, 3½ Std., vom AP im Kötschachtal insgesamt 4¾ Std. Einzigartig das Panorama: im N die Kalkalpen, vom Kaisergebirge bis zum Dachsteinmassiv, im S der Tauernkamm mit seinen vergletscherten Dreitausendern. Z 7 bis 7½ Std., LA 3.

Die Gamskarkogel-Tour ist zwar nicht schwierig, verlangt aber aufgrund der beträchtlichen HU (rund 1500 m) eine überdurchschnittliche Kondition. Unter Umständen ist eine Nächtigung auf dem Gipfel empfehlenswert. Dadurch läßt sich das Pensum aufteilen; zudem bietet sich dem Bergwanderer die einzigartige Möglichkeit, den Sonnenaufgang am Gipfel zu erleben! Hierzu Wanderwege-Karte 14 Badgastein.

Kötschachtal, Gh. Prossau, 1271 m.** Zu den beliebtesten Ausflugszielen W
der Gasteiner Sommergäste zählt das landschaftlich großartige Kötschach- 94
tal. Ein für den öffentl. Verkehr gesperrtes Sträßchen führt vom Hoteldorf Grüner Baum (1064) etwa 5 km weit taleinwärts zum Gh. ,,Prossau", 1¾ Std. Leichte, auch für Familien und ältere Menschen geeignete Wanderung. Sehr eindrucksvoll die Bergumrahmung mit der Tischlerspitzgruppe und dem Hölltorgrat als Abschlußkulisse, davor der mächtige Böcksteinkogel (2527). Etwa nach halber Wegstrecke re. Abzw. (HT) zum Reedsee (1826). Vom Gh. Prossau empiehlt sich der halbstündige Abstecher s. in die Hintere Prossau, einen von gewaltigen Felswänden hufeisenförmig umrahmten Talkessel mit mehreren Wasserfällen. Z 3 Std., LA 1. Bis zum Gh. Prossau leitet vom „Grünen Baum" durch das Pötschachtal eine Buslinie, deren Fahrplan zu erfragen ist. – Hierzu Wanderwege-Karte 14 Badgastein.

Reedsee, 1826 m.** Hoch an der orogr. li. Flanke des Kötschachtals, in W
einer grünen, mit Zirben und Lärchen bestandenen Mulde unter dem Rauch- 95
zaglkogel (1988), liegt der stimmungsvolle Bergsee. Den Zugang vermittelt ein steiler, abschnittweise stark ausgewaschener Weg, AV-Mark. 526. Er zieht in Kehren am Rand des Reedgrabens hinauf zum sogenannten ,,Kohlplatzl" (1560) und zum See. Nur für konditionsstarke Geher, sonst besser im Abstieg! → RW 96. Sehr schön der Blick über die Wasserfläche auf die Tischlerspitzgruppe mit ihren Gletschern; am Südufer die nur mit Schlüssel zugängliche, unbewirtsch. Reedseehütte. Die beschilderte Abzw. des AV-Weges 526 im Kötschachtal erreicht man von der Hotelsiedlung Grüner Baum (1064) in etwa 40 Min. Z 4 Std., LA 2–3. Hierzu Wanderwege-Karte 14 Badgastein.

Palfnerscharte*, 2321 m.** Eine der schönsten Gasteiner Bergwanderungen! RW
Ihren AP auf der Reichebenalm gewinnt man von Badgastein aus bequem mit 96
dem Höllbrunn- und dem Graukogel-Sessellift. Von der Bergstation (1990) am Fuß des Hüttenkogels (2231) führt ein guter Weg, AV-Mark. 527, s. zum Palfnersee (2071), 1 Std. Lichter Zirbenbestand und blumenreiche Almwiesen säumen den vielbegangenen Pfad; man genießt herrliche Aussicht auf den Tauernhauptkamm und ins Naßfelder Tal, über dem sich der vom Silberpfennig (2600) zum Stubnerkogel (2246) ziehende Grat aufbaut. Der etwa 4.5 ha große Palfnersee, zu dem der Weg zuletzt in steilen, kurzen Kehren ansteigt, liegt malerisch in einem felsumrahmten Hochkar. Vom n. Seeufer leitet der mit 526 mark. Weg hinauf in die Palfnerscharte, 1½ Std. ab Liftstation. Hier eröff-

net sich unvermittelt ein Prachtblick auf die vergletscherte Gebirgsumrahmung des innersten Kötschachtals. Gegen W reicht die Aussicht bei klarem Wetter bis zum Großglockner, den nw. Horizont begrenzt die von der Türchlwand (2577) zum Bernkogel (2325) ziehende Kammlinie.

Von der Palfnerscharte hat man einen langen, vor allem im unteren Teil sehr steilen Abstieg ins Kötschachtal mit rund 1200 m HU. Der gut bez. Weg, AV-Mark. 526, führt am kleinen Windschursee (2216) vorbei; nach etwa 1 Std. erreicht man den in eine bewaldete Mulde eingebetteten → Reedsee (1826). Z 4½ Std. (EP „Grüner Baum") bzw. 5 Std. (EP Badgastein), LA 2–3. Hierzu Wanderwege-Karte 14 Badgastein.

W 97 **Hüttenkogel*, 2231 m, und Graukogel**, 2492 m.** Ihrer verhältnismäßig leichten Erreichbarkeit wegen vielbesuchte Aussichtsberge. Dies gilt vor allem für den Hüttenkogel, der sich unmittelbar über der Liftstation auf der Reichebenalm (1990) erhebt. Ein guter Weg, AV-Mark. 525, führt in Serpentinen, gleichmäßig steigend, hinauf zum Gipfelkreuz, 45 Min. Glanzpunkt der stimmungsvollen Aussicht, die gegen N bis zum Steinernen Meer reicht, ist der Blick auf das vergletscherte Tischlerkar und seine Gipfel. Z 1¼ Std., LA 1–2.

Während der Abstecher zum Hüttenkogel auch weniger Geübten empfohlen werden kann, verlangt die Besteigung des Graukogels bereits etwas Bergerfahrung. Den Zugang vermittelt der knapp unter dem Gipfel des Hüttenkogels re. abzw. «Andreassteig» (HT). Er folgt dem ausgeprägten Verbindungsgrat, dessen steile Flanken von riesigen Schieferplatten durchsetzt sind, zum Graukogel. Mehrere Passagen sind recht ausgesetzt; an der Scharte zwischen Vor- und Hauptgipfel wurden Versicherungen angebracht. Bei Nässe oder Schnee muß von einem Begehen des Steiges dringend abgeraten werden! Dies gilt in jedem Fall für den Südgrat des Graukogels; der mark. Abstieg in die Palfnerscharte (2321) weist einige extrem ausgesetzte, gefährliche Stellen auf. Nur für entsprechend ausgerüstete Bergsteiger! Z 3¼ Std. (AP Reichebenalm), LA 3. Hierzu Wanderwege-Karte 14 Badgastein.

RW 98 **Stubnerkogel**, 2246 m, und Zitterauer Tisch**, 2461 m.** All jenen, die sich einen raschen Überblick über die Gasteiner Bergwelt verschaffen möchten, sei der Abstecher zum Stubnerkogel empfohlen. Eine moderne Gondelbahn verbindet Badgastein mit dem Gipfel. Fahrtzeit 20 Min., Bergrestaurant. Vom höchsten Punkt bietet sich bei günstigen Witterungsbedingungen ein prächtiges Panorama, das jenem vom → Gamskarkogel nur wenig nachsteht. Sehr schön die Tiefblicke in die umliegenden Täler und n. zur Gasteiner Klamm.

Wer der Betriebsamkeit am Stubnerkogel ausweichen möchte, kann, entsprechende Ausrüstung vorausgesetzt, seine Schritte nach S lenken. Ein guter Weg führt von der Bahnstation (2231), den „Jungmäuern" entlang, leicht abwärts zur Jungerscharte (2181), 20 Min. Hier beginnt der etwa einstündige Anstieg zum Zitterauer Tisch. Das AV-Weglein, Mark. 111, leitet über den felsdurchsetzten Grat hinauf zum Tischkogel (2409), dessen begrünte Kuppe dem Hauptgipfel nö. vorgelagert ist. Trittsicherheit erforderlich. Z 2½ Std., LA 2–3.

Geübte können vom Zitterauer Tisch über den SW-Grat in die Ortbergscharte (2264) absteigen. Der teilweise ziemlich ausgesetzte Weg ist zwar an einigen Stellen mit Drahtseilen gesichert, verlangt aber dennoch unbedingte Schwindelfreiheit. Großartig die Schau auf den Hauptkamm der Hohen Tauern, rund 1200 m tiefer das schluchtartig eingerissene Naßfelder Tal. Für den Rückweg zur Jungerscharte nimmt man den mit 132 mark. «Otto-Reichert-Weg», der w. um den Zitterauer Tisch herumführt. Z 3½ Std., LA 3.

Vom Tischkogel bzw. von der Jungerscharte bestehen mark. Abstiege zur Zitterauer Alm (1872) und zur Mittelstation (1792) der Gondelbahn, je zirka 1 Std. Hierzu Wanderwege-Karte 14 Badgastein.

Böcksteiner Höhenweg, Zitterauer Alm, 1872 m.** Beliebte Familienwanderung ohne größere Steigungen. AP ist die Mittelstation der Stubnerkogel-Gondelbahn (1792). Der gut bez. «Böcksteiner Höhenweg», AV-Mark. 129, führt zunächst in s. Richtung zur bewirtsch. Zitterauer Alm, 30 Min., dann um den Hirschkarkogel herum und anschließend steil abwärts zur Böckfeldalm (1536). Von der Alp leitet ein Waldweg in vielen Serpentinen hinab nach Böckstein (1171), 2 Std. Zurück nach Badgastein über die «Kaiserin-Elisabeth-Promenade», am li. Ufer der Gasteiner Ache entlang. Die leichte Höhenwanderung vermittelt prächtige Aus- und Tiefblicke, vor allem auf Badgastein, ins Naßfelder und ins Anlauftal, über dem majestätisch der Ankogel (3264) aufragt. Von der Zitterauer Alm empfehlenswerter kleiner Abstecher zum Hirschkarkogel (1990), einem besonders schönen Panoramapunkt, 20 Min. Auf den Wiesen oberhalb der Böckfeldalm reiche Flora. Z 3 Std., LA 1–2. Hierzu Wanderwegekarte 14 Badgastein. **RW 99**

Anlauftal*, Untere Radeckalm, 1573 m. Das aus dem Herzen der Ankogelgruppe herabziehende Anlauftal gehört zu den stilleren, von der touristischen „Erschließung" weitgehend verschont gebliebenen Winkeln der Gasteiner Berge. Eine auch für Familien und ältere Menschen empfehlenswerte Wanderung führt von der Verladestation Böckstein (1171) taleinwärts zur bewirtsch. Unteren Radeckalm, 2 Std. Der nur mäßige Steigungen aufweisende, bequeme Güterweg ist für den öffentl. Verkehr gesperrt. Etwa nach halber Distanz zweigt re. der AV-Steig 516 ab; er zieht in Kehren s. hinauf zum Hohen Tauern (2460), einem Übergang ins kärntnerische Seebachtal. Kurz danach bietet sich unvermittelt ein schöner Blick auf den mächtigen Tauernbachfall, dessen Wasser hoch an der s. Talflanke über eine Felsstufe herabstürzen. Von der Unteren Radeckalm genießt man gute Aussicht auf die Westflanke des Ankogels (3246), der das innerste Anlauftal beherrschend überragt. Z 3½ Std., LA 1–2. Hierzu Wanderwege-Karte 14 Badgastein. **W 100**

Sportgastein, 1600 m

Die gebührenpflichtige „Gasteiner Alpenstraße“ verbindet Böckstein (1131) mit der Schistation Sportgastein. Rund 5.5 km lang, führt sie in gleichmäßiger Steigung durch das enge, schluchtartig eingerissene Naßfelder Tal aufwärts. Schwieriges, stark lawinengefährdetes Gelände machte den Bau von Tunnels und Galerien mit einer Gesamtlänge von 2.2 km notwendig. Kurz vor der Mautstelle li. beschilderte Zufahrt zum Böcksteiner Thermalstollen. Die gesamte Bergstrecke ist bei Fahrbahnbreiten von 6 bis 7 m vorzüglich ausgebaut. Die Höchststeigung beträgt 10%. Vom EP am n. Rand des Naßfeldes genießt man einen schönen Blick auf den Nordostgrat des Scharecks (3122). Großer Parkplatz, SG 1-2.

Re. steht das Valeriehaus (1588), li. die eigenwillig geformte Talstation der Schideck-Doppelsesselbahn. Von ihrer Bergstation (2162) aus besteigt man in etwa 1½ Std. über den Florentinweg den Kreuzkogel (2686), dessen Gipfel eine vorzügliche Aussicht vermittelt. Der mark. Weg berührt den stimmungsvollen Knappenbäudelsee (2238), dorthin 30 Min.

W 101 **Bockhartsee-Hütte*, 1917 m.** Ein beliebtes Ausflugsziel in der näheren Umgebung von Sportgastein ist der Untere Bockhartsee (Pochkarsee, 1849). Auf einer aussichtsreichen Anhöhe s. über dem etwa 25 ha großen Bergsee steht die im Sommer bewirtsch. Bockhartsee-Hütte, 1 Std. von Sportgastein, Mark. 121. Großartig der Blick auf das Schareck (3122), rund 500 tiefer die Sohle des schluchtartig eingerissenen Naßfelder Tals. Über dem Bockhartsee der langgestreckte, vom Kleinen zum → Großen Silberpfennig (2600) ziehende Grat. Z 1½ Std., LA 2. Hierzu Wanderwege-Karte 14 Badgastein.

W 102 **Großer Silberpfennig**, 2600 m.** Obwohl er zu den schönsten Gasteiner Aussichtsbergen zählt, erhält der Silberpfennig nur selten Besuch. Sein langgestreckter Gratrücken trägt mehrere wenig ausgeprägte Gipfelkuppen; er fällt gegen N über die sogenannte ,,Erzwies“ ins stille Angertal ab. Der Zugang erfolgt über die Bockhartscharte (2226), auf welche auch der → «Senator-Beindorf-Weg» mündet. Von der Bockhartsee-Hütte (1917) steigt man in 1¾ Std. hinauf zu der Wasserscheide. Der mit 121 mark. Weg berührt den stimmungsvollen, in kupferhältiges Gestein eingebetteten Oberen Bockhartsee (Pochkarsee, 2070). In seiner Umgebung wurde, wie mancherorts im Gasteiner Tal, einst Erz abgebaut; die Reste eines aufgelassenen Bergwerks und mehrere Abraumhalden an den Hängen um den See erinnern an diese Zeit. Aus der Bockhartscharte (2226) leiten Steigspuren nö. in die Baukarlscharte (2475). Über Geröllhänge erreicht man schließlich, der roten Mark. folgend, den Gipfel des Großen Silberpfennigs, 4¼ Std. ab Sportgastein. Großartig der Blick auf die vergletscherten Dreitausender der Goldberg- und Ankogelgruppe: im W der Hocharn (3254), dann im Gegenuhrzeigersinn Goldzechkopf (3042), Hoher Sonnblick (3105), Goldbergspitze (3072), Alteck (2942) und Schareck (3122), im O der Ankogel (3246), re. dahinter die Hochalmspitze (3360) und das Säuleck (3085), li. Tischlerspitze (3001) und Tischlerkarkopf (3002). Am n. Horizont reihen sich die Gebirgsgruppen der Salzburger Kalkalpen, von den Leoganger Steinbergen bis zum Hohen Dachstein, aneinander. Z 6½ Std., LA 3. Hierzu Wanderwege-Karte 14 Badgastein.

Niedersachsenhaus, 2471 m, und «Senator-Beindorf-Weg»***.** Eine großartige Rundtour für besonders ausdauernde Berggänger! Sie vermittelt einzigartige hochalpine Landschaftseindrücke; besonders hervorzuheben sind dabei die Ausblicke auf den Talschluß von Kolm-Saigurn (1628) mit Hocharn (3254) und Hohem Sonnblick (3105). Als Stützpunkte an der langen Wegstrecke dienen die → Bockhartsee-Hütte (1917) und das im Sommer bewirtsch. Niedersachsenhaus der DAV-Sektion Hannover. Vom AP Sportgastein (1600) steigt man auf dem «Hermann-Bahlsen-Weg», AV-Mark. 120, in 2½ bis 3 Std. durch das Siglitztal hinauf zur Schutzhütte, die sich einer prächtigen Lage auf dem schmalen Kamm der Riffelscharte (2455) erfreut. Schöner Blick auf den über Riffelhöhe (2696), Neunerkogel (2723) und Herzog-Ernst-Spitze (2938) zum Schareck (3122) ansteigenden Felsgrat. Der stolze, stark vergletscherte Dreitausender ist ein beliebtes Tourenziel (3 Std. über den „Pröllweg", jedoch nur für erfahrene Bergsteiger). – Das Sommerschigebiet am Mölltaler Gletscher (Wurtenkees) erreicht man über die Mölltaler Gletscherstraße und die Einseilumlaufbahn „Eissee", deren Bergstation in 2794 m errichtet wurde → KÄRNTEN kombiführer auto + wanderschuh. **RW 103**

Der «Senator-Beindorf-Weg», AV-Mark. 111, verbindet die Riffelscharte mit der weiter n. gelegenen Bockhartscharte (2226), die ebenfalls einen Übergang ins innerste Rauriser Tal vermittelt. Er folgt weitgehend dem Kammverlauf, wodurch sich entsprechend großartige Ausblicke auf die Gebirgsketten im W und O ergeben. Seinen Kulminationspunkt gewinnt der Höhensteig an den Filzenkempfelsen (2523); etwa auf halber Wegstrecke überschreitet man die Kolmkarscharte (2296), wenig n. davon der Seekopf (2413). Trittsicherheit unerläßlich. Sportgastein – Bockhartscharte – Niedersachsenhaus – Sportgastein 7 Std. Es empfiehlt sich, der schöneren Aussicht wegen, die Tour mit dem Aufstieg zur Bockhartsee-Hütte zu beginnen. Gehzeiten der einzelnen Wegabschnitte: Sportgastein – Bockhartscharte 2¾ Std., Übergang zum Niedersachsenhaus 2½ Std., Abstieg zum AP 1¾ Std., LA 3. Hierzu Wanderwege-Karte 14 Badgastein.

Hagener Hütte, 2446 m.** Der Niedere oder Mallnitzer Tauern (2431) gehört zu jenen Alpenpässen, die mit Sicherheit bereits in vorgeschichtlicher Zeit regelmäßig begangen wurden. Dies ist wohl in erster Linie auf die verhältnismäßig günstigen topographischen Gegebenheiten zurückzuführen; eine gewisse Rolle dürfte aber auch der Bergbau im Gasteiner Tal gespielt haben. S. unter der Scheitelhöhe stand früher das Tauernhaus; bei Sturm und Nebel wies damals die „Tauernglocke", deren Holzrahmen heute noch zu sehen ist, Wanderern und Säumern den Weg. **W 104**

Vom Naßfeld führt der AV-Weg 113 in vielen Kehren über den sogenannten „Eselsrücken“ hinauf zum Niederen Tauern, 3 Std. ab Sportgastein. Während des steilen Aufstiegs hat man gute Aussicht auf das Schareck (3122) und die einsame, zum Geiselkopf (2974) ziehende Gipfelkette. Wenig oberhalb der Wasserscheide, auf einer kleinen Anhöhe, steht die im Sommer bewirtsch. Hagener Hütte. Z 5 Std., LA 2. Hierzu Wanderwege-Karte 14 Badgastein.

Bischofshofen-Radstadt-Mandling

Die Katschberg-B 99 nimmt 3 km n. Bischofshofen an der ehem. Kreuzbergmauth ihren Anfang von der B-159. Man fährt zunächst über die Salzachbrücke und tritt dann in das enge Fritzbachtal ein. Die normal breite Straße zieht windungsreich über Hüttau und Niedernfritz nach Eben im Pongau. Die schienengleichen Bahnübergänge w. Niedernfritz wurden durch eine Neubaustrecke ausgeschaltet. Die fast parallel dazu verlaufende TAB bewältigt den Streckenabschnitt von der AA Bischofshofen bis zur AA Eben i.P. auf einer ausgeprägten Hangterrasse mittels umfangreicher Kunstbauten wie Wandmauern, langer Talübergänge, mehrerer Brücken und eines Tunnels. Radstadt wird von der B-99 kreuzungsfrei umfahren. Am Straßenknoten im O des Städtchens findet die Route durch das Ennstal mit der B-146 ihre Fortsetzung. Bis zum Mandlingpaß, einer Talenge der Enns an der steirischen Landesgrenze, sind es von Radstadt noch 9 km → STEIERMARK kombiführer auto + wanderschuh.

RW 105 **Korein**, 1850 m.** Die dem Hauptstock des Tennengebirges sö. vorgelagerte Koreinhöhe vermittelt eine malerische, kontrastreiche Aussicht. Den Felsmauern der Salzburger Kalkalpen stehen die Gipfelketten der Hohen und Niederen Tauern gegenüber, die sich im S über den grünen Kammlinien der Pongauer Schieferberge erheben. Günstiger AP für eine Besteigung des Korein, die man mit Vorteil als Rundtour durchführt, ist St. Martin am Tennengebirge (950). Der rund 1000 Einw. zählende Ort liegt an der Wasserscheide zwischen Lammer und Fritzbach, knapp 5 km nö. von Niedernfritz entfernt und ist auf der normal breiten Paß Gschütt-B 166 auf einer Steigungsstrecke mit max. 11% erreichbar.

Zur Koreinhöhe, welche sich w. über dem Dorf erhebt, führen mehrere mark. Wege. Ein abwechslungsreicher Anstieg, durchgehend mit der Mark. 400, verläuft über die Harreithhöfe und n. um den bewaldeten Höheneckkopf (1434) herum. Auf der Karalm (1450), 1 3/4 Std., mündet li. ein direkt durch das Tälchen des Karbachs heraufkommender Pfad, Mark. 403, der zwar etwas kürzer ist, aber kaum Aussicht bietet. Von der Alp aus hat man bereits Sichtverbindung mit dem Gipfelziel; der weitere Aufstiegsweg führt in einem großen Linksbogen über die Koreinalm (1657) zum höchsten Punkt, 3 1/4 Std.

Das **Gehtempo** sollte stets dem schwächsten Teilnehmer angepaßt werden. Hat man Kinder mit, so ist dies bei der Berechnung des voraussichtlichen Zeitaufwandes ebenfalls zu berücksichtigen.

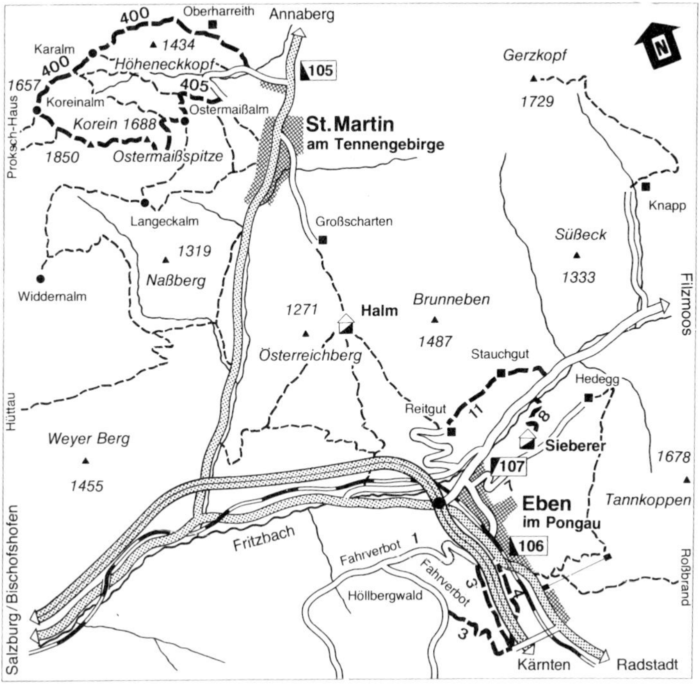

Wanderwege-Karte 15 St. Martin–Eben i. P.

Von der Gipfelkuppe wandert man über den latschenbewachsenen Ostgrat zunächst hinab zur Ostermaißspitze (1688), wo sich ein herrlicher Tiefblick auf das obere Lammertal und St. Martin bietet. Nun steil abwärts zur Ostermaißalm (1420) und auf einem in Serpentinen verlaufenden Karrenweg zur Mündung des Karbachs, Mark. 405. Z 5½ Std., LA 2. Hierzu Wanderwege-Karte 15 St. Martin-Eben i. P.

Eben i. P. – Filzmoos – Hachau

Die neuzeitlich ausgebaute Landesstraße nimmt in Eben i. P. (856), dem Ort auf einer kleinen Ebene zwischen Kalkalpen und Radstädter Tauern, ihren Ausgang. Sie führt bis Reitsteg am Fritzbach talein und leitet dann über die Wasserscheide von Übermoos nach Filzmoos (1055) an der Warmen Mandling, 13 km. Bei Reitsteg bietet sich durch das oberste Fritzbachtal ein bemerkenswerter Blick auf den Gosaustein und auf die Zwillingsgipfel der Großen (2459) und Kleinen (2430) Bischofsmütze, die formschönsten Berggestalten der Dachsteingruppe, welche über grüne Almen und helle Schutthalden in den Himmel ragen. Sie sind das von weither sichtbare Wahrzeichen des Talortes Filzmoos. SG 1–2.

Von Filzmoos folgt man nach O der HT „Ramsau, Dachstein-Südbahn" zunächst in Begleitung der Warmen Mandling. Auf neu trassierter, zweispurig angelegter und durchgehend asphaltierter Höhenstraße steigt man bei max. 10% zur Aussicht gewährenden Terrasse von Hachau mit dem Gh. Zeferer (1140) an. Die steirische Landesgrenze an der Kalten Mandling ist nach 7 km nahe dem Gh. „Dachsteinruhe" erreicht. Fortsetzung des Straßenzuges über die Terrasse von Schildlehen in die Ramsau bzw. über die Dachsteinstraße zur Türlwandhütte → STEIERMARK kombiführer auto + wanderschuh.

Oberhofalm*, 1268 m, Retteneggalm*, 1370 m, und Sulzenalm, 1620 m**
Von Filzmoos (1055) führt ein teilweise asphaltiertes Mautsträßchen der ÖBF gegen N in das Tälchen der Warmen Mandling. Es ist einspurig, besitzt aber genügend Ausweichstellen. Im Anschluß daran kann man private Güterwege benützen. Bis zur bewirtsch. Oberhofalm sind es knapp 6 km. Bei km 3 gibt es li. eine Abzw. zur → Retteneggalm, bei km 4.8 re. eine andere Abzw. zur → Sulzenalm, die man nach weiteren 2.2 km erreicht. Die Mauteinhebestelle für alle drei Strecken befindet sich am n. Ortsausgang von Filzmoos. Oberhofalm und Retteneggalm SG 3, Sulzenalm (Wallehenalm) SG 3–4.

Bachlalm*, 1495 m
Von der Wasserscheide am Sulzenhals zieht aus nw. Richtung ein Nebental über die Scharl- und Bachlalm herab, welches in das Tal der Kalten Mandling nahe der Landesgrenze einmündet; dort zweigt auch die mautpflichtige, knapp 3 km lange Zufahrt zur bewirtsch. Bachlalm (1495) ab. Diesem asphaltierten Bergsträßchen ist der SG 3 zugeordnet. Es ist nur einspurig und mit wenig Ausweichen versehen. – Der Sulzenhals (1827) liegt im Schnittpunkt mehrerer Wanderwege bzw. Steige und ist für den Bergwanderer von erhöhter Bedeutung.

Die eigenwillig geformten Zwillingsgipfel der Kleinen und Großen Bischofsmütze (2430 bzw. 2459) galten lange Zeit als unersteigbar; erst 1879 bezwangen zwei Ramsauer Bergführer die **Große Bischofsmütze,** nachdem Markgraf Alfred Pallavicini mit den berühmten Ampezzaner Führern Santo Siorpaes und Angelo Dimai nur den Gipfel der ,,Kleinen" erreicht hatte.

RW 106 **Höllbergwald, zirka 1230 m.** Lohnende, auch für Familien geeignete Halbtagswanderung, AP Eben im Pongau (856). Zunächst beim Sportplatz unter der Autobahntrasse hindurch und dann auf dem «Höllbergweg», Mark. 1, bergan. Nach etwa 2 km wichtige Wegteilung: Hier hält man sich li. und folgt dem Forstweg, der, weiter ansteigend, in die Ostflanke des Höllberges (1584) leitet. Noch vor dem höchsten Punkt dieses Waldsträßchens weist die Bez. 3 wieder talwärts. Über den Kornberghof steigt man zuerst steil ab zum Schartelgut, Mark. 3. Rückweg nach Eben via Haberlgut, Mark. 4. Die Rundwanderung verläuft größtenteils im Wald, vermittelt aber dennoch reizvolle Ausblicke auf die freundliche Talweitung von Altenmarkt und in die gegen S ansteigenden Täler der jungen Enns und des Zauchenbachs, über denen die Gipfel der Radstädter Tauern aufragen. Z 2¾ Std., LA 1–2. Hierzu Wanderwege-Karte 15 St. Martin – Eben i. P.

Stauchgut, 1150 m, und Gh. Sieberer, zirka 1000 m. Zwei weitere Wanderziele in der Umgebung von Eben im Pongau (856). Das Stauchgut erfreut sich einer reizvollen Hanglage an der orogr. re. Flanke des Oberfritztals, mit Blick auf den Hohen Dachstein (2995) und zu den Radstädter Tauern; ziemlich genau gegenüber, an der s. Talflanke, liegt der Gh. „Sieberer“. Die beiden Aussichtspunkte lassen sich in eine hübsche Runde einbeziehen. AP knapp 2 km n. von Eben, an der Straßenbrücke über den Fritzbach. Der mit 11 mark. Anstieg führt über den Berghof (930); beim Reitgut wendet sich der «Stauchweg» taleinwärts, bis zum Stauchgut $1\frac{1}{4}$ Std. Von dem Bauernhof steigt man ab ins Tälchen des Framingbachs und zur Landesstraße Eben – Filzmoos. Auf ihr kurz talauswärts, dann li. über die Schneidlehen-Brücke und hinauf zum Gh. „Sieberer“. Von der Anhöhe hat man eine bemerkenswerte Aussicht auf das Oberfritztal und die Dachsteingruppe. Zurück zum AP über den «Niechlweg», Mark. 7. Z 3 Std., LA 1–2. Hierzu Wanderwege-Karte 15 St. Martin – Eben i. P. **RW 107**

Retteneggalm, 1370 m
Die schmale Zufahrt zur Retteneggalm zweigt 3 km n. von Filzmoos vom → Hoferalm-Sträßchen ab. In einer kräftigen Steigung gewinnt der nicht staubfreie Fahrweg am Marcheggsattel (1224) die Wasserscheide zum Fritzbach. Rund 1.5 km weiter n. liegt die bewirtsch. Retteneggalm. Parkmöglichkeit, 5.5 km ab Filzmoos. SG 3.

Hofpürglhütte*, 1705 m, AP Retteneggalm. Auf einer aussichtsreichen Anhöhe am Südfuß der Kleinen und Großen Bischofsmütze (2430 bzw. 2459) steht die bewirtsch. Hofpürglhütte. Das altehrwürdige Schutzhaus der ÖAV-Sektion Linz ist ein lohnendes, auch für Familien geeignetes Wanderziel. Mark. Wege führen von der Hoferalm und von der Retteneggalm durch lichten Lärchenwald und über Almböden steil hinauf zum Hofpürgl, $1\frac{1}{2}$ bzw. 1 Std. Von der Hütte bietet sich ein herrlicher Blick auf den Gosauer Stein und zahlreiche Erhebungen des zentralen Dachsteinmassivs mit dem Torstein (2948) als dominierende Erhebung. Im SO, durch die ausgeprägte Senke des Sulzenhalses (1825) etwas abgesetzt, der mächtige Bergkörper des → Rötelsteins (2247). Als starken Kontrast zu dieser Felsszenerie empfindet man die schöne Fernsicht auf Schladminger und Radstädter Tauern, deren Gipfelketten sich am s. Horizont aufbauen. In der näheren Umgebung der Hofpürglhütte bemerkenswerte Flora, u. a. findet sich auch der Pannonische Enzian. Z $2\frac{1}{4}$ Std. (AP Hoferalm) bzw. $1\frac{1}{2}$ Std. (AP Retteneggalm), LA 2. Hierzu Wanderwege-Karte 10 Bischofsmütze. **W 108**

Die unerschütterliche Grundlage allen Seins ist die Natur.
Nichts, kein Leben, kein Gedanke, keine Tat, kein Genius
kann von der Natur losgelöst werden.
Die Natur ist das Einzige, was allen Menschen von Anfang an
gemeinsam war und geblieben ist.

Eduard Paul Tratz

RW 109 **Hofpürglhütte**, 1705 m, AP Hoferalm.** Den landschaftlich reizvollsten Zugang zur Hofpürglhütte vermittelt der w. Abschnitt des «Linzer Weges», AV-Mark. 601. Er führt vom Rinderfeld ohne größere HU unter den Felsen und Schutthängen des Gosauer Steins hindurch zur Kesselwand (1777) und weiter zum Hofpürgl. Im Zuge dieser rund $1^{1}/_{2}$stündigen Höhenwanderung genießt man herrliche Aussicht auf die stolze Felsgestalt der Bischofsmütze; im Rückblick zeigt sich über dem Eiskarlspitz (2482) der Torstein (2948). Da zwischen der anfahrbaren Hoferalm (1268) und dem Rinderfeld eine Wegverbindung besteht, ergibt sich die Möglichkeit zu einer prächtigen, auch für Familien geeigneten Rundwanderung. Durchwegs gut mark. Wege; für den Aufstieg zum Rinderfeld (1664) bzw. zum «Linzer Weg» sind etwa $1^{1}/_{2}$ Std. anzusetzen, Abstieg von der Hofpürglhütte zum AP Hoferalm auf Weg 612. Z 4 Std., LA 2. Hierzu Wanderwege-Karte 10 Bischofsmütze.

W 110 **Steiglkogel**, 2205 m.** Im Gegensatz zur Bischofsmütze, deren Besteigung solides alpinistisches Rüstzeug verlangt, liegt der Steiglkogel im Leistungsbereich des geübten Bergwanderers. Trittsicherheit ist allerdings auch am Normalanstieg zur höchsten Erhebung des Gosauer Steins unerläßlich! Von der → Hofpürglhütte (1705) bis zum Steiglpaß (2015), $1^{1}/_{4}$ Std., der einen Übergang zum Vorderen Gosausee (937) vermittelt, hat man ein ordentliches Weglein, AV-Mark. 612. Aus dem Sattel leiten Spuren gegen O in das Schuttkar unter dem Gipfel des Steiglkogels. Durch das Kar erst leicht, dann steil aufwärts in eine ausgeprägte Scharte am Nordgrat. Weiter über ein drahtseilgesichertes Schrofenband und durch eine Rinne zum höchsten Punkt, 2 Std. ab Hofpürglhütte. Die Rundschau, obwohl durch höhere Berge etwas eingeschränkt, darf als überaus malerisch bezeichnet werden. Genau w. die Bischofsmütze, re. davon Armkarwand (2356) und Großwand (2415) mit der kühn aufstrebenden Felszinne des Däumlings (2322), im O dominierend der Dachsteinstock. Z $5^{1}/_{2}$ Std. (AP Hoferalm) bzw. $4^{3}/_{4}$ Std. (AP Retteneggalm), LA 3. Hierzu Wanderwege-Karte 10 Bischofsmütze.

W 111 **Kramersattel**, 1954 m.** Ein weiteres lohnendes Ziel im Gosauer Stein ist neben dem → Steiglkogel der zwischen Kramerspitz (2002) und Kramerkogel (2003) eingelagerte Sattel. Er vermittelt zwar keine umfassende, weite Aussicht, dafür aber herrliche Einblicke in die wilde Fels- und Eislandschaft des Dachsteinmassivs. Großartig im O der zerrissene Gosaugletscher, überragt vom Hohen Kreuz (2837), stimmungsvoll der Tiefblick auf den dunkel schimmernden Hinteren Gosausee (1153). Die Nordflanke des Gosauer Steins bildet ein bevorzugtes Gamsrevier. Bei entsprechendem Verhalten (kein Lärm!) besteht durchaus die Möglichkeit, daß man in den steilen, felsdurchsetzten Hängen ein Rudel dieser scheuen Tiere entdeckt!

Günstiger AP für die Wanderung zum Kramersattel ist die → Hofpürglhütte (1705). Man folgt zunächst dem «Linzer Weg», AV-Mark. 601, welcher, erst leicht fallend, dann zum Abzw. Steiglpaß (HT) kurz ansteigend, n. gegen den riesigen Schuttkessel am Fuß der Bischofsmütze quert. Am Fuß des Steiglkogels zweigt li. das Weglein zum Kramersattel ab, blaue Mark. Es kreuzt die blockgefüllte „Rote Rinne“ und zieht anschließend steil hinauf zu einer Rasenschulter. Herrlicher Rückblick auf die Bischofsmütze (2459). Nun horizontal unter den Felsen des Kramerkogels hindurch in den Sattel, $1^{1}/_{4}$ Std. ab Hofpürglhütte. Z $3^{1}/_{2}$ Std. (AP Retteneggalm) bzw. $4^{1}/_{4}$ Std. (AP Hoferalm), LA 2–3. Hierzu Wanderwege-Karte 10 Bischofsmütze.

Sulzenalm, Gh. Wallehen, 1620 m**
Der etwa 3 m breite Fahrweg zur Sulzenalm hat seinen AP am → Hoferalm-Sträßchen, 4.8 km von Filzmoos (HT). Er ist im unteren Abschnitt bis zur ersten Kehre steil und etwas ausgesetzt, SG 3–4. Auf der zirka 4 km langen Strecke nur wenig Ausweichmöglichkeiten, am EP beim Gh. „Wallehen“ ein kleiner Wende- und Abstellplatz. Man tritt aus dem Wald auf ein Almenplateau mit freier Sicht auf Bischofsmütze (2459) und Gosauer Stein (2205). Im W Hochkönig und Tennengebirge, weiter li. die Hohen Tauern.

Rötelstein, 2247 m.** Von der Sulzenalm aus besteigen Geübte in etwa 2 Std. **W**
den Rötelstein (Rettenstein). Der massige Bergstock mit seinem rötlichen **112**
Gestein ist dem Hauptkamm der Dachsteingruppe unmittelbar s. vorgelagert; er bietet deshalb eine besonders kontrastreiche, stimmungsvolle Rundschau. Glanzpunkt der Blick gegen NW auf die Bischofsmütze, deren eigenwillige Felsgestalt majestätisch über freundlichem Almgelände thront. Der mark. Anstieg führt in den Sulzenhals (1825), 40 Min., der den Übergang zur bewirtsch. Bachlalm (1495) im Tal der Kalten Mandling vermittelt, und durch die Nordflanke des Rötelsteins. Eine zerklüftete Felszone überwindet das Steiglein, AV-Mark. 639, unter geschickter Ausnützung des Terrains; in diesem Wegabschnitt, etwa zwischen den Höhenkoten 2000 und 2100, ist Trittsicherheit absolut unerläßlich! Anschließend gelangt man über einen Rasenhang leicht auf den breiten NO-Grat und zum Gipfel. Z $3^{1}/_{4}$ Std., LA 3. Hierzu Wanderwege-Karte 10 Bischofsmütze.

Radstadt (862). Unmittelbar gegenüber der Mündung des Taurachtals, auf einer Terrasse über der Enns, liegt Radstadt. Im letzten Viertel des 13. Jh. zum Schutz des Salzburger Ennstals und des wichtigen Handelsweges über den Radstädter Tauern angelegt und befestigt, trat es die Nachfolge von Altenrastat, dem heutigen → Altenmarkt, an. Der ursprüngliche Ortskern mit seinem regelmäßigen Grundriß läßt sich noch deutlich innerhalb der modernen Siedlung ablesen; erhalten sind neben dem Mauerkranz auch drei Rundtürme von 1534. Beachtung verdient die in ihrem ältesten Bestand romanisch-frühgotische Stadtpfarrkirche, deren hoher Turm als Wahrzeichen des Ortes gilt. Von den Spazierwegen im Bereich des Städtchens und seiner näheren Umgebung ist vor allem die «Kaiserpromenade» hervorzuheben; sie verläuft an den zum Roßbrand ansteigenden Hängen, Mark. 3a. Eine hübsche Aussicht auf die Talweitung Altenmarkt-Radstadt und zahlreiche Erhebungen der Radstädter und Schladminger Tauern genießt man vom Alpengh. „Pertill“ (1150), Mark. 5, zirka 1 Std. Aufstieg.

Roßbrand, Parkplatz 1710 m**

Aufgrund seiner isolierten Lage bietet der Roßbrand (1770) eine hervorragende Aussicht auf den Alpenhauptkamm (Glockner-, Goldberg-, Ankogelgruppe, Radstädter und Schladminger Tauern) und mehrere Gebirgsgruppen der Nördlichen Kalkalpen (Hochkönig, Steinernes Meer, Tennengebirge, Dachstein). Besonders eindrucksvoll präsentiert sich die vielgipflige Kette des Dachsteinmassivs mit Bischofsmütze und Hohem Dachstein als auffallendste Erhebungen; reizvoll der Blick nach O in das grüne Ennstal.

Die Roßbrandstraße hat ihren AP an der n. Umfahrung von Radstadt (862). In zahlreichen, zum Teil recht unübersichtlichen Kurven und Kehren gewinnt sie an der bewaldeten Südflanke des Roßbrand bei Höchststeigungen von 16% an Höhe. Bei Kilometer 4.7 passiert man die Mautstelle. In der Folge werden die Steigungen ausgeglichener und überschreiten kaum mehr 10%. Die Breite der durchgehend asphaltierten Fahrbahn schwankt zwischen 4 und 6 m. In einer weiten, gegen O ausholenden Schleife nähert sich die Bergstrecke, ab und zu hübsche Ausblicke gewährend, dem Gipfelbereich. Nach 11 km endet die Fahrt auf einer Seehöhe von 1710 m. Großer Parkplatz. Zu Fuß erreicht man den höchsten Punkt (1770) mit der bewirtsch. Radstädter Hütte in etwa 10 Min. auf breitem Weg. SG 2–3.

St. Johann i. P.-Wagrain-Altenmarkt-Radstadt

Die Wagrainer-B 163 fungiert als wichtige Spange zwischen den großen Verkehrswegen durch die Alpenlängsfurche, im W das Salzachtal, im O das Ennstal: sie ist aber auch bedeutsamer Zubringer vom Pinzgau zur Tauernautobahn mit Anschlußstelle bei Flachau. Den Scheitelpunkt erreicht sie auf der Wagrainer Höhe (933). Der Streckenabschnitt von St. Johann i. P. (615) nach Wagrain (838) ist kurvig und hat nach teilweisem Ausbau nur noch einige wenige Engstellen. Die Steigungen überschreiten 9% nicht. Von Wagrain sanfter Anstieg zur Wagrainer Höhe. Der anschließende Abschnitt über Reitdorf und Altenmarkt i. P. nach Radstadt ist zwar vielgewunden, jedoch in Bezug auf den Verkehr übersichtlich. Die Straßenbreiten schwanken zwischen 4.5 und 6 m. SG 2.

St. Johann im Pongau (615). Auf einer Anhöhe über dem re. Ufer der Salzach, rund 10 km s. von Bischofshofen, liegt St. Johann im Pongau, ein stattlicher Marktflecken mit rund 7000 Einw. Das Ortsbild wird beherrscht von den beiden schlanken Türmen der neugotischen Pfarrkirche. AP der Straßen ins → Großarltal und nach Wagrain.

Hotel Hahnbaum*, 1125 m, und Hahnbaumalm*, 1117 m

Gute Aussichtspunkte hoch über dem Salzachtal erschließen sowohl die Hahnbaum-Bergstraße als auch eine Doppelsesselbahn. Erstere zweigt bei km 2.5 von der Wagrainer Straße li. ab und dient hauptsächlich als asphaltierte Zufahrt zum Hotel. Wenig weiter erreicht sie auf der bewirtsch. Hahnbaumalm ihren EP, knapp 6 km von St. Johann im Pongau entfernt. Die Steigungsverhältnisse sind ausgeglichen, das Maximum beträgt 14%, SG 3. Im NW beherrscht der Hochkönig mit der wildzerklüfteten Mandlwand die Szenerie der Berglandschaft.

Pongauer Orte mit Heimatmuseen: Altenmarkt, Badgastein (Gasteiner Tal-Museum), Goldegg (Pongauer Heimatmuseum im Schloß), Großarl (Denkmal „Kößlerhäusl"). Im Aufbau: Eben (Tauernstraßenmuseum), Radstadt, Wagrain.

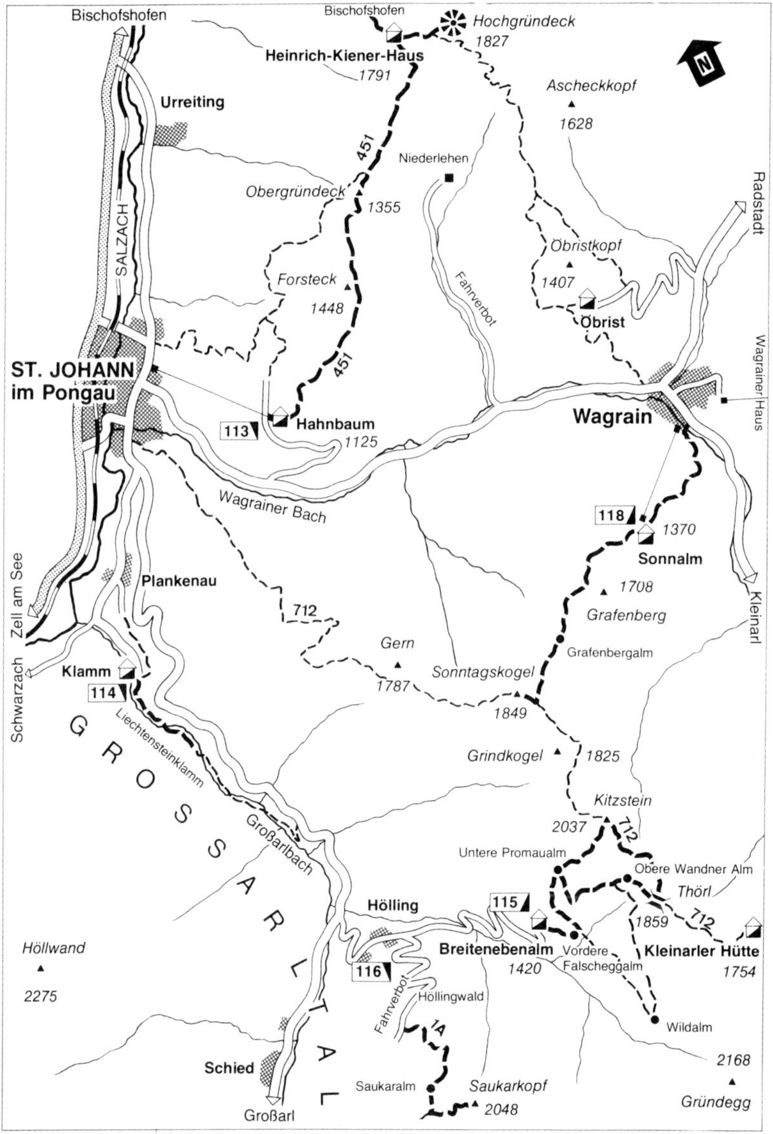
Bischofshofen
Bischofshofen
Hochgründeck
1827
Heinrich-Kiener-Haus
1791
Urreiting
Ascheckkopf
1628
451
Niederlehen
Obergründeck
1355
SALZACH
Radstadt
Öbristkopf
Forsteck
1407
1448
Fahrverbot
Öbrist
451
ST. JOHANN
im Pongau
Wagrainer Haus
Wagrain
113
Hahnbaum
1125
Wagrainer Bach
118
1370
Sonnalm
1708
Zell am See
Plankenau
Grafenberg
Kleinarl
712
Gern
Grafenbergalm
Sonntagskogel
Schwarzach
Klamm
1787
114
1849
Liechtensteinklamm
Grindkogel
1825
GROSSARLTAL
Kitzstein
2037
712
Großarlbach
Untere Promaualm
Obere Wandner Alm
Thörl
Hölling
115
1859
712
Höllwand
Breitenebenalm
Vordere Falscheggalm
Kleinarler Hütte
2275
116
1420
1754
Fahrverbot
Höllingwald
1A
Wildalm
2168
Schied
Saukaralm
Saukarkopf
Gründegg
2048
Großarl

RW 113 **Hochgründeck**, 1827 m.** Aufgrund seiner isolierten Lage zwischen dem Alpenhauptkamm und den Nördlichen Kalkalpen bietet das Hochgründeck ein besonders schönes, zu Recht gerühmtes Panorama. Von keinem anderen Hochpunkt aus genießt man eine ähnlich umfassende Schau auf Gipfel und Talschaften des Pongaus: im W hat man die der Schieferzone angehörenden Dientner Berge, re. davon großartig den Hochkönig, im NW das Hagengebirge, anschließend den tiefen Einschnitt des Paß Lueg, durch welchen die Salzach nach N abfließt; im N die Bergfestung des Tennengebirges und im NO das Dachsteinmassiv mit Gosaukamm, Bischofmütze und Hohem Dachstein. Im O, re. des Ennstals, setzen die Ketten der Schladminger Tauern an, im S bauen sich, besonders schön um ihre Täler gruppiert, die Radstädter Tauern auf, und im SW sind über vorgelagerten Höhen die Firngipfel der Hohen Tauern auszumachen.

Die Hochgründeck-Tour verlangt, ihrer Länge wegen, zwar Ausdauer, bietet aber auch weniger Geübten keinerlei Schwierigkeiten. Der vielbegangene Pfad, AV-Mark. 451, folgt weitgehend dem ausgeprägten Kammrücken, der über das Forsteck (1448) zum Hochgründeck ansteigt. AP ist die Bergstation der Hahnbaum-Doppelsesselbahn (1110). Man wandert durch schönen Wald, was vor allem im Hochsommer angenehm empfunden wird, die Aussicht aber stark einschränkt. Hinter dem Forsteck senkt sich der Weg leicht in den Sattel (1355) zwischen Ober- und Mittergründeck (1535), anschließend geht es steiler aufwärts zum bewirtsch. Heinrich-Kiener-Haus (1791), 2¾ Std., das etwa 20 Min. w. unterhalb des Gipfels auf einer weitschauenden Kuppe steht. Z 5 bis 5½ Std., LA 2.

Sehr zu empfehlen ist eine Überschreitung des Hochgründecks von St. Johann im Pongau nach Bischofshofen. Abstieg vom Heinrich-Kiener-Haus nw. über Buchberg, AV-Mark. 450, Rückfahrt nach St. Johann mit Bus oder Bahn. Z 5 bis 5½ Std., LA 2. Hierzu Wanderwege-Karte 16 Großarltal.

W 114 **Liechtensteinklamm**.** Eine besondere Sehenswürdigkeit, die zu besuchen sich auch bei schlechtem Wetter unbedingt lohnt, ist die gewaltige Liechtensteinklamm. Auf Initiative des Fürsten Johann II. von Liechtenstein 1875 erschlossen, ist sie nicht nur die tiefste Schlucht Österreichs, sondern auch eine der sehenswertesten der Ostalpen. Man erreicht ihre Mündung von St. Johann i. P. bzw. Schwarzach über beschilderte Zufahrten, je 4 km. Auf einem gesicherten, kühn angelegten Steig kann die eindrucksvolle Klamm gefahrlos besucht werden. Bescheidene Eintrittsgebühr. Der Weg verläuft teilweise hoch über der tosenden Großarler Ache (einmal sogar durch einen 60 m langen Tunnel), die in Jahrtausenden den rund 4 km langen und bis 250 m hohen Einschnitt aus dem Fels gesägt hat. An einigen Stellen treten die lotrecht aufsteigenden Klammwände bis auf wenige Meter zusammen; dazwischen erweitert sich die Schlucht zu breiten Kesseln, was auf Einlagerungen weicherer Schiefer in den harten Kalkfels zurückzuführen ist. Nach zirka 30 Min. ist das obere Klammende erreicht (Tafel); schöner Wasserfall. Z 1 Std., LA 1–2. Hierzu Wanderwege-Karte 16 Großarltal.

Blick von der Oberhofalm (1268) auf die eigenwillig geformten Zwillingsgipfel der **Kleinen und Großen Bischofsmütze** (2430 bzw. 2459). Das Gebiet im Raum von Filzmoos ist für Almen- und Bergwanderungen besonders gut geeignet → RW 109. Foto Hans Dankl

Die **Eisriesenwelt bei Werfen** ist die größte Eishöhle der Erde → W 72. In den Eishallen, vor Eiswällen und vor anderen Eisfiguren erfolgt anläßlich der Führungen, wie hier vor der Hymirburg, eine Effektbeleuchtung durch Magnesiumlicht. Foto Dr. Friedrich Oedl

Großarltal*, Seebauer, 1072 m.

Das Große Arltal, vom Keeskogel (2884) bis St. Johann (615) etwa 30 km lang, bildet die Grenze zwischen den Hohen und den Niederen Tauern. An seiner Mündung schluchtartig eingerissen → Liechtensteinklamm, weitet es sich allmählich zu einem freundlichen Wiesenhochtal. Es wird umrahmt von teilweise weit hinauf bewaldeten Bergketten, an denen sich die verschiedenartigen tektonischen Gegebenheiten dieser geologischen „Naht" ablesen lassen. Hauptort ist Großarl (924), ein schmuckes Dorf mit guten touristischen Einrichtungen, 14 km von St. Johann i. P. entfernt. Etwa 4 km weiter taleinwärts steht re. an der Straße das „Kößlerhäusl", ein Bergknappenhaus aus der Zeit um 1600, in dem ein kleines volkskundliches Museum eingerichtet ist. Das Erholungsdorf Hüttschlag (1030), 22 km, verdankt seine Entstehung den Erzvorkommen im Großarltal, die bis ins 19. Jh. abgebaut wurden. Über dem Ort die senkrecht aufsteigende, aus Grünschiefern gebildete „Hüttschlagerwand". Ein mark. Weg führt w., durch das Tälchen des Toferer Bachs, hinauf in die Toferer Scharte (2090), 4 Std., von der aus man in etwa 1 Std. den Gipfel des aussichtsberühmten → Gamskarkogels (2467) erreicht.

Auf der Fahrt ins Großarltal trifft man vorzüglich ausgebaute, aber auch schmalere und windungsreiche Streckenabschnitte an. Die einzige größere Steigung mit Maxima von 10% überwindet im Mündungsbereich auf 5 km den beachtlichen HU von fast 400 m. Teilweise in senkrechte Felsen trassiert, verläuft die Großarler Straße hoch über der Liechtensteinklamm; dabei bieten sich mehrfach packende Tiefblicke in die gewaltige Schlucht (Abstellplätze). Von Hüttschlag ist die Weiterfahrt über Wolfau, Karteis und Kree noch bis zum ehem. Seebauer (1072) möglich, 29 km ab St. Johann. SG 2–3. Ein mark. Steig führt durch das wilde, unberührte Schödertal hinauf zur Arlscharte (2259), 5 Std., die einen Übergang ins kärntnerische Maltatal vermittelt → KÄRNTEN kombiführer auto + wanderschuh W 151.

Breitenebenalm*, Gh. „Adlerhorst", 1402 m

Die anfahrbare Breitenebenalm liegt, umrahmt von schönem Wald, auf einer Geländestufe hoch an der re. Flanke des unteren Großarltals. Spitzwinkelige Abzw., 9 km von St.Johann i.P. entfernt, bei der Bushaltestelle „Premsäge", unmittelbar vor der Straßenbrücke über den Großarlbach. Bis zum Bauernhof Langbrand hat man ein knapp zweispuriges Asphaltsträßchen, doch die letzten 2 km sind ein schmaler, geschotterter Fahrweg mit Steigungen bis 20%, SG 3-4. Vom Gh. „Adlerhorst" hat man gute Ausblicke auf Schuhflicker (2215), Höllwand (2275) und Heukareck (2099); über der Mündung des Großarltals baut sich der Schneeberg (1921) auf, dahinter sind die s. Randerhebungen des Steinernen Meers auszumachen.

Kitzstein, 2037 m.** Von der Breitenebenalm aus besteigt man in 2½ Std. **RW**
leicht den Kitzstein, dessen Gipfel ein hervorragendes Panorama ver- **115**
mittelt. Im N hat man die Kette der Salzburger Kalkalpen, im O und S die Schladminger und Radstädter Tauern, und im S bzw. SW lugen über vorgelagerten Höhen mehrere firnbedeckte Dreitausender der Hohen Tauern hervor. Der mark. Anstieg verläuft über die Almen an der SW-Flanke des Kitzsteins und den ausgeprägten Südgrat. Vom Gh. „Adlerhorst", der HT „Kleinarler Hütte" folgend, zunächst auf gutem Karrenweg aufwärts zur Vorderen Falscheggalm, 15 Min. Hier li. und in n. Richtung, erst steil bergan, dann fast eben, zur Unteren Promaualm (1603), 45 Min. Nun s. um das Karsegg herum zur

Oberen Wandneralm (1836) und weiter, den roten Markierungspunkten nach, ins Thörl (1859), 1 1/2 Std., das den Übergang ins Kleinarltal vermittelt. Aus dem Sattel leitet ein gut bez. Gratweg, AV-Mark. 712, in anregendem Auf und Ab zum Gipfel des Kitzsteins. – Abstieg über steile Grashänge direkt zur Unteren Promaualm und auf mark. Anstiegsweg zum AP zurück. Z 3 1/2 Std., LA 2. Hierzu Wanderwege-Karte 16 Großarltal.

W 116 **Saukarkopf*, 2048 m.** Der Saukarkopf, mit seinem felsigen Gipfelaufbau markanter Blickpunkt bei der Fahrt ins Großarltal, gilt als besonders schöne Aussichtswarte. Er wird meist von Großarl (924) aus über seine Südseite bestiegen, 3 1/2 Std. Ein etwas kürzerer Zugang, der überdies der Sonne nicht so stark ausgesetzt ist, verläuft durch die teilweise bewaldete Nordflanke des Berges. Seinen AP erreicht man über ein hinter den Häusern von Hölling re. abzw. Forststräßchen. Parkmöglichkeit an der zweiten Kehre (1200), Weiterfahrt nicht gestattet. Nun zu Fuß auf dem Erschließungsweg durch den Höllingwald bergan. Nach etwa 1 1/2 Std. ist die Baumwuchsgrenze gewonnen. Die Mark. 1A leitet in s. Richtung zur Saukaralm (1940), 2 1/4 Std., wo man auf den von Großarl heraufkommenden Almsteig trifft. Rund 300 m weiter sw. weist eine Mark. li. zum Gipfel, 2 3/4 Std. Z 4 1/2 Std., LA 2–3. Hierzu Wanderwege-Karte 16 Großarltal.

Ellmautal, Grundlehen, 1350 m
In das bei Großarl (924) von O mündende Engtal des Ellmauer Bachs führt ein rund 6 km langes Stichsträßchen. Es ist zwar asphaltiert, aber größtenteils einspurig. Nur wenig Ausweichstellen! EP der recht schwierigen Strecke befindet sich unweit vom Anwesen Grundlehen (1350), Parkplatz. SG 3–4.

W 117 **Draugstein**, 2356 m, und Filzmooshörndl*, 2187 m.** Der Abstecher ins Ellmautal gewinnt erheblich an Interesse, wenn man ihn mit einer Bergwanderung verbindet. Als dankbare Gipfelziele sind vor allem der Draugstein und das Filzmooshörndl zu nennen, die beide eine vorzügliche Aussicht bieten. Glanzpunkt ist der herrliche Blick s. auf Ankogel (3246) und Hochalmspitze (3360). Während das Filzmooshörndl für jedermann leicht zugänglich ist, verlangt die Besteigung des Draugsteins, dessen Felsgestalt die Filzmoosalm beherrschend überragt, Trittsicherheit und Bergerfahrung. Gemeinsamer Zugang aus dem Ellmautal s. über die zeitweise bewirtsch. Draugsteinhütte (1714), 1 Std., bis zum Filzmoossattel (2064), 2 Std., AV-Mark. 720. Zum Filzmooshörndl wendet man sich nach re. und wandert über die Filzmooshöhe (2103) zum Gipfel, 2 3/4 Std. Abstieg bei einwandfreien Sichtverhältnissen weglos nö. zur Filzmoosalm möglich. Z 4 1/2 Std., LA 2.

Im Gegensatz zum Filzmooshörndl ist der Draugstein kein reiner Wanderberg. Durch seine steilen Felsflanken verlaufen einige anspruchsvolle Kletterführen des II. bis IV. Schwierigkeitsgrades, und auch der Normalweg ist Geübten vorbehalten. Aus der Filzmoosscharte zunächst über steile Grashänge, den spärlichen roten Mark. folgend, hinauf zu einem Gedenkstein (zirka 2270). Hier re. in eine breite Rinne und durch diese auf Steigspuren in eine Scharte am Südgrat. Nun li. in leichter, anregender Kletterei zum Gipfel, 1 1/2 Std. ab Filzmoossattel. Z 5 1/4 Std., LA 3. Hierzu Wanderwege-Karte 18 Tappenkarsee.

Sonntagskogel*, 1849 m. Hübscher Aussichtspunkt sw. von Wagrain (838) mit mark. Anstieg, auch für Familien geeignet. AP ist die Talstation der Grafenberg-Seilbahn über die bewirtsch. Sonnalm (1370). Der Weg führt, zunächst an den bewaldeten Abhängen des Grafenberges (1708) kräftig steigend, dann über Almböden in die Scharte (1745) sö. des Sonntagskogels, 1 1/2 Std. Von der Gipfelkuppe, 1 3/4 Std., genießt man eine bemerkenswerte Umschau. Im NW dominiert der Hochkönig (2941), reizvoll sind die Tiefblicke ins Salzach- und ins Großarltal. Z 2 3/4 Std. bzw. 3 1/2 Std. (mit Abstieg nach Wagrain), LA 2. - Hierzu Wanderwege-Karte 16 Großarltal. **W 118**

Grießenkareck*, 1991 m, und Kammweg zum Mosereck*, AP Wagrain.** **RW 119**
Für Liebhaber leichter, genußreicher Kammwanderungen bilden die „Ecks" und „Köpfe" zwischen Kleinarl- und Flachautal ein ideales Tourengebiet. Die Gratüberschreitung vermittelt eine Fülle von Landschaftseindrücken; hervorzuheben ist neben den reizvollen Talblicken die herrliche Aussicht auf Salzburger Kalkalpen und Tauernberge. Aber auch eine Besteigung des Grießenkarecks allein ist bereits lohnend. Ausdauernde begehen den Kamm bis zum Mosereck (1960) in etwa 3 1/2 Std., und für Unentwegte lockt als fernes Gipfelziel die Ennskraxen (2410).

Den Zugang vermittelt die Grießenkar-Sesselbahn, Talstation oberhalb von Wagrain (Zufahrt). Nur wenige Min. s. der Bergstation (1800) auf der Koglalm steht das Wagrainer Haus (1770). Sowohl von der Liftstation als auch von der ganzjährig bewirtsch. Schutzhütte aus führen mark. Wege zum nahen Grießenkareck. Wer eine Gratwanderung plant, nimmt mit Vorteil den direkt vom Lift abgehenden Steig, 40 Min. zum Gipfel. Ab Grießenkareck gelten die folgenden Richtzeiten: Saukarkopf (2014) 35 Min., Ahornkarkopf (1923) 50 Min., Frauenalmsattel (1850) 1 Std., Wildbühel (1916) 2 Std., Mosereck (1960) 2 3/4 Std., Steinkarsattel (1837) 3 Std. Bis zum Frauenalmsattel sehr gut bez., im weiteren Verlauf nurmehr Steigspuren und spärliche Mark. Die Orientierung ist bei sichtigem Wetter problemlos, n. vom Wildbühel bewegt man sich in steilerem Gelände, was vor allem bei Nässe erhöhte Vorsicht verlangt. Beim Rückweg zum Wagrainer Haus folgt man dem w. unterhalb des Kammes verlaufenden Almsteig. Z 1 1/4 Std. (Grießenkareck), 2 1/2 Std. (Ahornkarkopf), 4 Std. (Wildbühel), 6 Std. (Mosereck), LA 1–2 bzw. 2. Hierzu Wanderwege-Karte 17 Flachau-Zauchensee.

Die meisten **Schutzhütten** sind während der Sommersaison bewirtschaftet. Dennoch empfiehlt es sich, vor Antritt einer Bergtour im Tal entsprechende Informationen einzuholen. Begeben Sie sich möglichst nicht allein in die Berge!

Kleinarltal*, Schwabalm, 1210 m
Bei Wagrain (838) mündet von S das landschaftlich sehr reizvolle Kleinarltal. Es gewinnt sein charakteristisches Gepräge aus dem malerischen Gegensatz zwischen dem Grün der Wiesen und Wälder, wie es im unteren Talabschnitt vorherrscht, und den mächtigen Felsbauten von Draugstein (2356), Faulkogel (2654) und Ennskraxen (2410), welche den Talschluß überragen. Hauptort ist Kleinarl (1008), im Sommer wie im Winter ein beliebtes Urlaubsziel. In etwa 2 Std. steigt man gegen W zur bewirtsch. Kleinarler Hütte (1754) hinauf, AV-Mark. 712; ein lohnendes Gipfelziel für Geübte bildet die Ennskraxen (2410), etwa 4 Std. Knapp 5 km weiter taleinwärts liegt der stimmungsvolle, von dunklem Wald umrahmte Jägersee (1097). In seinem klaren, tiefgrünen Wasser spiegeln sich die Felsen des Mauerecks (2112). Vom Jägersee ist die Weiterfahrt noch bis zur Schwabalm (1192) möglich, 17 km ab Wagrain. Parkplatz (1210) bei der Talstation der Materialseilbahn zum Tappenkarsee.

Die Landesstraße von Wagrain bis Kleinarl ist normal breit ausgebaut und asphaltiert. Hinter Kleinarl welliger und schadhafter Belag, jedoch staubfrei und nur mehr knapp zweispurig. Zahlreiche Vermurungen im Gefolge von Unwettern machten nicht halt vor der Talstraße, welche jedoch durchgehend passierbar ist. Die weggerissenen Brücken wurden durch neue und moderne Konstruktionen ersetzt. Oberhalb des Jägersees (1097) wurde, zirka 150 m vom Gh. entfernt, ein Parkplatz angelegt. Die Weiterfahrt am Ostufer entlang und am Kleinarlbach aufwärts bis zum Parkplatz auf der Schwabalm ist nur bedingt empfehlenswert, und der schmale Fahrweg ist lediglich für kleinere Autos geeignet. Einspurig, kaum Ausweichen, stete Steigung. Schotterströme unterwanderten an mehreren Stellen den Wald und verlegten auch die Straße, sodaß an manchen Stellen nur ein Provisorium befahrbar ist. SG 4.

W 120 **Tappenkarsee**, 1763 m.** Im innersten Kleinarltal, in einem gletschergeformten Hochkar, liegt der etwa 24 ha große, sehr stimmungsvolle Bergsee. Die unterschiedlichen Gesteinsarten, welche ihn umgeben, verleihen ihm sein besonderes Gepräge. Während sich das Seebecken im Bereich steiler, zerklüfteter Kalkformationen befindet, breitet sich s. eine weite, sanft gewellte Almregion aus. Dieser Gegensatz beeindruckt jeden, der nach steilem Anstieg unvermittelt am Ufer des Tappenkarsees steht. Ab AP Schwabalm hat man dann bereits einen HU von rund 550 m bewältigt. Mischwald und Alpenrosen säumen den breiten Pfad, der in Serpentinen über die ausgeprägte Talstufe hinaufzieht, und mehr als einmal wird die Aufmerksamkeit des Wanderers auf einen stiebenden Wasserfall gelenkt. Am Westufer des Sees liegt die bewirtsch. Tappenkarseealm-Hütte (1770), 2 Std., weiter taleinwärts auf einer Anhöhe die Tappenkarsee-Hütte (1820) des ÖAV, 2½ Std. Sehr schön der Blick auf das Tappenkar, seinen See und seine Bergumrahmung. Z 4 Std., LA 2. Hierzu Wanderwege-Karte 18 Tappenkarsee.

W 121 **Glingspitze**, 2433 m, und Schiereck**, 2366 m.** Die Bergumrahmung des Tappenkars weist einige lohnende, wenig schwierige Gipfelziele auf. Höchste Erhebung ist die Glingspitze, deren markantes Horn s. der Tappenkarsee-Hütte im Talhintergrund aufragt. Für Geübte leicht, bis zur Wasserscheide am Wurmkogel (2155) Mark. 702, dann auf Steigspuren über den NO-Grat zum höchsten Punkt, 2¼ Std. Z 6½ bis 7 Std. (ab Schwabalm); LA 2–3.

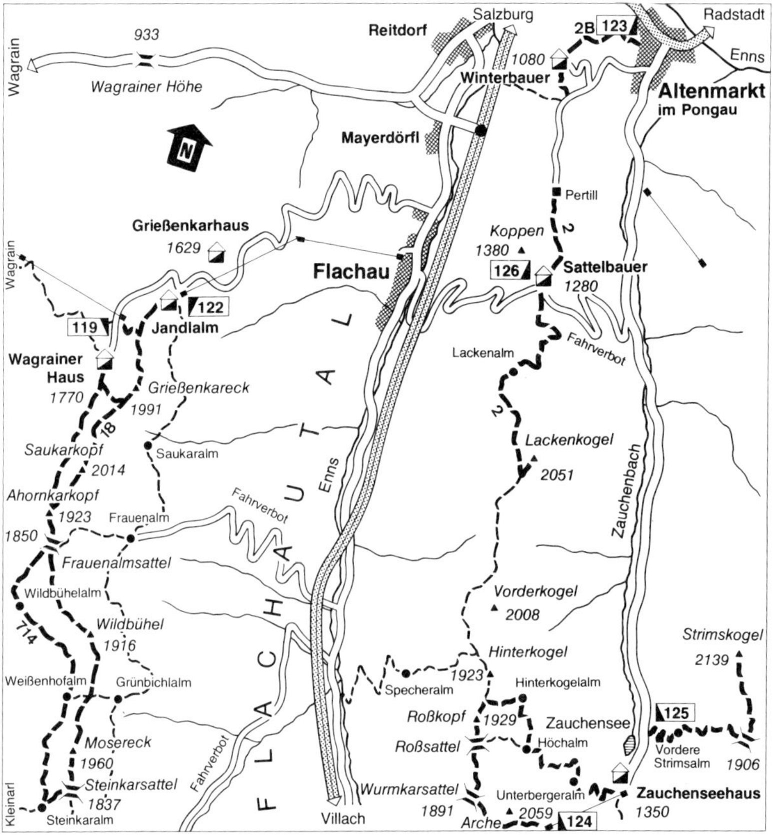

Wanderwege-Karte 17   Flachau–Zauchensee

Ebenfalls eine schöne Aussicht, die allerdings jener von der Glingspitze nicht ganz ebenbürtig ist, genießt man vom Schiereck. Seine Besteigung läßt sich von der Tappenkarsee-Hütte aus als Rundwanderung durchführen: auf dem Weg 702, der HT „Franz-Fischer-Hütte" folgend, steil bergan zur Weißgrubenscharte (2257), dann weglos in s. Richtung am Grat zur Gipfelkuppe, 1 3/4 Std.; Abstieg über das Haselloch (2135) ins Tappenkar, Mark. 722 und 702. Z 6 bis 6 1/2 Std. (ab Schwabalm), LA 3. Hierzu WWK 18 Tappenkarsee.

RW 122 **Grießenkareck*, 1991 m, AP Flachau.** Die Grießenkar-Bergbahn erschließt dem Wanderer eine günstige Basis für den lohnenden Abstecher zum Grießenkareck, das bei günstigen Witterungsverhältnissen eine prächtige Aussicht bietet. Von der Bergstation des Zwei-Sektionen-Sesselliftes (1710) hat man nurmehr einen knapp einstündigen Aufstieg zum Gipfel. Vielbegangener Weg, mark. Vom Grießenkareck Abstieg w. zum Wagrainer Haus (1770), dann auf bequemem Fahrweg zurück zum Lift → RW 119. Z 2 Std., LA 1–2. Hierzu Wanderwege-Karte 17 Flachau-Zauchensee.

Altenmarkt im Pongau (843). Einst römische Raststation am Tauernweg, dann durch Erzverhüttung zu einigem Wohlstand gelangt, ehe die landesfürstliche Neugründung Radstadt zum übermächtigen Konkurrenten wurde, ist Altenmarkt heute ein aufstrebender Ferienort in hübscher Lage am Eingang ins Zauchtal. Kulturhistorisch Interessierten sei ein kurzer Besuch der gotischen Pfarrkirche empfohlen; sie bewahrt im linken Seitenaltar eine hervorragende, aus feinem Kalkstein gearbeitete Marienstatue von 1393, die sogenannte „Madonna von der Tanne". – Heimatmuseum.

RW 123 **Berggh. Sattelbauer*, 1280 m.** Leichte Familienwanderung, auch für ältere Menschen geeignet. Vom Schwimmbad in Altenmarkt steigt man, den Mark. 2b und 2c folgend, über den bewaldeten Kammrücken hinauf zum Gh. „Winterbauer" (1080), 50 Min., das sich einer prächtigen Aussichtslage erfreut. Besonders schön der Blick auf die Talweitung der Enns und den Roßbrand (1770), über dessen grünem Rücken mehrere Felsgipfel des Dachsteinmassivs aufragen. Vom „Winterbauer" bequeme Abstiegsmöglichkeit nach Altenmarkt, Mark. 2a und 2. Z 1½ Std., LA 1.

Wer die Wanderung zum Gh. „Sattelbauer" fortsetzen will, steigt von der Anhöhe s. abwärts zu dem von Altenmarkt heraufkommenden Gütersträßchen, Mark. 2. Es leitet bergan zum Pertillhof (1160). Weiter auf bez. Weg, Mark. 2, durch die Ostflanke des Koppen (1380) zu dem von Flachau (927) aus anfahrbaren Berggh. „Sattelbauer", 2 Std. Prachtblick gegen NO auf die Dachsteingruppe. Z 3¼ Std., LA 1–2. Hierzu WWK 17 Flachau-Zauchensee.

Zauchensee* (1350)
Von Altenmarkt (843) führt eine gut ausgebaute Stichstraße s. in das waldreiche Zauchtal, bis zum Zauchensee 11 km. SG 1–2. Im kleinen Almdorf Zauchensee ausreichend Parkmöglichkeiten. Mehrere Liftanlagen erschließen das schöne Schigebiet zwischen Roßkopf (1929), Gamskögerl (2188) und Rauchkopf (1883). Für den Sommergast ist vor allem die Gamskogel-Doppelsesselbahn von Interesse; sie vermittelt eine günstige Basis für verschiedene Bergwanderungen an der w. Talflanke.

RW 124 **Roßkopf*, 1929 m.** Lohnende, auch für Familien geeignete Höhenwanderung. Von der Liftstation (1890) unterhalb des Gamskögerl (2188) zunächst w. in den Seekarkessel, dann auf schmalem Steiglein, Mark. 3, hinauf zu der Einsattelung zwischen Tagweideck (2135) und Arche (2059), 30 Min. Dahinter in n. Richtung abwärts in den Wurmkarsattel (1891). Nun weiter dem Kamm entlang zum Roßsattel (1870), wo re. eine Wegspur direkt zur Höchalm (1713) hinableitet. Es empfiehlt sich aber, noch am Grat zu bleiben und den kurzen Aufstieg zum Roßkopf zu unternehmen. Die begrünte Kuppe vermittelt eine bemer-

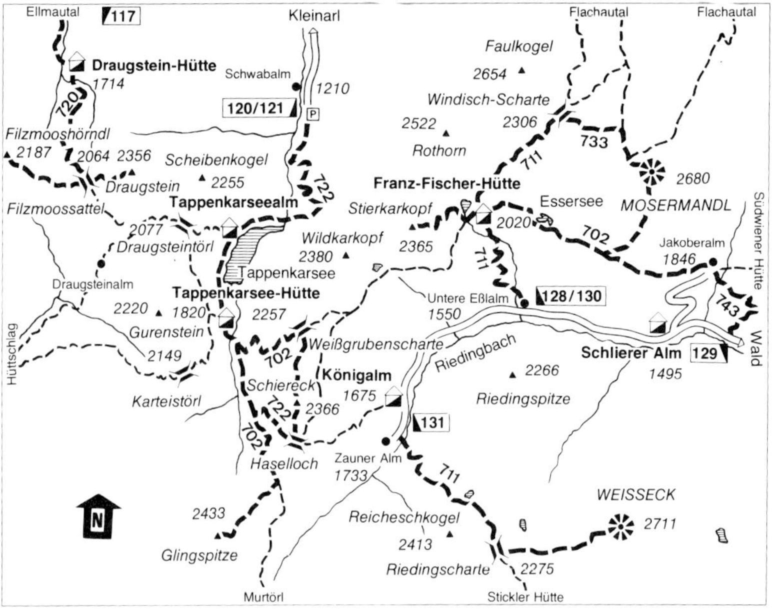

Wanderwege-Karte 18 Tappenkarsee

kenswerte Aussicht. Abstieg aus dem Sattel n. des Roßkopfs über die Höchalm und die Unterbergeralm (1569) zur Talstation des Gamskogel-Sesselliftes. Z 2¾ Std., LA 2. Hierzu Wanderwege-Karte 17 Flachau-Zauchensee.

Strimskogel*, 2139 m. Für Liebhaber einsamer Gipfel, die zudem steile **W**
Pfade nicht scheuen, bildet der Strimskogel ein dankbares Tourenziel. **125**
Der Aufstieg ist mark.; vom AP Zauchensee bis zur Vorderen Strimshütte (1529) hat man einen in Kehren verlaufenden Güterweg. Am Hakarsattel (1906), 1½ Std., öffnet sich unvermittelt ein schöner Blick auf das Pongauer Taurachtal und die Berge um den Radstädter Tauern. Das Steiglein wendet sich nun gegen N und leitet zum Fuß des eigentlichen Gipfelaufbaus. Über steile Grashänge gewinnt man den höchsten Punkt, 2½ Std. Für die aufgewendete Mühe entschädigt ein weites Panorama, das mit kontrastreichen Bildern aufwartet: im NW und N begrenzen die hellen Kalkfelsen von Hochkönig, Hagengebirge, Tennengebirge und Dachsteinmassiv den Horizont, ihnen vorgelagert sind waldreiche, sanft profilierte Mittelgebirgshöhen, im O und SO reihen sich die dunklen Urgesteinsketten der Schladminger Tauern aneinander, und gegen W reicht die Aussicht bis zu den Bergen des Oberpinzgaus. Z 4 Std., LA 2–3. Hierzu Wanderwege-Karte 17 Flachau-Zauchensee.

LUNGAU

Flachau-Tauerntunnel-St. Michael im Lungau

Während der traditionelle Weg über den Tauern diesseits und jenseits des Passes durch das Tal der Taurach führt, benützt die Tauernautobahn im Pongau das Flachautal, im Lungau das Tal des Zederhausbaches. Sie überwindet den Alpenhauptkamm dort, wo er am schmälsten ist, mit einem 6.4 km langen Tunnel. Der Scheitelpunkt liegt 1340 m hoch. **Gegenüber dem Übergang Radstädter Tauern (1739), der sich ö. davon befindet, beträgt hier der HU 400 Höhenmeter weniger. Die Fahrbahnbreite im Tunnel mißt 7.5 m; da es sich nur um eine einzige Tunnelröhre mit Gegenverkehr handelt, entfallen je Fahrtrichtungsspur 3.75 m. Die durchschnittliche Steigung ist mit 1.5% sehr gering. Der Tunnel bietet dem Autofahrer jeglichen, nach den neuesten Kenntnissen der Technik ausgerichteten „Fahrkomfort", welcher sich vor allem auf die Stromversorgung, Beleuchtung und Belüftung bezieht. Zur Gewährleistung der Verkehrsflüssigkeit ist der Tunnel mit einem ausgeklügelten Leitsystem ausgestattet: alle 424 m kann der Verkehr mittels Lichtsignalen (rot-gelb-grün) geregelt werden, alle 848 m zeigen Wechselsignale ein Überholverbot oder eine etwaige Geschwindigkeitsbegrenzung an. Die Höchstgeschwindigkeit im Richtungsverkehr wurde mit 80 km/h festgesetzt.**

Im Pongau wird die A 10 von der Landesstraße durch das Flachautal bis Flachau-Winkel begleitet; die Landesstraße beginnt in Reitdorf (871) sw. von Altenmarkt an der B 163 und folgt dem Lauf der jungen Enns aufwärts bis Flachau (927), 4 km. Ihre Fortsetzung findet sie als durchgehend asphaltierte Gemeindestraße, welche über das Gh. „Wieseneck" und die beiden Ennslehen zur Unteren Gasthofalm (1205) leitet, 16 km ab Reitdorf, SG 2–3. Über die von ihr abzweigenden Alminteressentschaftswege bzw. Forststräßchen wie z. B. zur Frauenkaralm, zur Hinteren Marbachalm oder zur Südwiener Hütte wurden allgemeine Fahrverbote verhängt (dort meist auch Sperrschranken).

Im Lungau wird die A 10 zwischen dem Knoten St. Michael und der Ortschaft Wald (1328) nahe dem Südportal des Tauerntunnels durch das Zederhaustal begleitet; die 19 km lange Landesstraße ist durchgehend asphaltiert und zweispurig breit. In der gesamten Talschaft gibt es nur in Zederhaus eine Halbanschlußstelle für den Verkehr aus Richtung St. Michael i. L.

Die Tauernautobahn (A 10)

Das Projekt einer den Alpenhauptkamm querenden Autobahnstrecke Salzburg – Katschberg–Villach wurde erstmals im Frühjahr 1938 vom ehem. Unternehmen „Reichsautobahnen" studiert. Bereits Anfang 1939 wurde mit den Bauarbeiten begonnen, die allerdings, bedingt durch die ungünstige wirtschaftliche Entwicklung während des zweiten Weltkrieges Ende 1942 eingestellt werden mußten. Die Ausbaupläne für eine Tauernautobahn lagen dann volle zwanzig Jahre in Archiven, ehe das Projekt von privater Seite her wieder aufgegriffen wurde. 1964 konstituierte sich eine „Studiengesellschaft Tauernschnellstraße". Nach ihren Vorstellungen sollte der bereits unter Verkehr stehende Ast vom Knoten Salzburg nach Niederalm und der in Bau befindliche Abschnitt Niederalm – Golling in ein Gesamtkonzept eingebunden werden, deren generelle Trassenführung von der Natur durch das Salzach-, Fritzbach-, Enns-, Zederhaus-, Lieser- und Drautal vorgezeichnet ist. Die Zusammenschlüsse der Täler sind durch aufwendige Kunstbauten, Scheiteltunnels, kilometerlange Hangbrücken, Talübergänge usw. zu bewerkstelligen. Kernstück der projektierten Tauernautobahn waren die beiden Scheiteltunnels am Tauern mit 6.4 km und am Katschberg mit 5.4 km Länge. Um einen hohen Grad an Winterfestigkeit zu erzielen, durfte der jeweilige Scheitelpunkt eine Höhenlage von 1300 m nicht wesentlich überschreiten. Die Gesamtlänge dieser Autobahn von Salzburg bis Villach beträgt 182 km, wovon auf das Land Salzburg 108 km entfallen, die im Bj. bereits dem Verkehr zur Verfügung gestanden sind. Eine Länge von 74 km wird nach Fertigstellung die Kärntner Strecke haben, welche in Villach an die Südautobahn anschließen wird. Die Hauptmautstelle befindet sich im Knoten St. Michael im Lungau bei km 103, die Landesgrenze Salzburg–Kärnten ist im Katschbergtunnel bei km 108.

Flachautal, Untere Gasthofalm 1205 m
Durch den Bau der Tauernautobahn hat das aus den Radstädter Tauern herabziehende Flachautal eine tiefgreifende Veränderung erfahren. Das monumentale Betonband dominiert in der Landschaft; wo früher das muntere Rauschen der jungen Enns zu hören war, hat der moderne Massenverkehr Einzug gehalten.

Parallel zur Autobahn führt ein asphaltiertes Sträßchen von Flachau (927) taleinwärts bis zur Unteren Gasthofalm (1205), 12.5 km. EP wenig unterhalb des Tauerntunnel-Nordportals. Die Gebirgsumrahmung des innersten Flachautals bietet vielfältige Tourenmöglichkeiten. Als Stützpunkt dient vor allem die → Südwiener Hütte (1802), zu der man auf mark. Karrenweg in etwa 2 Std. aufsteigt, lohnende Gipfelziele sind das → Mosermandl (2680) und der Faulkogel (2654).

Berggh. Sattelbauer 1280 m
Hübscher Aussichtspunkt ö. von Flachau (927), 5 km. Im Ort über die Enns, dann kurz taleinwärts und unter der Autobahn hindurch. Nun auf kräftig steigender, geschotterter Bergstrecke im Eibenbergwald aufwärts zum Sattel zwischen Koppen (1380) und Eibenberg (1737). SG 2–3. Vom Berggasthof Prachtblick gegen NO auf das Dachsteinmassiv.

Lackenkogel*, 2051 m. Im Berggh. „Sattelbauer" besteht ein günstiger AP **W**
für die leichte Lackenkogel-Tour. Der mark. Anstieg verläuft über den **126**
breiten Nordgrat; bis zur Lackenalm (1632), 1 Std., hat man einen bequemen Güterweg. Vom Gipfel, 2½ Std., genießt man eine prächtige Aussicht auf den Lungau und seine Berge. Z 4 Std., LA 2. Hierzu Wanderwege-Karte 17 Flachau–Zauchensee.

Der **Hitzschlag** entsteht durch Wärmestauung im Körper infolge verminderter Wärmeabgabe auf Grund mangelhafter Schweißsekretion. Dazu kommt es bei großer (Sonnen-) Hitze und hoher Luftfeuchtigkeit. Luftdichte Kleidung und körperliche Anstrengung verstärken die Wärmestauung. Die charakteristischen Symptome des Hitzschlages sind eine trockene, heiße Haut, Anstieg der Körpertemperatur, schnelle Atmung und schneller Puls sowie Muskelkrämpfe; außerdem bestehen Kopfschmerzen, Übelkeit, Erbrechen und eventuell Bewußtseinstrübungen. Sonnenstich und Hitzschlag können auch gemeinsam vorkommen. Ihre **Behandlung** verlangt als Erste Hilfe eine Lagerung im Schatten sowie sofortige Abkühlung durch kalte Umschläge, Eisblase, Duschen oder Bäder.

W 127 **Südwiener Hütte*, 1802 m, AP Flachautal.** Beliebte Wanderziele im innersten Flachautal sind die malerische kleine Hafeichtkapelle (1640) und die bewirtsch. Südwiener Hütte. Letztere, in einem Almsattel zwischen Spritzinger (2066) und Hengst (2074) gelegen, dient auch als Stützpunkt am großen «Tauernhöhenweg». Den Zugang von W vermittelt ein für den öffentlichen Verkehr gesperrter Güterweg, welcher bei der Thunhütte (1160) vom Flachauer Talsträßchen abzweigt (Autobahndurchlaß, HT). Parkplatz unmittelbar vor dem Sperrschranken. In zwei großen Serpentinen gewinnt der Fahrweg an der orogr. re. Talflanke rasch an Höhe. Nach zirka 1 1/4 Std. erreicht man die im Sommer einfach bewirtsch. Thurnhofalm (Hafeichtalm), deren Wahrzeichen die alte, hölzerne Bergkapelle ist. Der mit 702 mark. Pfad beschreibt eine Schleife in das zur Hafeichtscharte (1835) ansteigende Tälchen und führt dann um das Hahnbalzköpfl (1944) herum zur Südwiener Hütte, 2 Std. Während des Aufstiegs genießt man bemerkenswerte Ausblicke auf die Bergumrahmung des Flachautals. Über vorgelagerten Höhen treten im W die Kalkzinken des Kraxenkogels (2436) und der Ennskraxen (2410) hervor; im SW bauen sich Faulkogel (2654) und → Mosermandl (2680), zwei Hauptgipfel der Radstädter Tauern, auf. Sie fallen über felsige Randkuppen, die den Blick auf die Karrenhochfläche des Gasthofkars verbergen, gegen die Untere Gasthofalm ab. Im Bereich der Südwiener Hütte wird auch die Sicht nach O, auf den Radstädter Tauern und seine Gipfelkulisse, frei. → W 135. Z 3 1/4 Std., LA 1–2.

Zederhaustal* und Riedingtal, Königalm, 1675 m**

Taleinwärts ist die Weiterfahrt über die Schlierer Alm (1495) und die Untere Eßlalm (1550) bis zum Parkplatz an der Königalm möglich, 7 km ab Mautstelle im Vorderen Riedingtal. Auf den ersten 3 km findet man eine hervorragend ausgebaute Asphaltstraße von durchgehend 4.5 m Breite vor, dann hat man nur mehr ein einspuriges, 2.6 m breites Sträßchen mit Ausweichstellen auf Sichtweite. Die Bergstrecke weist ausgeglichene Steigungsverhältnisse bei 9% auf und wurde mit Ausnahme des Taleinganges ohne Kehren erbaut. Sie vermittelt eine genußvolle, durchwegs staubfreie Fahrt durch ein stilles Tal abseits der „Völkerwanderung" auf der TAB, SG 2-3. – Der Gh. „Königalm" (1666) wartet mit bodenständigen Gerichten auf.

W 128 **Franz-Fischer-Hütte*, 2020 m, und Stierkarkopf*, 2365 m.** Als Tourenstützpunkt im innersten Zederhaustal dient die während der Sommermonate, meist von Anfang Juli bis Ende September, bewirtsch. Franz-Fischer-Hütte. Sie erfreut sich einer schönen Lage über dem kleinen, in einen begrünten Karboden eingebetteten Zauner See (2001). Eindrucksvoll die Bergumrahmung: im O beherrschend das → Mosermandl (2680), dem sich li. der Windischkopf (2609) zur Seite stellt, im N, li. der Windischscharte (2306), der in steilen Felsfluchten abbrechende Faulkogel (2654), dann die gegen SW sich hinziehende Kette mit Rothorn (2522), Wildkarhöhe (2514), Stierkarkopf (2365), Wildkarkopf (2380) und Weißgrubenkopf (2369). Im S, jenseits des Riedingtals, baut sich die mächtige Gestalt des → Weißecks (2711) auf.

Der bequeme Hüttenweg, Mark. 711/742, hat seinen AP auf der Unteren Eßlalm (1550), 1¼ Std. Beschilderter Parkplatz wenige Minuten weiter talauswärts. Z 2 Std., LA 1–2.

Wer den Abstecher zur Franz-Fischer-Hütte gern mit einer leichten Gipfeltour verbinden möchte, dem kann der Stierkarkopf als lohnendes Ziel empfohlen werden. Das rot mark. Steiglein mit AP am Abfluß des Zauner Sees (HT) leitet aufwärts zum felsdurchsetzten Ostgrat, über den man ohne Schwierigkeiten den höchsten Punkt gewinnt. Sehr reizvoll die Tiefblicke in die umliegenden Kare und Täler; gegen W reicht die Aussicht trotz der verhältnismäßig geringen Höhe bis zum Großglockner (3797), über dem Talschluß des Riedingbachs erkennt man Ankogel (3246) und Hochalmspitze (3360), weiter re. lugt der Große Hafner (3076) über vorgelagerten Höhen hervor! Z 4 Std., LA 2. Hierzu Wanderwege-Karte 18 Tappenkarsee.

Jakoberalm – Franz-Fischer-Hütte**, 2020 m.** Der schönste Zugang zur → RW
Franz-Fischer-Hütte führt aus dem Riedingtal über die Jakoberalm (1846) 129
und den Essersee (2088). Er ist zugleich Teil einer prächtigen Rundwanderung, die von Kennern als eine der lohnendsten im Lungau bezeichnet wird. AP bei der im Sommer bewirtsch. Schlierer Alm (1495), 3.5 km von Wald. Man folgt dem hier abgehenden Güterweg, der in Serpentinen an der n. Talflanke bergan führt. Auf der Jakoberalm, 1¼ Std., mündet der «Tauernhöhenweg», Mark. 702. Er leitet in w. Richtung, zunächst eben verlaufend, dann kräftig steigend, zum Karriedel (zirka 2050), wo re. der Südweg zum → Mosermandl (2680) abzweigt (HT). Weiter ohne nennenswerte HU zum kleinen Essersee (2088) und zur Franz-Fischer-Hütte, 3 Std. Aufstieg und anschließende Höhenwanderung vermitteln eine Fülle schönster Landschaftseindrücke; hervorzuheben ist vor allem die herrliche Aussicht auf den Gipfelkranz des Hinter-Rieding-Tals. – Abstieg von der Hütte zur Unteren Eßlalm (1550) und Rückweg auf dem Talsträßchen zum AP. Z 4½ Std., LA 2. Hierzu Wanderwege-Karte 18 Tappenkarsee.

Mosermandl*, 2680 m.** Für den konditionsstarken, erfahrenen Berggänger RW
bildet das Mosermandl, eigentlicher Zentralgipfel der Radstädter Tauern, 130
ein ungemein dankbares Tourenziel. Bei günstigen Witterungsbedingungen vermittelt es ein hervorragendes Panorama, das jenem vom → Weißeck ebenbürtig ist. Von der → Franz-Fischer-Hütte führen zwei mark., landschaftlich sehr reizvolle Anstiege auf das Mosermandl; sie lassen sich zu einer großartigen Runde verbinden, 4½ bis 5 Std. Der Südanstieg hat seinen AP am «Tauernhöhenweg», knapp 45 Min. ö. der Schutzhütte (HT). Er verläuft in ziemlich direkter Linie über den rückenartigen Grat zum höchsten Punkt; einige etwas ausgesetzte Passagen sind drahtseilgesichert, 2½ Std. Ebenfalls leichte Kletterei im Gipfelbereich verlangt der NW-Anstieg. Gut mark. führt er aus der Windischscharte (2308) in die Einsattelung zwischen Windischkopf (2609) und

Mosermandl und anschließend durch eine steile, mit Drahtseilen gesicherte Rinne zum kurzen Westgrat, 3 Std. Beide Routen sind, wie bereits erwähnt, dem geübten Bergwanderer vorbehalten! Es empfiehlt sich zudem, vor Antritt der Tour in der Franz-Fischer-Hütte Informationen über die aktuellen Wegverhältnisse und den Zustand der Seilsicherungen einzuholen. Z 6½ bis 7 Std. (AP Untere Eßlalm), LA 3. Hierzu Wanderwege-Karte 18 Tappenkarsee.

W 131 **Weißeck**, 2711 m.** Zwischen dem Zederhaus- und dem obersten Murtal erhebt sich das Weißeck, höchster Gipfel der Radstädter Tauern. Es vermittelt ein weites Panorama, das große Teile der Niederen Tauern und der Nockberge einschließt. Besonders schön ist der Blick s. auf die Hochgipfel der Ankogel- und Hafnergruppe; am w. Horizont baut sich über vorgelagerten Bergketten die elegante Felspyramide des Großglockners (3797) auf. Gut auszumachen im Zederhaustal die Trasse der Tauernautobahn mit dem Südportal des Tauerntunnels.

Als günstiger AP für die Besteigung des Weißecks gilt die Zauneralm im Hinterriedingtal. Der mark. Weg verläuft über die Riedingscharte (2275), 2½ Std., welche den Übergang zur → Sticklerhütte (1752) im Murwinkel vermittelt. Man kommt an der winzigen Boarnlacke (2214) vorbei; anschließend quert das Weglein die NO-Flanke des Großen Reicheschkogels (2413), dabei nurmehr leicht steigend. An der Riedingscharte öffnet sich ein herrlicher Blick auf die Nordflanke des Großen Hafner (3076) und die einsamen Quelltäler der Mur. Aus dem Paß leitet ein Steiglein über den ausgeprägten, unschwierigen Westgrat zum Gipfel, 3½ Std. In den felsigen Flanken des Weißecks finden sich schöne Flußspatkristalle (Fluorit). Z 5½ Std., LA 2–3. Hierzu Wanderwege-Karte 18 Tappenkarsee.

Oberstes Murtal, Rotgülden, 1368 m

Der bedeutendste Fluß der Steiermark, die Mur, entspringt im salzburgischen Lungau, an den Hochgipfeln der Hafnergruppe unweit der Grenze Kärntens. Vor Jahrhunderten wurde hier im Murwinkel ein ertragreicher Bergbau betrieben, an den heute nurmehr einige Ortsbezeichnungen wie „Rotgülden" und „Silbereck" erinnern. Eine ordentliche Landstraße führt von St. Michael im Lungau (1075) ins oberste Murtal, bis zum Bergdörfchen Muhr (1124) 14 km. Weiterfahrt bis Rotgülden (Arsenhaus 1368), dem letzten Weiler der Talgemeinde, möglich, 7 km. SG 3.

W 132 **Sticklerhütte, 1752 m.** Leichte Talwanderung mit nur mäßigen Steigungen, auch für Familien und ältere Menschen geeignet. Die während der Sommermonate bewirtsch. Sticklerhütte liegt im obersten Murtal, nur eine knappe Gehstunde unterhalb des Murursprungs (1898). Den Zugang vermittelt ein geschottertes, für den öffentl. Verkehr gesperrtes Fahrsträßchen, das von Rotgülden (1368) durch den Schmalzgraben talaufwärts zieht. Etwa auf halber Wegstrecke, an der Mündung des unberührten Moritzentals, die Moritzenalm

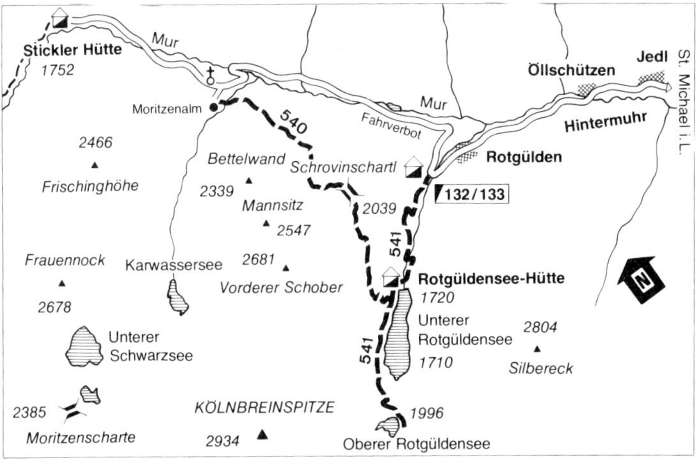

Wanderwege-Karte 19 Rotgüldenseen

(1591) mit einer kleinen Kapelle. Nach etwa 2½ Std. ist das Wanderziel im Murwinkel erreicht. Nö. über dem Schutzhaus baut sich das → Weißeck (2711), der höchste Gipfel der Radstädter Tauern, auf; im Talhintergrund Sommerleitenkopf (2456) und Mureck (2402). Z 4 Std., LA 1–2. Hierzu Wanderwege-Karte 19 Rotgüldenseen.

Rotgüldenseen, 1710 m bzw. 1996 m, und Schrovinschartl*, 2039 m.** Zu den beliebtesten Wanderzielen im Lungau zählen die beiden Rotgüldenseen, die sich einer bezaubernden Lage am Fuß des Großen Hafner (3076) erfreuen. Bequemer Zugang von Rotgülden, AP beim ehem. Arsenhaus (1368). In 1 Std. steigt man hinauf zur Rotgüldensee-Hütte (1720). Das im Sommer bewirtsch. Schutzhaus der ÖAV-Sektion Graz steht wenig oberhalb der Dammkrone des aufgestauten Unteren Rotgüldensees (1710). Großartig die Gebirgskulisse mit der gewaltigen Nordwand des Großen Hafner, li. Kesselwand (2852) und Silbereck (2804), re. der ausgeprägten Wastelkarscharte (2720), die den Übergang ins Maltatal vermittelt, Petereck (2890) und Kölnbreinspitze (2934). Eine Felsbarriere trennt den Unteren vom Oberen Rotgüldensee (1996), 1 Std. auf mark. Weglein. Z 1½ Std. bzw. 3 Std. (Oberer Rotgüldensee), LA 1–2 bzw. 2. **RW 133**

Die Seenwanderung läßt sich bei entsprechend gesteigertem Zeitaufwand zu einer prächtigen Rundtour erweitern. Ein mark. Steig leitet vom Unteren Rotgüldensee über das Schrovinschartl, die Ost- bzw. Nordflanken von Vorderschober (2681), Mannsitz (2547) und Bettelwand (2339) querend, ins oberste Murtal. Bis zur Moritzenalm (1591) 2 Std., Rückweg nach Rotgülden durch den

Schmalzgraben auf ordentlichem Fahrsträßchen. Die Runde vermittelt bemerkenswerte Ausblicke auf das innere Murtal und seine Bergumrahmung. Für den Übergang zur Moritzenalm sind Trittsicherheit und Schwindelfreiheit notwendig; eine Passage ist drahtseilgesichert. Bei Nässe nicht empfehlenswert! Z 4 Std. bzw. 5½ Std. (mit Oberem Rotgüldensee), LA 3. Hierzu Wanderwege-Karte 19 Rotgüldenseen.

Radstädter Tauern-Mauterndorf-Katschberg

Radstädter Tauern, 1739 m**

Diese Route bietet landschaftlich weit mehr als die in der Reisesaison stark frequentierte TAB, welche auch den Schwerverkehr an sich zieht. Die durchgehend asphaltierte Paßstraße ist mit wenigen Ausnahmen vortrefflich ausgebaut. Auf Steigungsstrekken wurden zusätzliche Kriechspuren angelegt bzw. Überbreiten gebaut. Im Bj. harrte nur noch der 9 km lange Abschnitt von Tweng durch das Lungauer Taurachtal bis Mauterndorf einer Modernisierung. Hingegen präsentiert sich die Strecke durch das Pongauer Taurachtal in einem zeitgemäßen Ausbauzustand. Die Steigungen konnten entschärft werden, vor allem am Hödbichl. Auf der gesamten Paßroute über den Radstädter Tauern werden 12% Steigung nicht überschritten; die 17 km lange Südrampe von der Scheitelhöhe bis nach Mauterndorf (1121) hat jetzt nur noch ein Höchstgefälle von 8%, SG 2.

Die Region beiderseits des Radstädter Tauern ist charakterisiert durch den Reichtum an Wald und an glasklaren Wasserläufen: die Tauern gelten als das an Wasserfällen bekannteste Revier der Ostalpen. Die Straße zieht auf ihrer Ostrampe am naturgeschützten, 132 m hohen Johannes-Wasserfall vorüber, den man allerdings von der Straße aus nicht verfolgen kann; ein kurzer Fußweg leitet zu einem Aussichtspunkt. Die tief eingeschnittenen Täler haben Lawinenstriche zur Folge. Deshalb wurden sowohl im N als auch besonders im S der Paßroute kostspielige Schutzgalerien aufgeführt. Oberhalb der Gnadenbrücke beginnt ein ausgedehntes Pflanzenschutzgebiet, welches über den Paßscheitel bis in das Quellgebiet der Lungauer Taurach reicht. Der Übergang wurde einst von den Römern benützt. Daran erinnern mehrere römische Meilensteine an beiden Paßrampen. An der Kirchbichlbrücke nahe des Hotels „Römerhof" steht die Steinplastik eines nachgebildeten römischen Legionärs. Obertauern (1664) ist ein moderner Hotelort mit mehreren Aufstiegshilfen. Die Region gilt im Winter als schneesicheres Schigebiet.

Nach SO senkt sich vom Scheitel die modernisierte Straße durch mehrere Schutzgalerien hinab zum Petersbühel. Der Twenger Talpaß (1381) bildet die letzte Engstelle bevor man bei kaum merklichem Gefälle durch die liebliche Twenger Au nach Mauterndorf gelangt. Stolz steht dort an der Pforte zur weiten Beckenlandschaft des Lungaus Schloß Mauterndorf mit seinem besuchenswerten Heimatmuseum wie einst als Hüter des Tauernweges. An die verfallenen Hammerwerke erinnert das direkt an der Straße gelegene Gh. „Hammerkeller".

Geschichtliches zum Tauernweg

Im letzten Jh. vor Christi stellte der Weg über den Tauern die bedeutendste Verbindung zwischen Salzburg und der norischen Hauptstadt am Magdalensberg, nö. von Klagenfurt, dar. Dank einer aufgefundenen römischen Straßenkarte konnte man den Verlauf der Römerstraße über den Tauern fast lückenlos rekonstruieren: n. EP war die Stadt Juvavum, das heutige Salzburg. Hier traf die Tauernstraße auf die große Ostwestverbindung, die von Augusta Vindelicorum (Augsburg) über Juvavum nach Carnuntum (Petronell) führte. Die heutige Salzachtal-B 159 folgt bis Pfarrwerfen weitgehend der von den Römern benützten Trasse. In Pfarrwerfen verließ die Römerstraße das Salzachtal. Die Talenge des Fritzbaches wurde am Nordhang über die Hochterrassen umgangen. Erst kurz vor Hüttau senkte sich die Straße wieder zum Talboden. Der weitere Verlauf ins Obere Ennstal war durch die geomorphologischen Gegebenheiten vorgezeichnet. Im Raum Altenmarkt–Radstadt wandte sich die Trasse dem Radstädter Tauern zu. Mehrere römische Meilensteine und freigelegte, tief ausgeschliffene Radgleise wurden hier als Zeugen der Vergangenheit gefunden. Als zu Beginn des 6. Jh. die Bajuwaren in den Alpenraum eindrangen, war die Römerstraße über den Tauern bereits verfallen. Erst im Hochmittelalter wurde die Tauernroute erneut zur wichtigsten Verbindung zwischen Salzburg und dem Süden. Auch die Eingliederung Salzburgs in den Habsburgerstaat wirkte sich belebend aus. Als später der Eisenbahnbau einsetzte, wurde es still auf dem Tauern und der Güterverkehr verlegte sich von der Straße auf die Schiene. In der Folgezeit beschränkte sich der Verkehr hauptsächlich auf die Beförderung von Personen. Nach dem zweiten Weltkrieg rückte im Zusammenhang mit der Motorisierung großer Bevölkerungsschichten ein stark anwachsender Fremdenverkehr erneut die Tauernroute in den Blickpunkt der Verkehrsstrategen.

Von kunstgeschichtlichem Interesse ist die kleine, wetterfeste Kirche am Tauernpaß. Sie wurde 1617 bis 1621 nach Plänen des Salzburger Dombaumeisters Santino Solari errichtet. Das Altarbild stammt von Arsenio Mascagni.

Nach Reaktivierungsarbeiten, die sechs Jahre in Anspruch genommen hatten, ging die sogenannte **Taurachbahn** als die wohl schönste Teilstrecke der Murtalbahn zwischen Mauterndorf und Tamsweg wieder in Betrieb. Seither wurde sie zu einer besonderen Touristen-Attraktion. Sie findet ihre Fortsetzung über Ramingstein nach Murau im Murtal.

Seekarspitze*, 2350 m, AP Grünwaldkopf. Die Region Obertauern, im Winter ein Dorado für den Pistenschiläufer, bietet im Sommer gute Wandermöglichkeiten. Der Naturfreund sieht sich auf seinen Streifzügen allerdings da und dort mit den Auswirkungen einer forcierten touristischen „Erschließung" konfrontiert. **RW 134**

Ein beliebtes Gipfelziel ist die Seekarspitze, die sich von S als schöne Pyramide zeigt. Ihre Besteigung verlangt Trittsicherheit, bietet aber keine größeren Schwierigkeiten. Einen günstigen AP vermittelt der Sessellift zum Grünwaldkopf (1975). Von seiner Bergstation wenig oberhalb des Gründwaldsees (1935) erreicht man in etwa 1 Std. den Gipfel. Der mark. Weg leitet über das glazialgeformte Seekar hinauf in die Einsattelung w. des eigentlichen Gipfelstocks. Hier öffnet sich unvermittelt ein prächtiger Tiefblick auf Almen und Wälder des Tauernkars. Weiter in Serpentinen, zunächst am Westgrat, dann in der SW-Flanke, zum höchsten Punkt. Sehr stimmungsvoll die Aussicht, im NW und N begrenzt durch die Gipfelketten der Salzburger Kalkalpen.

Der Abstieg vollzieht sich auf gut mark. Steiglein, vorbei an mehreren winzigen Seeaugen, gegen O zum Seekarhaus (1797), 1 Std. Zurück zur Talstation des Sesselliftes auf breitem Fahrweg. Z 2¾ Std., LA 2. Hierzu Wanderwege-Karte 20 Radstädter Tauern.

RW 135 **Seekarspitze*, 2350 m, AP Seekarhaus.** Wer das Seekarhaus als AP für die Rundwanderung wählt, hat bis zum Grünwaldsee (1935) eine zusätzliche Steigung mit rund 150 m HU zu bewältigen; dafür entfällt der Rückmarsch vom Seekarhaus zur Sessellift-Talstation. Der Gesamtzeitaufwand bleibt ungefähr gleich. Von Obertauern geschotterte Zufahrt zum ganzjährig bewirtsch. Schutzhaus der Austria-Sektion des ÖAV, zirka 2 km. Z 2¾ Std., LA 2. Hierzu Wanderwege-Karte 20 Radstädter Tauern.

Felseralm, 1660 m

Das einspurige, asphaltierte und 2 km lange Stichsträßchen nimmt von der Nordrampe der Radstädter Tauern-Paßstraße bei km 40.8 (dort auch Postbus-Haltestelle) seinen Ausgang und endet an der bewirtsch. Felseralm. Enge Kurven und eine kräftige Steigung von maximal 16% kennzeichneten im Bj. die Streckenführung, SG 3. An der Felseralm befinden sich die AP für mehrere Almen- und Bergwanderwege. Die Scheitelregion um Obertauern ist auch ein weitläufiges Pflanzenschutzgebiet!

W 136 **Südwiener Hütte*, 1802 m, AP Felseralm.** Auf der Oberen Pleißlingalm, an der Wasserscheide zwischen dem Flachau- und dem Pongauer Taurachtal, steht die ganzjährig bewirtsch. Südwiener Hütte. Sie dient im Sommer vor allem als Stützpunkt am «Tauernhöhenweg», bildet aufgrund ihrer reizvollen Lage aber auch ein empfehlenswertes Ausflugsziel. Man hat von der Schutzhütte gute Aussicht auf mehrere Berggruppen der Radstädter Tauern: im SW die Rießlwand (2410), dahinter Mosermandl (2680) und Faulkogel (2654), im SO Kleiner und Großer Pleißlingkeil (2501), li. davon → Zehnerkarspitze (2381) und die Großwandspitzen, im O die weite Senke des Radstädter Tauern, darüber die Gamskarlspitze (2411), weiter li. Grünwaldeck (1975) mit Liftstation, Seekareck (2217) und → Seekarspitze (2350). Als bequemster, landschaftlich ansprechender Zugang zur Südwiener Hütte gilt der mark. «Hirschwandsteig», 1½ Std. AP auf der bewirtsch. Felseralm (1660), die man von der B 99 über eine schmale, aber asphaltierte Zufahrt rasch erreicht (HT). Zunächst kurz sw. zur Bödenalm, wo man auf den durchgehend mit 25 mark. Weg trifft, dann hinauf zum Fuß der Hirschwand und anschließend ohne nennenswerte HU zur Oberen Pleißlingalm. Im NW dominierend die Steinfeldspitze (2344), sehr schön auch der Blick gegen N durch das Taurachtal auf Gosaukamm und Bischofsmütze (2459). Z 2½ Std., LA 1–2. Hierzu WWK 20 Radstädter Tauern.

Wenig unterhalb der beschilderten Abzw. zur Felseralm stürzt der sehenswerte Johannesfall stiebend über eine Felsstufe hinab. Das eindrucksvolle Naturschauspiel sollte sich niemand entgehen lassen; mark. Zugang von der Tauernstraße (HT).

Der **Wildpark Hochkreut** besticht allein schon durch seine alpine Lage. In ihm leben weit über 200 Wildtiere. Gute Zufahrt aus dem Raum Altmünster-Neukirchen über Aurachberg.

Die **Gassl-Tropfsteinhöhle** mit ihrem verzweigten Höhlenlabyrinth zählt zu den geologischen Besonderheiten des Salzkammergutes → W 270. Aufnahme Fotoklub Ebensee

Die Gosaukamm-Seilbahn, welche zur **Zwieselalm** hinaufleitet und ihre Bergstation nahe der Gablonzer Hütte hat, erschließt mehrere bekannte Wanderrouten und vermittelt einen günstigen Zugang zum Austriaweg → W 67. Foto FVV Gosau

Ein Spaziergang durch den **Kaiserpark** und ein Besuch der **Kaiservilla in Bad Ischl** (geöffnet zu Ostern und an Wochenenden im April, dann täglich vom 1. Mai bis 15. Oktober von 9 bis 12 sowie von 13 bis 17 Uhr) läßt sich mit einer Besteigung des aussichtsreichen Jainzenberges problemlos verbinden → RW 261. Foto Kurverwaltung Bad Ischl

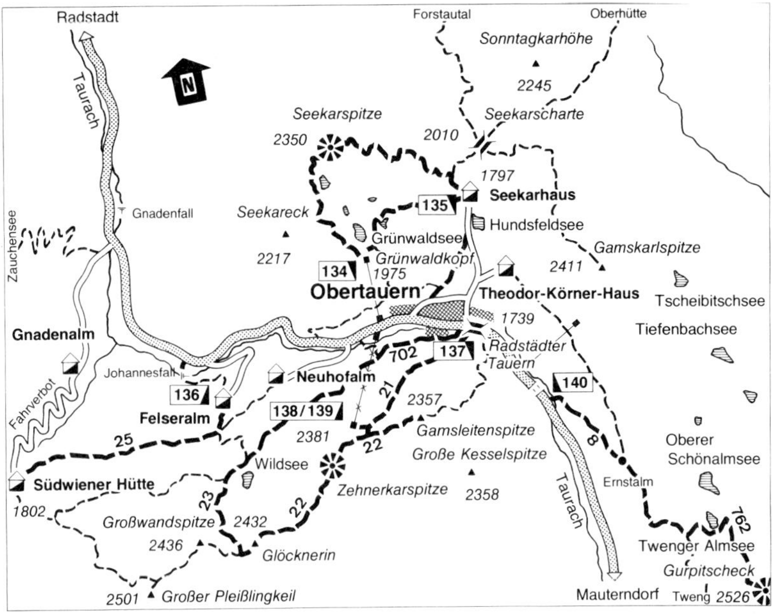

Wanderwege-Karte 20 Radstädter Tauern

Wildsee*, 1925 m. Beliebtes Ausflugsziel, auch für Familien geeignet. Der stimmungsvolle Wildsee liegt in einem von gewaltigen Felsfluchten umrahmten Karboden, unmittelbar am Fuß der Teufelshörner (2262). Den Zugang vermittelt ein Abschnitt des «Tauernhöhenweges», Mark. 702. Er quert, allgemein w. Richtung haltend, vom Tauernpaß aus die gesamte Nordflanke der → Zehnerkarspitze (2381). Auf der Brettsteinalm (1739) mündet re. ein von Obertauern (1664) heraufkommendes Steiglein. Die Wanderung vermittelt reizvolle Ausblicke, vor allem auf die Erhebungen um den Tauernpaß und die markante Berggestalt der → Steinfeldspitze (2344) im W. Nach N überraschender Durchblick auf Gosaukamm und Bischofsmütze (2459). Bis zum Wildsee ist mit einer Gehzeit von rund 1½ Std. zu rechnen; Abstieg zum → «Hirschwandsteig» möglich. Z 2¾ Std., LA 2. Hierzu Wanderwege-Karte 20 Radstädter Tauern. **W 137**

Lungauer Orte mit Heimatmuseen: Bundschuh (Schmelzofenanlage), Mauterndorf (Lungauer Landschaftsmuseum im Schloß Mauterndorf), Tamsweg (Lungauer Heimatmuseum).
Im Aufbau: Ramingstein, Zederhaus (Denkmal ,,Maurerbauernhof").

W 138 **Gamsleitenspitze*, 2357 m, und Zehnerkarspitze*, 2381 m.** Die von Obertauern (1664) ausgehende Zehnerkar-Seilschwebebahn verkürzt den Zugang zu den Gipfeln s. des Tauernpasses ganz erheblich. Sowohl die Gamsleitenspitze als auch die Zehnerkarspitze, beides prächtige Aussichtspunkte, sind von der Bergstation (2192) aus in weniger als 1 Std. erreichbar. Während der Abstecher zur Gamsleitenspitze, 30 Min., auch weniger Geübten empfohlen werden kann, verlangt die Besteigung der Zehnerkarspitze im Gipfelbereich Trittsicherheit, 45 Min. Beide Anstiege sind rot bez., Mark. 22. Z. 45 Min. (Gamsleitenspitze) bzw. 1¼ Std. (Zehnerkarspitze), LA 1–2 bzw. 2. Abstieg zum Tauernpaß auf mark. Wegen möglich, 1 Std. Hierzu Wanderwege-Karte 20 Radstädter Tauern.

RW 139 **Glöcknerin**, 2432 m.** Von der Zehnerkarspitze leitet die Mark. 22, am oder auf dem Hauptkamm verlaufend, in w. Richtung über die Glöcknerin und die Hintere Großwandspitze (2436) bis zum Großen Pleißlingkeil (2501). Dadurch ergibt sich für Ausdauernde die Möglichkeit zu einer Gesamtüberschreitung der Bergkette (mit Abstieg zur Südwiener Hütte zirka 5½ Std. von der Gamsleitenspitze). Eine prächtige Runde schließt den Übergang zur Glöcknerin, den Abstieg auf mark. Weglein n. zum → Wildsee (1925) und den Rückweg nach Obertauern ein, Z ab Bergstation der Zehnerkar-Seilbahn 4½ Std., LA 3. Hierzu Wanderwege-Karte 20 Radstädter Tauern.

W 140 **Gurpitscheck**, 2526 m.** Prächtige Bergfahrt abseits ausgetretener Pfade, herrliche Rundschau vom Gipfel. Das Panorama umfaßt vor allem die Gebirgsketten der Radstädter und Schladminger Tauern, schließt aber auch viele reizvolle Fernblicke ein, so auf Dachstein und Hochkönig, Hohe Tauern, Nockberge und Julische Alpen. Die Gurpitscheck-Tour auf mark. Weg ist für Geübte unschwierig, setzt aber Ausdauer und Trittsicherheit voraus. AP an der B 99, etwa 1.5 km sö. der Tauernpaßhöhe beim Jugendheim Schaidberg (1624). Der Aufstieg vollzieht sich an der orogr. li. Flanke des obersten Taurachtals. Man folgt dem mit 8 mark. Pfad, der, gleichmäßig an Höhe gewinnend, über die Ernstalm (1869) talauswärts führt. Auf der Twenger Alm, 1½ Std., mündet re. ein von Tweng (1233) heraufkommendes AV-Steiglein, Mark. 762. Es leitet steil bergan zum nahen Twenger Almsee und in die Scharte (2190) unter der Golitschspitze (2247), 2 Std. Schöner Blick ins Weißpriachtal. Der weitere Wegverlauf ist durch den ausgeprägten, langen NW-Grat des Gurpitschecks vorgezeichnet, insgesamt 3½ Std. bis zum Gipfel. Z 5½ bis 6 Std., LA 3. Hierzu Wanderwege-Karte 20 Radstädter Tauern.

Mauterndorf (1121). Am Fuß des Radstädter Tauern, in einer freundlichen, waldumsäumten Talweitung, liegt Mauterndorf, überragt von seinem Schloß. Bereits 1143 erhielt der Flecken das Mautrecht, verbunden mit der Pflicht zur Erhaltung der Tauernstraße, und 1217 wurde Mauterndorf zum Markt erhoben. Eine Blütezeit erlebte es im 16. Jh.; mehrere stattliche Bürgerhäuser erinnern noch an jene Zeit, als Handel und Bergbau für einigen Wohlstand sorgten. Heute ist Mauterndorf ein beliebter Ferienort; ein Sessellift führt w. auf das Großeck (2074).

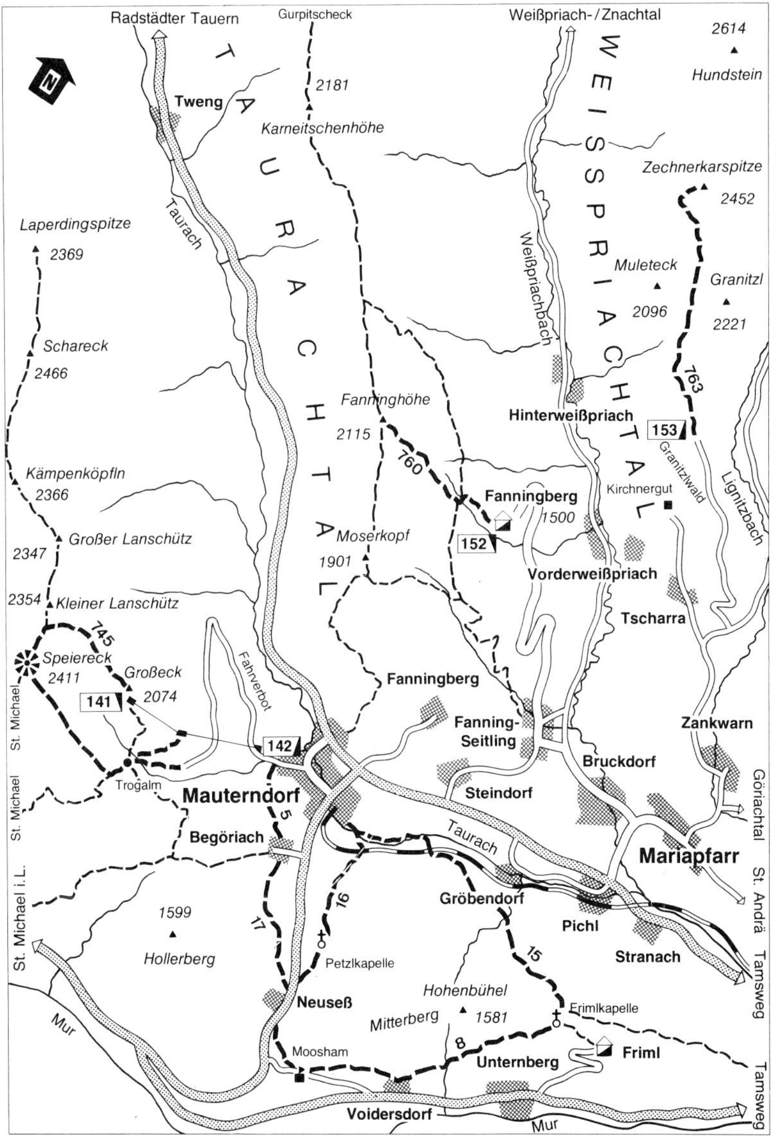

Radstädter Tauern
Gurpitscheck
Weißpriach-/Znachtal
2614
Hundstein
TAURACHTAL
WEISSPRIACHTAL
Tweng
2181
Karneitschenhöhe
Zechnerkarspitze
2452
Taurach
Laperdingspitze
2369
Weißpriachbach
Muleteck
2096
Granitzl
2221
Schareck
2466
763
Fanninghöhe
2115
Hinterweißpriach
153
Granitzlwald
Lignitzbach
760
Kämpenköpfln
2366
Fanningberg
1500
Kirchnergut
Großer Lanschütz
2347
Moserkopf
1901
152
Vorderweißpriach
2354
Kleiner Lanschütz
Tscharra
745
Speiereck
2411
Großeck
2074
Fahrverbot
Fanningberg
141
Fanning-Seitling
Zankwarn
St. Michael
142
Bruckdorf
Trogalm
Mauterndorf
Steindorf
Göriachtal
5
Taurach
Begöriach
Mariapfarr
St. Andrä
St. Michael i.L.
1599
16
Gröbendorf
17
Pichl
Hollerberg
Petzlkapelle
15
Stranach
Tamsweg
Hohenbühel
Neuseß
1581
Frimlkapelle
Mitterberg
Mur
Moosham
8
Unternberg
Friml
Tamsweg
Voidersdorf
Mur

RW 141 **Speiereck*, 2411 m.** Aufgrund seiner günstigen Lage vermittelt das Speiereck, „Hausberg" von Mauterndorf, eine besonders schöne und instruktive Aussicht auf den Lungau. Der leicht erreichbare Gipfel ist sö. Eckpfeiler jener langgestreckten Bergkette, die das Taurach- vom Zederhaustal trennt. Von der Liftstation am Großeck (2074) hat man nurmehr einen gut einstündigen Aufstieg. Das mark. Weglein verläuft über den ausgeprägten, gegen den Kleinen Lanschütz (2354) ansteigenden Gratrücken. Z 1¾ Std., LA 2.

Für den Abstieg bietet sich als Alternative der unschwierige SO-Grat des Speierecks an. Eine blaue Mark. leitet hinab zu der schon vom Gipfel aus sichtbaren Trogalm (1808), 45 Min. Von der Alm entweder li. ohne HU zur Sessellift-Mittelstation oder auf mark. Weglein durch das Tälchen des Trogbachs weiter abwärts nach Mauterndorf. Z 2 Std. bzw. 3 Std.; LA 2. Hierzu Wanderwege-Karte 21 Mauterndorf.

RW 142 **Schloß Moosham*, 1080 m.** Auf einer Anhöhe an den sw. Ausläufern des Mitterberges (1581) liegt das besuchenswerte Schloß Moosham. Urkundlich im Jahr 1256 erstmals genannt, kam es 1285 an die Salzburger Fürstbischöfe und diente fortan der Sicherung ihres Besitzes im verkehrswichtigen Lungau. Ab 1520 war Moosham Sitz eines Pfleggerichtes, das 1788 aufgelassen und in die beiden Gerichte St. Michael und Tamsweg aufgeteilt wurde. 1886 erwarb Hans Graf Wilczek das in Verfall begriffene Schloß, ließ es instandsetzen und zu einem Lungauer Volkskundemuseum ausgestalten. Die auf das 13. Jh. zurückgehende stattliche Anlage besteht aus einer unteren und einer oberen Burg; letztere wurde 1517–22 erneuert, während der Wiederaufbau durch Graf Wilczek vor allem der ruinös gewordenen unteren Burg galt. Führungen, Schloßschenke.

Man erreicht Schloß Moosham von der B 99 aus zu Fuß in wenigen Minuten. Lohnender allerdings ist es, den Besuch der Burg in eine Rundwanderung mit AP Mauterndorf einzubeziehen. Dabei benützt man für den Hin- und Rückweg die beiderseits der B 99 verlaufenden Wanderwege via Begöriach und Neuseß (Mark. 5 und 17) bzw. Petzl (Mark. 16). Z 3 Std., LA 1–2.

Empfehlenswert auch die Runde über den Mitterberg. AP ist Mauterndorf, Wendepunkt die hübsch gelegene Frimlkapelle (1358), Mark. 15, 8 und 16. Z 4½ Std., LA 1–2. Hierzu Wanderwege-Karte 21 Mauterndorf.

Gantalweg, Berggasthaus Almfried, 1760 m

Will man sich einen guten Überblick über den Lungau und die ihn umrahmenden Berge verschaffen, so benützt man den Gantalweg, welcher auf der Katschberghöhe (1641) seinen Ausgang nimmt. Der nur einspurige, vorwiegend geschotterte und mit Ausweichen versehene Fahrweg leitet zunächst mit einem asphaltierten Streckenabschnitt am Gh. Bacher vorbei und führt n. um das Tschaneck (2020) herum. Nach 6 km erreicht man den Parkplatz des Berggh. Almfried als anfahrbaren EP, welcher bereits über der Baumgrenze liegt. Die Steigungen beginnen auf der Katschberghöhe und betragen max. 12%. Im Bj. befand sich der Fahrweg in einem nur mäßigen Zustand und erforderte deshalb auch eine vorsichtige Fahrweise, SG 3-4.

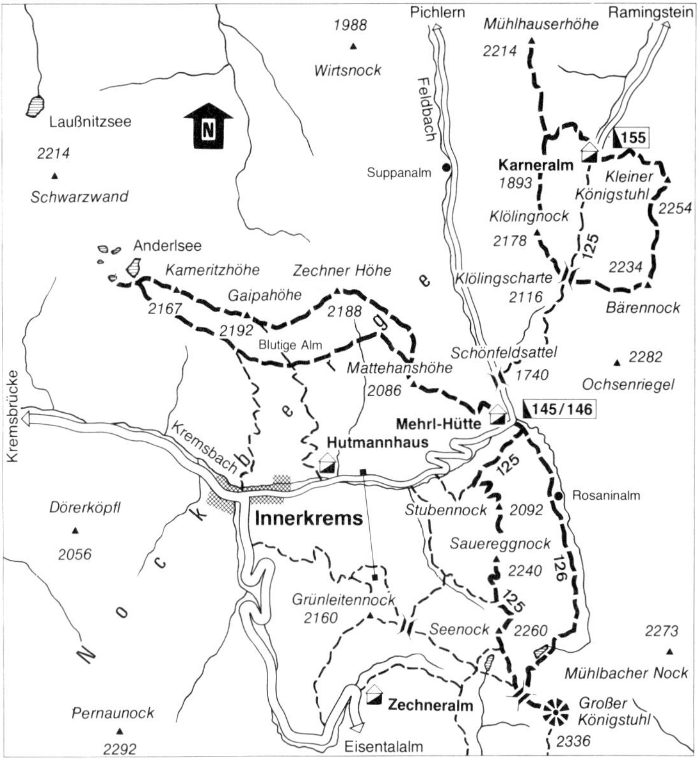

Wanderwege-Karte 22 Schönfeld-Sattel

Kareck, 2481 m, und Tschaneck*, 2020 m.** Zwischen dem Kärntner Pöllatal und dem Murtal erheben sich die sogenannten „Pöllaer Alpen", eine langgestreckte, auf ihrer Südseite ungewöhnlich steil abfallende Bergkette. Sie trägt mehrere Erhebungen wie Kesselspitze (2764) und Oblitzen (2657), die aber durchwegs nur selten bestiegen werden. Eine Ausnahme bildet das Kareck, ö. Eckpfeiler des Gebirgszuges, dessen markante Gestalt den Talkessel von Rennweg beherrschend überragt. Es verzeichnet recht häufig Besuch, was vor allem auf die verhältnismäßig günstigen Zugangswege zurückzuführen ist. Vom Gipfel genießt man bei entsprechender Witterung eine weite, an gegensätzlichen Landschaftsbildern reiche Aussicht. Instruktiv der Blick auf die hochalpine Bergumrahmung des innersten Pöllatals mit Großem Hafner (3076) und Großem Sonnblick (3030).

W 143

Der Aufstieg mit AP Katschberg verläuft über die Gantalscharte (1911) und den Ostgrat des Karecks; bis in den Sattel hat man einen gut bez. Weg, Mark. 19. Er zweigt beim Hotel Ramsbacher von dem zum Berggh. „Almfried"führenden Sträßchen ab und leitet in einem gegen S ausholenden Bogen über die Saraberger Wiesen (bemerkenswerte Flora) hinauf zur Gantalscharte, 45 Min. Nun weiter in w. Richtung, spärlich blau mark., immer dem breiten Gratrücken entlang, aufwärts zu den Brandleiten (2257) und zum Gipfelkreuz, 2½ Std. Z 4 Std., LA 2–3.

Wem die Kareck-Tour zu anstrengend ist, der sollte zumindest den Abstecher zum Tschaneck (2020) unternehmen, dessen begrünte Kuppe sich unmittelbar w. über dem Katschberg erhebt. Aufstieg wie oben in die Gantalscharte, dann auf mark. Weglein in nö. Richtung zum Gipfel, 1 Std., der eine reizvolle Aussicht vermittelt. Abstieg nach N oder, der Lifttrasse folgend, ö. hinab zum Gantalweg und auf ihm zurück zum AP. Z 2 Std., LA 1–2.

RW 144 **Kareck**, 2481 m.** Einen gegenüber dem AP Katschberg kürzeren Anstieg zum Kareck hat man vom anfahrbaren Berggh. „Almfried". Das Steiglein, Mark. 20, leitet über den ausgeprägten NO-Grat direkt zum Gipfel, 1¾ Std. Abstieg über die Brandleiten in die Gantalscharte (1911), wo man sich li. hält und auf einem nurmehr mäßig fallenden Weg, das Gantal querend, zum AP zurückwandert. Z 3¼ Std., LA 2–3.

Die direkte Verbindung vom Knoten St. Michael i. L. der Tauernautobahn mit dem Hauptort des Lungaues wird durch die Katschberg-B 99 und die Murtal B 96 hergestellt. Man fährt zunächst auf der Zederhaustal-Landesstraße sw. an St. Michael i. L. (1075) vorbei und trifft auf die B 99, der man nur ein kurzes Stück folgt. Bei der Gabelung ö. St. Martin hält man sich re. und fährt auf der normal breiten B 96 unterhalb des Schlosses Moosham über Unternberg murabwärts nach Tamsweg (1021), 18 km. Fahrtechnisch weist diese Strecke keinerlei Besonderheiten auf. In Tamsweg kann man nach dem Bahnhof li. in Richtung Proding abkürzen, falls man nicht durch das Zentrum des Bezirkshauptortes möchte. Die durchgehend asphaltierte B 96 leitet am Leißnitzbach über Sauerfeld (1109) und Atzmannsdorf zur Wasserscheide Schwarzenbichl (1246) mäßig aufwärts und erreicht nur wenig weiter den kleinen Ort Seethal (1237), dicht an der steirischen Landesgrenze gelegen. → Anschlußband STEIERMARK kombiführer auto + wanderschuh.

Die B 99 folgt nun der weiten Talung hinab zur jungen Mur, umgeht die Orte St. Martin und St. Michael (1075) und steigt jenseits der Mur durch den bewaldeten Klausgraben mit nur wenig Kurven zielstrebig zur Katschberghöhe (1641) an. Die Bergstrecke ist 6 bis 8 m breit ausgebaut und asphaltiert. Die max. Steigung beträgt nur noch 15%, nachdem der Katschberg früher mit 30% zu den steilsten Bergstraßen Österreichs zählte und bei den Kraftfahrern entsprechend berüchtigt war. Über die Paßhöhe verläuft die Landesgrenze zwischen Salzburg und Kärnten. Fortsetzung nach Rennweg → KÄRNTEN kombiführer auto + wanderschuh, Katschtal und Liesertal.

Nicht versäumen sollte man einen Besuch von Schloß Mauterndorf, das nach 1253, möglicherweise an der Stelle eines römischen Wachtturms, vom Salzburger Domkapitel erbaut wurde. Die stattliche, 1894 restaurierte Anlage beherbergt das Lungauer Landschaftsmuseum. Schloßschenke.

An der Pforte zur weiten Beckenlandschaft des Lungaus steht wie einst als Hüter des Tauernweges das **Schloß Mauterndorf**, in dem heute u.a. ein bemerkenswertes Heimatmuseum untergebracht ist. Foto Tourismus-GmbH. Salzburger Land

St.Michael im Lungau-Tamsweg-Seethal

Der rund 1000 km² große **Lungau** liegt im geographischen Mittelpunkt Österreichs. Ö. der Arlscharte teilt sich der Alpenhauptkamm in zwei Gebirgszüge, die das Einzugsgebiet der Mur, den Lungau, umschließen. Der s. zieht über das Hafnereck zum Katschberg, der n. Gebirgszug wird von den Niederen Tauern gebildet, ein unvergletschertes Hochgebirge mit steilen, felsigen Schneiden und Graten. Die Mur entspringt ö. des Murtörls und nimmt mehrere Seitenbäche aus den Radstädter und Schladminger Tauern auf. Hauptort des breiten Murbeckens ist Tamsweg (1021). Die Winter sind hier sehr streng. In der Talenge von Predlitz verläßt die Mur das Salzburger Land.

Der **Karawanken-Straßentunnel** stieß das Felsentor in den südosteuropäischen Verkehrsraum auf; im Zusammenhang mit der Tauernautobahn wertete er die Transitstrecke über den Alpenhauptkamm wesentlich auf. Die Karawanken bildeten bis zum Bau des Tunnels für den Schwerverkehr zwischen Kärnten und Slowenien eine fast unüberwindbare Barriere. Aber auch der Pkw-Verkehr über die steilen Nordrampen des Wurzen- und Loiblpasses waren für die Lenker, vor allem unter hochwinterlichen Verhältnissen, kein Honiglecken.

Schönfeld-Sattel, 1740 m
Er bildet für Pkw-Fahrer einen interessanten und abwechslungsvollen Übergang vom Salzburger Land nach Kärnten im Abschnitt zwischen Katschberg und Turracher Höhe. Kommt man aus Richtung St. Michael i. L. (Knoten Murtal) so zweigt man von der B 96 entweder nach St. Magarethen i. L. (1064) ab oder man fährt noch ein Stück die B 96 weiter und benützt den Abzweig durch den Moosgraben s. des Schlosses Moosham in Richtung Pischelsdorf. In Pichlern vereinigen sich beide Zufahrten. An der nächsten Gabelung hält man sich re., fährt in das Bundschuhtal und hat bis zum Forsthaus (1330) s. des Alpengh. ,,Grübl" eine einspurige Asphaltstraße mit Ausweichen. Hier trifft man auch auf die Ruine eines Bergwerks, die von weitem einer Kirche ähnelt. Die daran anschließende Strecke entlang des Feldbaches ist nur teilweise staubfrei. Nachdem man die reizvoll gelegene Suppan-Alm (1654) passiert hat, erreicht man in der Nähe eines Hotels die Scheitelhöhe (1740). Von hier ab senkt sich der Fahrweg mäßig und leitet wenig ostwärts der Dr.-Josef-Mehrl-Hütte vorbei zum, vom Großen Königstuhl herabfließenden Kremsbach. Das Verbindungsstück über die Salzburger-Kärntner Landesgrenze bis zu den ersten Häusern von Innerkrems (1480) befand sich im Bj. im zweispurigen Ausbau und konnte nur ,,auf eigene Gefahr" benützt werden. Um das Hochwasser-Ausgleichbecken zu umfahren, erfolgte hier die Verlegung der Straße auf den Nordhang des Altenberges, um dann in sieben Kehren wieder hinab zum Kendelbach zu führen. Streckenlänge vom Abzweig der B 96 bis Innerkrems zirka 24 km, talaus bis Kremsbrücke (952) weitere 10 km Asphaltstraße → KÄRNTEN kombiführer auto + wanderschuh. Die Steigungsmaxima der Bergstraße erreichen 13%, SG 3.

W 145 **Anderlsee**, 2075 m.** All jenen, die stille Pfade abseits der ausgetretenen Wege suchen, kann die Höhenwanderung zum Anderlsee besonders empfohlen werden. Sie vermitteln eine Vielzahl typischer Nock-Landschaftsbilder. AP ist die anfahrbare Mehrlhütte (1730). Auf schmalem, nur gelegentlich mark. Weglein steigt man in w. Richtung über den spärlichen Zirben- und Lärchenbestand aufweisenden Hang hinauf zur Mattehanshöhe (2086), 1 Std. Die abgeflachte Kuppe gewährt eine hübsche Aussicht auf Hochalmspitze und Reißeck; von hier hat man auch bereits Sichtverbindung mit den nächsten markanten Wegpunkten, der Zechnerhöhe (2188) und der Gaipahöhe (2192), die beide in der Folge überschritten werden. Der breite Gratrücken, über den die Grenze zwischen den Bundesländern Salzburg und Kärnten verläuft, ist bei sichtigem Wetter problemlos zu begehen. Von der Gaipahöhe wandert man, die w. Richtung beibehaltend, fast eben weiter zur Kameritzhöhe (2167); anschließend geht es kurz abwährts zum Anderlsee, 3 Std. Schöne Rastplätze, in der Nähe finden sich noch weitere fünf kleine Seeaugen.

Beim Rückweg nimmt man den unmark. Almsteig, der, in Höhenlagen von 2000–2100 m verlaufend, durch die Südflanke des in der Gaipahöhe kulminierenden Bergrückens zur Mattehanshöhe zurückleitet. Man quert dabei die ausgedehnten Almböden der Blutigen Alm, deren Name an eine (historisch allerdings nicht belegte) Schlacht erinnert, die an dieser Stelle im 8. Jh. zwischen Bajuwaren und Slawen stattgefunden haben soll. Z 5½ Std., LA 2–3. Hierzu Wanderwege-Karte 22 Schönfeldsattel.

Der Übergang **Radstädter Tauern** wurde einst von den Römern benützt. Auf der Scheitelstrekke erinnert diese nachgebildete Steinplastik an einen römischen Legionär. Foto L. Eschenauer

RW 146 **Großer Königstuhl**, 2336 m.** Obwohl er von mehreren Nockbergen an Höhe übertroffen wird, bietet der Königstuhl aufgrund seiner günstigen Lage ein besonders schönes, zu Recht gerühmtes Panorama, das zahlreiche Gebirgsgruppen Kärntens, der Steiermark und Salzburgs einschließt. Im N umfaßt es die Radstädter und Schladminger Tauern, über denen einige Gipfel der Salzburger Kalkalpen hereinlugen (Hochkönig, Dachstein), im NO reihen sich mehrere steirische Höhenzüge aneinander (Rottenmanner und Seckauer Tauern, Hochschwab), im O erkennt man li. des Eisenhuts (2441), des höchsten Nockberges, den Zirbitzkogel (2396), weiter re. die Kammlinien von Sau- und Koralpe. Den s. Horizont begrenzt die kühne Zackenlinie der Julischen Alpen, der sich gegen SW hin die Hauptgipfel der Karnischen Alpen anschließen, und im W bauen sich die Gebirgsketten der Kreuzeck-, Reißeck-, Ankogel- und Hafnergruppe auf.

Von der Mehrlhütte führt ein ordentliches Weglein, Mark. 126, s. in das Hochtal des Kremsbachs. Über die Rosaninalpe steigt man in etwa 1½ Std. hinauf zur Königsstuhlscharte (2185). Hier münden die AV-Wege 118 und 125; letzterer leitet über den breiten Westgrat des Königstuhls zum Gipfel, 2 Std.

Für den Rückweg zur Mehrlhütte empfiehlt sich der reizvollen Ausblicke wegen der mit 125 mark. Weg. Er folgt von der Königstuhlscharte, allgemein n. Richtung haltend, dem mehrere kleine Erhebungen aufweisenden Grat bis zum Stubennock (2092). Lediglich an der Westflanke des Vogelsangberges verläßt das Weglein die Kammlinie; zum Sauereggnock (2240) ist eine Gegensteigung mit zirka 200 m HU zu bewältigen. Z 4½ Std., LA 2. Hierzu Wanderwege-Karte 22 Schönfeldsattel.

Tamsweg (1021), rund 5000 Einw. zählender Bezirkshauptort, liegt in einer freundlichen, von bewaldeten Höhen umrahmten Talweitung nahe der Mündung der Taurach in die Mur. Sehenswert neben der Pfarrkirche von 1741 vor allem der Mitte des 13. Jh. planmäßig angelegte, fast quadratische Marktplatz mit dem erkergeschmückten Rathaus. In der näheren Umgebung des stattlichen Marktfleckens gute Möglichkeiten für kleine Wanderungen, u. a. zur → Wallfahrtskirche St. Leonhard, der Mur entlang, zur Luegeten und nach Sauerfeld. Lungauer Heimatmuseum.

RW 147 **St. Leonhard*, 1110 m.** Kunsthistorisch Interessierte sollten den lohnenden Abstecher von Tamsweg hinauf zur Wallfahrtskirche St. Leonhard nicht versäumen. Das in der Türkenzeit befestigte Gotteshaus erhebt sich, von weither sichtbar, an einem waldigen Berghang jenseits der Mur. Aufstieg über einen in Kehren verlaufenden Fahrweg, etwa 30 Min. Der einheitlich spätgotische Bau, 1430–33 unter der Leitung von Peter Harperger entstanden, bewahrt eine kostbare Ausstattung: Reste eines gotischen Flügelaltars, der Hans Baldauf zugeschrieben wird, ein dreisitziges Chorgestühl von 1450, Barockaltäre aus dem 17. Jh. und vor allem die zwischen 1433 und 1450 entstandenen Glasmalereien, die zu den besten Arbeiten des Spätmittelalters in Österreich gehören.

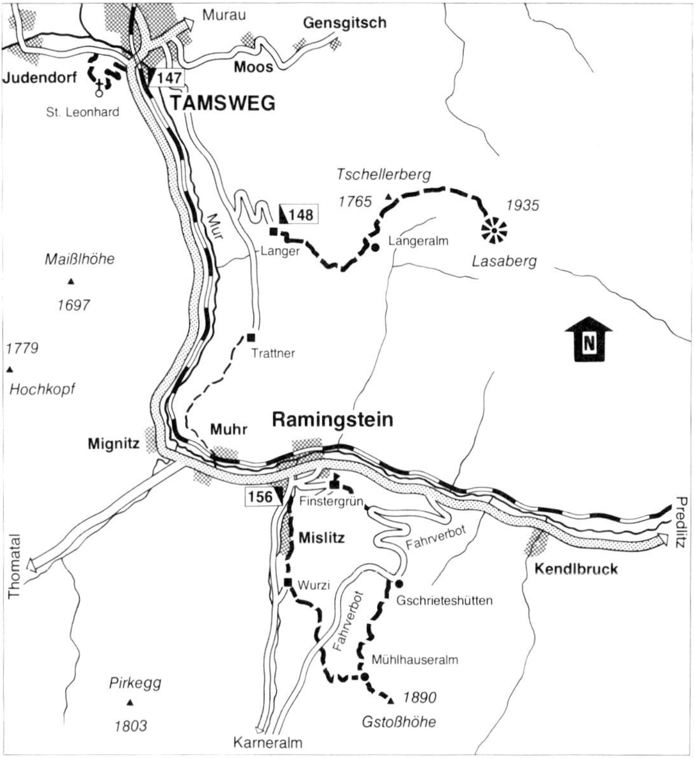

Wanderwege-Karte 23 Tamsweg

Von der Wallfahrtskirche leitet eine weiß-rote Mark. n. hinab zum Verbindungssträßchen Tamsweg – Judendorf, auf dem man zum AP zurückspaziert. Z 1 Std., LA 1. Hierzu Wanderwege-Karte 23 Tamsweg.

Lasaberg*, 1935 m. Aufgrund seiner isolierten Lage vermittelt der knapp **W**
2000 m hohe Lasaberg eine besonders schöne Aussicht auf den gesamten **148**
Lungau und seine Berge: im N die Schladminger Tauern, im W Radstädter Tauern und Hafnergruppe, im S die Nockberge. AP der leichten Wanderung ist Tamsweg (1021); der mark. Anstiegsweg verläuft über die größtenteils bewaldete Westflanke des Bergstocks. Bis zum hochgelegenen Bauernhof Langer (1359) hat man ein zwar schmales, aber ordentliches Asphaltsträßchen,

4.5 km. In seinem weiteren Verlauf führt der Pfad, gelegentlich hübsche Ausblicke gewährend, über die Tschelleralmen (1554) und die Langeralm kräftig bergan. Mit zunehmender Höhe lichtet sich der Wald allmählich, und nach Überwindung einer letzten, nurmehr sanften Steigung ist die weite Gipfelkuppe erreicht, 3 Std. ab Tamsweg, 1¾ Std. vom Langerbauer. Z 5 Std. (AP Tamsweg) bzw. 3 Std.; LA 2. Hierzu Wanderwege-Karte 23 Tamsweg.

W 149 **Landschitzseen*, 1778–2065 m.** Wer gerne abseits ausgetretener Pfade wandert, der findet in den s. Tauerntälern ein reiches Betätigungsfeld. Ein lohnendes Ziel im inneren Lessachtal bilden die drei Landschitzseen, die sich einer hübschen Lage in einem einsamen, von Felsgipfeln umrahmten Hochtal erfreuen. AP für den etwa 1½stündigen Aufstieg zum Unteren Landschitzsee (1778) ist die Lasshofer Alm (1280). Schmale Zufahrt von Lessach (1189), 6 km; AV-Tafel unmittelbar vor der Brücke über den Lessachbach. Der teilweise recht steile Weg, Mark. 784, berührt die Obere Bacheralm, 1 Std.; im Mündungsbereich des Landschitzbachs sehenswerter Wasserfall. Vom unteren See leitet ein rot mark. Steiglein weiter talaufwärts zum Mittleren (1937) und zum Oberen Landschitzsee (2065), 1¼ Std. Z 2½ Std. (Unterer See) bzw. 4½ Std. (Oberer See); LA 2. Hierzu Wanderwege-Karte 24 Hochgolling.

Prebersee*, 1514 m, und Grazer Hütte, 1896 m**

Die Straße von Tamsweg (1021), der Bezirkshauptstadt des Lungaues, ist bis Haiden zweispurig ausgebaut, 4 km; ihre Fortsetzung ist zwar nur einspurig mit Ausweichen, jedoch ist sie durchgehend staubfrei gemacht. Kurz vor Haiden ist in einem Waldstück eine kräftigere Steigung von 12% zu überwinden. Bis zum reizvoll in einer Mulde gelegenen Prebersee hat man 8 km zurückzulegen, SG 2-3.

Will man zur Grazer Hütte, so benützt man zunächst die neue Straße in Richtung Krakauebene. Vom Scheitel der Preber-Landesstraße zweigt w. der Krakauscharte am Gappmayeranger der 4.2 km lange, private Fahrweg mit HT „Grazer Hütte, Befahren auf eigene Gefahr“ in nö. Richtung ab. Der einspurige, mit genügend Ausweichstellen versehene Fahrweg hat Naturbelag von mäßiger Oberfläche (Steine und Schlaglöcher). Es ist ein HU von rund 360 m mit sechs, teilweise sehr engen Kehren zu überwinden. Die Steigungsverhältnisse sind ausgeglichen und betragen 8%, SG 3; die letzten 250 m vor der Hütte sind bis zu 15% steil und daher schwieriger befahrbar, SG 4. Es empfiehlt sich, sein Fahrzeug bereits hinter der letzten Rechtskurve abzustellen, weil das Terrain um die Hütte abschüssig und bei nassem Wetter glitschig ist.

RW 150 **Grazer Hütte*, 1896 m.** Beliebtes Ausflugsziel an der Grenze zur Steiermark. Das 1894 erbaute und kürzlich modernisierte Schutzhaus liegt am ausgeprägten SO-Grat des Preber, knapp jenseits der Landesgrenze auf steirischem Boden. Es wird in den Sommermonaten bewirtsch. Vom nahen Sattelkogel (1896) genießt man eine reizvolle Aussicht, vor allem auf die Berge um den Preber- und den Rantengraben, das Krakautal mit seinen Dörfchen und den Gstoder (2140) im SO. Der mark. Hüttenzugang hat seinen AP an dem nach Krakaudorf (1173) führenden Sträßchen, 2 km ö. vom Prebersee (HT).

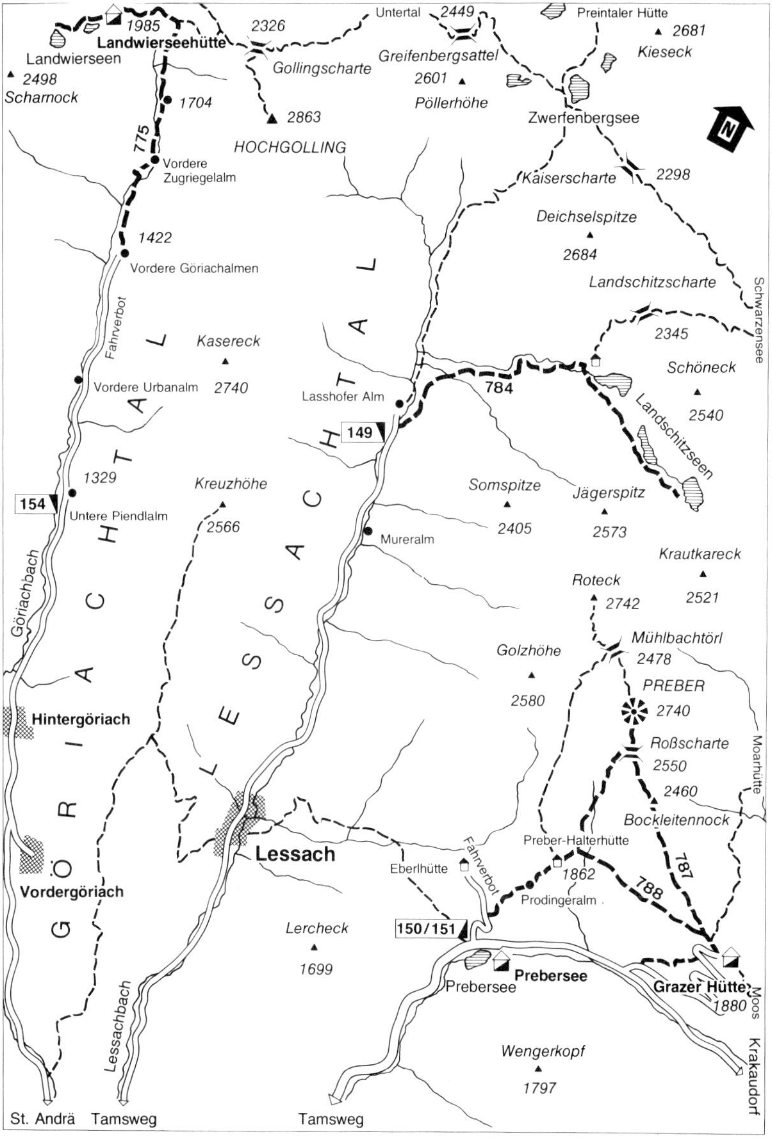
Untertal
2449
Preintaler Hütte
2681
Kieseck
1985
Landwierseehütte
2326
Landwierseen
Gollingscharte
Greifenbergsattel
2498
Scharnock
2601
Pöllerhöhe
1704
2863
HOCHGOLLING
Zwerfenbergsee
775
Vordere Zugriegelalm
Kaiserscharte
2298
Deichselspitze
2684
1422
Vordere Göriachalmen
Landschitzscharte
Schwarzensee
Fahrverbot
2345
Kasereck
2740
Schöneck
Vordere Urbanalm
Lasshofer Alm
784
2540
Landschitzseen
149
1329
154
Untere Piendlalm
Kreuzhöhe
2566
Somspitze
2405
Jägerspitz
2573
Mureralm
Krautkareck
2521
Roteck
2742
Göriachbach
Mühlbachtörl
2478
Golzhöhe
2580
PREBER
2740
Hintergöriach
Roßscharte
2550
Moarhütte
2460
Bockleitennock
Preber-Halterhütte
Lessach
Eberlhütte
Fahrverbot
1862
787
788
Vordergöriach
Prodingeralm
Lercheck
1699
150/151
Prebersee
Prebersee
Grazer Hütte
1880
Moos
Lessachbach
Wengerkopf
1797
Krakaudorf
St. Andrä
Tamsweg
Tamsweg
GÖRIACHTAL
LESSACHTAL

Man folgt, je nach Neigung, dem in Serpentinen verlaufenden Güterweg oder dem alten, steileren Pfad, 1 bis 1½ Std. zur Grazer Hütte. Für den Rückweg bietet sich als Alternative das Steiglein an, welches ohne nennenswerte HU die Südflanke des Preber in w. Richtung quert. Es verläuft, spärlich mark., knapp oberhalb der Baumwuchsgrenze und vermittelt entsprechend hübsche Ausblicke. Bei der Preberhütte (1862) trifft man auf den Gipfelweg, der über die Prodingeralm zum Prebersee hinableitet. Z 1¾ bis 2¼ Std. (Grazer Hütte) bzw. 3 Std. (Rundwanderung mit AP Prebersee), LA 1 bzw. 2. Hierzu Wanderwege-Karte 24 Hochgolling.

RW 151 **Preber**, 2740 m.** Die vierthöchste Erhebung der Schladminger Tauern gilt zu Recht als eine der lohnendsten Aussichtswarten im Lungau. Seine Besteigung auf mark. Wegen bietet kaum Schwierigkeiten, verlangt aber ein gewisses Maß an Ausdauer, sind doch immerhin rund 1200 m HU zu bewältigen. AP ist der malerisch gelegene Prebersee (1514), HT beim Gh. ,,Ludlalm". Der Aufstiegsweg führt über die Preber-Halterhütte (1862) und die weiten Südhänge des Bergstocks. Im Bereich der Prodinger Alm (1734) bietet sich ein erster Blick auf den Prebergipfel; oberhalb der Preber-Halterhütte, 1 Std., mündet re. das von der Grazer Hütte kommende Verbindungsweglein. Der weitere Anstieg verläuft li. einer ausgeprägten Mulde; hier teilweise undeutliche Mark. Von der hochgelegenen Roßscharte (2550) gewinnt man über Schrofen schließlich den höchsten Punkt, 3 Std. Großartig das Panorama mit den Gipfelketten der Niederen Tauern; darüber von W nach O Hochkönig, Tennengebirge, Dachstein, Totes Gebirge und Ennstaler Alpen. Am w. Horizont erkennt man die Gletscherberge der Hohen Tauern, gegen S reicht der Blick über die Nocklandschaft hinweg bis zu den Karawanken und Julischen Alpen.

Für den Rückweg empfiehlt sich die Mark. 787, welche, dem langgestreckten SO-Grat des Preber folgend, via Roßscharte über das Bockleiteneck (2460) und das Trogleiteneck zur → Grazer Hütte hinableitet, 1½ Std. Der Abstieg vermittelt herrliche Aussicht; zur Linken hat man den tief eingerissenen Prebergraben, darüber die im Gamsleiteck (2489) kulminierende Bergkette, im Vorblick die malerisch an Talflanken ,,hingetupften" Krakau-Dörfer. Z 5½ Std., LA 2–3. Hierzu Wanderwege-Karte 24 Hochgolling.

Hinteres Weißpriachtal*, Abraham-Alm, 1584 m

Die Straße von Mariapfarr (1119) in das Hintere Weißpriachtal endet nach 25 km an der Kapelle der Abraham-Alm (1584); sie ist bis Hinterweißpriach (1114) ausgebaut. Vor der Lahnbrücke hat man eine empfindliche Steigung mit max. 16% zu überwinden, SG 3. Man gelangt nun zur Jausenstation Dicktlernhütte nahe der Seekapelle (1148) und weiter talein zur bewirtsch. Ulnhütte. – Über Weg 770 steigt man vom EP in 45 Min. zum Oberhütten-Sattel (1866) an und stößt dort auf den Zentralalpenweg 702 Hainburg-Feldkirch. Wenig weiter n. steht die ab Mitte Juni bewirtsch. Oberhütte (1869) am Oberhüttensee. Von dort ist der Übergang zur vielbesuchten Ursprungalm (1604) in 90 Min. möglich.

Mauterndorf-Tamsweg-Predlitz (Murtal)

Kommt man vom Radstädter Tauern, so bleibt man in Mauterndorf (1121) auf der Ortsumfahrung und läßt das Schloß (jetzt Lungauer Heimatmuseum) re. liegen. Vom Knoten ö. des Ortes folgt man der vorzüglich ausgebauten Turracher-B 95 durch die sanft gewellte Talniederung der Taurach nach Tamsweg abwärts. Beim Bf. Mariapfarr hat man einen schienengleichen Übergang mit der Murtalbahn, eine der wenigen noch in Betrieb befindlichen Schmalspurbahnen Österreichs, welche von Murau nach Mauterndorf heraufzieht und dort ihre Endstation hat. Nach 11 km erreicht man Tamsweg (1021), den in einer Ausbuchtung des Oberen Murtales gelegenen Hauptort des Lungaues. Die fast sternförmige Anordnung des Straßennetzes im Raum Tamsweg erlaubt den raschen Zugang in alle hier einmündenden Seitentäler: Taurachtal, Weißpriachtal, Lignitztal, Göriachtal, Lessachtal, Preberbachtal und Leißnitzbachtal, welche sämtliche der Mur zustreben und durch gute Straßen erschlossen sind. Murabwärts zieht die gut ausgebaute B 95 zwischen dem Goldbrunnock (1766) und dem Lasaberg (1935) zunächst nach Madling (973) am Eingang in das Thomatal. Nur wenig weiter gelangt man nach dem alten Bergwerksort Ramingstein am Eingang des eingeschnittenen Mislitztales. Im benachbarten Kendlbruck steht noch ein aus dem 17. Jh. stammender Hochofen. In Predlitz (930) teilt sich der Verkehrsweg: während die B 95 der Turracher Höhe zustrebt, leitet die Murauer B 97 nach Murau, einer alten Römersiedlung, heute Hauptort des gleichnamigen Bezirkes → Anschlußband STEIERMARK kombiführer auto + wanderschuh.

Alpenhotel und Gasthaus Fanningberg, 1500 m

In Fanning-Seitling (1120), das man von der B 95 Mauterndorf – Tamsweg rasch erreicht, nimmt die Stichstraße zum Fanningberg ihren Ausgang. Über drei Serpentinen zieht die gut ausgebaute Asphaltstraße mit Höchststeigungen von 12% an der orogr. re. Flanke des untersten Weißpriachtals bergan. Während der Fahrt genießt man gute Aussicht auf das Tauernsüdtal und die Gegend um Mariapfarr (1119). Nach 4.3 km ist der EP mit großen Parkflächen erreicht; im Winter sind hier mehrere Schilifte in Betrieb. SG 2.

Fanninghöhe*, 2115 m. Zu Fuß steigt man auf mark. Weglein in etwa 1 1/2 Std. hinauf zur Fanninghöhe. Die nur wenig ausgeprägte Graterhebung in dem langen, vom → Gurpitscheck (2526) gegen SO ziehenden Kamm vermittelt eine überraschend weite und stimmungsvolle Rundschau. Besonders reizvoll die Tiefblicke ins Taurach- und ins Weißpriachtal; im SO reihen sich die Höhenzüge der Gurktaler Alpen aneinander. Z 2 1/2 Std., LA 1–2. Hierzu Wanderwege-Karte 21 Mauterndorf. **W 152**

Zechnerkarspitze*, 2452 m. Zwischen dem Weißpriach- und dem Lignitztal erhebt sich die Zechnerkarspitze, südlicher Eckpfeiler einer mehrgipfligen, in der Steinkarspitze (2624) und im Hundstein (2614) kulminierenden Bergkette. Sie vermittelt eine gute Aussicht auf den Lungau; bei günstiger Witterung, etwa an einem klaren Herbsttag, sind am s. Horizont über den sanft gerunde- **W 153**

ten Nockbergen mehrere Hauptgipfel der Julischen Alpen auszumachen. Den AP des mark. Anstieges im Granitzlwald erreicht man über einen schmalen Fahrweg mit Höchststeigungen von zirka 15%. Von Mariapfarr (1119) zunächst in Richtung Lignitztal (HT), nach 3.6 km, unweit der Häusergruppe Tscharra (1295), li. Abzw. Bis zum EP (1520) hat man noch weitere 2.7 km zurückzulegen; Parkmöglichkeiten. Nun zu Fuß, der Mark. 763 folgend, aus dem Granitzlwald in das kleine Tälchen zwischen Muleteck (2096) und Granitzl (2221). Das Weglein führt in n. Richtung durch das Zechnerkar aufwärts. Erst am Fuß der Zechnerkarspitze wendet es sich li. in eine kleine Scharte. Über den SW-Grat erreicht man ohne Schwierigkeiten den Gipfel, 2³/₄ Std. Z 4¹/₂ Std., LA 2–3. Hierzu Wanderwege-Karte 21 Mauterndorf.

Lignitztal, Hintere Lignitz-Alm*, 1540 m

Zwischen dem Weißpriach- und dem Göriachtal zieht das eingeschnittene Lignitztal von der Kammlinie der Schladminger Tauern nach S herab. Im Bj. konnte man von Mariapfarr über Grabendorf und die Vordere Zehner-Alm mit dem Pkw bis zur bewirtsch. Hinteren Lignitz-Alm gelangen; SG bis Vordere Zehner-Alm 2-3, im Anschluß daran SG 3-4. Die Höchststeigung auf der 11 km langen Strecke beträgt 14%. – Vom EP leitet AV-Weg 774 zunächst in den Talschluß und dann über eine Talstufe zum Lignitz-See (1965) hinauf, 75 Min. Weiter bergan erreicht man die Lignitzhöhe (2205), welche den Übergang in die Steiermark bildet. Hinab zur bewirtsch. Keinprecht-Hütte (1872), am Steirischen Rundwanderweg gelegen, 40 Min. → STEIERMARK kombiführer auto + wanderschuh, RW 203 und 204.

W 154 **Landwiersee-Hütte**, 1985 m.** Recht lange, aber lohnende Wanderung durch das malerische Göriachtal. Die aus mehreren kleinen Weilern bestehende Siedlung Göriach erreicht man sowohl von Mariapfarr (1119) als auch von St. Andrä im Lungau (1044) auf ordentlichen Landstraßen, je 4 km. Weiterfahrt bis zur Unteren Piendlalm (1329) möglich, 9 km von den AP. Nun auf bequemem, nur mäßig ansteigenden Pfad taleinwärts. Zur Rechten dominiert das Kasereck (2740), li. hat man die Hocheck-Kette (2638), im innersten Tal überragend ,,der Größte" unter den Gipfeln der Niederen Tauern, der Hochgolling (2863). Zwischen den Vorderen Göriachalmen (1422), 1 Std., und der Vorderen Zugriegelalm überwindet der Weg, Mark. 775, in einigen Kehren eine Talstufe, über die der Göriachbach in einem schönen Wasserfall hinabstürzt. Im Göriachwinkel, wo re. der Normalaufstieg zum Hochgolling abzweigt (HT), biegt das Hochtal unvermittelt nach W um. Nach einem letzten Anstieg unter den Abstürzen der Sandspitze (2488) und der Samspitze (2381) ist die hübsch gelegene, im Sommer bewirtsch. Landwiersee-Hütte erreicht, 3 Std. Herrlicher Blick auf die gewaltige Felsgestalt des Hochgolling, die sich zwischen der Gollingscharte (2326) n. und der Tromörtenscharte (2442) s. aufbaut. Der mark. Normalweg verläuft am NW-Grat; er ist für Geübte nur mäßig schwierig, 2¹/₂ bis 3 Std. ab Wegeteilung im Göriachwinkel.

Vom Schutzhaus spaziert man in einigen Min. zum Unteren Landwiersee (1977); etwas höher, in einem felsumrahmten Kar, liegt der Obere Landwiersee (2047). Z 5¹/₂ Std., LA 2. Hierzu Wanderwege-Karte 24 Hochgolling.

Karneralmstraße, Alpengasthof 1893 m
In der Ortschaft Ramingstein (967) zweigt von der B 95 die asphaltierte Straße zur Karneralm nach S ab. Sie leitet zunächst durch das eingeschnittene, bewaldete Mislitztal, folgt dann dem Klölingbach aufwärts, um nach 9.7 km den Alpengasthof im weiten Talkessel der Karneralm zu erreichen. Die Straßenbreite ist knapp zweispurig, sodaß sich Pkw begegnen können, an Engstellen wurden Ausweichen angelegt. Die Straße zur Karneralm wird auch von Omnibussen befahren und ist ganzjährig offen. Das lawinensichere Schigebiet bietet baumlose Idealhänge. Das Steigungsmaximum von 16% liegt in einem günstigen Straßenverlauf, SG 2–3.

Kleiner Königstuhl, 2254 m, und Mühlhauser Höhe, 2214 m. Mit AP **RW**
Karneralm lassen sich verschiedene leichte Gipfelbesteigungen durchfüh- **155**
ren, die ein gutes Bild der Nocklandschaft vermitteln. Eine hübsche, überraschend weit reichende Aussicht genießt man vom Kleinen Königstuhl, der sich unmittelbar ö. über dem Alpengasthof „Karneralm" aufbaut, 1¼ Std., weglos. Ebenfalls ein lohnendes Ziel bildet die Mühlhauser Höhe, 1½ Std. n.; für Ausdauernde bietet sich eine Umwanderung des gesamten Talschlusses, vom Kleinen Königsstuhl über Bärennock (2234) und Klölingnock (2178) bis zur Mühlhauser Höhe, als empfehlenswertes Unterfangen an. Größtenteils weglos oder nur Pfadspuren, bei guter Sicht aber problemlos. Von der Klölingscharte (2116) Abstieg auf bez. Weg zum AP möglich. Z 1¾ Std. (Kleiner Königstuhl), 2¼ Std. (Mühlhauser Höhe) bzw. 4 Std.; LA 2. Hierzu Wanderwege-Karte 22 Schönfeldsattel.

Gstoßhöhe, 1890 m. Guter Aussichtspunkt s. von Ramingstein, dem → **RW**
Lasaberg zwar nicht ganz ebenbürtig, aber gleichfalls lohnend. Eine **156**
Besteigung der Gstoßhöhe wird man zweckmäßig als Rundwanderung mit AP Ramingstein (974) durchführen. Mark. Anstiegsweg über Schloß Finstergrün (HT), dessen Geschichte sich bis ins 12. Jh. zurück verfolgen läßt, und die Tschrötteralm. Im Siebenschläferwald trifft man auf ein von Hinterring heraufziehendes Forststräßchen; ihm folgt die Mark. über vier Kehren bis zu den Gschrieteshütten (1431), 1½ Std. Nw. unterhalb der Gipfelkuppe, auf der Mühlhauseralm (1730), mündet re. ein ebenfalls mark. Weglein, das man für den Abstieg benützt. Es senkt sich durch den Weißwandlwald steil hinab zu den Bauernhöfen von Mislitz, unweit der Mündung des Klölingbachs in die Mur. Z 5 Std., LA 2. Hierzu Wanderwege-Karte 23 Tamsweg.

Hochsommerlichen Gewittern gehen meist starke Schwüle, absolute Windstille und rasch fallender Luftdruck voraus. Gewitter können in Hochlagen spontan einsetzen. Ursache ist meistens das Zusammentreffen warmer Luft mit einer „Kaltfront". Bei drohender Gefahr meide man den Aufenthalt an freistehenden Bäumen, fixen Stahldrahtseilen, Eisenleitern und anderen metallischen Gegenständen. Wandnischen und wenig ausgeprägte Höhlen bieten kaum Schutz gegen Blitzeinschläge! Am sichersten erweisen sich noch freie, unauffällige Geländestreifen. Keinesfalls exponierte Punkte aufsuchen wie Gipfel oder scharfe Grate!

PINZGAU

Steinpaß-Lofer-Saalfelden-Zell am See

Steinpaß, 558 m

Auf der stark frequentierten Strecke durch das „Kleine Deutsche Eck“ zwischen Lofer und Salzburg wurde durch den 482 m langen Wendelbergtunnel eine wesentliche Entschärfung der Steigungsverhältnisse von früher 10% auf jetzt 4% im offenen Straßenverlauf herbeigeführt. Die Fahrbahnbreite beträgt im Tunnel 8 m. Auch die extrem engen Kehren auf der Rampe Melleck gehören der Vergangenheit an. Im Tunnel besteht eine Geschwindigkeitsbeschränkung von 60 km/h. Die alte Bergstraße über Melleck mit ihrer bemerkenswerten Aussicht auf die Loferer Steinberge steht dem Kfz-Verkehr nach wie vor zur Verfügung. - Der Steinpaß stellt ein wichtiges Bindeglied zwischen Salzburg und dem Pinzgau her. Durch den geplanten 1.6 km langen Umfahrungstunnel von Unken und jenen für die geplante 1.8 km lange Nordumfahrung von Lofer erfährt diese stark frequentierte Transitstrecke eine wesentliche Aufwertung.

Während der Reisesaison ist auch die Pinzgauer-B 311 zwischen Lofer und Zell am See überbeansprucht, trotz ihres abschnittsweise modernen Ausbauzustandes. Verkehrsengpässe bilden die Orte Saalfelden und vor allem Zell am See. Schwankende Fahrbahnbreiten von knapp 6 bis 10 m; keine nennenswerten Steigungen bzw. Gefällstrecken.

Steinpaß – Aschauer Klamm
Vom Rasthaus Steinpaß führt am Haus Unken (Niederland 173) ein privater, einspuriger Fahrweg vorbei, der durch den Buchenwald hinab in das reizvolle Augebiet der Saalach leitet. Im Talboden findet man an der Einmündung des Steinbaches in die Saalach alte Grenzsteine, welche aufgrund des Münchner Vertrages aus dem Jahre 1816 auf die noch heute gültige Grenzziehung zwischen Salzburg und Bayern erinnern. Über die hölzerne Saalachbrücke (Gewichtsbeschränkung 6 t) wechselt man die Uferseite und trifft auf den von Unken ausgehenden «Wilden Weg». Nun am ,,Köstlerbauern“ vorbei und weiter durch den Talboden zum ,,Schwaigerbauern“, 3 km, wo man die Genehmigung zum Abstellen seines Fahrzeuges einholen soll. SG 3.

RW 157 **Aschauer Klamm*, Rund um das Achhorn, 1316 m, AP Steinpaß.** Vom Schwaigerbauern geht man auf der Brücke über den Aschauer Bach, welcher die Grenze zum Freistaat Bayern bildet (Personalausweis mitführen!) und gelangt zum Haiderbauern, wo man auf den bez. Klammsteig trifft. Die Aschauer Klamm liegt in einem verborgenen, grenznahen Winkel des Berchtesgadener Landes und gilt unter Kennern als ,,geheimer Wandertip“. Der Weg leitet über romantische Steiganlagen und Schluchten, an Wasserfällen und Auskolkungen vorbei. In der Zeit um Pfingsten prächtige Kalkalpenflora mit dem streng geschützten Frauenschuh und anderen Orchideen. Bemerkenswert schöner Hochwald. Vom höchsten Punkt des Weges genießt man

Ausblicke auf die markante Reiteralpe und zu den Loferer Steinbergen. Nach neuerlichem Überschreiten der Grenze kommt man zu den bunten Almmatten der Aschau. Hier zweigt re. das Steiglein Nr. 2 zur Jagdhütte und zum Achhorn (1316) ab, welches n. des Achbergkammes (1265) hinab nach Unken führt. Es ist nur geübten, trittsicheren Bergwanderern zu empfehlen, da der Wegverlauf nicht ganz ungefährlich ist!

Weit bequemer und auch landschaftlich reizvoller ist es, auf dem Forststräßchen neben dem Innersbach über die Reiter Mähder hinab zum Schwimmbad Reit (577) zu wandern, dann auf dem re. Ufer durch die Innersbachklamm bis man an der Mündung in die Saalach auf den «Gaissteig» trifft. Auf dem re. Saalachufer schließlich am gelobten Gh. „Schütterbad" vorbei, und auf asphaltiertem Fahrweg zur Achnerbrücke, die man in Unken li. liegen läßt. Nach den letzten Häusern beginnt beim Mörtlbauern der «Wilde Weg», welcher zur Saalachbrücke unter dem Steinpaß zurückleitet. Eine sehr abwechslungsreiche und unschwierige Rundwanderung. Z 4½ bis 5 Std. (von Reit auch Busverkehr zum Steinpaß), LA 2. Variante über den Achbergkamm etwa gleicher Zeitaufwand, jedoch LA 2–3. Hierzu Wanderwege-Karte 25 Steinpaß.

Andere Zugänge in die Aschauer Klamm gibt es im NO sowohl von Schneizlreuth (511), am re. Ufer der Saalach eben zum Haiderhof verlaufend, als auch vom anfahrbaren Ort Oberjettenberg (690). Beide Wege vereinigen sich oberhalb des Aschauer Baches mit Weg 1. Stellt man sein Fahrzeug oberhalb des bez. Parkplatzes Soder an der Materialseilbahn am Fuß der Reiter Alpe ab, so bietet sich die Rundwanderung über die Diensthütte und die Aschauer Klause an, Z 1½ Std.

Unkener Heutal. Talstation Wildalmlift, 980 m

Die anfangs zweispurige Asphaltstraße nimmt an der Unkenbachbrücke in Unken (563) von der Loferer B 312 ihren Ausgang, HT. Bei der ersten Straßengabelung hält man sich am Gh. „Bergblick" re. Nun auf dem Güterweg Heutal (gebührenpflichtiges Privatsträßchen) einspurig bergan und an der Jausenstation „Neuhäusl" vorbei. Auf der bewaldeten Strecke bis zur Mautstelle (870), 5 km, gibt es kaum Ausweichen. Die Einbahnregelung leitet den Verkehr talwärts über den Sonnberg-Güterweg. Die Steigungen erreichen Maxima von 18%, SG 3. Oberhalb vom Abzweig des Sonnberg-Güterweges ist die Straße nach Heutal zweispurig ausgebaut. Bei der Schottergrube, 6 km von Unken entfernt, ist der Abzweig des abgeschrankten Hochalm-Forststräßchens. Über einen unscheinbaren Sattel (996) tritt man in das weite und sonnendurchflutete Unkener Heutal ein. Die vorzügliche Straße leitet nun mit sanftem Gefälle in den Perchtkessel hinab, wo man die reizvolle Talmulde erreicht. An Mähdern, Hochmooren und Bergahornen vorbei fährt man über das Gh. „Heutaler Hof" zum EP am Fischbach, knapp unterhalb des Wildalmliftes, wo man genügend Abstellplätze vorfindet, 9 km von Unken.

In einer ernsten Notlage kann mit dem **alpinen Notsignal** (sechs akustische oder optische Zeichen pro Minute) Hilfe herbeigerufen werden; als Antwort werden drei Signale pro Minute gegeben.

Die barocke Wallfahrtskapelle **Maria Kirchenthal** bei Lofer wurde dem Charakter der sie umgebenden Landschaft vortrefflich angepaßt. Sie wurde nach den Plänen von Fischer von Erlach 1701 fertiggestellt. Foto L. Eschenauer

---

Der Wanderer hat sich in den Alpen sowohl mit objektiven **Gefahren,** deren Ursprung in der Gebirgsnatur liegt, als auch mit subjektiven, durch menschliches Fehlverhalten hervorgerufenen Gefahren auseinanderzusetzen. Als Beispiel für erstgenannte Kategorie seien die extremen Auswirkungen des Gebirgsklimas (Kälte, Schnee, Nebel, Gewitter) genannt, als häufigste Quellen subjektiver Gefahren gelten mangelhafte Ausrüstung und das Überschätzen der eigenen Fähigkeiten. Nur durch entsprechende Vorsorge bei Planung und Vorbereitung der Touren und ein besonnenes, der jeweiligen Situation angepaßtes Verhalten unterwegs lassen sich diese Risiken weitgehend ausschalten.

Wanderwege-Karte 25 Steinpaß

Hochalm, 1442 m, und Sonntagshorn, 1961 m.** Das Sonntagshorn, wel- W
ches im Grenzverlauf zwischen dem Land Salzburg und dem Freistaat 158
Bayern liegt, vermittelt ein prächtiges Panorama mit Chiemsee, Salzachbekken mit der Stadt Salzburg, Hochkönig, Hohe Tauern, Zillertaler Alpen und Wilder Kaiser. Es ist leicht zu besteigen und erfreut sich bei günstigem Bergwetter auch stets eines regen Besuches. Als AP wählt man das bei der genannten Schottergrube von der Heutalstraße ausgehende, abgeschrankte Forststräßchen. Der mit Nr. 20 rot-weiß-rot mark. Hochalmweg leitet vorwiegend durch Wald. Bei ausgeglichener Steigung kommt man über das Bildstöckl «Guter Hirt» und die Almhütten vom Gschwendter Trett in 1 1/2 Std. zur Hochalm. Von dort führt ein mit Nr. 19 im roten Kreis mark. Serpentinensteig in zirka 1 1/4 Std. über steile Grashänge zum Gipfelkreuz.

Als Rückweg bietet sich alternativ an: Weg 19 a über den Ennsmann Kaser (1544) nw. des Peitlingsköpfls (1720) zum Gschwendter Trett oder Nr. 19 über den Bauregger Kaser und den Heutalbauern zur Heutalstraße, dann durch das reizvolle Hochmoor in den Perchtkessel und zum AP. Z 4 1/2 bis 5 Std., LA 2–3. Hierzu Wanderwege-Karte 26 Heutal.

Fischbachfall und Staubfall*, 886 m. Vom EP der Heutalstraße aus W
lassen sich zwei Wasserfälle am Fischbach besichtigen, von denen der 159
50 m hohe Staubfall besonders sehenswert nach Regen ist. Der Fischbachfall bildet mehrere Kaskaden, beim Staubfall hingegen zerstäubt das Wasser. Man benützt vom Parkplatz bei den Wildalmliften den Weg Nr. 18 fischbachabwärts

und gelangt am Eingang in die Schlucht, hier Grenzverlauf Land Salzburg mit Freistaat Bayern (Personalpapiere mitführen), auf den Ruhpoldinger Weg zur besuchenswerten Naturerscheinung, 30 Min. leichter Spaziergang, auch für ältere Personen geeignet. Z knapp 1 Std., LA 1–2. Hierzu WWK 26 Heutal.

RW 160 **Dürrnbachhorn, 1776 m, AP Heutal.** Vom EP der Heutalstraße bietet sich als lohnende und abwechslungsvolle Rundwanderung der Landweg über den Herbstkaser (1053) und die Möserer Stube (1166) zur Winklmoosalm (1155) an. Im Anschluß daran Auffahrt mit dem Sessellift zum Dürrnbacheck (1593) und die Besteigung des aussichtsreichen Dürrnbachhorns (1776). Abstieg über die Wildalm und zurück zum AP. Wegen der zweifachen Grenzüberschreitung (die Winklmoosalm liegt auf dem Territorium der BRD) Personalausweis mitführen. Z 4 bis 5 Std., LA 2. Alternativ bietet sich mit AP Alpengh. „Heutal" der weiter s. verlaufende Weg Nr. 12 über die Jausenstation Moarlack (1150) und der Ochsenbrunn-Forststraße, Weg Nr. 14 an, zuletzt hat man nach der Wegevereinigung die Mark. Nr. 13 und 16 an der Moserer Stube ö. der Winklmoosalm. Hierzu Wanderwege-Karte 26 Heutal.

W 161 **Alte und Neue Traunsteiner Hütte*, 1580 m bzw. 1557 m, AP Reit.** Der Gebirgsstock der Reiteralpe zeigt ein klassisches Tafelgebirge mit großen Randerhebungen, die eine wanderbare Hochfläche umgrenzen. Die ausgedehnte Almmulde ist mit prächtigen Matten, Zirbenwäldern und Latschenfeldern bedeckt. Die n. Hälfte des Gebirgsstockes mit den beiden Traunsteiner Hütten und der noch intakten Almbewirtschaftung wird im engeren Sinn als «Reiter Alm» bezeichnet, während man bei der s. Hälfte mit ihren großen Karen von «Reiter Steinbergen» spricht. Vom Ort Reit (577) auf dem Alpasteig mit AV-Mark. 470 durch das Donnersbachtal zunächst zur reizvoll gelegenen Alpa-Alm (1250), 1¾ Std. Der Steig umgeht nun den Guggenbühel und verläuft eine Wegstrecke lang in Richtung der Drei Brüder. Nach insgesamt 3 Std. Anstiegszeit ist die Alte Traunsteiner Hütte erreicht, welche nur noch als Ausweichquartier dient. Wenig weiter, bereits auf bayrischem Boden, befindet sich die ganzj. bewirtsch. Neue Traunsteiner Hütte der AV-Sektion Traunstein. Ihre zentrale Lage innerhalb des Gebirgsstockes erlaubt ein günstiges Angehen aller wichtigen Randerhebungen. Andere Anstiege führen von Oberjettenberg über den Schrecksattel oder von Hintersee über den «Böselsteig»; von der → Schwarzbachwacht führt der «Wachterlsteig» hierher. Z 5 Std., LA 2.

RW 162 **Großes Hundhorn*, 1703 m.** Eine lohnende und keinesfalls beschwerliche Rundwanderung! Folgt man vom „Eberlwirt" in Scheffsnoth s. Lofer dem Klausbach weiter aufwärts, so findet man re. den Abzweig des teilweise steilen, jedoch schattigen Almweges zur Scheffsnother Alm (1354). Diese liegt in einer Mulde und bietet eine nur beschränkte Aussicht. Steigt man bis zum Wegeknoten am s. Rand der Alm weiter an, so eröffnet sich bald nach den Wegweisern bei einer Bank der eindrucksvolle Blick durch das Saalachtal zum Zeller See mit den schneebedeckten Hohen Tauern im Hintergrund. Auf dem

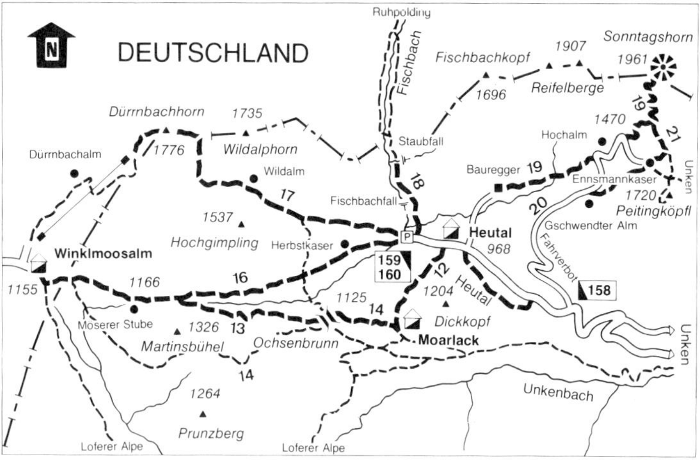

Wanderwege-Karte 26 Heutal

Weiterweg zum Hundsattel (1518) steigert sich die Aussicht, welche schließlich am Hundhorn (1703) als umfassendes Panorama ihren Höhepunkt erreicht, 3½ bis 4 Std., rote Mark. im Dreieck. Überwältigend wirkt von hier der Anblick der wildromantischen Reiter Alpe mit ihren steil abfallenden Wänden.

Der Blick nach S richtet sich gegen die Loferer- und Leoganger Steinberge, nach SW gegen die Kitzbüheler Alpen und die Hohen Tauern mit dem Großvenediger (3674), nach W gegen den Wilden Kaiser und gegen N zum Sonntagshorn.

Ein bemerkenswerter Talblick schweift nach SO zu den Hütten der reizvoll gelegenen Litzlalm (1334), nur wenig vom Hirschbichl entfernt. Zurück über die Scheffsnother Alm, dann jedoch sich li. haltend hinab zur Strowollner Schlucht und am Bach entlang bis man auf den Uferweg neben der Saalach trifft. Diesem folgt man durch die Saalachau über die Kapelle und das „Waldcafé" zum AP zurück. Z 5½ bis 6 Std., LA 2–3. Hierzu WWK 27 Lofer.

Jausenstation Krepper, 700 m

Den in guter Aussichtslage befindlichen Krepperhof kann man von Lofer aus sowohl über das Hochkreuz auf einem Wanderweg als auch auf einem knapp zweispurigen, zuletzt nur einspurigen Asphaltsträßchen erreichen; letzteres zweigt vom Kulminationspunkt der Neubaustrecke an der B-312 ab, wo sich auch ein Parkplatz befindet. Die Zufahrt, HT, leitet anfangs durch den Wald und erreicht nach 1.4 km den in Hanglage hingeschmiegten Hof mit guter Aussicht, SG 2-3, maximal 12 % Steigung.

RW 163 **Sonnegg, 1002 m.** Zunächst mit der 1950 m langen Doppelsesselbahn, deren Talstation (639) im N von Lofer liegt, in 22 Min. zum Sonnegg. Betriebszeiten 9 bis 17 Uhr, ausgenommen Mittagspause von 11 Uhr 45 bis 13 Uhr. Von der Bergstation der Sonneggbahn sind zwei leichte Wanderungen empfehlenswert: 1. in n. Richtung zur Soder-Voken-Alm (1038) mit Abstieg auf schönem Waldweg (blaue Mark.) über die Jausenstation ,,Krepper" hinab zur «Alten Reichsstraße» und am Josefsbrünndl vorbei nach Lofer, 1½ Std. Z ab Lofer 2 Std., LA 1–2. 2. in sw. Richtung vom Gh. ,,Loderbichl" zur Nachbaralm und zur Postalm (1205) ansteigen und weiter zur hübsch gelegenen Bräugföllalm (1259) wandern. Abstieg auf mark., vorwiegend bewaldeten Wegen hinab zum Kalvarienberg und nach Lofer. Ein Abkürzer zum AP zweig li. ab und quert die Bertapromenade. Z 2 Std., LA 1–2. Hierzu WWK 27 Lofer.

Paß Strub, 677 m

Der Engpaß Strub nahe Lofer wird von der, für den Binnenverkehr Österreichs in Ost-West-Richtung bedeutenden Loferer-B 312 durchmessen. Er bildete früher die Grenze zwischen dem Erzbistum Salzburg und der gefürsteten Grafschaft Tirol. Schon im Hochmittelalter befanden sich dort mit der Salzburger und Tiroler Festung zwei massive Grenzsperren. Die größte Bedeutung erhielt der Paß Strub während der napoleonischen Wirren. In den Jahren 1805 und 1809 kämpften Pinzgauer und Tiroler Landesschützen in diesem Felsendurchgang gegen anstürmende bayrische und französische Truppen. Eine weitere Schlacht spielte sich am 11. Mai 1809 ab: über neun Stunden leisteten die Verteidiger Widerstand, ehe den Bayern der Durchbruch gelang. Nachdem die Festungen gefallen waren, wurden sie, angeblich auf Befehl Napoleons, abgetragen. Von der Tiroler Burg ist nichts übriggeblieben, von der Salzburger Anlage blieben Reste bestehen. Diese Ruinen wurden im 175. Gedenkjahr 1984 freigelegt und nach Originalplänen aufgemauert. Bei der Freilegung wurde auch eine Waffenschmiede entdeckt, die nach Aussage von Fachleuten in diesem Raum einzigartig ist.

Loferer Alm, Gasthaus Schönblick, 1425 m

Die Loferer Alm ist sowohl durch die Sonneggbahn, einer Doppelsesselbahn (im Winter durch weitere Aufstiegshilfen) als auch durch ein 8 km langes Asphaltsträßchen erschlossen. Es handelt sich dabei um ein gebührenpflichtiges Privatsträßchen der Alminteressentschaft. Sie nimmt ihren Ausgang direkt im Ortszentrum von Lofer (626) nahe der Autobushaltestellen und steigt unvermittelt gegen Faistau (724) an, wo sich die Mautstelle befindet. Man gelangt an der Bergstation Sonnegg vorbei und hat dann noch einen HU von über 400 m zu überwinden. Max. Steigung 14%, einspurig mit Ausweichen, SG 3. Für Benützer der Sesselbahn ist von Interesse, daß ab Sonnegg ein Pendelbus zur Loferer Alm verkehrt.

RW 164 **Grubhörndl*, 1747 m.** Es erhebt sich am Südrand der Loferer Alm und ist an der rötlichen Steilwand im O leicht erkenntlich. Wegen seines bemerkenswerten Panoramas auf das Loferer Becken, auf die Reiteralm, Steinernes Meer, Leoganger- und Loferer Steinberge und schließlich auf den Wilden Kaiser ist es das lohnendste Ziel in diesem Gebiet und wird auch dementsprechend frequentiert. Bei günstigen Wetterverhältnissen auch Fernsicht auf Hochkönig mit Übergossener Alm, auf die Hohen Tauern und die Zillertaler Alpen. Die Loferer Alm ist nach der Postalm im Salzkammergut eines der größten Almgebiete im Salzburger Land.

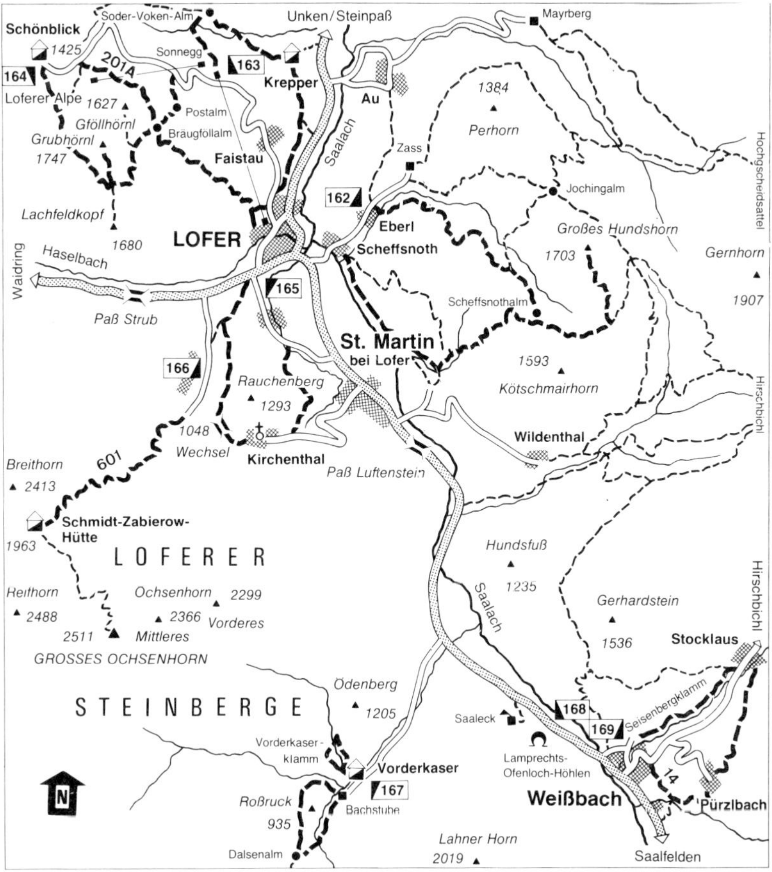

Wanderwege-Karte 27 Lofer

Stellt man sein Fahrzeug beim Grubhörndllift (Schlepplift) oder beim Gh. „Schönblick" (1425) ab, so findet man in unmittelbarer Nähe den Anschluß an den kürzesten Anstiegsweg, welcher zunächst durch eine Mulde zu den w. Abhängen des Grubhörndls leitet. Auf dem Lachfeldsattel in der s. Bergflanke hält man sich li. und hat dann nicht mehr weit zum Gipfelkreuz, vom AP 1 1/4 Std. Auf dem Gipfel stehen Latschen und vereinzelt auch sibirischer Wacholder. Will man den Berg umwandern, so geht man zurück zum Wegeknoten und zur Jochinghöhe. Dann benützt man den Serpentinensteig hinab zur bewirtsch. Bräugföllalm (1259). Weg 201 a führt bei mäßigem Anstieg am Fuße des Gföllhörndls (1627) zurück zum AP. Z 3 Std., LA 2. Hierzu WWK 27 Lofer.

Maria Kirchenthal, 880 m

Die Wallfahrtskirche Maria Kirchenthal erreicht man auf einem 3 km langen, einspurigen Mautsträßchen mit Ausweichen auf Sicht, welche in St. Martin bei Lofer (634) ihren Ausgang nimmt; sie zweigt im Ort von der alten Hauptstraße ab und leitet in mehreren Kehren durch den Wald zu diesem besuchenswerten Ziel, SG 3. Die barocke Kirche wurde, dem Charakter der sie umgebenden Landschaft vortrefflich angepaßt, nach den Plänen von J. B. Fischer von Erlach erbaut und 1701 fertiggestellt. Im reichlich ausgestatteten Inneren wird Österreichs größte Votivtafelsammlung gehütet; die rund 1000 Schaustücke sind in diesem einzigartigen Museum volks- und trachtenkundliche Raritäten.

RW 165 **Maria Kirchenthal, 880 m.** Der Besuch der sehenswerten, barocken Wallfahrtskirche läßt sich in eine kleine, jedoch lohnende Rundwanderung einbeziehen. AP ist der Ort Lofer (626). Vom Gh. ,,Linter" an der Straße zum Paß Strub zunächst auf AV-Weg 601 in das Loferer Hochtal und auf dem «Salzburger Steig» über den Wechsel (1048) und kurz hinab nach Maria Kirchenthal, 1 1/4 Std. Der weitere, bewaldete Abstieg erfolgt über den «Tiroler Steig» in den breiten Talkessel der Saalach. Über einen Steg am Moosbach erreicht man das Moorbad Hochmoos und wandert flach zum AP zurück. Z 2 1/2 Std., LA 1–2. Hierzu WWK 27 Lofer.

W 166 **Schmidt-Zabierow-Hütte*, 1963 m.** Die Hütte der DAV-Sektion Passau in der Großen Wehrgrube ist von einem prächtigen Kranz imposanter Berge umgeben. Sie ist vor allem Stützpunkt bei Touren in den Loferer Steinbergen. Von Lofer beträgt die Anstiegszeit 3 3/4 Std., benützt man sein Fahrzeug bis zum Parkplatz im Bundesheergelände, so verkürzt sich der Anstieg um zirka 30 Min. Der mit 601 gut mark. Steig überwindet vom Loferer Hochtal herauf die Geländestufen in unzähligen Serpentinen und führt durch Wald und Latschenfelder zur Karstzone bis die bereits von weither sichtbare Hütte erreicht wird. Abstieg wie Anstieg. Z 5 1/2 Std., LA 3. Hierzu WWK 27 Lofer.

W 167 **Vorderkaserklamm*, 750 m, und Dalsenalm, 916 m.** Die besonders sehenswerte, romantische Klamm ist in vieltausendjähriger Arbeit durch die erodierende Wirkung eines Wildbaches entstanden. Man erreicht sie von der Pinzgauer B 311 zirka 3 km s. der Umfahrung von St. Martin. Die Abzw. befindet sich re. der Bundesstraße; hier auch Postbushaltestelle ,,Vorderkaser" und Parkplatz. Zunächst benützt man die von der Forstverwaltung für den Allgemeinverkehr freigegebene, einspurige und mit Ausweichen versehene Schiedergrabenstraße (im Bj. geschottertes Sträßchen) und gelangt entlang dem Bach nach 2.5 km zur Jausenstation ,,Vorderkaser", wo man auch die Eintrittskarten für die Besichtigung der Klamm erhält. Auf einer bequem angelegten Steiganlage gelangt man in 15 Min. zum Eingang. Mit einem kurzen Rundgang auf gesicherten Stegen und Stiegen wird die alpine Sehenswürdigkeit umwandert. Das Begehen darf nur hintereinander erfolgen, jegliche Ansammlung auf den Stegen ist aus Sicherheitsgründen zu unterlassen! Z 1 Std., LA 1–2.

Will man die Klammbesichtigung mit einer kleinen Wanderung bis zur hübsch unter den Loferer Steinbergen gelegenen, unbewirtsch. Dalsenalm (916) verbinden, so läßt sich ein zweiter Rundgang unternehmen, der um den Roßruck leitet: vom Parkplatz zunächst auf dem abgeschrankten Forstweg zur Bachstube. Es ist wichtig, die Warnung bei hochgezogenem Signalkorb zu beachten, wenn auf dem Truppenübungsplatz Hochfilzen scharf geschossen wird. Das bedeutet eine vorübergehende Sperre des Wanderweges Nr. 35 über den Römersattel (1202) nach Hochfilzen. Von der Dalsenalm kann man auf Steigspuren im Tälchen des Brunnbaches zurückgehen. Z 1 Std., LA 2. Hierzu Wanderwege-Karte 27 Lofer.

Lamprechts-Ofenloch-Höhlen*, 660 m. Parkplatz und Eingang zu den Höhlen liegen direkt an der Pinzgauer-B 311, zirka 1 km nö. der Ortschaft Weißbach. Sie zählen zu den ausgedehntesten Höhlenbildungen in den Nördlichen Kalkalpen und sind eines der bedeutendsten Naturwunder im Salzburger Land. Die Besichtigung erfolgt auf sicheren Wegen und Stegen. Die domartigen Hallen sind mit farbigen Glühlampen erhellt und vermitteln faszinierende Anblicke. Die Lamprechtshöhle hat ihren Namen vom Raubritter Lamprecht, dem ehemaligen Burgherrn von Saaleck; die Ruine der aus dem 12. Jh. stammenden Burg steht auf einem steilen Felsen und ist über einen bewaldeten Steig, welcher n. des Höhleneinganges von der B 311 seinen Ausgang nimmt, in 20 Min. zu erreichen. Für die Besichtigung der Höhlen ist mit einem Z von 45 Min. zu rechnen, LA 1–2. Hierzu WWK 27 Lofer. **W 168**

Seisenbergklamm*, 664 m. Die schmale, n. Zufahrt führt nach der Saalachbrücke in Unterweißbach über das Gh. „Seisenbergklamm" zum Eingang, die normal breite s. Zufahrt leitet durch den Ort zum Parkplatz bei der Weißbachbrücke. **RW 169**

Ein gut beschilderter Fußweg führt nun zum Klammeingang. Während bereits der untere Klammabschnitt interessante Kolke zeigt, wird man in der nun folgenden Dunkelklamm von der Großartigkeit dieses Naturphänomens überwältigt. Die Felswände treten so nahe zusammen, daß kaum noch ein Spalt Himmel zu sehen ist. Der wilde Weißbach jagt schäumend unter den Stegen talwärts. Im oberen Abschnitt der Klamm bildet der Bach einen Wasserfall. «Steine sprechen zu Euch» lautet die Inschrift auf einer eingelassenen Steinplatte. Sobald man aus der Klamm wieder ins Freie tritt, weitet sich das Tal und man kommt zum Gh. „Lohfeyer" in Stocklaus (915). Die nur wenig befahrene Hirschbichlstraße läßt sich für den Rückweg vollständig meiden, wenn man den Wanderweg über Pürzlbach, Mark. 14, abwärts benützt, lohnender Umweg. Z 2 Std., LA 2. Hierzu Wanderwege-Karte 27 Lofer.

Unsere Berge werden vor allem durch **wilde Blumen** wesentlich belebt; sie blühen zur Freude aller, die hier in der Einsamkeit Ruhe und Erholung suchen.

W 170 **Ingolstädter Haus* auf der Dießbachscharte, 2119 m.** Erstarrten Wogen eines ehemals bewegten Gewässers gleicht die zerklüftete Felslandschaft des Steinernen Meeres. Das Ingolstädter Haus auf der Dießbachscharte erinnert an die hochgespülte Arche Noah, die hier fest über dem Hochplateau steht. Der reguläre Anstieg beginnt zwar in Oberweißbach (665) im Pinzgauer Saalachtal, doch verkehrt während der Saison vom 1. Juni bis 1. Okt. an Mi., Sa. und So. jeweils ein Kleinbustaxi (Abfahrt beim Gh. „Seisenbergklamm") bis zur Kallbrunnalm (1462), welches den zirka 10 km langen Anmarschweg wesentlich verkürzt. Die Straße von Weißbach über Stocklaus und die Weißbachalm ist für den Allgemeinverkehr gesperrt!

Weg mit AV-Mark. 411 (401) leitet nun über die Dammkrone des Dießbach-Stausees (1415) und über dem Südufer durch lichten Mischwald zur verfallenen Mitterkaseralm (1616); hier Talstation der Material-Seilbahn. Die Mitterkaserwand wird durch einen Serpentinensteig an ihrer Nordflanke umgangen. Unterhalb des Dießbachecks und des Kleinen Hundstods führt der Weg über Schuttbänder und Blockwerk zur Hütte. Im Steinernen Meer gibt es nur wenige Quellen, sodaß Wasser meist aus der Dachrinne kommt. Der heiße Tee auf der Hütte schmeckt aber trotzdem! Rückweg wie Hinweg. Z ab Weißbach 7½ Std., LA 3. Z ab Kallbrunnalm (Taxi) 4 Std., LA 2. Bei Weiterwanderung über die Grenze hinab zum Kärlinger Haus (1652) am Funtensee bzw. hinüber zum Hundstodgatterl (2188) Personalausweis mitführen!

W 171 **Sausteigen**, 1912 m.** Wenig sw. von Saalfelden, an der B 311, liegt die Talstation des Biberg-Sesselliftes. Er trägt den Fahrgast rasch und bequem hinauf zur Schultersbachhöhe (1443), von der sich ein instruktiver Blick auf das weite Saalfeldener Talbecken und seine Bergumrahmung bietet. Besonders eindrucksvoll die gewaltige Mauer des Steinernen Meeres mit der Schönfeldspitze (2653) als markanteste Erhebung, re. dahinter der Hochkönig (2941); im W die ausgedehnten Wälder des Bayrischen Saalforstes, darüber das Spielberghorn (2044). Die Liftstation ist AP des vielbegangenen «Saalachtaler Höhenweges», der via → Asitzkopf (1914) und → Spielbergtörl (1670) bis zum → Spielberghorn führt. Durchgehend mit einem stilisierten Glockentürmchen und auf der ersten Streckenhälfte mit der Nr. 22 bez., steigt er durch schönen Hochwald, gelegentlich Ausblicke vermittelnd, langsam an gegen Durchenkopf (1764) und Haiderbergkopf (1875). Am Durchenkopf informieren Lehrtafeln über Bäume, Beeren und Sträucher, einen Saalfeldener Bauernhof und die Geschichte des Ortes. Der Haiderbergkopf wird vom «Saalachtaler Höhenweg» knapp unter dem Gipfelpunkt tangiert; hier wendet man sich nach S und wandert über den Gratrücken zur Sausteigen, 2½ Std., die aufgrund ihrer gegen die Mündung des Vorderglemmtals vorgeschobenen Lage eine besonders schöne Aussicht vermittelt. Z 4½ Std., LA 1–2. Hierzu Wanderwege-Karte 31 Leogang.

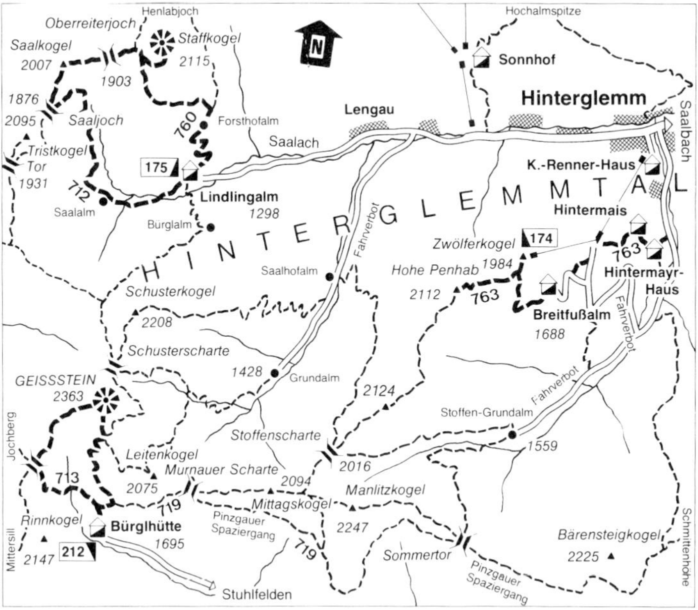

Wanderwege-Karte 28 Hinterglemmtal

Wer nicht den gleichen Weg zurückgehen möchte, der kann entweder über die aussichtsvoll gelegene, gj. bewirtsch. Jahnhütte (1591) in Richtung Maishofen (767) oder in Richtung Viehhofen (856) bzw. zum Gh. Glemmer Hof in Vorderglemm absteigen, ab Jahnhütte jeweils 90 Min. Bushaltestellen findet man an allen genannten Talorten.

Glemmtal, Lindlingalm, 1298 m. Bei Maishofen (767), rund 5 km n. von Zell am See, mündet das vor allem als Schigebiet weit über die Grenzen Salzburgs hinaus bekannte Glemmtal. In den schneefreien Jahreszeiten bietet das rund 25 km lange, durch die Saalach entwässerte Tal vielfältige Ausflugsmöglichkeiten auf „Schusters Rappen". Zahlreiche Aufstiegshilfen erschließen dabei günstige AP; die zumeist sanft profilierten Schieferkämme der Kitzbüheler Alpen ermöglichen herrliche Höhenwanderungen. Touristische Zentren sind Saalbach (1003), das sich vom stillen Bergdorf zum frequentierten Fremdenort gewandelt hat, 14 km, und Hinterglemm, 18 km. Die Talstraße ist bis km 20 vorzüglich ausgebaut, bis Lengau (1150) asphaltiert. Weiterfahrt auf 3 bis 4 m breitem Natursträßchen bis zur bewirtsch. Lindlingalm möglich, 25 km ab Maishofen. Auf diesem letzten Streckenabschnitt treten stärkere Steigungen mit Maxima von 12% auf. Am EP Parkplatz. SG 2–3.

RW 172 **Spielberghorn**, 2044 m.** EP des vielbegangenen «Saalachtaler Höhenweges» ist das Spielberghorn, ein prächtiger Aussichtsberg am Nordrand der Kitzbüheler Schieferalpen. Von seiner Höhe genießt man eine stimmungsvolle, weite Rundschau, die zahlreiche Gebirgsgruppen des ö. Tirol und des Landes Salzburg einschließt. Einen günstigen AP für die lohnende Gipfeltour vermittelt der Kohlmais-Sessellift. Er befördert den Wanderer von Saalbach (1003) bequem hinauf zur Kammhöhe zwischen Glemm- und Schwarzleotal, wo man auf den bestens mark. «Saalachtaler Höhenweg» stößt, Bez. 33. Immer in Gratnähe verlaufend, führt er nw. über den Kohlmaiskopf (1794), das Maisereck (1675) und den Bärnkogel (1709) ins Spielbergtörl (1670), 1 1/2 Std. Im Vorblick hat man die markante, stark gegliederte Berggestalt des Spielberghorns, zur Rechten die Kalkfluchten der Leoganger Steinberge, dominiert vom Birnhorn (2634), li. den Schattberg (2097). Am Bärnkogel Unterstand und Lehrtafeln, die über den Bergbau im Schwarzleotal, die Almwirtschaft und die spezielle, besonders artenreiche Flora des Spielberghorns informieren.

Aus dem Spielbergtörl leitet das Steiglein über steile Wiesenhänge und Schrofen zum Gipfelgrat und weiter zum höchsten Punkt, 1 1/4 Std., ab Kohlmaislift insgesamt 2 3/4 Std. Im oberen Wegabschnitt ist Trittsicherheit erforderlich, bei Nässe auch erhöhte Vorsicht angebracht (Rutschgefahr!). Großartig das Gipfelpanorama, von der Reiteralpe bis zum Großglockner, vom Wilden Kaiser zum Hochkönig reichend. – Zurück auf dem Anstiegsweg ins Spielbergtörl, dann s. abwärts gegen das Schartl (1311). Wenig oberhalb des Wiesensattels, der einen bequemen Übergang von Saalbach nach Fieberbrunn vermittelt, wichtige Wegeteilung: re. hinab zum Spielberghaus (1315) und auf dem für den öffentl. Verkehr gesperrten Sträßchen talauswärts nach Saalbach, li. (lohnender!) zur nahen Wirtsalm (1400) und auf blau mark. Wiesenpfad, reizvolle Ausblicke genießend, zum Wh. Mais (1184), das sich einer schönen Lage unmittelbar n. über Saalbach erfreut. Z 5 1/4 Std., LA 2–3. Hierzu Wanderwege-Karte 31 Leogang.

RW 173 **Schattberg**, 2097 m, und Klingler Törl**, 2017 m.** Der Schattberg, durch eine von Saalbach (1003) ausgehende Seilschwebebahn erschlossen, bietet gute Wandermöglichkeiten, auch für weniger Geübte. Neben einer Besteigung der beiden Westgipfel (2097 bzw. 2095), 40 Min., ist vor allem auch die Runde um den Gipfelstock sehr zu empfehlen. Das blau mark. Weglein verläuft ohne größere HU knapp unterhalb der 2000 m-Marke; es vermittelt prächtige Aussicht auf das Glemmtal und seine Berge. Genau n. das → Spielberghorn (2044), im W, jenseits des Schwarzachengrabens, die → Hohe Penhab (2112), dahinter der → Geißstein (2363), höchster Gipfel der ö. Kitzbüheler Alpen. Reizvoll auch die Fernblicke auf Leoganger und Loferer Steinberge, Steinernes Meer, Hochkönig und Hohe Tauern. Z ab Seilbahnstation auf dem Schattberg-Ostgipfel (2018) zirka 2 Std., mehrere Ruhebänke am Weg. LA 1–2.

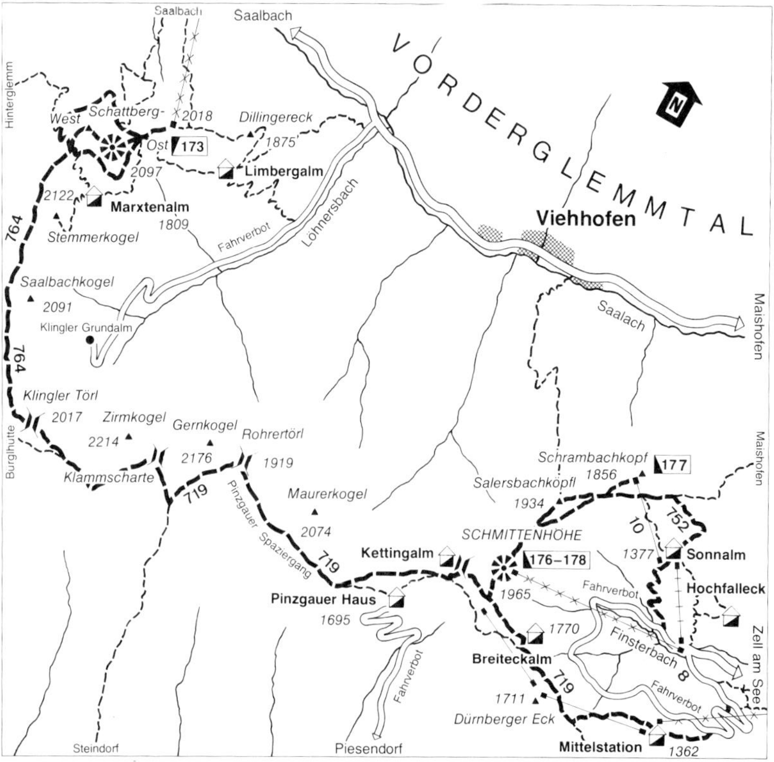

Wanderwege-Karte 29 Schattberg–Schmittenhöhe

Die Rundwanderung läßt sich leicht mit dem überaus lohnenden Abstecher zum Klingler Törl verbinden. Aus der Scharte zwischen Schattberg und Stemmerkogel (2122) führt ein mark. Weglein (HT) fast eben in s. Richtung zu den winzigen Hackelberger Seen (1949) und weiter, die NO-Abhänge des Hochkogels (2249) querend, zum Klingler Törl, 1 1/2 Std. Hier eröffnet sich unvermittelt ein herrlicher Blick auf Venediger- und Glocknergruppe, deren firnbedeckte Dreitausender jenseits des Salzachtals aufragen. Z 4 1/2 Std., LA 1–2. Hierzu Wanderwege-Karte 29 Schattberg-Schmittenhöhe.

Geben Sie bei längeren Wanderungen in alpinem Gelände **Tourenziel** und Zeitpunkt der Rückkehr an Ihrem Aufenthaltsort (Hotel, Privatquartier, Campingplatz usw.) bekannt.

RW **Hohe Penhab*, 2112 m.** Eine instruktive Aussicht auf das Glemmtal
174 und seine Bergumrahmung sowie reizvolle Fernblicke auf die Hohen Tauern und mehrere Gebirgsgruppen der n. Kalkalpen genießt man bei entsprechender Witterung von der Hohen Penhab. Unschwieriger Zugang von der Bergstation des Zwölfer-Kogel-Liftes (1984), Mark. 763, 45 Min. Abstieg auf mark. Weg über die Breitfußalm (1688) zur Mittelstation des Sesselliftes (1520) und weiter nach Hinterglemm möglich. Z 1¼ Std. bzw. 3 Std. (EP Hinterglemm), SG 1–2. Hierzu Wanderwege-Karte 28 Hinterglemmtal.

RW **Staffkogel**, 2115 m.** Von der Lindlingalm hat man einen guten Blick
175 auf den Hinterglemmer Talschluß. Besonders eindrucksvoll die mächtigen Saalwände, die über steilen Wiesenhängen ansetzen, im Hintergrund Gamshag (2178) und Tristkogel (2095), s. der Schusterkogel (2208), ebenfalls mit bemerkenswerter Felsbildung. Nicht sichtbar vom Tal aus ist der Gipfel des Staffkogels, der sich ziemlich genau n. über der Lindlingalm erhebt. Er ist Ziel einer lohnenden Rundwanderung. Trittsicherheit und etwas Ausdauer (rund 1000 m HU) sind dabei allerdings unerläßlich; bei schlechten Sichtverhältnissen oder Nässe muß von der Tour abgeraten werden. – Zunächst auf breitem Karrenweg taleinwärts zur Saalalm (1442), 30 Min. Hier wendet sich das Weglein, AV-Mark. 712, nach N. Man überschreitet einen der Saalach-Quellbäche und steigt steil aufwärts gegen den Saalkogel. In einem weiten Linksbogen gewinnt der Pfad am Saaljoch (1876), 1¾ Std., die Wasserscheide zwischen dem Glemmtal und dem Kitzbüheler Talbecken. Aus dem Sattel, der roten Mark. folgend, n. über den breiten Gratrücken zum Gipfel des Saalkogels (2007) und anschließend nö. hinab ins Oberreiterjoch (1903), 2½ Std. Während des Abstiegs hat man die markante Gestalt des Staffkogels unmittelbar vor sich; der rot bez. Gipfelweg verläuft, die felsdurchsetzte Westflanke umgehend, über den Südhang. Am Fuß der Felszone kreuzt man eine mark. Wegspur, die den Bergstock w. umgeht und vom Henlabjoch (1863) sö. hinab zur Forsthofalm (1510) führt. Großartig die Aussicht vom Staffkogel, 3¼ Std., auf die Höhenzüge der „Grünen" Kitzbüheler Alpen; im NW, rund 1500 m tiefer, der berühmte Fremdenverkehrsort Kitzbühel. Am w. Horizont erkennt man bei günstigen Witterungsbedingungen die gezackte Silhouette des Karwendels, gegen O reicht die Sicht bis hin zu den Radstädter Tauern.

Vom Gipfelkreuz zurück zur Wegkreuzung, 15 Min., dann li. auf dem bez. Weglein abwärts zur Forsthofalm (1510). Wenig oberhalb der Alphütte trifft man auf den AV-Weg 760, welcher, zuletzt in bequemen Serpentinen, zur Lindlingalm hinableitet. Z 5 Std., LA 2–3, Hierzu Wanderwege-Karte 28 Hinterglemmtal.

Zell am See, 757 m,** malerisch am Westufer seines Sees gelegen, ist Bezirkshauptort des Pinzgaus und einer der berühmtesten, traditionsreichsten Fremdenplätze in den Salzburger Alpen. Seine touristische „Geburtsstunde" schlug mit dem Anschluß an das österreichische Eisenbahnnetz im Jahr 1875. Noch vor der Jahrhundertwende wurde die Pinzgauer Lokalbahn eröffnet und 1928 folgte die Seilschwebebahn auf die Schmittenhöhe, eine der ersten Anlagen dieser Art im Lande.

Frühling an einem Salzkammergutsee. Begünstigt durch das hier herrschende, milde Klima, wie die Vegetation an den Ufern zeigt, und auch die Existenz des Edelkastanienhaines bei Unterach am Attersee beweist, hält der Frühling dort erheblich eher Einzug als in rauhen Bergregionen. Foto Verlagsarchiv

Die **Taferlklause** mit ihrem idyllisch, am Fuße des Höllengebirges gelegenen See, ist ein besonders günstiger AP sowohl für den Anstieg zum Hochleckenhaus → RW 286 als auch für die Ersteigung des Brunnkogels → RW 287. Foto Tourismusverband Altmünster

Das um 740 als „Cella di Bisoncio“ von Salzburger Mönchen gegründete Zell breitet sich auf dem Schwemmkegel des Schmittenbachs, der früher mehrfach den Ort verwüstete, aus. Beachtenswerte historische Bauten sind die im Kern romanisch-gotische Pfarrkirche, der alte Vogtturm und das 1583 erbaute Schloß Rosenberg, ein typischer Salzburger Ansitz (Rathaus), in dem das Heimatmuseum untergebracht ist. Am See die gepflegten Anlagen des Elisabethparks. – Ein Netz von Spazier- und Wanderwegen erschließt besonders reizvolle Landschaftspunkte im weiteren Siedlungsgebiet von Zell. Neben den Seepromenaden sind vor allem die Dr.-Müller-Promenade, welche aussichtsreich über Fuchslehen zur Siedlung Einöd führt, der als Waldlehrpfad mark. Köhlergrabenweg, 50 Min. zur Jausenstation Köhlergraben, und die Nikolaus-Gassner-Promenade, 45 Min. bis Schüttdorf, zu nennen. Ein beliebtes Ausflugsziel ist die bewirtsch. Ebenbergalm (993) in reizvoller Lage sw. über dem Städtchen. Abwechslungsreiche, leichte Rundwanderung mit Aufstieg über die Gassner-Promenade und den Alpengh. „Bergheim“ (930), Abstieg zum Köhlergrabenweg; insgesamt zirka 2½ Std.

Schmittenhöhe, 1965 m.** Bei günstigen Witterungsbedingungen sollte niemand den lohnenden Abstecher hinauf zur Schmittenhöhe, dem „Hausberg“ von Zell, versäumen. Von dem sö. Eckpfeiler der Kitzbüheler Alpen bietet sich ein überwältigendes Panorama, das durch stimmungsvolle Tiefblicke auf den Zeller See, ins Glemm- und Salzachtal noch zusätzlich an Reiz gewinnt. Den s. Horizont beherrschen die vergletscherten Gipfelketten der Hohen Tauern, vom Großvenediger (3674) über den Großglockner (3797) bis zum Ankogel (3246), im N bauen sich die Felsmassive der Kalkalpen auf. Als Gegensatz zu diesen extrem alpinen Eindrücken empfindet man die sanfter profilierten, grünen Höhenzüge der Kitzbüheler und Dientner Schieferberge. Die Talstation der Schmittenhöhebahn liegt im Tälchen des Schmittenbachs; beschilderte Zufahrt 2 km von der B 311. Großkabinen mit einem Fassungsvermögen von je 55 Personen befördern die Passagiere in wenigen Minuten hinauf zur Bergstation (1949) knapp unter dem Gipfel. **RW 176**

Wer den Abstieg ins Tal auf „Schusters Rappen“ bewältigen möchte, hat die Wahl zwischen dem n., über die Sonnalm (1377) verlaufenden Weg, AV-Mark. 752, 2½ Std., und dem s. Weg, AV-Mark. 719. Letzterer leitet über die bewirtsch. Breiteckalm (1769), das Glocknerhaus (1583) und das Gh. Mittelstation (1362), abschnittweise herrliche Ausblicke gewährend, hinab nach Zell am See. Zurück zur Talstation der Schmittenhöhebahn über den in Serpentinen verlaufenden Forstweg oder den mark. Köhlergrabenweg. Z 3¼ Std., LA 1–2. Hierzu Wanderwege-Karte 29 Schattberg-Schmittenhöhe.

Panoramaweg Schmittenhöhe – Schrambachkopf.** Eine vielbegangene Höhenpromenade verbindet die Schmittenhöhe mit dem Schrambachkopf (Sonnkogel, 1856). Sie führt, durchgehend weiß-gelb mark., zunächst in n. Richtung leicht abwärts in einen Wiesensattel, quert anschließend die SO-Flanke des Salersbachköpfls (1934) und steigt dann mäßig an zum Schrammbachkopf, 45 Min., in umgekehrter Richtung 1 Std. Da nicht nur die Schmittenhöhe, sondern auch der Schrambachkopf durch Bergbahnen erschlossen ist **RW 177**

(Seilschwebebahn Sonnalm, 1377; Sessellift Sonnkogel), ergibt sich hier die Möglichkeit zu einer reizvollen kleinen Verbundwanderung nahe der 2000 m-Höhenmarke. Abstiegswege → RW 176. Hierzu Wanderwege-Karte Schattberg-Schmittenhöhe.

W 178 **»Pinzgauer Spaziergang«, Schattberg-Ostgipfel***, 2018 m.** Unter den Höhenwegen der Ostalpen zählt der «Pinzgauer Spaziergang« gewiß zu den schönsten. Die günstigen topographischen Gegebenheiten in den Kitzbüheler Alpen optimal nutzend, zieht er hoch über dem Tal der Salzach dahin, ohne größere HU, ein echter „Schaupfad". Man genießt auf dem rund 25 km langen Weg von der → Schmittenhöhe (1965) zur Bürglhütte (1695) eine nicht abreißende Kette von Ausblicken auf den Oberpinzgau, seine gegen S ansteigenden Seitentäler und die Kette der Hohen Tauern. An den zahlreichen „Törln" und Scharten, die der «Pinzgauer Spaziergang» tangiert, bieten sich auch immer wieder reizvolle Durchblicke nach N, auf die Berge um das Glemmtal und die Salzburger Kalkalpen. Der mit 719 mark. Weg darf als leicht taxiert werden, auch für weniger Geübte; er verlangt aber Ausdauer. Für die gesamte Strecke ist eine reine Gehzeit von etwa 8 Std. anzusetzen, mit dem Abstieg von der → Bürglhütte nach Stuhlfelden ergibt dies ein Total von rund 10 Std. Eine überaus beliebte Alternative bildet die Wanderung von der Schmittenhöhe zum → Schattberg, welche den ö. Abschnitt des «Pinzgauer Spaziergangs» einbezieht; bis zum Klingler Törl (2017) 4 Std. Unter der Scharte zweigt re. der mit 764 mark. Höhenweg zum Schattberg ab (HT). Für den „Abstieg" nach Saalbach bedient man sich dann der Großkabinen-Seilschwebebahn (wichtig: Zeitpunkt der letzten Talfahrt!); zurück nach Zell am See mit dem Autobus. Z 6 Std., LA 2. Hierzu Wanderwege-Karte 29 Schattberg-Schmittenhöhe.

RW 179 **Rund um den Zeller See**.** Der rund 4 km lange und bis 1.5 km breite Zeller See (750) gilt als ein echtes Kleinod der Salzburger Alpenlandschaft. Eingebettet zwischen bewaldete Höhenzüge, verdankt er seine Entstehung dem eiszeitlichen Salzachgletscher. Während nach N Moränenwälle jeglichen Abfluß verhindern, ziehen von seinem Südufer mehrere Abzugkanäle durch das Zeller und Brucker Moos zur Salzach. Im S bilden die vergletscherten Kapruner Berge der Glocknergruppe mit der formschönen Pyramide des Kitzsteinhorns (3203) die eindrucksvolle Kulisse, den n. Horizont begrenzen die hellen Felsmauern des Steinernen Meers. Sehr beliebt ist die Wanderung rund um den stimmungsvollen Alpensee, zirka 11 km, die sich auch gut mit einer Bootsfahrt verbinden läßt. Anlegestellen in Zell und Thumersbach.

Der Rundweg folgt den gepflegten Promenaden des West- und Nordufers; s. vom See quert der «Karl-Vogt-Weg» das interessante Landschaftsschutzgebiet des Zeller Mooses. In Thumersbach der Riemannpark mit sehenswertem Baumbestand. Z 3 Std., LA 1. Hierzu Wanderwege-Karte 30 Zeller See..

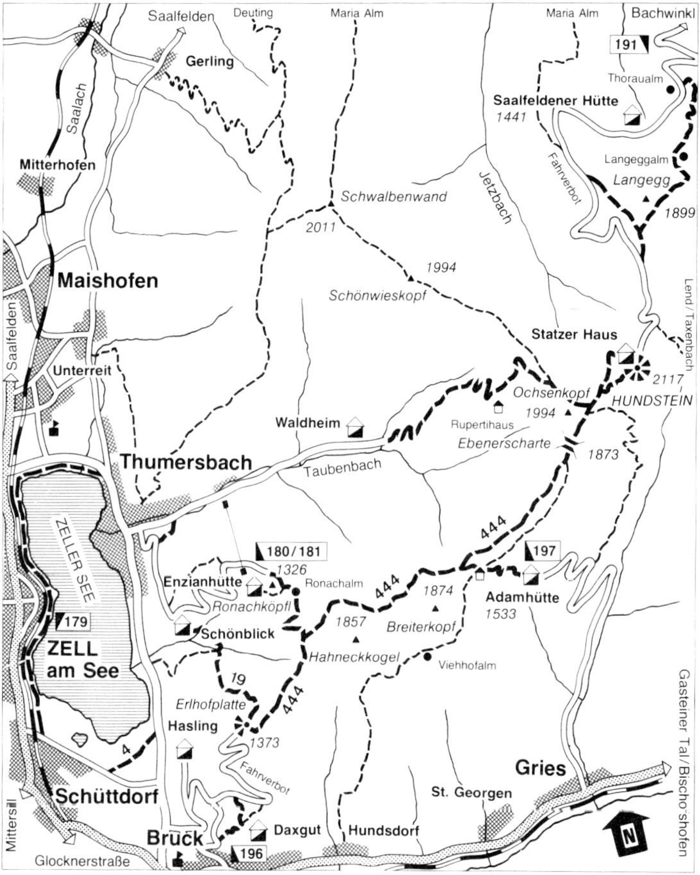

Wanderwege-Karte 30 Zeller See

Erlhofplatte*, 1373 m, AP Thumersbach. Leichte, auch für Familien geeignete Rundwanderung. AP ist die bewirtsch. Enzianhütte, die wenig unterhalb der Bergstation des von Thumersbach ausgehenden Ronachköpfl-Sesselliftes (1280) liegt. Ein mark. Güterweg leitet s. über die Ronachalm aufwärts gegen den Hahneckkogel (1857), der als höchstbewaldeter Gipfel der Ostalpen gilt. An der 1500 m-Höhenkote kommt man zu einer Wegeteilung (HT): li. weiter zum → Hundstein (2117), re. auf rot mark. Pfad leicht abwärts zur Erlhofplatte, 1$^1/_2$ Std. An der „Kanzel des Pinzgaus", wie der Panoramapunkt gelegentlich genannt wird, eröffnet sich eine sehr stim- RW 180 mungsvolle, überraschend weite Aussicht. Sie umfaßt im S die vergletscherten Dreitausender der Hohen Tauern, im N Leoganger Steinberge und Steinernes Meer; gegen W reicht der Blick durch den Oberpinzgau bis zu den Höhen um den Gerlospaß. Rund 600 m tiefer der Zeller See, an seinem Westufer, enggedrängt auf dem Schwemmkegel des Schmittenbachs, der berühmte Fremdenort Zell.

Von der Erlhofplatte (zur Zeit keine Bewirtsch.) führt ein bez. Weglein in n. Richtung durch Wald steil hinab zu den Bauernhöfen am Erlberg. Knapp unterhalb der Jausenstation Schönblick (990) stößt man auf ein von Thumersbach heraufkommendes Sträßchen (reizvolle Variante, vom Ronachköpfl-Lift abwärts nach Thumersbach 1 Std.). Z 3¼ Std., LA 1–2. Hierzu Wanderwege-Karte 30 Zeller See.

RW 181 **Hundstein***, Statzer Haus, 2117 m, AP Thumersbach.** Aufgrund seiner zentralen Lage bietet der Hundstein, höchste Erhebung der Dientner Schieferberge ein hervorragendes Panorama der Salzburger Alpen. Besonders eindrucksvoll im N die Kette der ,,Steinberge", vom Kaisergebirge bis zum Hohen Dachstein, als Gegensatz am s. Horizont die ,,Keesberge" der Hohen Tauern. Auf dem Gipfel steht das während der Sommermonate bewirtsch. Statzer Haus des ÖTK. Als landschaftlich reizvollster Zugang gilt der «Thumersbacher Kammweg», AV-Mark. 402A und 444. Er hat seinen AP am Ronachköpfl (1326), das man bequem mit dem von Thumersbach ausgehenden Sessellift erreicht (→ RW 180), und folgt weitgehend dem langgestreckten, vom Hundstein gegen SW ziehenden Gratrücken. Die erste Streckenhälfte führt größtenteils durch schattenspendenden Wald, was besonders an heißen Sommertagen als angenehm empfunden wird. In dem weiten Sattel nö. des Breiterkogels (1874) mündet re. ein von der → Adamhütte (1533) heraufkommendes Steiglein. Wenig später wird der Blick nach S, auf die vergletscherten Dreitausender der Hohen Tauern, frei. Beherrschend die gewaltige Berggestalt des Großen Wiesbachhorns (3564), li. anschließend die Gipfelketten der Goldberg- und Ankogelgruppe. Der «Thumersbacher Kammweg» tangiert die Ebnerscharte (1873) und leitet dann durch die SO-Hänge des Ochsenkopfs (1994) in eine Scharte (1931), auf welche auch der direkt aus dem Thumersbacher Graben heraufziehende Weg mündet. Aus dem Sattel, der rot-weißen Mark. folgend, steil zum Gipfel oder (bequemer) auf dem breiten Güterweg in einer nach N ausholenden Schleife ebenfalls zum höchsten Punkt, 3½ Std.

Beim Abstieg nimmt man den im Sattel unter dem Ochsenkopf re. abzweigenden Pfad. Er führt kurz auf den nw. zur Schwalbenwand (2011) ziehenden Grat und senkt sich dann in einer Schleife zu dem in Verfall begriffenen Rupertihaus (1654). Schöner Tiefblick durch den Thumersbacher Graben auf den Zeller See, darüber die Schmittenhöhe. Weiter auf teilweise steilem Karrenweg durch den Wald abwärts. Im Talgrund mündet der Pfad in ein Sträßchen, das zum AP, der Talstation des Ronachköpfl-Sesselliftes, zurückleitet. Auch für Familien mit größeren Kindern geeignet. Z 5½ bis 6 Std., LA 2. Hierzu Wanderwege-Karte 30 Zeller See.

Saalfelden-Leogang-Paß Grießen-Hochfilzen

Dieser Streckenabschnitt der Hochkönig-B 164 ist normal breit ausgebaut und gestattet dank seiner günstigen Linienführung und der relativ geringen Frequenzen ein rasches Vorwärtskommen. Die Orte Leogang (797) und Hochfilzen (959) besitzen allerdings keine Ortsumfahrungen; man achte hier besonders auf den Fußgängerverkehr und halte strikte alle Geschwindigkeitsbeschränkungen ein! Die Talstation (836) der Asitzbahnen liegt w. des Ortszentrums von Leogang zwischen den Ortsteilen Rain und Hütten. Den höchsten Punkt erreicht die Straße auf dem nur wenig ausgeprägten Scheitel des Paß Grießen (963). Die Landesgrenze zum Nachbarland Tirol verläuft wenig ö. von Hochfilzen → Anschlußband 4 TIROL kombiführer auto + wanderschuh.

Birnbachloch*, zirka 1240 m. Beliebter Halbtagsausflug an der Süd- **RW**
flanke der Leoganger Steinberge, AP ist Leogang-Rosental. Der Anstieg **182**
durch den wildromantischen Ullachgraben ist im unteren Abschnitt identisch mit dem Weg zur → Passauer Hütte. Man wandert über Ullach (817) taleinwärts, zunächst auf einem breiten Fahrweg, dann auf allmählich stärker steigendem Pfad. Bei der beschilderten Abzw., zirka 40 Min. von Rosental, hält man sich li. (re. zur Passauer Hütte) und folgt dem Steiglein, AV-Mark. 620, in den Örgenkessel. Grandios die Gebirgskulisse mit der fast 1500 m hohen, zerklüfteten Wandflucht des Birnhorns (2634). Nach einem Zick-Zick-Anstieg erreicht man beim Birnbachloch das Wegende, 1¾ Std. Auf dem Grund der Felshöhle bricht eine starke Quelle hervor, welche, so weiß die Sage, von einem großen See im Bergesinnern gespeist wird. Im Örgenkessel liegt den ganzen Sommer über der sogenannte „Birnbachgletscher"; es handelt sich dabei um Überreste der Lawinen, die jedes Frühjahr über die Südflanke des Birnhorns herabdonnern.

Beim Rückweg nimmt man den bei der 1000 m-Höhenkote (Quellfassung) re. abgehenden Pfad, Mark. 10 b. Er quert, fast eben verlaufend, die w. Hänge des Ullachgrabens. Von der Jausenstation „Priestereck" (950) Abstieg ö. nach Rosental auf bequemem Güterweg. Z 3 Std., LA 1–2. Hierzu Wanderwege-Karte 31 Leogang.

Passauer Hütte. 2051 m.** Derzeit einziger Tourenstützpunkt innerhalb **W**
der Leoganger Steinberge ist die 1956 neu aufgebaute Passauer Hütte. **183**
Für konditionsstarke Bergwanderer bildet das im Sommer an den Wochenenden bewirtsch. Schutzhaus ein lohnendes Ziel, auch ohne Gipfelbesteigung. Mark. Zugang von S mit beachtlichen 1200 m HU, die gewissermaßen „in einem Zug" zu bewältigen sind! Den AP erreicht man vom Leoganger Ortsteil Rosental über die Häuser von Ullach (817). Parkmöglichkeit bei den Ruinen einer alten Mühle, zirka 2 km von der B 164. Das AV-Weglein, Mark. 623, führt zunächst in den Ullachgraben, dann in zahllosen kurzen Serpentinen steil über Almwiesen und durch Wald bergan. Mit zunehmender Höhe weitet sich die Aussicht allmählich; am s. Horizont treten über den Schieferbergen die firnbedeckten Dreitausender der Hohen Tauern hervor. Packend der Blick in die wildzerklüftete Südflanke des Birnhorns (2634). Oberhalb der Latschenzone

wird das Gelände felsiger, die Wegführung interessanter. Durch das «Tor», einen herrlichen Rastplatz unter dem mauerglatten, überhängenden Pfeiler des Fahnenköpfls (2142), leitet der vorzüglich trassierte, teilsweise mit zementierten Stufen versehene und an exponierten Stellen gesicherte Steig hinauf zur Mittagsscharte (zirka 2020), 3½ Std. Von der Passauer Hütte genießt man einen instruktiven Blick auf die Ödlandschaft der Hochgrub, über der sich w. das Birnhorn, re. flankiert vom Kuchelhorn (2505), erhebt. Charakteristisch für den höchsten Gipfel der Leoganger Steinberge ist seine ausgeprägte Schrägschichtung. Den n. Horizont begrenzen Loferer Steinberge, Reiteralpe, Hochkalter und Watzmann, im S reicht die Aussicht bis zum Großglockner. Z 5½ Std., LA 3. Hierzu Wanderwege-Karte 31 Leogang.

RW 184 **Asitzkopf*, 1914 m.** Als Kulminationspunkt in dem langgestreckten Höhenzug, der das Leoganger Tal vom Vorderen Glemmtal trennt, bietet der Asitzkopf eine besonders reizvolle Aussicht auf die Pinzgauer Berge. Prachtvoll der Blick hinüber zu den Leoganger Steinbergen; als Kontrast hierzu empfindet man das s. Panorama mit den vergletscherten Hochgipfeln der Tauern. Der Zugang zum Asitzkopf wird durch die Leoganger Asitzbahnen, deren Talstation sich im Ortsteil Hütten befindet, wesentlich erleichtert. Von der Bergstation des Zwei-Sektionen-Doppelsesselliftes (1760) steigt man in etwa 40 Min. auf mark. Gratweglein über den Kleinen Asitzkopf (1870) hinauf zum Gipfel des Asitzkopfes. Abstieg w. zur bewirtsch. Schönleitenhütte (1804) und Rückweg zur Sesselbahn, AV-Mark. 771. Z 1½ Std., LA 1–2. Hierzu Wanderwege-Karte 31 Leogang.

RW 185 **Haiderbergkopf**, 1875 m.** Der Abstecher zum Asitzkopf läßt sich bei entsprechend gesteigertem Zeitaufwand zu einer schönen Kammwanderung erweitern. Man folgt dabei dem «Saalachtaler Höhenweg» über Schabergkogel (1888), Geierkogel (1853) und Scheideckriedel (1737) bis zum Haiderbergkopf, 2½ bis 2¾ Std. ab Liftstation, dessen begrünte Kuppe eine stimmungsvolle Rundschau gewährt. Besonders reizvoll die Tiefblicke in die umliegenden Täler; im NO Saalfelden (744), darüber die Felsmauern des Steinernen Meers. Die auch für Familien geeignete Höhenwanderung bietet viel Abwechslung; der bestens mark. Gratweg verläuft über Almböden, durch Latschen und Wald. Am Geierkogel Unterstandhütte mit Lehrtafeln zur Alpenflora, zur Jagd, zum Bergbau in Viehofen und zu den Schlössern um Maishofen. Sw. unterhalb des Haiderbergkopfs die im Sommer bewirtsch. Lochalm (1676). Für den Rückweg bietet sich als Alternative zur Kammwanderung das vom Scheideckriedel zur Schönleitenhütte (1804) führende Almsteiglein an. Es quert die Südhänge des Geierkogels und des Schabergkogels und steigt dann leicht an zu dem bewirtsch. Schutzhaus unter dem Asitzkopf. Z 5 Std., LA 1–2. Hierzu Wanderwege-Karte 31 Leogang.

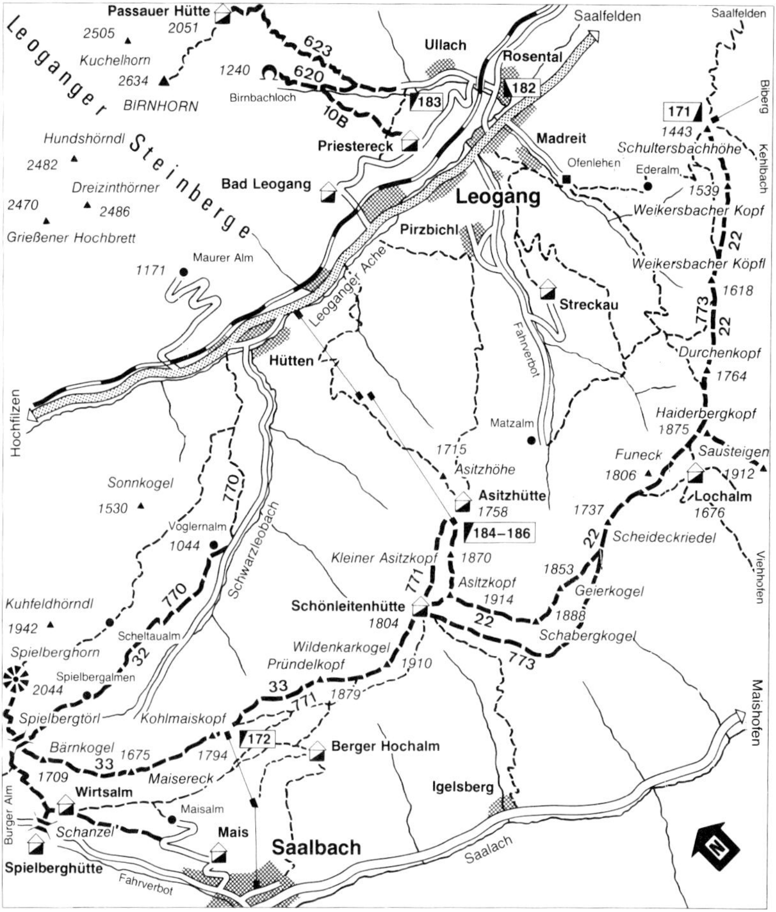

Wanderwege-Karte 31 Leogang

Spielbergtörl, 1670 m.** Prächtige Höhenwanderung, auch leicht, aufgrund der beträchtlichen Horizontaldistanz aber nur für ausdauernde Geher geeignet. Kernstück ist der «Saalachtaler Höhenweg» (Biberg–Spielberghorn), dem man von der Schönleitenhütte bis zum Spielbergtörl folgt. Diese rund dreistündige Gratwanderung vermittelt eine Fülle schönster Tal- und Fernblicke. Besonders hervorzuheben die Parade der Tauerngipfel, die den s. Horizont begrenzen. Einen bequemen Zugang ermöglichen die Leoganger Asitzbahnen; von ihrer Bergstation (1760) wandert man in knapp 30 **RW 186**

Min. auf gutem Pfad, AV-Mark. 771, zur bewirtsch. Schönleitenhütte (1804). Nun auf dem «Saalachtaler Höhenweg» in w. Richtung, immer am Kamm, über Wildenkarkogel (1910), Pründelkopf (1879), Kohlmaiskopf (1794) und Bärnkogel (1709) zum Spielbergtörl (1670), 3½ Std. Die zu bewältigenden Steigungen halten sich mit insgesamt rund 300 m HU in engen Grenzen. Im Bereich der «Grünen Böden», etwa auf halbem Weg zwischen dem Wildenkarkogel und der Bergstation des von Saalbach ausgehenden Kohlmais-Sesselliftes, und am Bärnkogel informieren Lehrtafeln über Alpenflora, Geologie, Bergbau, Almwirtschaft und Brauchtum. Spielberghorn → RW 172.

Aus dem Spielbergtörl führt ein Weglein, AV-Mark. 770, über die Spielbergalmen (1520) hinab ins Schwarzleotal, in dem noch vor einem Jahrzehnt Magnesit abgebaut wurde. Die alte Bergbauregion lieferte eine Vielzahl schönster Mineralien, darunter Graphit, Pyrit, Zinnober, Markasit, Azurit, Malachit, Aragonit und Apatit. Z 5½ Std., LA 2. Hierzu Wanderwege-Karte 31 Leogang.

Saalfelden-Filzensattel-Dienten-Lend

Die Hochkönig-B 164 ist im 14 km langen Abschnitt Saalfelden–Hintertal gut ausgebaut mit 6 m Fahrbahnbreite; im Bj. zeigte sich die Westseite des Filzensattels (1291) in einem akzeptablen Zustand, die kurvige Bergstraße hat hier eine max. Steigung von 15%, das Gefälle auf der Ostseite erreicht 14%. Allerdings liegen die Hauptsteigungen in einem ungünstigen, S-kurvigen Straßenverlauf. Die Fahrbahnbreiten schwanken auf der Bergstrecke zwischen 3.5 und 6 m, SG 2–3. Über die Scheitelstrecke, welche ausgeholzt wurde, führt durch eine Schneise eine Hochspannungsleitung. Abzweigende Forststraßen sind durch Schranken versperrt. Nach 17 km gelangt man an eine Straßenteilung: li. setzt sich die B 164 über den Dientener Sattel nach Mühlbach am Hochkönig (859) und **weiter hinab nach Bischofshofen (544) fort. - Geradeaus 1 km hinab zum Erholungsdorf Dienten (1078), das in einer Mulde liegt, dessen zweischiffige Hallenkirche weithin sichtbar, malerisch auf einem Hügel steht. Der Gebirgsstock des Hochkönigs bildet hierzu eine eindrucksvolle Felskulisse. Die ausgebaute Straße senkt sich durch das Tal des Dientenbaches und mündet nach 13 km w. Lend in die Pinzgauer B-311 ein.**

Saalfelden am Steinernen Meer, 744 m. Rund 10 km n. von Zell am See, in dem weiten, von der Saalach durchflossenen Talboden, über dem die schroffe Felsmauer des Steinernen Meeres aufragt, liegt der stattliche Markt Saalfelden mit rund 10.000 Einw. Am nahen Biberg bestand nachweislich bereits in prähistorischer Zeit ein Siedlungszentrum. Im Mittelalter war Saalfelden Hauptort der Grafschaft Unterpinzgau, die 1228 als Reichslehen an das Erzstift Salzburg kam. Die nähere Umgebung bietet viele Möglichkeiten zu kleinen Ausflügen und Wanderungen; hervorzuheben sind der Kollingwald mit Fitness-Parcours und der nahe Ritzensee. An seinem Nordufer steht Schloß Ritzen, in dem das besuchenswerte Heimatmuseum untergebracht ist. Als besondere Attraktion, vor allem für Familien, ist die Sommerrodelbahn zu nennen.

Kaltenbachtal, Parkplatz 850 m
Man zweigt im N von Saalfelden von der Pinzgauer-B 311 in ö. Richtung ab und folgt der HT Gh. „Auhäusl", das sich re. der Asphaltstraße befindet, li. der Sportplatz. Durch eine Ahornbaumallee nur mäßig ansteigend zum Parkplatz im bewaldeten Kaltenbachtal, knapp 2 km von der B 311 entfernt, SG 1–2. Am EP ist eine Wanderwegespinne mit mehreren HT.

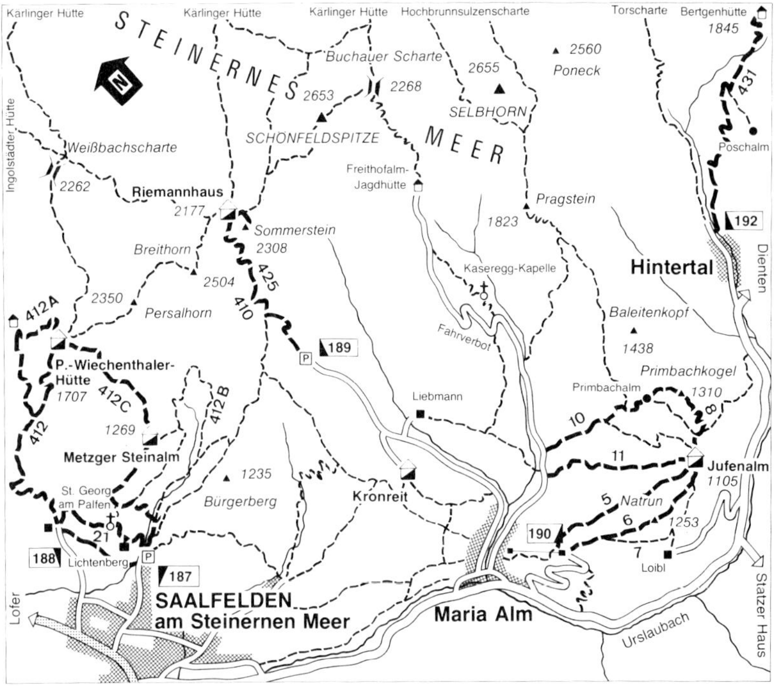

Wanderwege-Karte 32 Steinernes Meer

Einsiedelei St. Georg am Palfen, 990 m. N. von Saalfelden (744), auf **RW**
einer weitschauenden Anhöhe über der Mündung des Kaltenbachs, liegt **187**
Schloß Lichtenberg (920), etwas höher noch, an eine steile Felswand (= Palfen) geschmiegt, die Einsiedelei St. Georg. Beliebtes Ausflugsziel, auch für Familien empfehlenswert. Man stellt sein Auto im Ortsteil Bürgerau ab und wandert auf gutem Weg in etwa 30 Min. hinauf zum Schloß. Die stattliche Anlage, 1287 erstmals urkundlich genannt, wurde während des Bauernkrieges im 16. Jh. stark beschädigt, später aber wieder aufgebaut (Privatbesitz, keine Besichtigung). In weiterem Anstieg leitet der Pfad bergan zur Einsiedelei, insgesamt zirka 45 Min. Sie geht auf das 17. Jh. zurück; erster Eremit am Palfen war Thomas Pichler. Sehr schöner Blick auf das weite Talbecken von Saalfelden, am fernen s. Horizont mehrere Dreitausender der Hohen Tauern. Abstieg nw. zum Buchbichlgut (835) und zurück zum AP auf Weg 20. Z 1¾ Std., LA 1–2. Hierzu Wanderwege-Karte 32 Steinernes Meer.

RW **Peter-Wiechenthaler-Hütte**, 1707 m.** Ihre prächtige Aussichtslage vor
188 dem Hauptkamm des Steinernen Meers stempelt das im Sommer bewirtsch. Schutzhaus der AV-Sektion Saalfelden zu einem besonders dankbaren Wanderziel. Der Hüttenweg hat seinen AP im Weiler Bachwinkl (762); Zufahrt vom Saalfeldener Ortsteil Pabing (HT), zirka 1.5 km ab B 311. Zunächst kurz taleinwärts zum Öfenbach, der unterhalb der Clessinsperre überquert wird, und anschließend in Serpentinen an der bewaldeten Südflanke des Kiensberges (1333) aufwärts. Nach zirka 1½ Std. gewinnt man am Kreuzweg (1348) die Kammhöhe. Hier wichtige Wegteilung (HT): geradeaus in direktem Anstieg, weiterhin Mark. 412, zur Peter-Wiechenthaler-Hütte, li. fast eben zum Rosenbühel (1372) und von N her ebenfalls hinauf zum Schutzhaus. Landschaftlich reizvoller und weniger der Sonne ausgesetzt ist der mit 412A bez. Weg über den Rosenbühel; er vermittelt bemerkenswerte Aussicht auf die vom Praghorn (2143) über den Schindlkopf (2357) zum Breithorn (2504) ziehende Bergkette und in den wilden Weißbachgraben. Für den Aufstieg ist eine Gesamtgehzeit von etwa 3 Std. anzusetzen; in 1½ Std. steigt man, die kürzere, mit 412 mark. Verbindung nehmend, ab ins Tal. Von der Schutzhütte am Kienalkopf (1707) bietet sich eine ungemein stimmungsvolle Rundschau, die gegen S bis zu den „Keesbergen" reicht; im W hat man die Kitzbüheler Alpen, die Leoganger und Loferer Steinberge. Ö. vom Kienalkopf setzt der lange, über das Persalhorn (2350) zum Breithorn (2504) ziehende Grat an; am sö. Horizont sind an klaren Tagen über den Dientner Schieferbergen einige Gipfel der Radstädter Tauern auszumachen. Z 4½ Std., LA 2.

Erfahrenen Berggängern bietet sich als Abstiegsvariante der landschaftlich großartige Weg über die Zwieselbachhöhe (1625) und die Metzger-Steinalm (1269) an, Mark. 412C. Abschnittweise mit Drahtseilen gesichert quert er mehrere wildromantische Gräben unter dem Persalhorn. Trittsicherheit unerläßlich, etwa 3 Std. bis hinab in den Kaltenbachgraben. Z für die gesamte Runde 6 Std., LA 3. Hierzu Wanderwege-Karte 32 Steinernes Meer.

W **Riemannhaus**, 2177 m.** Einer gigantischen Felsenmauer gleich riegeln
189 die Steilabstürze des Steinernen Meers das freundliche, weite Talbecken von Saalfelden gegen N ab. Sie versperren jeden Blick auf den Kernraum des Gebirges, jene phantastische, von Buckeln und Karrenfeldern durchsetzte Ödlandschaft des „zu Stein gewordenen Meeres". Am eigentlichen Hauptkamm, in der zwischen Breithorn (2504) und Schönfeldspitze (2653) eingelagerten Ramseiderscharte, steht das im Sommer bewirtsch. Riemannhaus. Ein landschaftlich großartiger Weg, AV-Mark. 425, vermittelt den Zugang von S. Anfahrt ab Maria Alm am Steinernen Meer (802) bis zu einem Parkplatz (1160) oberhalb der Stabler Au möglich, 5 km (HT Riemannhaus). Der Weiterweg führt zunächst in bequemen Kehren zur Talstation der Materialseilbahn, dann steiler an eine scheinbar unüberwindliche Felsbarriere heran. Grandios die Szenerie: zur Linken hat man die Felsaufschwünge des Breithorns, re. die zerrissenen Wände des von den Messingköpfen (1973) zur

Schönegg (2390) ziehenden Grates. Das geschickt trassierte Weglein überlistet den steilen Felsriegel und leitet im Zick-Zack, bestens gesichert, hinauf in das Hochkar unter der Ramseiderscharte. Über dem Sattel steht das Riemannhaus, 3 Std., re. baut sich der mauerglatte, senkrechte Pfeiler des Sommersteins (2308) auf. Geübte besteigen ihn von der Hütte aus über seine „zahme" Rückseite in 30 Min., blau mark. Z 5 Std., LA 3. Hierzu Wanderwege-Karte 32 Steinernes Meer.

Wh. Jufenalm, 1105 m, und Primbachkogel*, 1310 m. Zu den bevorzugten **RW**
Ausflugszielen in der näheren Umgebung von Maria Alm (802) zählt **190**
der Natrun (1253), dessen bewaldeter Rücken sich sö. vom Ort erhebt. Sein Gipfel bietet zwar keine freie Rundschau, doch führen mark. Höhenwege durch seine Nord- bzw. Südflanke. AP ist die Bergstation des von Maria Alm ausgehenden Sesselliftes (1050). In etwa 1 Std. wandert man ohne Hast zum Wh. „Jufenalm", das sich einer hübschen Lage in einem Wiesensattel zwischen Natrun und Primbachkogel erfreut. Abstieg durch den Enterwinkl zum Gh. „Waldhaus" (831), Mark. 11. Z 2 Std., LA 1.

Von der Jufenalm lohnt sich ein Abstecher nö. hinauf zum Primbachkogel, dessen Gipfel eine bemerkenswerte Aussicht gewährt, 40 Min. Besonders eindrucksvoll die Südabstürze des Steinernen Meers und das Hochkönigmassiv. Im S der Hundstein (2117) mit seinen ausladenden Graten, im W, über dem Talbecken von Saalfelden, erheben sich die Leoganger Steinberge. Schöner Tiefblick auf Maria Alm, dessen Kirche den höchsten und wohl auch spitzesten Turm im Land Salzburg besitzt (82 m). Vom Primbachkogel steigt man auf bez. Weglein, Mark. 8 und 10, über die Primbachalm (1150) hinab ins Tal. Z 3 Std., LA 1–2. Hierzu Wanderwege-Karte 32 Steinernes Meer.

Güterweg Bachwinkl–Neukaseralm–Statzer Haus, 2117 m.
Das bis zu den Ferienhäusern oberhalb des Gh. Handlerhof asphaltierte Sträßchen zweigt zwischen Maria Alm am Steinernen Meer (802) und Hintertal (1016) im Bachwinkl (881) von der Hochkönig-B 164 ab. Hier auch Postauto-Haltestelle und HT „Hintermoos", Gh. „Handlerhof". Nach knapp 1 km gelangt man an eine Straßengabelung, an der man sich re. hält und über die Brücke fährt. Dann erneut Weggabelung, li. zum Handlerhof, einspurig. Nach 5.2 km endet oberhalb der Ferienhäuser das Asphaltsträßchen am Waldrand. Prächtiger Ausblick auf das Steinerne Meer und den Hochkönig (2941). Die Benützung des nun anschließenden 9 km langen Güterweges zum Statzerhaus auf dem Hundstein ist nur Mitgliedern der Weggenossenschaft gestattet; im Bj. wurde bei offenem Schranken im Spätsommer auch ein Befahren durch Nichtmitglieder geduldet, welches allerdings auf eigene Gefahr und Haftung erfolgte. Das in mäßigem, teilweise stark ausgewaschenen Zustand befindliche Erdsträßchen wartet mit kräftigen Steigungen und zahlreichen Querrinnen auf. Es leitet über die Jausenstation Thorau-Alm (1385) und das nur im Winter geöffnete Bergghh. Abergalm (1444) zum Langeck mit Richtfunkstation bzw. hinauf zum Statzer Haus, SG 3-4.

RW 191 **Hundstein***, Statzer Haus, 2117 m. AP Maria Alm.** Der mit langen Graten nach allen Himmelsrichtungen ausgreifende Hundstein ist ein leicht zugänglicher Berg. Er dürfte deshalb schon sehr früh von Hirten und Jägern bestiegen worden sein, allerdings kaum der prächtigen Aussicht wegen, sondern wohl eher auf der Suche nach verirrtem Vieh oder lohnender Beute. Seit Jahrhunderten trifft sich jeweils zu Jakobi die männliche Pinzgauer Jugend auf dem Hundstein, um im traditionellen bäuerlichen Ringen, dem «Ranggeln», ihren Besten zu küren.

Den bequemsten Zugang von N vermittelt das neue Gütersträßchen, das die Saalfeldener Hütte (1441) und die Alpen an der Nord- und Westflanke des Langeggs (1899) berührt, zirka 3 Std. Als Alternative bietet sich der etwas direkter verlaufende Anstieg von der Thoraualm (1385) über Keil- und Langeggalm an. Die beiden Wege treffen an dem vom Hundstein zum Langegg ziehenden Verbindungsgrat zusammen; sie vermitteln vorzügliche Ausblicke auf die Südflanke des Steinernen Meers und den Hochkönigstock. → RW 181. Z 5 Std., LA 1–2. Hierzu Wanderwege-Karte 30 Zeller See.

W 192 **Bertgenhütte**, 1845 m.** Prächtige, wildromantische Landschaftseindrücke vermittelt die Wanderung hinauf zur unbewirtsch. Bertgenhütte, 2½ Std. Besonders eindrucksvoll der Blick auf die markante Gestalt des Selbhorns (2655), der höchsten Erhebung des Steinernen Meers. Von Hintertal (1016), der AV-Mark. 431 folgend, re. des Urslaubachs kurz taleinwärts und dann in bequemen Kehren durch den Wald bergan. Nach etwa 1 Std. verläßt man den weiter zur Poschalm (1371) führenden Güterweg; HT an einem freistehenden Baum. Das schmale, gut mark. Steiglein führt, zuerst über Wiesen und durch Gesträuch, dann, nach Querung des von Blockwerk und Geröll gefüllten Bachbetts, im Zick-Zack über einen steilen, felsdurchsetzten Hang hinauf zur Bertgenhütte, die sich am Rand des wilden Schneekars an einen Felsen schmiegt. Zur Rechten hat man die düstere, von den Lausköpfen (2307) überragte Schattwand, li., unmittelbar über der Hütte ansetzend, die Südwand des Hochseilers (2793). Gegen W reicht die Aussicht bis zu den Schieferbergen der Kitzbüheler Alpen. Z 4 Std., LA 2–3. – Der weitere Aufstieg zu den beiden „Teufelslöchern" (2700) ist erfahrenen Berggängern vorbehalten (Klettersteig); er vermittelt einen landschaftlich hervorragenden Zugang zum Hochkönig-Plateau. Hierzu Wanderwege-Karte 32 Steinernes Meer.

Bei Bergwanderungen soll man schwer verdauliche Nahrungsmittel nach Möglichkeit meiden. Als **Touristenproviant** eignen sich Knäckebrot, Marmelade, Bienenhonig in Tuben, Streichkäse, magere Wurst, Schinken, frische oder getrocknete Früchte wie Pflaumen oder Aprikosen, Erdnüsse. Zum Trinken Fruchtsäfte, Schokolade, Ovomaltine, Tee. Eine heiße Bouillon, Gulasch- oder Gemüsesuppe ist in fast allen einfachen Einkehrstationen erhältlich.

Zell am See-Fuscher Tal-Großglocknerstraße

Von der Bezirkshauptstadt Zell am See (757) zunächst zum Straßenknoten Schüttdorf. Eine Umfahrung der Stadt durch die Flanke der Schmittenhöhe mit einer 5.4 km langen Tunnelröhre ist projektiert. Die neue Trasse der B 311 schaltet die Bahnübergänge und die Ortsdurchfahrt von Bruck aus, um s. des Ortes in die Großglocknerstraße eingebunden zu werden. Die mautpflichtige Strecke beginnt in Ferleiten (1148).

Die Großglockner-Hochalpenstraßen zählen in ihrer Gesamtheit zweifellos zu den eindrucksvollsten Straßenbauten im gesamten Alpenraum, und sie führen im N und S aus den vegetationsreichen Hochtälern der Fuscher Ache bzw. der Möll in die Fels- und Eisregionen der Dreitausender. Mit Bewunderung muß man anerkennen, daß durch diesen Straßenbau im Hochgebirge eine Harmonie zwischen Landschaft und Technik meisterhaft hergestellt wurde; seit ihrer Erbauung gilt dem Schutz der Natur ein besonderes Augenmerk. Überdies erschließt sie den imposantesten Teil des Nationalparks Hohe Tauern. Auf ihr durchmißt der Besucher bei einer Fahrt über nur 1200 Höhenmeter alle Vegetationszonen zwischen Wiesen- und Gletscherzone, was einer 4000 km langen Reise von Österreich in die Arktis entspricht.

Die Großglockner-Hochalpenstraßen gliedern sich in die zirka 48 km lange Großglocknerstraße, welche als durchgehende Nordsüdverbindung von Salzburg nach Kärnten ihre Scheitelstrecke im 311 m langen Hochtortunnel (2505) hat, in die knapp 2 km lange Edelweißstraße (2571) und in die großartige, knapp 9 km lange Gletscherstraße. Letztere → KÄRNTEN kombiführer auto + wanderschuh. Im Bj. hatten bereits 90% der Großglockner-Hochalpenstraßen eine Fahrbahnbreite von 7.5 m, wodurch auf all diesen Bergstrecken Begegnungen unter Reisebussen problemlos geworden sind. Fahrtechnische Schwierigkeiten gibt es heute für den geübten Bergfahrer kaum mehr, die Höchststeigungen auf der Durchzugsstrecke überschreiten 12% nicht, die Edelweißstraße wartet mit max. 14% auf, SG 2-3. Ohne Zweifel stellen jedoch diese Hochstraßen erhöhte Anforderungen an Fahrer und Maschine, bedingt durch Verkehrsfrequenzen, Kurvenreichtum, beträchtliche Höhenunterschiede, Temperaturgefälle, Schwankungen des Luftfeuchtigkeitsgehaltes und durch die spürbar dünnere Luft oberhalb der 2000-Meter-Marke. Die Benützung sämtlicher vorgenannten Straßen ist gebührenpflichtig.

Im Fuschertal beginnt an der Embachkapelle (946) die Steigungsstrecke, welche den HU zwischen Fuscher Tal zum Ferleitental mit mehreren Kunstbauten durch die wildromantische Bärenschlucht überwindet. Blick in den gletscherreichen Talschluß des Ferleitentales. Die Bergstraße leitet am Schleierwasserfall vorbei in die Schlucht des Pfierslgrabens. Über vier meisterhaft angelegte Kehren gelangt man zum Parkplatz Piffkar (1620), wo sich ein Naturlehrweg befindet, mit Blick auf das Große Wiesbachhorn (3564). Nach weiteren zwei Kehren überschreitet man die Baumwuchsgrenze beim Parkplatz Hochmais (1850). Das Hochmais, knapp oberhalb der Waldgrenze, gewährt einen eindrucksvollen Blick auf den Talschluß und die imposanten Gletscher des Ferleitentales. Fünf Tafeln informieren anschaulich über das Panorama, die Gletschererscheinungen, die Höhenstufen der Vegetation und das vom Standort gut einsehbare ökologische Kleinod Rotmoos im Talschluß. Abermals folgen zwei Kehren und die Straße tritt in das steile Bergsturzgebiet der Hexenküche ein. Zu dessen Bewältigung waren drei weitere Kehren erforderlich. An der steilen Edelweißwand vorbei erreicht die Straße das flachere Gelände des oberen Naßfeldes. Nun in drei Kehren

Auf der **Großglocknerstraße** im Land Salzburg (Nordrampe) tritt man nach Überwindung einer Kehrengruppe in das steile Bergsturzgebiet der Hexenküche mit dem charakteristischen Hexenzahn ein. Foto GROHAG

und einer weit angelegten Schleife über den Törlgrat zur Abzweigung der → Edelweißstraße; diese leitet um den Törlkopf herum zum Parkplatz Fuschertörl (2405) mit schönem Ausblick auf den Brennkogelgletscher.

Vom Fuschertörl mit dem Dr.-Franz-Rehrl-Haus (2394) nunmehr auf Gefällstrecke hinab zur Fuscher Lacke und durch den 117 m langen Mittertörltunnel. Schließlich erreicht man nach Überwindung von zwei Kehren den 311 m langen, beleuchteten Hochtortunnel, in dem die Landesgrenze zwischen Salzburg und Kärnten überschritten wird. Vom Parkplatz am Südportal überblickt man die zahlreichen Gipfel der Schobergruppe. Die großartige Fortsetzung der Großglocknerstraße nach Heiligenblut und die Gletscherstraße zum Freiwandeck → KÄRNTEN kombiführer auto + wanderschuh.

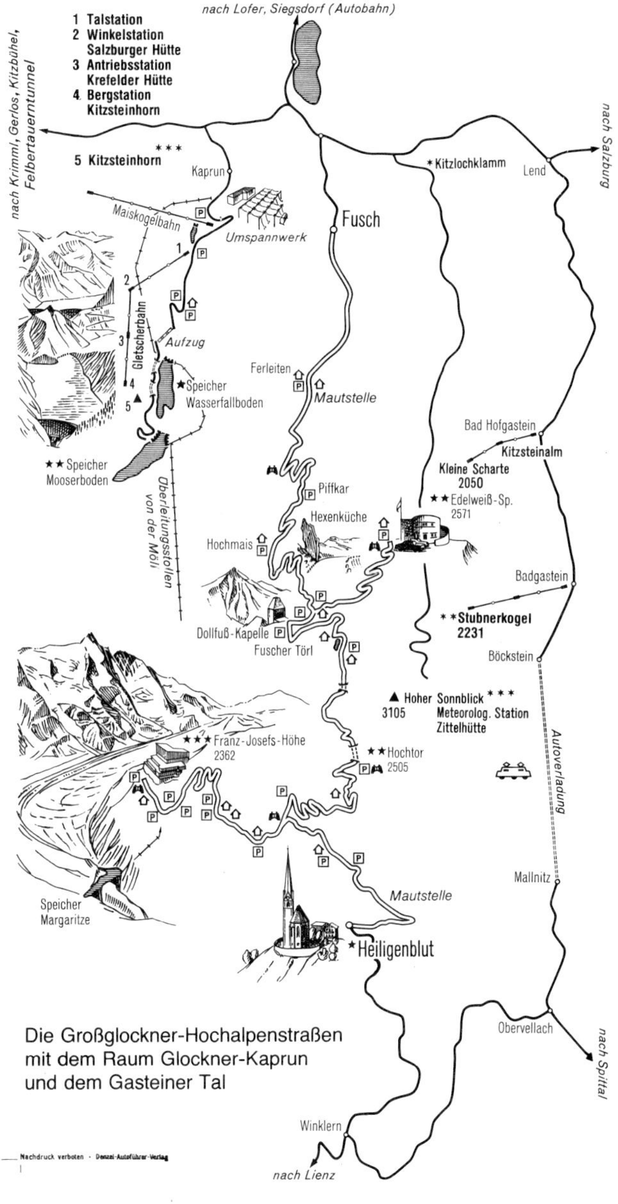

Die Großglockner-Hochalpenstraßen mit dem Raum Glockner-Kaprun und dem Gasteiner Tal

Edelweißstraße, Edelweißspitze 2571 m**
Vor dem Törlgrat zweigt eine knapp 2 km lange, normal breite Aussichtsstraße mit sechs Kehren und einer Höchststeigung von 14% auf die Edelweißspitze ab, auf deren Gipfel ein Parkplatz und ein Aussichtsturm errichtet wurden, SG 2–3. Von dieser Stelle, einer der aussichtsreichsten der Ostalpen, überblickt man 37 Dreitausender und 19 Gletscherfelder! Eine Befahrung dieser Gipfelstraße zeigt dem Besucher nicht nur die Kühnheit der Straßenanlage, sondern auch ungewöhnliche Ausblicke auf die gegenüberliegenden Erhebungen: im NW Hoher Tenn (3368), Großes Wiesbachhorn (3564), im W Hohe Dock (3348), Breitkopf (3154), Fuscherkarkopf (3331), Sonnenwelleck (3216), im SW erhebt sich majestätisch der Großglockner (3797). In der Ferne erkennt man im N die Loferer Steinberge, Leoganger Steinberge, Reiter Alpe, Steinernes Meer, Berchtesgadener Alpen, im NO das Tennengebirge, die Dachsteingruppe, im O Ankogel- und Hochalmgruppe, im SO die Sonnblickgruppe. Im N glitzert die Wasserfläche des Zeller Sees.

W 193 **Kasereck*, 1589 m, und Kreuzköpfl*, 2095 m.** Zwei lohnende, nur recht wenig besuchte Wanderziele n. über Bad Fusch mit prächtiger Aussicht auf die hochalpine Gebirgsrumrahmung des Fuscher bzw. Ferleitentals. Besonders eindrucksvoll im SW die mächtige Berggestalt des Großen Wiesbachhorns (3564), re. davon der Hohe Tenn (3368), li. die Hohe Dock (3348) und die spitze Firnpyramide des Großglockners (3797), welche über dem Breitkopf (3154) aufragt. Bad Fusch (1188), bereits im Jahr 1414 urkundlich genannt, später als Konkurrenz zu Badgastein ausgebaut, aber seit längerem außer Betrieb, erreicht man von Fusch (811) über eine 4 km lange Zufahrt. Vom ehem. Heilbad führt ein mit 2F mark. Weg steil aufwärts zum Kasereck, 1 Std. Der weitere Anstieg zum Kreuzköpfl folgt, nurmehr spärlich bez., dem ausgeprägten Gratrücken. Die dem Kühkarl (2267) w. vorgelagerte Kuppe, 2¹/₄ Std., gewährt auch Aussicht auf die Höhen um das untere Glemmtal und die Leoganger Steinberge. Z 3¹/₂ Std., LA 2.

W 194 **Hinteres Modereck***, 2932 m. Erst vor einigen Jahren angelegt, verbindet der „Klagenfurter Jubiläumsweg" als Teilstück des großen Tauernhöhenweges das Glocknerhaus (2136) mit dem Zittelhaus am Hohen Sonnblick (3105). Für geübte Bergwanderer ergibt sich dadurch vom Hochtor-Südportal aus (dort kleiner Parkplatz) die Möglichkeit zu prächtigen Touren hochalpinen Zuschnitts. Es wäre allerdings verfehlt, den aus Anlaß seines 100jährigen Bestehens von der AV-Sektion Klagenfurt angelegten „Jubiläumssteig" als Wanderweg zu bezeichnen.**

Vielmehr handelt es sich um eine durchgehend mark., an mehreren ausgesetzten Stellen gesicherte, aber dennoch Passagen im II. und III. Grad der Alpenskala aufweisende Route. Zwischen dem Hochtor und dem Hinteren Modereck bestehen jedoch keine Kletterstellen, weshalb dieser Abschnitt auch dem trittsicheren Bergwanderer empfohlen werden kann. Die Landschaft ö. des Hochtors mit ihren ausgedehnten Schotter- und Steinwüsten, aus denen bizarr geformte Felsgebilde aufragen, ist von eigenwilligem Reiz. Da der «Jubiläumsweg» dem Tauernhauptkamm folgt, genießt man Ausblicke nach N

Die **Loferer Alm** → RW 164 zählt zu den größten, zusammenhängenden Almgebieten im Salzburger Land und vermittelt, wie hier an der Bräugföllalm, familienfreundliche Wandermöglichkeiten. Foto Hans Dankl

Zu nützlichen Freizeitbeschäftigungen zählt auch das **Rudern**. An allen größeren Anlegestellen des Wolfgangsees findet man einen Verleih von Ruderbooten vor. Foto Verlagsarchiv

und S, vor allem aber auf die vergletscherten Dreitausender der Glockner-, Schober- und Goldberggruppe. Gegen S reicht die Aussicht durch das obere Mölltal bis zu den Lienzer Dolomiten und zur Karnischen Hauptkette, am n. Horizont erkennt man Leoganger Steinberge, Steinernes Meer, Hochkönig, Tennengebirge und Dachstein.

Vom Südportal des Hochtor-Tunnels (2505) steigt man zunächst kurz auf bis zur Wasserscheide (2575). Nun in ö. Richtung der AV-Mark. 102 folgend, über den Tauernkogel (2626) zum Roßköpfl (2588) und n. um den Roßschartenkopf (2664) herum in die Roßscharte (2598). An der Weißenbachscharte (2644), 2 Std., beginnt der eigentliche Anstieg zum Hinteren Modereck, das mehrere grotesk anmutende Gipfeltürme aufweist, die gegen O steil abfallen. Über den Westgrat gewinnt man den höchsten Punkt nach 3 Std. ab Hochtor. – HU 450 m, Z 5 Std., LA 3. Rückweg wie Hinweg.

Brennkogel*, 3018 m.** Eine besonders großartige Aussicht, die jene vom **W**
→ Hinteren Modereck noch übertrifft, bietet der Brennkogel, dessen **195**
felsige Pyramide sich nw. vom Hochtor im Hauptkamm der Hohen Tauern erhebt. Glanzvoll der Blick auf die eisgepanzerten Dreitausender der Glocknergruppe, denen im O die Gipfel der Goldberggruppe gegenüberstehen. Nach S schaut man durch das Mölltal hinaus bis zu den Lienzer Dolomiten und dem Karnischen Grenzkamm, den n. Horizont begrenzen die Salzburger Kalkalpen. Zusätzlichen Reiz gewinnt das grandiose Panorama durch die stimmungsvollen Tiefblicke in die umliegenden Täler und auf das schmale, gewundene Band der Glocknerstraße, das sich über größere Strecken verfolgen läßt.

Den Zugang zum Brennkogel erleichtert der w. Abschnitt des «Klagenfurter Jubiläumsweges», Mark. 102. Die rot-weiße Bez. leitet von der Wasserscheide am Hochtor (2575) zunächst n. um den Großen Margrötzenkopf (2735) herum in die Bretterscharte (2601) und knapp unter dem Grat zur Brennkogelscharte (2634), 1 1/4 Std. Man folgt dem «Jubiläumsweg» noch etwa 500 m weit in die Südflanke des Brennkogels, biegt dann re. ab und steigt über Schutt- und Geröllhänge hinauf zum Gipfel, den ein trigonometrisches Zeichen krönt. Dieser steile Anstieg ist sehr anstrengend; ein Eispickel kann hier, wie auch bei Restschneelage an der Nordseite des Margrötzenkopfs, gute Dienste leisten. Prächtige Bergfahrt, aber nur für Geübte! Z 4 Std., LA 3.

Im **Wildpark Ferleiten** (1140) a. d. Glocknerstraße erwartet den Besucher eine stattliche Anzahl verschiedener Tiere, u. a. Rotwild, Dam-, Reh-, Muffel-, Stein- und Schwarzwild, Mähnenspringer, Luchse, Wölfe, Füchse, Murmeltiere und Waschbären. Weiters begegnet man Greifvögeln, Schnee-Eulen, Uhu, Waldkauz, Enten und Fasanen. Kinderherzen schlagen höher auf der speziell eingerichteten „Streichelwiese"; hier hat jung und alt viel Freude mit Ponys, Eseln, Vierhornschafen, Zwergziegen, Hasen und Streifenhörnchen. Der zirka 6 ha große, familienfreundliche Park ist in 1 bis 1 1/2 Std. mühelos begehbar, am Wege sind viele Rastbänke aufgestellt.

Zell am See-Unterpinzgau-Lend

Von der Bezirkshauptstadt Zell am See (757) zunächst zum Straßenknoten Schüttdorf. Das Milliardenprojekt „Umfahrung Zell am See“ harrt seiner Verwirklichung! Für die insgesamt 12 km lange Umfahrungsstrecke, welche bei der n. Anschlußstelle in Maishofen ihren Ausgang nehmen soll, ist als Kernstück der 5.4 km lange Schmittentunnel geplant. Bruck an der Großglocknerstraße wird s. umfahren. Der ö. Ast der Umfahrung, welcher als Zubringer aus dem Pongau zur Großglocknerstraße fungiert, stand im Bj. bereits dem Verkehr zur Verfügung. Die stark frequentierte Pinzgauer-B 311, die vielgewunden ist, wie beispielsweise im Abschnitt Taxenbach-Lend, wird ausgebaut und ist n. Bischofshofen direkt an die Tauernautobahn angeschlossen.

Das Baulos Embach-Unterstein der Pinzgauer-B 311 ist für den Verkehr freigegeben; es weist zehn Brücken mit einer Gesamtlänge von 1300 m auf.

W 196 **Erlhofplatte*, 1373 m, AP Bruck a.d.Glocknerstraße.** Ein sehr beliebtes Ausflugsziel in der näheren Umgebung von Bruck ist die Erlhofplatte, auch „Kanzel des Pinzgaus“ genannt. Sie verdient diese Bezeichnung durchaus, genießt man von der Anhöhe bei günstiger Witterung doch eine sehr stimmungsvolle, überraschend weite Aussicht. Sie umfaßt im S die vergletscherten Dreitausender der Hohen Tauern, im N Leoganger Steinberge und Steinernes Meer; gegen W reicht der Blick durch den Oberpinzgau bis zu den Höhen um den Gerlospaß. Rund 600 m tiefer liegt der Zeller See, an seinem Westufer, enggedrängt auf dem Schwemmkegel des Schmittenbachs, der berühmte Fremdenort Zell.
Der mark. Anstiegsweg zur Erlhofplatte hat seinen AP in Bruck (755), rund 100 m nw. vom Hotel Lukashansl. Er leitet über das Knappenbühel kurz aufwärts zur Anhöhe über Schloß Fischhorn und wendet sich dann nö. in den Fischhornwald. Nun in Kehren steiler bergan bis zum Austritt in den Wald; hier li. (re. zur Jausenstation Dachsgut) und fast eben zu einem Forststräßchen, das in bequemen Serpentinen zum Panoramapunkt hinaufleitet, 2 Std. Z 3 Std., LA 1-2. - Hierzu Wanderwege-Karte 30 Zeller See.

Moosalm-Hütte*, 1533 m

Die im Sommer bewirtsch. Hütte erfreut sich einer bemerkenswert guten Aussichtslage an der Südflanke des Hundsteins (2117). Besonders schön ist der Blick über das Salzachtal auf die Glocknergruppe. Zufahrt von Gries im Pinzgau (745) an der B-311 auf einem gebührenpflichtigen Alperschließungsweg. Er führt durch den engen Grieser Graben und windet sich dann in sieben Serpentinen an der orogr. re. Talflanke hinauf zur Moosalm. Nach 7 km ist der EP erreicht, Parkmöglichkeit an der Hütte. Das Sträßchen ist auf der ersten Streckenhälfte asphaltiert, im weiteren Verlauf einspurig und in nur mäßigem Zustand. Im Bj. gab es nur wenig Ausweichstellen und keinerlei Randsicherungen. Die entrichtete Maut wird bei einer Konsumation auf der Hütte angerechnet, SG 3-4. - Die kurze Zufahrt zum Berggh. „Hochegg“ (1006) zweigt in der Brandenau li. ab, HT.

Hundstein*, Statzer Haus, 2117 m, AP Moosalm-Hütte*, 1533 m.** Dem aus Richtung Taxenbach kommenden Bergwanderer bietet sich von der anfahrbaren Moosalm-Hütte der SW-Anstieg an. Zunächst hat man auf mark. Weg 250 Höhenmeter zu überwinden, um sich in den mit 29 bez. Kammweg an der Kote 1776 einzubinden; dieser leitet bei vorwiegend guten Ausblicken über die Ebner Scharte (1873) und den Fuß des Ochsenkopfes (1931) in knapp 2 Std. hinauf zum Statzer Haus. – HU 600 m, Z 3½ Std., LA 2. Das Schutzhaus des ÖTK ist während der Sommermonate bewirtsch. Zurück auf demselben Weg. - Hierzu WWK 30 Zeller See. **W 197**

Embach, 1017 m

Über das Hochplateau von Embach verläuft eine 8 km lange Straßenverbindung zwischen Lend (636) und dem Sägewerk Ager (900) im Tal der Rauriser Ache, wodurch Embach sowohl von Lend als auch aus Richtung Taxenbach direkt anfahrbar ist. Der Anstieg aus den Talorten erfolgt über Steigungsstufen bei max. 18%, SG 3. Embach bildet den ö. Wendepunkt der Rundwanderung durch die Kitzlochklamm.

Kitzlochklamm, 814 m, und Maria Elend, 1120 m.** Überaus lohnend, besonders auch bei schlechtem Wetter, ist ein Besuch der Kitzlochklamm. Zu ihrer Mündung führt von Taxenbach (779) eine beschilderte Zufahrt, Parkplatz zirka 300 m hinter der Salzachbrücke. Auf kühn angelegtem, erst in jüngster Zeit erneuertem Steig durchwandert man die wildromantische Schlucht, 45 Min. Mehrere Aussichtspunkte am Weg, besonders eindrucksvoll der Tiefblick von der „Edelweißklause". Eine beschilderte Abzw., über die man auch zum Eingang zurückkehren kann, leitet zu der 1913 aufgelassenen Einsiedelei. Ganz in der Nähe der „Ritzstollen" von 1553; er stammt von einem erfolglosen Versuch der Rauriser Bergknappen, im Klammbereich Gold zu finden. Z 1½ Std., LA 1–2. **RW 198**

Bei entsprechend gesteigertem Zeitaufwand läßt sich der Abstecher in die Kitzlochklamm zu einer hübschen Rundwanderung über die Wallfahrtkapelle Maria Elend und den Weiler Embach (1017) erweitern. S. Wendepunkt der Wegstrecke ist die Sägerei Ager (900), etwa 30 Min. vom oberen Schluchteingang am Sträßchen Rauris–Embach. Von Maria Elend hat man einen schönen Blick auf die Dientner Schieferberge, über denen wuchtig der Hochkönig (2941) aufragt. Unterhalb der Kapelle befindet sich eine Jausenstation. Der Weg ist mit 4 bzw. mit 110 als „Rupertiweg" bezeichnet. - HU 220m, Z 3 Std., LA 1-2. - Hierzu Wanderwege-Karte 33 Rauris.

Rauriser*- und Hüttwinkltal, Ammerer Hof bzw. NF-Haus Kolm-Saigurn, 1626 m**

Das rund 25 km lange, von der Salzach s. zum Tauernhauptkamm ansteigende Rauriser Tal gehört zu den schönsten Salzburger Landschaften. An seiner Mündung schluchtartig eingerissen, weitet es sich rasch zu einem freundlichen Wiesental, um hinter Bucheben, nun Hüttwinkltal genannt, allmählich hochalpine Züge anzunehmen. Den großartigen, stark vergletscherten Talschluß von Kolm-Saigurn überragen die mächtigen Berggestalten des Hocharn (3254) und des Hohen Schönblicks (3105), die beide der Goldberggruppe angehören. Kolm-Saigurn war über Jahrhunderte hinweg ein bedeutender Bergwerksort; sein etwas eigenartig klingender Name geht denn auch auf zwei Begriffe aus dem Bergbau zurück, „Kolben" (Kolbenhammerwerk) und „Seigern" (Erzschlemmen). Erst 1897 wurde die Suche nach abbauwürdigen Gold- und Silbervorkommen endgültig eingestellt; Spuren des Bergbaus, der im 16. Jh. seine Blütezeit hatte, lassen sich noch mancherorts entdecken (Ruinen, alte Stollen, Abraumhalden).

Die Straße nach Kolm-Saigurn hat ihren AP w. von Taxenbach (779) an der Salzachtal-B 311. Sie umgeht die Mündungsklamm der Rauriser Ache in einer gegen W ausholenden Schleife, dabei kräftig steigend, und wendet sich dann taleinwärts. Rauris (948), 10 km, einst „güldenes Städtchen" genannt, ist Mittelpunkt der Talschaft und ein aufstrebender Urlaubsort. Schönes, noch weitgehend erhaltenes Dorfbild; beachtenswert die stattliche Pfarrkirche mit ihrem gotischen Turm sowie einige alte Gewerkenhäuser, die an vergangene Goldgräberzeiten erinnern. Einen Besuch verdient das „Rauriser Talmuseum", das neben Dokumenten und Materialien zum Bergbau auch volkskundliches und sakrales Sammlungsgut zeigt.

Die Hochalm-Doppelsesselbahn hat ihre Talstation (950) im s. Ortsteil von Rauris und leitet über die Mittelstation Heimalm (1450) zur Bergstation Hochalm (1780) hinauf, dem AP mehrerer mark. Wanderwege bzw. Steige in verschiedenen Höhenlagen. – Seitdem die 2. Sektion der Bahn errichtet wurde, verkürzen sich die Anstiegszeiten für → RW 199 Hochalm und → RW 200 Hirschkopf um eine runde Stunde! Dasselbe gilt auch für die unter Z angegebenen gesamten Gehzeiten.

Zwischen Bucheben und dem Gh. Bodenhaus (1236) verbleibt man auf der orogr. re. Talseite und benützt die neue, gut ausgebaute Straße, SG 2. Die alte Straße leitet über das bewirtsch. Lechnerhäusl vorwiegend in Bachnähe windungsreich talein. Am Bodenhaus endete im Bj. die Ausbaustrecke. Bis dorthin führt während des ganzen Jahres die Post ihren Linienbus, bis zum EP Kolm-Saigurn jedoch nur während des Sommers. Ab Bodenhaus gibt es nur mehr Naturbelag, vorwiegend eingewalzten Schotter. Die Höchststeigungen werden auf der Bergstrecke nach Gersteben mit 13% angegeben. Die Fahrbahnbreiten von 3 bis 4 m sind vor allem von Buslenkern schwieriger zu überwinden als die ausgebauten Strecken, SG 3-4. Nach starken Regenfällen gibt es sowohl ausgewaschene als auch stark ausgefahrene Passagen! Die Bergstrekke endet, 32 km von Taxenbach entfernt, beim Hotel Ammerer Hof bzw. am Naturfreundehaus Kolm-Saigurn.

RW 199 **Hochalm*, 1767 m.** Das gut bez. Wegnetz an der w. Talflanke von Rauris (948) ermöglicht schöne Almwanderungen und leichte Gipfelbesteigungen. Günstige AP erschließen die beiden auch während der Sommersaison in Betrieb stehenden Sessellifte zum Kreuzboden (1280) und zur Heimalm (1450). Letzterer verkürzt den Anstieg zur Hochalm (Steinbachalm) auf rund 1 Std., Mark. 11. Von der bewirtsch. Alp hat man einen Prachtblick in den von vergletscherten Dreitausendern überragten Talschluß von Kolm-Saigurn. In n. Richtung führt ein Weglein, die beiden tiefen Gräben des Einöd- und des Hundsdorfer Bachs querend, zur Penninghofalm (1494). Abstieg ins Tal auf einem in Serpentinen verlaufenden Karrenweg, Mark. 7. Leichte, auch für Familien empfehlenswerte Rundwanderung mit bemerkenswerter Aussicht auf das Rauriser Tal und seine Berge. Z 3 bis 3½ Std., LA 1–2. Hierzu Wanderwege-Karte 33 Rauris.

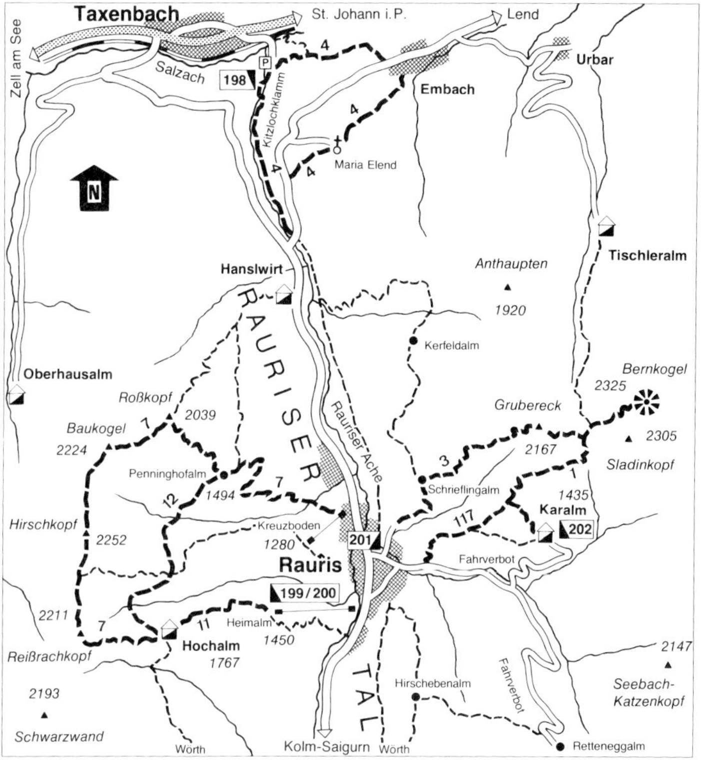

Wanderwege-Karte 33 Rauris

Hirschkopf, 2252 m.** Der zwischen dem Rauriser und dem Wolfbachtal aufragende Bergkamm trägt insgesamt sechs wenig markante Erhebungen. Vier von ihnen lassen sich im Zuge einer Rundtour leicht besteigen. Für den Anstieg von der Heimalm (Sesselliftstation, 1450) über die Hochalm (1767) zum Gipfel des Reißrachkopfs (2211) sind etwa 2½ Std. anzusetzen, Mark. 11. Dieser respektablen Konditionsprüfung mit fast 800 m HU schließt sich ein herrlicher Gang zwischen „Himmel und Erde" an. Man überschreitet dabei nacheinander den Hirschkopf (2252), den Baukogl (2224) und den Roßkopf (2039), welcher dem Hauptkamm ö. vorgelagert ist und den EP der Gratwanderung markiert. Technische Schwierigkeiten bestehen keine, doch ist bei Nässe wegen verschiedener Felspartien an der Westflanke der Bergkette erhöhte Vorsicht geboten, Mark. 7. Großartig die Aussicht auf die vergletscherten Dreitausender der Hohen Tauern; im Vorblick hat man die Dientner **RW 200**

Berge, über denen die Felsmauern des Steinernen Meers und des Hochkönigs aufragen. Der Abstieg vom Roßkopf erfolgt gegen SO via Penninghofalm (1494) nach Rauris. Ein Geheimtip, nicht nur für „Gipfelsammler"! Z 6 Std., LA 3. Hierzu Wanderwege-Karte 33 Rauris.

RW 201 **Grubereck**, 2167 m.** Obwohl etwas im Schatten des um rund 150 m höheren Bernkogels stehend, bildet auch das Grubereck ein dankbares Tourenziel, allerdings nur für Ausdauernde, sind doch vom AP Rauris (948) bis zum Gipfelkreuz rund 1200 m HU zu bewältigen! Der teilweise sehr steile, aber gut bez. Anstieg, Mark. 3, verläuft über die Schrieflingalm (1280) und die Westflanke des Berges, 3½ Std. Mit zunehmender Höhe weitet sich die Aussicht mehr und mehr; vom Gipfel genießt man ein Panorama, das jenem vom Bernkogel nur wenig nachsteht. Sehr schön der Blick gegen SW in das Seidlwinkltal, über dem die Trasse der Großglockner-Hochalpenstraße auszumachen ist.

Der Abstieg erfolgt zunächst in ö. Richtung in den Sattel (2026) unter dem Sladinkopf (2305), wo man auf den → Bernkogel-Weg, Mark. 1 bzw. 117, trifft. Er leitet, teilweise sehr steil, durch die SW-Flanke des Gruberkogels hinab nach Rauris. Einzigartig die üppige, in vielen Arten auftretende Flora an den Hängen des Gruberkogels; für den Blumenfreund eine wahre Fundgrube! Z 6 Std., LA 2–3. Hierzu Wanderwege-Karte 33 Rauris.

W 202 **Bernkogel**, 2325 m.** Mit seinen enormen Steilflanken und der markanten Gipfelgestalt ist der Bernkogel, der das Salzachtal um rund 1700 m überragt, gewiß ein „großer" Berg. Seine Besteigung verlangt denn auch Erfahrung und eine gute Kondition. Günstigster AP ist das Berggh. „Karalm" (1435), von Rauris (948) mit dem Taxi (Allg. Fahrverbot) bequem erreichbar. Von der Alm leitet ein Weglein, Mark. E, über blumenreiche Wiesen steil aufwärts gegen das Grubereck (2167). Nach etwa 40 Min. trifft man auf den Bernkogel-Steig, Bez. 1 und AV-Mark. 117, der in den Sattel (2026) zwischen Grubereck und Sladinkopf (2305) leitet, 2 Std. Nun in nö. Richtung zum Fuß des Gipfelaufbaus und über extrem steile, felsdurchsetzte Grashänge zum höchsten Punkt, 3 Std. Dieser letzte, zum Teil gesicherte Wegabschnitt verlangt Trittsicherheit; bei Nässe oder Restschneelage sollte keinesfalls ein „Gipfelsieg" erzwungen werden (Rutschgefahr!). Als lohnende Alternative bietet sich das → Grubereck an. Die Aussicht vom Bernkogel bezaubert in gleichem Maß durch das immense Panorama wie durch die stimmungsvollen Tiefblicke in die umliegenden Täler. Sehr schön im N das Hochkönigsmassiv, davor die waldreichen Höhenzüge der Dientner Schieferberge, im S die vergletscherten Tauerngipfel. Z 4¾ Std., LA 3. Hierzu Wanderwege-Karte 33 Rauris.

Niedersachsenhaus, 2471 m.** Ein beliebtes Wanderziel im hochalpinen Talschluß von Kolm-Saigurn ist das im Sommer bewirtsch. Niedersachsenhaus auf der Riffelscharte. Der rund 850 m HU aufweisende Anstieg darf allerdings nicht unterschätzt werden; er verlangt Trittsicherheit und eine gute Kondition. Eine ausgesetzte Passage im obersten Wegabschnitt ist gesichert. Der AV-Steig 111 leitet vom Ammererhof (1628) in vielen Kehren über den sogenannten ,,Durchgang" hinauf zum Kamm zwischen Hüttwinkl- und Naßfelder Tal. In etwa 2½ Std. erreicht man die bereits vom Talboden aus sichtbare Hütte → RW 103. Herrlich der Blick auf Hohen Sonnblick (3105) und Hocharn (3254), die in mächtigen, teilweise vergletscherten Steilflanken gegen Kolm-Saigurn abfallen, und den über die Herzog-Ernst-Spitze (2938) zum Schareck (3122) ansteigenden Grat. Im N, über der Mündung des Rauriser Tals, sind am fernen Horizont die Kalkgipfel des Steinernen Meers auszumachen. **RW 203**

Vom Niedersachsenhaus leitet der «Verwaltersteig», eine alte Weganlage aus der Bergbauzeit, w. zum ,,Neubau", dem im Sommer bewirtsch. Naturfreundehaus (2175), 1 Std. Man quert, stetig an Höhe verlierend, die abschüssigen, oft bis weit in den Sommer hinein schneebedeckten Hänge über den Melcher Böden. Erhöhte Vorsicht ist unerläßlich! Der ,,Neubau" dient als Stützpunkt bei der Besteigung des Hohen Sonnblick über die Rojacher Hütte (2718) und den SO-Grat (nur für erfahrene Alpinisten!). Auf dem Gipfel das Sonnblick-Observatorium, eine der höchsten, dauernd in Betrieb stehende meteorologische Station Europas, und das Zittelhaus des ÖAV.

Die abwechslungsreiche Runde schließt mit dem Abstieg nach Kolm-Saigurn, 1¼ Std. Man nimmt mit Vorteil das bei der Wegeteilung unterhalb der Schutzhütte re. abgehende Steiglein (HT ,,Leichterer Weg"). Z 5 Std., LA 3. Hierzu Wanderwege-Karte 14 Badgastein.

Senator-Beindorf-Weg*.** Die besonders großartige Überschreitung von der Bockhartscharte (2226) zur Riffelscharte bzw. zum → Niedersachsenhaus (2471) läßt sich auch von Kolm-Saigurn aus durchführen. Zeitaufwand und HU entsprechen etwa jenen der Runde mit AP Sportgastein → RW 103. Also nur für besonders Ausdauernde! Man beginnt das anspruchsvolle Pensum vorteilhaft mit dem Aufstieg zur Bockhartscharte (2226), Mark. 121, für den 2½ bis 3 Std. anzusetzen sind. Anschließend auf dem «Senator-Beindorf-Weg» zum Niedersachsenhaus, zirka 2½ Std., und über den Hüttenweg, AV-Mark. 111, zurück zum AP. Z 7 Std., LA 3. Hierzu Wanderwege-Karte 14 Badgastein. **RW 204**

Zum genußvollen **Bergwandern** gehört eine gute **Fernsicht;** sie hängt ab von der Temperatur, der Feuchtigkeit und dem Staubgehalt der Luft. Zunehmende Luftfeuchtigkeit führt zu Wolkenbildung und beeinträchtigt die Sicht ebenso wie dies Dunst- und Staubschichten verursachen. Polare Luftmassen sind wegen geringerer Feuchtigkeit durchsichtiger als subtropische, welche mehr Staub (u. a. auch feinen Wüstensand) enthalten.

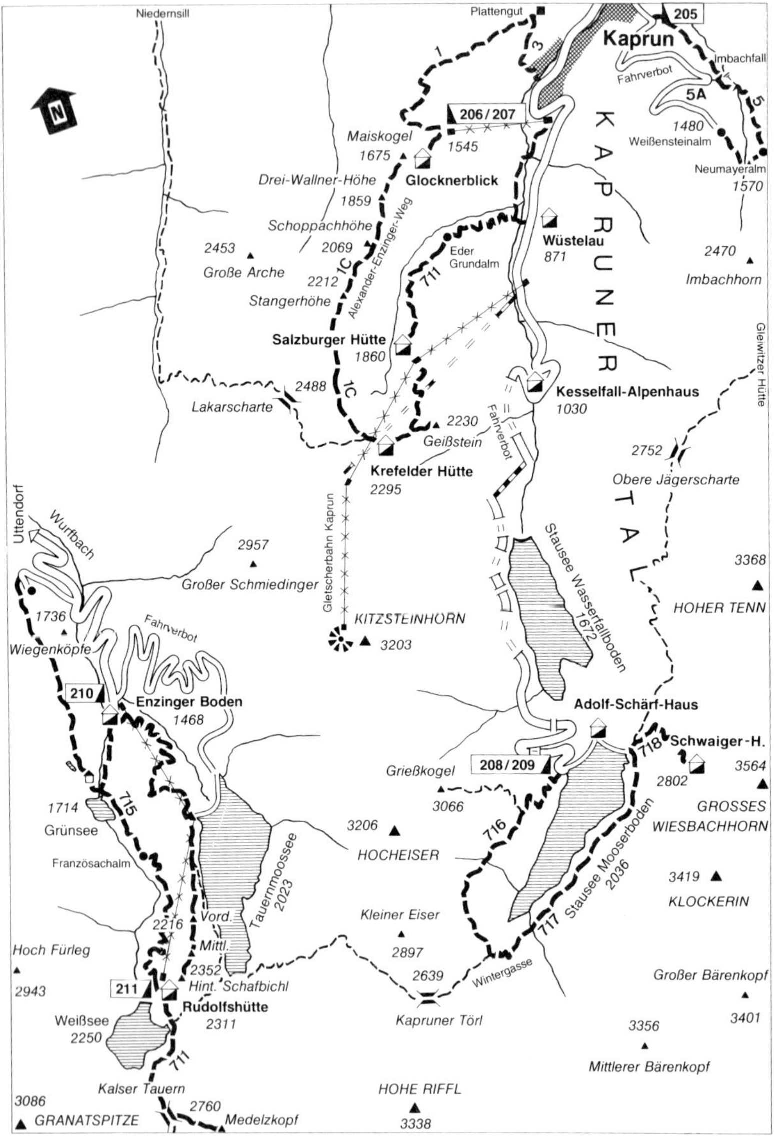

Niedernsill
Plattengut
205
Kaprun
Imbachfall
Fahrverbot
5A
5
1
3
N
206/207
1480
Weißensteinalm
Neumayeralm
1570
Maiskogel
1675
1545
Drei-Wallner-Höhe
Glocknerblick
1859
Alexander-Enzinger-Weg
KAPRUNER TAL
Schoppachhöhe
2069
Wüstelau
871
2453
Große Arche
1C
Eder Grundalm
2470
Imbachhorn
2212
711
Stangerhöhe
Salzburger Hütte
1860
Gleiwitzer Hütte
2488
Kesselfall-Alpenhaus
1030
Lakarscharte
2230
Geißstein
Fahrverbot
2752
Krefelder Hütte
2295
Obere Jägerscharte
Uttendorf
Wurfbach
2957
Stausee Wasserfallboden
1672
3368
Großer Schmiedinger
Gletscherbahn Kaprun
HOHER TENN
1736
KITZSTEINHORN
3203
Wiegenköpfe
Fahrverbot
210
Enzinger Boden
1468
Adolf-Schärf-Haus
718
Schwaiger-H.
208/209
2802
3564
Grießkogel
1714
715
3066
GROSSES WIESBACHHORN
Grünsee
3206
716
Tauernmoossee
2023
HOCHEISER
Französachalm
3419
Stausee Mooserboden
2036
KLOCKERIN
Vord.
2216
Kleiner Eiser
717
Hoch Fürleg
Mittl.
2897
2352
2639
Wintergasse
2943
211
Hint. Schafbichl
Großer Bärenkopf
Rudolfshütte
2311
3401
Weißsee
2250
Kapruner Törl
3356
711
Mittlerer Bärenkopf
Kalser Tauern
HOHE RIFFL
3086
2760
GRANATSPITZE
Medelzkopf
3338

Zell am See-Uttendorf-Mittersill

Die Pinzgauer-B 168 erlaubt dank ihres vorzüglichen Ausbaues und ihrer übersichtlichen Linienführung gute Reisedurchschnitte. Sämtliche Orte zwischen dem Knoten Schüttdorf und Mittersill werden umfahren. In Mittersill (790), dem Hauptort des Oberpinzgaues, findet sie kreuzungsfreie Anschlüsse sowohl an die Felbertauernstraße als auch an die Paß Thurn-B 161. Will man hingegen salzachaufwärts auf die Gerlos-B 165, so muß man durch den verkehrsreichen Ort Mittersill fahren. Bemerkenswert sind auf der beschriebenen Strecke die Ausblicke nach S auf die vergletscherten Dreitausender der Glocknergruppe mit den formschönen Kitzsteinhorn (3203), dessen vielbesuchtes Sommerschigebiet von mehreren Aufstiegshilfen erschlossen ist → Kapruner Tal, Gletscherbahnen Kaprun.

Kapruner Tal, Kesselfall-Alpenhaus, 1030 m

Die nunmehr ausgebaute Landesstraße 215 zweigt in Fürth von der Pinzgauer-B 168 in s. Richtung ab, durchmißt die weite Salzachniederung und tangiert zunächst die Kapruner Ache. Der Ort Kaprun (786) wird durch den 367 m langen Schaufelbergtunnel im W umfahren. Hinter der Werksiedlung der Tauernkraftwerke AG steigt die Straße mit 12% zur Talstation der Maiskogelbahn an und man umfährt den Bürgkogel. Am s. Ende des Klammspeichers tritt man in das stark eingeschnittene Kapruner Tal ein, welches von bedrückender Wirkung ist. In der Aulandschaft der Kapruner Ache ist der Bach von zahlreichen Erlen umsäumt. Mehrere Freizeitplätze mit aufgestellten Tischen und Bänken laden zu einer Rast ein. Man kommt zum terrassenartig angelegten Großparkplatz der Gletscherbahnen Kaprun mit der Luftseilbahn und auch der Standseilbahn („Gletscherdrachen“) zum Kitzsteinhorn. Zu den Stauseen Glockner-Kaprun fährt man noch weiter talein auf knapp zweispuriger Asphaltstraße. Mit zwei engen Kehren und 12% Steigung erreicht man schließlich nach insgesamt 12 km den EP beim Kesselfall-Alpenhaus (1030). Geschwindigkeitsbeschränkung auf den letzten 400 m nur 20 km/h, SG 2–3. Das mehrstöckige Parkhaus unterhalb vom Kesselfall-Alpenhaus ist für die Aufstellung von 450 Pkw konzipiert. Die Weiterfahrt auf der nun anschließenden Lärchwandstraße zum Schrägaufzug ist nur den Fahrzeugen der Tauernkraftwerke AG und anderen Dienstfahrzeugen gestattet. Ein Zubringerverkehr mit Bussen ist bis zum Schrägaufzug eingerichtet.

Neumayeralm, 1570 m. S. über Kaprun (786) erhebt sich das Imbachhorn (2470), ein prächtiger Aussichtsberg, dessen Besteigung allerdings eine gute Kondition voraussetzt, zirka 5 Std. Der bez. Anstieg berührt die Neumayeralm, die auch für weniger Ambitionierte ein lohnendes Wanderziel bildet. Von Kaprun führen zwei mark. Wege hinauf zu der unbewirtsch. Alm: der mit 5 bez. «Imbachweg», welcher zunächst dem Lauf des Imbachs folgt, diesen oberhalb des Wasserfalls quert und ziemlich direkt zur Alm ansteigt, 2½ Std., und der in weiten Kehren verlaufende Güterweg, Mark. 5A. Er gewinnt w. des Imbachs via Sulacken (1269) und Weißensteinalm (1480) an Höhe, quert dann den Graben (Vorsicht bei Nässe!) und leitet nö. zur Neumayeralm, 3 Std. Die beiden Wege lassen sich zu einer schönen Runde an der Nordflanke des Imbachhorns verbinden; je nach Neigung wird man den direkten Pfad durch den Imbachgraben für den Auf- bzw. Abstieg wählen. Man **RW 205**

wandert durch ausgedehnte Wälder; von der Neumayeralm bietet sich eine bemerkenswerte Aussicht auf das untere Kapruner Tal. Über der tiefen Senke des Zeller Sees ragen am n. Horizont die hellen Kalkmauern des Steinernen Meers auf. Z 4 Std., LA 2. Hierzu Wanderwege-Karte 34 Kapruner Tal.

RW 206 **Maiskogel*, 1675 m, und Drei-Wallner-Höhe*, 1859 m.** Einen Prachtblick auf das Kapruner Tal und seine hochalpine Gebirgsumrahmung genießt man vom Maiskogel, der sich als letzter Ausläufer des langgestreckten, vom Kitzsteinhorn zum Salzachtal hin abfallenden Bergkamms sw. über Kaprun erhebt. Die Maiskogel-Seilschwebebahn mit Talstation im Kapruner Winkel erschließt den Panoramapunkt. Von ihrer Bergstation (1545) wandert man auf vielbegangenem Pfad in 25 Min. hinauf zum Gh. ,,Glocknerblick" am Maiskogel. Hier eröffnet sich eine überwältigende Schau ins Kapruner Tal mit seinen beiden großen Stauseen, dem Speicher Wasserfallboden (1672) und dem Speicher Mooserboden (2036), re. flankiert vom Kitzsteinhorn (3203), li. vom Hohen Tenn (3368) und vom Großen Wiesbachhorn (3564). Über dem Talschluß ragt der höchste aller Tauerngipfel, der Großglockner (3797), auf. Das n. Panorama umfaßt die Kitzbüheler Alpen, zahlreiche Gipfel des Steinernen Meers und die Dientner Schieferberge; bei guter Fernsicht ist im O sogar der Hohe Dachstein (2995) am Horizont auszumachen. Z 45 Min., LA 1.

Vom Gh. ,,Glocknerblick" steigt man in weiteren 30 Min. über das Tröglerköpfl (1743) zur Drei-Wallner-Höhe hinauf. Der mit 1C bez. Weg folgt dem breiten Kammrücken; in Verbindung mit dem Abstieg nach Kaprun ergibt sich eine schöne Halbtagswanderung. Zunächst zurück zur Seilbahnstation, dann auf ordentlichem Weg, Mark. 1, durch den Wald abwärts zu den Gehöften am Schaufelberg. Hier biegt man re. auf Weg 3 ein, der, wieder taleinwärts führend, zum AP zurückleitet. Z 3½ Std., LA 1–2. Hierzu Wanderwege-Karte 34 Kapruner Tal.

Die Gletscherbahnen Kaprun mit allen ihren Anlagen wurden in den Jahren 1965 bis 1977 in Betrieb genommen. Sie erstrecken sich vom Ortsteil Kaprun-Thörl (911) bis auf den Nordwestgrat (3029) des Kitzsteinshorns (3204). Die Anlagen der Gletscherbahnen Kaprun AG erschließen ein ideales Ausflugs-, Bergwander- und Schigebiet. Es sind dies die Gletscherbahn Kaprun 1, eine Luftseilbahn mit drei Teilstrecken von 928 m bis 3029 m, die Gletscherbahn Kaprun 2, dz. größte Standseilbahn der Welt, von der Talstation (911) bis zum Alpincenter Kaprun (2400); ihre Stundenkapazität umfaßt 1240 Personen. Die beiden erstgenannten Aufstiegshilfen werden ergänzt durch die Maurergletscherlifte Kaprun 1 und 2 sowie durch die Schmiedingergletscherlifte Kaprun 1 und 2, die Doppelsesselbahn Schmiedingergrat, den Krefelderhüttenlift. Vom Anfänger bis zum Profi bietet der Schmiedingergletscher am Kitzsteinhorn ein ideales Ganzjahresschigebiet. Gut ausgerüsteten Bergwanderern und Bergsteigern bieten sich hochalpine Touren an, das Kitzsteinhorn erreicht man auf gesichertem Weg in zirka 35 Gehmin. ab Bergstation der Gletscherbahn Kaprun.

Alexander-Enzinger-Weg*, Krefelder Hütte, 2295 m.** Eine großartige Höhenwanderung für sehr Ausdauernde, hoch an der Westflanke des Kapruner Tals. Der «Enzinger-Weg», rot-weiße Mark. 1C, verbindet den → Maiskogel mit der bewirtsch. Krefelder Hütte. Er verläuft über die Drei-Wallner-Höhe (1859) bis zur Stangerhöhe (2212) weitgehend im Kammbereich, wodurch sich besonders schöne Ausblicke, einerseits auf das Salzachtal und die Schieferberge im N, vor allem aber auf die Hochgipfel um das Kapruner Tal, ergeben. An der Stangerhöhe, 2 Std., hat man den rund 700 m HU aufweisenden Anstieg hinter sich; bis zur Krefelder Hütte geht es nun fast eben über Wiesen und Geröll dahin, 3 Std. vom AP. Zur Rechten begleiten die steil zum Bombachkopf (2516), zum Tristkogel (2642) und zur Lakarschneid (2644) ansteigenden Hänge den Wanderer, im Vorblick dominiert das Schmiedinger Kees, über dem sich die elegante Felspyramide des Kitzsteinhorns (3203) erhebt. Die Sicht auf die beiden Stauseen und den Großglockner wird allerdings versperrt durch die Hohe Kammer (2936) und ihren NO-Grat. Es empfiehlt sich deshalb unbedingt, beim Abstieg von der Krefelder zur Salzburger Hütte den kleinen Abstecher zum Geißstein (2330) zu unternehmen. HT am Hüttenweg, zirka 15 Min. auf blau-weiß bez. Steiglein. Von der exponierten Kuppe genießt man eine überwältigende Rundschau. RW 207

Bei der Salzburger Hütte (1860) kann man die Wanderung abbrechen und mit der Kitzsteinhorn-Seilschwebebahn (1. Teilstrecke) bequem zu Tal schweben. Dadurch entfällt der weitere Abstieg zum Wh. „Wüstelau" (871), welcher mit seinen rund 1000 m HU schon manchem wackeren „Alpinisten" weiche Knie verschafft hat! Der mark. Weg senkt sich in vielen steilen Serpentinen über die Eder Grundalm (1420) zur Kapruner Ache. Zurück zum AP bei der Talstation der Maiskogelbahn entweder mit dem Postauto oder zu Fuß in etwa 40 Min. Z 4 Std. (EP Salzburger Hütte) bzw. 6 Std., LA 2–3 bzw. 3. Hierzu Wanderwege-Karte 34 Kapruner Tal.

Stausee Mooserboden, 2036 m**

Mit dem Bau der Kraftwerksgruppe Glockner-Kaprun ist das landschaftlich sehr schöne Tauerntal zu einem bedeutenden Stützpunkt der österr. Energieversorgung geworden. Die 1955 nach mehr als fünfzehnjähriger Bauzeit fertiggestellte Anlage (Gesamtleistung jährlich rund 850 Mio. kWh) umfaßt im wesentlichen die beiden Kraftwerke Kaprun und Limberg, die Jahresspeicher Wasserfallboden (86 Mio. m³, Stauziel 1672) und Mooserboden (88 Mio. m³, Stauziel 2036) sowie den Stausee Margaritze im obersten Mölltal. Letzterer ist durch den 11.6 km langen Möllüberleitungsstollen mit dem Speicher Mooserboden verbunden.

Ab Kesselfall-Alpenhaus, dem EP der L 215, übernehmen Postautobusse die Beförderung zur Talstation des Lärchwand-Schrägaufzuges. Er besitzt ein Fassungsvermögen von 140 Personen und überwindet einen HU von 431 m in nur 8 Min. Von seiner Bergstation (1640) gelangt man mit Werksbussen auf der Mooserbodenstraße nach kurzer Fahrt zur 120 m hohen Limbergsperre, die den Speicher Wasserfallboden aufstaut. Eindrucksvoll die hochalpine Gebirgskulisse mit Klockerin (3419) und Großem Wiesbachhorn (3564) als auffallendste Erhebungen. Die Straße setzt sich am Westufer des Stausees fort (Tunnels) und steigt dann über zwei Kehren zur Krone der Moosersperre (Höhe 107 m) hinauf, die zusammen mit der 112 m hohen Drossensperre den Speicher Mooserboden staut. Den besten Überblick hat man von der Höhenburg (2108), einem Felssporn, der zwischen den beiden Betonmauern aufragt; wenig unterhalb das Adolf-Schärf-Haus (Berghaus Mooserboden, 2040). Die sogenannte ,,Heidnische Kirche", eine kleine Anhöhe unmittelbar w. über der Moosersperre, diente während der Gegenreformation den Protestanten als geheimer Versammlungsort.

RW 208 **Rund um den Stausee Mooserboden**, 2036 m.** Der Ausflug zum Speicher Mooserboden der Kraftwerksgruppe Glockner-Kaprun läßt sich gut mit einer Rundwanderung um den etwa 3 km langen Stausee verbinden. Es handelt sich dabei allerdings nicht um einen ,,Alpinspaziergang", sondern um eine recht anspruchsvolle Bergwanderung! Von einem eigentlichen Uferweg kann kaum gesprochen werden, steigt der Pfad doch bis zur 2600m-Höhenmarke hinauf. Die hochalpine Tour sollte zudem nur bei einwandfreien Bedingungen durchgeführt werden (keine Restschneelage oder Vereisung); man erkundige sich vor Antritt der Wanderung auch nach dem Zeitpunkt der letzten Busfahrt zurück ins Tal. Lohnender ist es, die Runde im Uhrzeigersinn zu absolvieren, also mit dem Ostuferweg, Mark. 717, zu beginnen. In etwa 1½ Std. wandert man zum oberen See-Ende, wo der Pfad stark zu steigen beginnt. Im Bereich der ,,Wintergasse" wichtige Weggabelung: li. zum Kapruner Törl (2639), das einen Übergang ins benachbarte Stubachtal vermittelt, re. auf dem Westuferweg, Mark. 716, bergan gegen die Felsen und Gletscherabbrüche des Hocheisers (3206). Oberhalb der ,,Nassen Wand", einer gewaltigen Felsflucht, die steil zum See hin abfällt, gewinnt der Steig seinen höchsten Punkt. Einzigartig der Blick auf die stark vergletscherte Hochgebirgskulisse; gut auszumachen an der Westflanke des Großen Wiesbachhorns das → Heinrich-Schwaiger-Haus. Z 4 bis 5 Std., LA 2–3. Hierzu Wanderwege-Karte 34 Kapruner Tal.

W 209 **Heinrich-Schwaiger-Haus*, 2802 m.** Ein verlockendes Ziel für Konditionsstarke! Das im Sommer bewirtsch. Schutzhaus erfreut sich einer prächtigen, hochalpinen Lage am NW-Grat des Großen Wiesbachhorns (3564), 2½ Std. ab EP Mooserbodenstraße. Rund 750 m tiefer liegt der Wasserspiegel des Stausees Mooserboden (2036), über 1100 m beträgt der HU zum Speicher Wasserfallboden (1672); bei den geringen Horizontaldistanzen eröffnen sich dem erdgebundenen Wanderer echte Vogelschauperspektiven! Der in zahllosen Serpentinen über die steile Gras- und Schrofenflanke des Unteren Fochezkopfes (3023) ansteigende Hüttenweg, AV-Mark. 718, hat seinen AP am Ostende der Drossensperre (HT). Z 3¾ Std., LA 2–3. Hierzu Wanderwege-Karte 34 Kapruner Tal.

Stubachtal*, Enzinger Boden, 1468 m

Bei Uttendorf (804) mündet von S das besuchenswerte Stubachtal. Tief zwischen den n. Ausläufern der Granatspitz- und Glocknergruppe eingeschnitten, steigt es bis Schneiderau (998) nur leicht an. Im weiteren Verlauf überwindet die 17 km lange Talstraße, abschnittweise kühn in steile Hänge trassiert, in 13 numerierten Serpentinen den HU zum Enzinger Boden. Die durchgehend staubfreie, 4 bis 5 m breite Bergstrecke weist Steigungsmaxima von 12% auf; die Kehren sind mit Kopfsteinpflaster versehen. SG 2–3. – Am Enzinger Boden li. Abzw. der für jeden öffentl. Verkehr gesperrten Werkstraße zum Tauernmoos-Stausee (2023).

Der Enzinger Boden ist AP der Stubach-Weißseebahn, die in zwei Teilstrecken über die Mittelstation am Tauernmoossee zum Weißsee (2250) hinaufzieht. Nahe der Bergstation die zum ÖAV-Alpincenter ausgebaute Rudolfshütte (2311). Die Gletscherregion um den hochalpinen Weißsee ist ein beliebtes Frühjahrs- und Sommerschigebiet.

Der weitere Bestand der Stubach-Weißseebahn bzw. der neuen Einseil-Umlaufbahn war bei Redaktionsschluß noch nicht gesichert, sodaß man auch mit einer Stillegung und Abtragung der Bahn rechnen muß. Davon wäre das AV-Zentrum Rudolfshütte wohl am meisten betroffen. - Die Gehzeiten für den Wandervorschlag RW 211 würden sich entsprechend verlängern.

Rund um die Wiegenköpfe*, 1777 m. Leichte, für den Naturfreund **RW**
besonders lohnende Rundwanderung, nur zum Teil mark. Vom AP Enzinger **210**
Boden hat man zunächst einen 40minütigen Aufstieg durch die bewaldete Daberlschlucht zum Grünsee (1714), AV-Mark. 715. Der stimmungsvolle Bergsee weist eine max. Tiefe von fast 70 m auf; an seinem Ostufer schöner Lärchen- und Zirbenbestand. Vom Abfluß leitet ein Steiglein n. hinauf zu einer gemauerten Jagdhütte (1777), die den höchsten Punkt der Runde markiert. Nun auf ordentlichem, aber nicht bez. Weglein, die ö. Abhänge von Magaiskopf (2628) und Teufelsmühle (2508) querend, talauswärts in den „Wiegenwald", einen zirka 25 ha großen, Urwaldcharakter aufweisenden Zirben-Lärchen-Wald (Naturschutzgebiet). S. der Wiegenköpfe (1746) überschreitet man einen wenig ausgeprägten Sattel (1732); anschließend geht es abwärts zu einer Weggabelung, bei der man sich re. hält. Vom Wasserschloß der Kraftwerksstufe Enzinger Boden – Schneiderau wandert man auf einem Fahrweg hinab zur Talstraße. Auf ihr in etwa 30 Min. zurück zum AP. Z 3 Std. LA 1–2. Hierzu Wanderwege-Karte 34 Kapruner Tal.

Medelzkopf, 2760 m.** Die Seilbahnfahrt zum Weißsee wird man bei **RW**
schönem Wetter wohl meist mit einer Wanderung verbinden. Ein dank- **211**
bares, unschwieriges Gipfelziel ist der Medelzkopf. Den Zugang vermittelt der alte Tauernweg, AV-Mark. 711. In etwa 1 Std. wandert man von der Rudolfshütte (2311), **vorbei am Weißsee (2250) in den Kalser Tauern (2518). Aus dem Paß leiten Steigspuren über Geröll und kleine Felsblöcke sö. hinauf zum Medelzkopf, 1 1/2 Std. - HU 510 m, Z 2 1/2 Std., LA 2.**

Für die Rückkehr zum Enzinger Boden bieten sich neben der Luftseilbahn zwei Varianten an: der Höhenweg über den Hinteren Schafbichl und der AV-Weg 715. Letzterer führt von der Rudolfshütte (HT) in vielen Windungen über Felsstufen hinab zur aufgelassenen Französachalm (1795), deren Name auf die Zeit der Napoleonischen Kriege zurückgeht, berührt im weiteren Verlauf den malerischen Grünsee (1714) und leitet schließlich durch die wildromantische Daberlklamm hinaus zum Enzinger Boden (1468), 1 3/4 Std. ab Rudolfshütte. Z 4 1/4 Std.

Besonders zu empfehlen als Abstiegsvariante ist der mark. Weg über die drei Schafbichl zur Zwischenstation der Stubach-Weißsee-Bahn und hinab zum Enzinger Boden. Vom Hinteren Schafbichl, zu dem man von der Rudolfshütte (2311) in wenigen Min. aufsteigt, bietet sich eine herrliche Aussicht auf die stark vergletscherte Gebirgsumrahmung des inneren Stubachtals. Ziemlich genau w. ragt die Felspyramide des Sonnblicks (3088) auf, li. flankiert von der Granatspitze (3086), im S die tiefe Senke des Kalser Tauern (2518). Großartig die Kulisse im O, gebildet von zahlreichen Hochgipfeln der Glocknergruppe: Hoher Kasten (3189), Eiskögele (3434), Johannisberg (3460), Hohe Riffel (3338), Kleiner Eiser (2897) und Hocheiser (3206).
Am Hinteren Schafbichl setzt die reizvolle Höhenwanderung über den Mittleren (2282) und Vorderen Schafbichl (2216) zur Seilbahnstation (2040) am Tauernmoossee (2023) an, 1 Std. Anschließend geht es auf gutem Pfad vielgewunden über den Sprengriedl hinab zum Enzinger Boden, 2¼ Std. Z 4¾ Std. Hierzu Wanderwege-Karte 34 Kapruner Tal.

Bürglhütte, 1695 m
In Stuhlfelden nimmt der teilweise ausgebaute Güterweg zur Bürglhütte seinen Ausgang. Er ist vor allem für Wanderer von Interesse, die eine Besteigung des Geißsteins beabsichtigen oder den w. Teil des → «Pinzgauer Spaziergangs» begehen möchten. Das asphaltierte Bergsträßchen gewi nnt in weiten Kehren an den sonnigen Hängen ob Stuhlfelden an Höhe. Dabei bieten sich zunehmend schöne Ausblicke in das Salzachtal und auf die Gipfel um Felber- und Stubachtal. Höchststeigung 12%, Ausweichen auf Sichtweite. Bei km 5.7 Verzweigung und Parkplatz: li. zur Jausenstation „Sticklhof" (1240), 1.2 km, re. auf einspurigem, stark geschotterten Güterweg weiter zu der im Sommer bewirtsch. Bürglhütte, 11 km ab Stuhlfelden. Nur bei trockener Witterung ratsam, Befahren auf eigene Gefahr, SG 4.

RW 212 **Geißstein**, 2363 m.** Als höchste Erhebung der östlichen Kitzbüheler Alpen bietet der Geißstein, entsprechende Witterungsverhältnisse vorausgesetzt, ein besonders weites Gipfelpanorama. Die Aussicht umfaßt zahlreiche Gebirgsgruppen der n. Kalkalpen, vom Karwendel bis zum Dachsteinmassiv; am s. Horizont reihen sich die vergletscherten Dreitausender des Alpenhauptkamms aneinander. Bevorzugter AP für die Geißstein-Tour ist die anfahrbare Bürglhütte (1695). Zunächst in n. Richtung über Almwiesen kurz hinauf zu einer Weggabelung (HT); hier re. zu einer weiteren Wegeteilung, 25 Min., bei der man sich li. hält (HT, re. «Pinzgauer Spaziergang»). Die rot-weiße Mark. leitet bergan zu einer Alphütte und anschließend in Kehren steil auf den Südgrat, über den man leicht den Gipfel gewinnt, 2 Std. Gegen N bricht der Geißstein in schroffen Felswänden gegen das Achental und den Vogelalpgraben ab; dadurch ergeben sich packende Tiefblicke. – Für den Abstieg nimmt man das ebenfalls bez. Weglein über die Sintersbachscharte (zirka 2050). Es folgt kurz dem schmalen Verbindungsgrat zum Westgipfel (2359) des Geißsteins (Vorsicht!) und führt dann um den Schwarzpalfen (2203) herum in den Almsattel hinab. Zurück zur Bürglhütte auf AV-Weg 713. Z 3¼ Std., LA 2. Hierzu Wanderwege-Karte 28 Hinterglemm.

Paß Thurn-Mittersill-Felbertauerntunnel

Die Paß Thurn-B 161 stellt im Zusammenhang mit der Felbertauernstraße eine bedeutende Nordsüdverbindung über den Alpenhauptkamm her. Dieser sehr leistungsfähige Straßenzug dient vorwiegend dem Touristenverkehr, der Anteil des Schwerverkehrs ist gering. Die günstigen Steigungsverhältnisse, welche auf der gesamten Route nirgends 9% überschreiten, ziehen sehr viele Gespanne mit Wohn- und Bootsanhänger an. Von Kitzbühel bis Paß Thurn → TIROL kombiführer auto + wanderschuh. Auf der Südseite des 1274 m hohen Passes senkt sich die B 161 mit mäßigem, sehr gut ausgeglichenen Gefälle hinab in das Salzachtal. Die Fahrbahn wartet abschnittsweise mit Überbreiten bis zu 16 m auf, SG 1–2. Beim Gh. „Tauernblick" öffnet sich eine überraschend schöne Schau auf die Gletscherberge der Venedigergruppe. Den Talboden der Salzach mit Mittersill, den Hauptort des Oberpinzgaus, überwindet man auf einer kreuzungsfreien Umfahrung im O des Ortes.

Die Felbertauern-B 108 zieht durch das eingefurchte Felbertal zur Wasserfallalm, wo sich das Tal teilt. Mit einem einzigen, weitgeschwungenen Wendebogen verläßt man das vom Hintersee herabziehende, unberührte Felbertal und gelangt durch das fast unbesiedelte Amertal weiter aufwärts. Hinter der Erlbachalm (1138) tritt man in das Naturschutzgebiet des Nationalparks Hohe Tauern ein, welches sich über weite Teile der Venediger- und Glocknergruppe erstreckt. Die 7 m breit ausgebaute und in ihrer Linienführung sehr übersichtliche Straße durchmißt freundliche Almmatten. Auf längeren Steigungsstrecken wurden Kriechspuren angelegt, SG 1–2. Von der bewirtsch. Taimeralm (1341) steigt dann die Bergstraße merklich bis Weitenau an. Die errichteten Lawinenschutzgalerien im Bereich der Wageralm, der Heidnischen Kirche und der Brennhüttenklamm dienen der Winterfestigkeit dieses wichtigen Verkehrsweges; ihre Situierungen an möglichen Lawinenstrichen wurden aufgrund langjähriger Beobachtungen festgelegt. Im weiteren Anstieg über die Ödalm (1547) gelangt man schließlich zum Nordportal (1607) des Felbertauerntunnel, über das sich eine gigantische Felsbarriere auftürmt. Während das Befahren der Rampenstrecken mautfrei ist, wird für die Tunneldurchfahrt eine Benützungsgebühr eingehoben (ermäßigte Retourkarten berechtigen auch zur Benützung der Großglocknerstraße). Die Länge des Felbertauerntunnels beträgt 5.2 km, sein Scheitelpunkt liegt in 1650 m Höhe. Im Tunnel sind auch die nur 5 cm hohen und 80 cm breiten Randstreifen befahrbar, sodaß sich im Notfall eine Gesamtbreite von 8.60 m ergibt, die drei Fahrspuren entspräche.

Nach einer bogenförmigen Krümmung verläuft die Tunnelröhre schnurgerade, wobei sich das Leuchtband gegen den Horizont zu nur vermeintlich verjüngt. Sanft steigt die Straße gegen den Scheitelpunkt an und überschreitet dort die Landesgrenze zwischen Salzburg und Tirol; sie fällt dann ebenso mäßig gegen das Südportal ab. Auch die Ausfahrt erfolgt in einem leicht gekrümmten Bogen. Vor dem Südportal befindet sich ein großer Parkplatz, dessen Schüttmaterial der seinerzeitige Tunnelausbruch lieferte. Vom Südportal hat man noch zirka 2 km bis zum Abzweig der Zufahrt (HT) „ Matreier Tauernhaus". Tauerntalfahrweg nach Innergschlöß → GROSSER ALPENSTRASSENFÜHRER. Isel- und Kalsertal sowie Schobergruppe → KÄRNTEN komibführer auto + wanderschuh.

Erwähnenswert ist, daß Mautkarten für Hin- und Rückfahrt von der Felbertauernstraße, der Tauernautobahn und der Großglocknerstraße wechselseitig anerkannt werden. Durch diese Regelung ist es möglich, für Hin- und Rückreise verschiedene Strecken zu wählen und trotzdem in den Genuß der günstigeren Retourbillets zu kommen.

RW 213 **Resterhöhe*, 1894 m.** Eine sehr prächtige Aussicht auf das Salzachtal und die Dreitausender des Alpenhauptkamms bietet die Resterhöhe, deren begrünte Kuppe sich w. über dem Paß Thurn erhebt. Besonders eindrucksvoll der Blick auf das stark vergletscherte Massiv des Großvenedigers (3674), dem man unmittelbar gegenübersteht. Den Zugang erleichtert ein Sessellift, der seine Talstation an der Scheitelstrecke der B 161 hat. Von der bewirtsch. Bergstation (1728) wandert man in 30 Min. hinauf zum Gipfel. Zusammen mit dem Abstieg zum Paß Thurn auf mark. Weg, AV-Nr. 745, ergibt sich ein lohnender Halbtagsausflug. Z 2 Std., LA 1–2.

Mittersill, 790 m, im Schnittpunkt wichtiger Verkehrswege gelegen, ist der Hauptort des Oberpinzgaus. Der stattliche Marktflecken zählt rund 4000 Einw. Beachtenswert sind die beiden Barockkirchen und das stattliche Schloß (16. Jh.), das sich auf einer Anhöhe über der Paß-Thurn-Straße erhebt. Im alten Felberturm (um 1200) ist das besuchenswerte Heimatmuseum untergebracht. In der näheren Umgebung gute Wandermöglichkeiten auf teilweise mark. Wegen, u. a. nach Hollersbach (806), zum Bürgerwald und ins Felbertal, via Burgwies nach Stuhlfelden (800).

W 214 **Amertaler See*, 2276 m.** Im hintersten Winkel des Amertals, in einem von hohen Gipfeln umrahmten Felskar, liegt der Amertaler See. Sein Wasser wird dem Speicher Weißsee (2250) im Stubachtal zugeleitet. Den Zugang vermittelt ein Weglein, AV-Mark. 521, das seinen AP unmittelbar am Nordeingang des Felbertauerntunnels hat, 2 Std. Es zieht in s. Richtung steil aufwärts gegen das Finsterkar. Bei der 2200 m-Kote hat man re. die Abzw. des Steigleins zum Schoppmanntörl (2611), das sich zur St. Pöltner Hütte am → Felber Tauern (2481) fortsetzt, Mark. 522. Vom Nordufer des Amertaler Sees bietet sich eine gute Sicht auf die gewaltigen Felsabstürze des Hochgassers (2922) und des Hörndls (2852), die sogenannte Hintere und Vordere Bratschen. Im N, über der Talmündung, steht die markante Berggestalt des → Geißsteins (2363). Z 3¼ Std., LA 2.

Hintersee*, 1313 m

Ein empfehlenswerter Abstecher von der Felbertauern-B 108 führt durch das Felbertal zum stimmungsvollen, tiefgrünen Hintersee, 4 km. Der runde 7 ha große Bergsee erfreut sich einer prächtigen Kessellage; über die steilen Felswände stürzen zahlreiche Wasserfälle herab. Besonders gut läßt sich dieses Naturschauspiel vom Nordufer aus verfolgen; hier sind mehrere Ruhebänke aufgestellt. S. vom See das Wh. „Gamsblick“ (1324).

Die asphaltierte Zufahrtsstraße ist durchgehend zweispurig mit einzelnen überbreiten Abschnitten. Eine vorsichtige Fahrweise ist dennoch angezeigt, da auf der Strecke schwere Erztransporter verkehren. Bei km 2 kommt man am Tauernhaus Spital (1170) vorbei, das an die einstige Bedeutung des Saumpfades über den Felber Tauern erinnert; zuletzt steiler Anstieg vom Alten Boden über drei Kehren mit Maxima von 15%. Parkplatz unmittelbar vor dem See. SG 2. – Die „Erzstraße“, welche in Serpentinen an der Westflanke des Brentling (2242) hinaufzieht, ist für den öffentl. Verkehr ausnahmslos gesperrt.

Der Mittersiller Hintersee liegt im Grenzgebiet der Bundesländer Salzburg, Kärnten und Tirol inmitten der Hohen Tauern. Geprägt von 120 Dreitausendern und 169 Gletschern erstreckt sich hier eine der letzten, fast unberührten Naturlandschaften der Ostalpen. Durch die Schaffung des Nationalparks Hohe Tauern wurde sie vor wenigen Jahren gesetzlich unter Schutz gestellt. Um den malerischen Gebirgssee im Felbertal einem möglichst großen Kreis von Besuchern näherzubringen, wurde nach wissenschaftlicher Beratung ein 800 m langer Rundwanderweg mit elf Informations-Schautafeln um den See angelegt. Die Tafeln informieren nicht nur, wie allgemein üblich, über Flora und Fauna dieses Gebietes, sondern auch über die geologischen Gegebenheiten. - Der nahegelegene Markt Mittersill wartet mit einem besuchenswerten Heimat- und Nationalparkmuseum auf.

Felber Tauern*, St. Pöltener Hütte, 2481 m. Bis zur Eröffnung der Südbahn im Jahr 1870 ein wichtiger Verbindungsweg zwischen Nord und Süd, hat der Felber Tauern mit dem Bau des modernen Straßentunnels nach fast einem Jahrhundert seine alte Bedeutung zurückgewonnen. Der Pfad über den Paß dient heute allerdings nurmehr dem Wanderer und Naturfreund. Er leitet vom Parkplatz vor dem Hintersee (HT) zunächst an der ö. Talflanke in vielen kurzen Serpentinen steil hinauf zur Schneegrube und wendet sich dann taleinwärts. Man genießt hübsche Ausblicke auf die Bergumrahmung des inneren Felbertals mit Geißkogel (2751) und Hohem Herd (2824); rund 700 m tiefer der Hintersee. Beim Naßfeld überwindet der Weg, AV-Mark. 917, eine felsige Geländestufe, um anschließend zwischen Langsee (2231) und Plattsee (2200) direkt der von Tauernkogel (2989) und Hochgasser (2922) flankierten Scheitelhöhe zuzustreben, 3½ Std. Hübscher Blick gegen S auf den Wilden Kogel (3022) und seine Trabanten. Am Paß das alte Tauernkreuz, wenig höher die im Sommer bewirtsch. St. Pöltener Hütte. Empfehlenswert der kleine Abstecher sö. hinauf zum Weinbühel (2545), dessen Kuppe eine etwas umfassendere Aussicht gewährt. Für geübte Berggänger bilden sowohl der Tauernkogel wie auch der Hochgasser dankbare Gipfelziele, je 1½ Std. ab St. Pöltener Hütte, mark. Z 5½ Std., LA 2–3. **W 215**

Pinzgauer Orte mit Heimatmuseen: Bramberg, Hollersbach, Kaprun, Mittersill, Rauris (Talmuseum), Saalfelden (Pinzgauer Heimatmuseum Schloß Ritzen), Unken (Heimathaus „Kalchofengut"), Zell am See (Stadtmuseum Schloß Rosenberg).
Im Aufbau: Festung Kniepaß bei Unken (Museum zum Thema „Mitterpinzgauer Militärgeschichte").

An der Vervollkommnung bzw. Aktualisierung der **kombiführer auto + wanderschuh** wird redaktionell ständig gearbeitet. Berichtigungen und Verbesserungsvorschläge werden unter Hinweis auf diese Ausgabe dankbar entgegengenommen.

Verlag Harald Denzel KG, Redaktion Auto- und Wanderführer,
A-6020 Innsbruck, Maximilianstraße 9

Im Nationalpark Hohe Tauern gibt es vor allem in den nach N herabziehenden Tälern zahlreiche Fundstellen für **Mineralien** wie z.B. Bergkristalle, Turmaline u.a. Foto Tourismus-GmbH. Salzburger Land

Eines unserer wesentlichsten Ausrüstungsstücke, der **Bergschuh**, wurde nun auch von der Spezialisierung erfaßt: Der ziemlich einheitliche mittelschwere Bergschuh mit steifer Sohle, wie er in den letzten Jahren vom Großteil der Bergsteiger getragen wurde, ist heute in verschiedenartige Modelle aufgelöst: Das Angebot an Wanderschuhen ist sehr vielfältig. Es gibt sie aus glattem und gewendetem oder Veloursleder, handgemacht, geschäumt, geschnürt und mit Haken und verschiedenen Sohlen. Auch sollten sie wasserundurchlässig, die Sohle griffig sein. Der Bergsteiger wählt meist ein mittelschweres Modell, vorwiegend in gewendetem Leder, da auf diesem die Kratzer und Scheuerstellen nicht so spürbar sind. Die Sohle soll steif und griffig sein, der Schuh selbst nicht zu klobig. Guter Sitz ist für exaktes Steigen und für das Feingefühl wichtig.

Mittersill-Oberpinzgau-Gerlosstraße

Die Gerlos-B 165 ist zwischen Mittersill und Wald im Pinzgau (885) gut ausgebaut und erlaubt ein rasches Vorwärtskommen. Mit Ausnahme von Mittersill, Rosental und Wald i. P. werden alle Orte im Oberpinzgau umfahren. Die Linienführung ist zügig und übersichtlich. Die Steigungen bis Wald sind kaum merkbar. Von dort weg bieten sich dem Pkw-Lenker alternativ zwei Strecken an: die B 165 (früher als Ronachweg bezeichnet) salzachaufwärts zur Scheitelhöhe des Gerlospasses oder die um 10 km längere Strecke über Krimml und die mautpflichtige, neue Gerlosstraße, welche knapp unterhalb der Pinzgauer Höhe auf der w. Seite des Passes wieder in die B 165 einmündet. Allerdings hat die B 165 (Abschnitt Ronachweg) wegen der geringen Tragfähigkeit ihrer Brücken eine Gewichtsbeschränkung auf 2.5 t; sie darf daher im Durchzugsverkehr nur von Personenkraftwagen und leichten Nutzfahrzeugen befahren werden. Die max. Steigungen betragen hier 16%. Das durchgehend asphaltierte Sträßchen nimmt einen vielgewundenen Verlauf, an besonders unübersichtlichen Kurven wurden Verkehrsspiegel angebracht, ausgesetzte Stellen wurden mit Leitplanken versorgt. Die Fahrbahnbreiten schwanken zwischen 3 und 6 m. Die meisten abzweigenden Güterwege dürfen bei Beachtung der Gebotstafeln befahren werden, nicht aber die Forstwege. Etwa Dreiviertel der Strecke führen durch ausgedehnte Fichtenwälder, SG 3.

Will man den gut ausgebauten Weg über die neue Gerlosstraße benützen, so folgt man ab Wald i. P. zunächst der L 113 bis zur Mautstelle in Hinterkrimml (1072), 9 km. Dann leitet die neue Straße auf einer Brücke über die Krimmler Ache dicht an den berühmten Krimmler Wasserfällen, den großartigsten der Ostalpen, vorbei und um das Trattenköpfl herum. Hinter der Blaubachbrücke hat man einen Serpentinenanstieg mit max. 9% zur Schönmoosalm. Der Scheitelpunkt liegt auf der Filzsteinalpe (1628) genau 120 m höher wie auf der B 165 am Gerlospaß. Die Fahrbahnbreiten schwanken zwischen 6 und 8 m. Mehrere Parkplätze sind anzutreffen an landschaftlich besonders reizvollen Punkten. Die w. Mautstelle liegt knapp unterhalb der Pinzgauer Höhe; hier befindet sich auch die Einmündung in die B 165, welche in Richtung Gerlos vorzüglich ausgebaut ist. Oberhalb des Durlaßboden-Speichers hat man eine prächtige Panoramastrecke mit Ausblicken in das Wildgerlostal, auf die Zillertaler Alpen mit Wildgerloskees und der markanten Reichenspitze (3303). Neue Gerlosstraße SG 1–2. Durch das Gerlostal nach Zell am Ziller → TIROL kombiführer auto + wanderschuh.

Hollersbachtal, Wh. Edelweiß, 1219 m. Leichte Familienwanderung, **W**
auch für ältere Menschen geeignet. Das von seiner Mündung ziemlich **216**
genau s. zum Alpenhauptkamm ansteigende Tal wird von stattlichen Bergen umschlossen. Die Gipfelhöhen liegen allerdings mit wenigen Ausnahmen knapp unter der 3000-m-Marke; entsprechend gering ist, im Gegensatz zu den w. benachbarten Tauerntälern, die Vergletscherung. Als Stützpunkt für Hochtouren dient die im Sommer bewirtsch. Neue Fürther Hütte (2201). Sie erfreut sich einer prächtigen Lage auf einer kleinen Anhöhe über dem Kratzenberger See (2162), der mit einer Fläche von knapp 25 ha der größte Bergsee der Venedigergruppe ist. Für den Hüttenanstieg ist ab Hollersbach (806) mit einer Gehzeit von rund 6 Std. zu rechnen; etwa auf halber Wegstrecke liegt das Wh. „Edelweiß", 2½ Std., ein beliebtes Wander- und Ausflugsziel. Ein 8 km langes, für den Allg. Verkehr gesperrtes Sträßchen führt von Hollersbach taleinwärts zu dem Gh.; es ist abschnittweise identisch mit dem mark. Hollersbach-

talweg. Der Abstecher vermittelt gute Aussicht auf die Bergumrahmung; im Talhintergrund erhebt sich der Abrederkopf (2980), sw. über dem Wh. ,,Edelweiß" das im Blessachkopf (3050) kulminierende Massiv mit dem kleinen Watzfeldkees. Z 4½ Std., LA 1–2.

W 217 **Habachtal*, Gh. Alpenrose, 1384 m.** Obwohl gewiß nicht ohne landschaftliche Reize, ist das Habachtal vor allem bekannt für seinen außergewöhnlichen Mineralienreichtum. Berühmtheit erlangt haben die Smaragd-Vorkommen; weitere Fundstellen lieferten u. a. schöne Bergkristalle, Rauchquarz, Adular, Apatit, Fluorit, Rutil, Titanit, Turmalin. Zufahrt von der B 165, vorbei an der Haltestelle Habachtal der Pinzgauer Lokalbahn, bis zum Wh. ,,Habachklause" (867), 2 km. Hier über den Bach und auf dem für den Öffentl. Verkehr gesperrten Güterweg taleinwärts. Im Bereich der Krameralm (1244) wird der Blick auf das Habachkees und den Tauernhauptkamm mit Hoher Fürlegg (3244) und Kratzenberg (3023) frei. Man kommt am Wh. ,,Enzian" (1313) vorbei und erreicht schließlich den schön gelegenen Gh. ,,Alpenrose", 2 Std. **Bis hierher verkehrt bei Bedarf ein Jeeptaxi, das vor allem für kleinere Gruppen von Interesse ist. Auskünfte erteilen der VV Neukirchen am Großvenediger bzw. das Gh. Habachklause.**

Li. führt ein Weglein steil hinauf zu dem verfallenen Smaragd-Bergwerk unter dem Nasenkopf (2462). Im vergletscherten Talschluß liegt die im Sommer bewirtsch. Neue Thüringer Hütte (2240), 2½ bis 3 Std. vom Gh. Alpenrose, Mark. 918. Z 3½ Std., LA 1–2. Hierzu Wanderwege-Karte 35 Neukirchen.

RW 218 **Wildkogel**, 2225 m.** Schönste und auch meistbesuchte Aussichtswarte des Oberpinzgaus ist der Wildkogel. Seine Besteigung reduziert sich bei Benützung des von Neukirchen am Großvenediger (857) ausgehenden Sesselliftes auf eine knapp einstündige Kammwanderung. Von der Bergstation (2099) leitet die AV-Mark. 740 in. ö. Richtung zur Wildkogelscharte (2094), aus der man in etwa 25 Min. über den SO-Rücken zum Gipfelkreuz aufsteigt. Hier eröffnet sich dem Wanderer eine überwältigende Rundschau, die bei klarem Wetter von den Stubaier Alpen bis zum Dachsteinmassiv reicht. Glanzvoll der Blick auf Täler, Gletscher und Gipfel der Venedigergruppe, welcher man unmittelbar gegenübersteht. Z 1½ Std., LA 1–2.

Für den Abstieg bietet sich neben der bequemen Liftfahrt vor allem der mit 736 gekennzeichnete AV-Weg an. Er führt vom bewirtsch. Wildkogelhaus (2000), das s. unterhalb der Wildkogelscharte (2094) steht, zunächst abwärts zur Mittelstation (1651) der Sesselbahn und senkt sich dann in vielen Windungen, abschnittweise einem Güterweg folgend, nach Neukirchen. Z 3½ Std., LA 2.

Recht beliebt ist auch der weiter w. verlaufende Abstiegsweg über die Steineralm (1600), AV-Mark. 741 von der Gensbichler Scharte (2019) bis zu der bewirtsch. Alm, dann Mark. 716. Z 4½ Std., LA 2. Hierzu Wanderwege-Karte 35 Neukirchen.

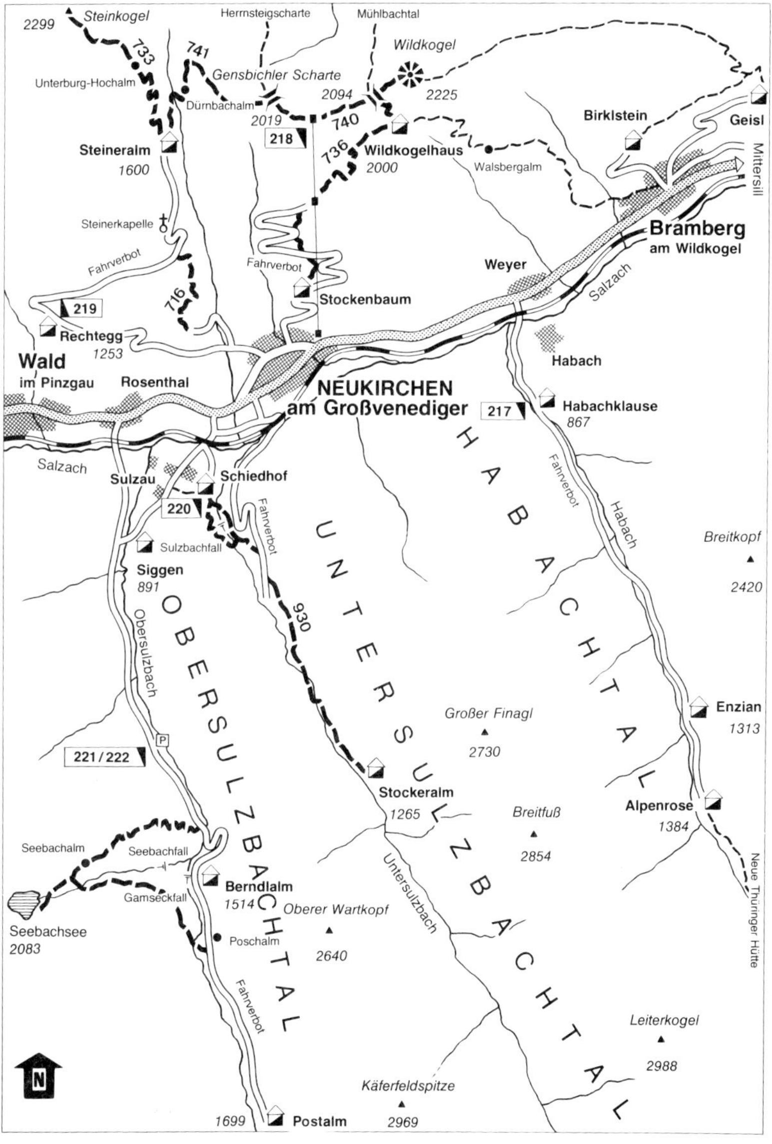
2299
Steinkogel
Herrnsteigscharte
Mühlbachtal
Wildkogel
733
741
Gensbichler Scharte
Unterburg-Hochalm
2094
2225
Dürnbachalm
2019
740
218
Birklstein
Geisl
Steineralm
1600
736
Wildkogelhaus
2000
Walsbergalm
Mittersill
Steinerkapelle
Bramberg
am Wildkogel
Fahrverbot
Fahrverbot
Weyer
Stockenbaum
716
219
Salzach
Rechtegg
1253
Wald
im Pinzgau
Habach
Rosenthal
NEUKIRCHEN
am Großvenediger
217
Habachklause
867
Salzach
Sulzau
Schiedhof
220
Fahrverbot
Fahrverbot
Habach
Sulzbachfall
Breitkopf
2420
Siggen
891
930
HABACHTAL
UNTERSULZBACHTAL
OBERSULZBACHTAL
Obersulzbach
Großer Finagl
2730
Enzian
1313
P
221/222
Stockeralm
1265
Breitfuß
2854
Alpenrose
1384
Seebachalm
Seebachfall
Berndlalm
1514
Gamseckfall
Untersulzbach
Neue Thüringer Hütte
Seebachsee
2083
Oberer Wartkopf
2640
Poschalm
Fahrverbot
Leiterkogel
2988
N
Käferfeldspitze
1699
Postalm
2969

W 219 **Steinkogel**, 2299 m.** All jenen, die der Betriebsamkeit am vielbesuchten Wildkogel ausweichen möchten, sei die Besteigung des Steinkogels empfohlen. Er bietet ein fast gleichwertiges Panorama, lediglich die Aussicht ins Salzachtal ist durch umliegende Höhen etwas verstellt. Großartig dafür der Blick in die beiden Sulzbachtäler, über denen dominierend die Firnpyramide des Großvenedigers (3674) thront. AP der schönen Gipfeltour ist der anfahrbare Gh. „Rechtegg" (1253). Abzw. in Neukirchen beim Haus „Sonnenschein" (HT). Das 3.5 km lange Natursträßchen weist kräftige Steigungen bis max. 20% auf; es ist größtenteils einspurig mit Ausweichen. Vom Gh. Rechtegg genießt man einen prächtigen „Venedigerblick"; gut verfolgen läßt sich von diesem Standpunkt aus auch die elegant geführte Trasse der neuen Gerlosstraße.

Auf „Schusters Rappen" geht es weiter bergan zur Steineralm (1600), 1½ Std. Man wandert auf dem für den Allg. Verkehr gesperrten Güterweg, welcher in einer langen Hangstrecke durch den Feuchtwald zum Tälchen des Dürnbachs ansteigt. Bei der kleinen Steinerkapelle (1462) mündet ein direkt von Neukirchen heraufkommender Pfad. Von der im Sommer bewirtsch. Steineralm weist die AV-Mark. 733 den Weg zum Gipfel. Bis zur Unterburg-Hochalm (1870) hat man einen Erschließungsweg, dessen Serpentinen sich abkürzen lassen, dann nurmehr Steigspuren, die über Almböden und Schutthänge zum Gipfelkreuz führen, 3½ Std. Z 5½ Std., LA 2. Hierzu Wanderwege-Karte 35 Neukirchen.

W 220 **Untersulzbachtal*, Wh. Stockeralm, 1265 m.** Eindrucksvolle Bilder einer noch weitgehend unberührten Bergregion vermittelt die Wanderung ins Untersulzbachtal, 1¾ Std. bis zur bewirtsch. Stockeralm. AP ist die Jausenstation „Schiedhof" (850), die man von der B 165 aus rasch erreicht, 1.5 km. Im Mündungsbereich des Tals bestehen zwei mark. Wege, die sich oberhalb des fast 100 m hohen Sulzbachfalls vereinigen (empfehlenswerte kleine Runde, 40 Min.). Beim Plattenkreuz (1022; Ruhebank), wo man auf einen breiten Fahrweg stößt, eröffnet sich ein erster Prachtblick auf den stark vergletscherten, vom Großvenediger (3674) majestätisch überragten Talschluß. Knapp eine halbe Gehstunde weiter taleinwärts kommt man an den mächtigen Felsbalmen der Knappenwand vorbei; die klassische Mineralienfundstelle lieferte u.a. besonders schöne Epidote. Z 3 Std., LA 1–2. Hierzu Wanderwege-Karte 35 Neukirchen.

W 221 **Obersulzbachtal**, Gh. Postalm, 1699 m.** Das aus dem Herzen der Venedigergruppe herabziehende, knapp 20 km lange Obersulzbachtal ist ein beliebtes Ausflugsziel. Großartig seine Gebirgskulisse mit dem mächtigen Obersulzbachkees, über dem sich – vom Talboden aus allerdings nicht sichtbar – der Großvenediger (3674) erhebt. Den Zugang verkürzt ein Sträßchen, das zwischen Neukirchen und Wald von der B 165 abzweigt, HT „Sulzau, Sulzbachtäler". Bis zum Gh. Siggen (891) asphaltiert, ist es im weiteren Verlauf einspurig mit Ausweichen und Naturdecke. Die Fahrt endet nach 5.8 km beim Hopffeldboden (1090); Parkplatz für zirka 50 Pkw und Sperrschranken. Zu Fuß geht es auf dem Güterweg taleinwärts weiter. Nach etwa 30 Min. passiert man die Abzw. des Steiges zum → Seebachsee (HT). Der Talweg führt über den Obersulzbach und überwindet anschließend in einigen Serpentinen eine ausgeprägte, bewaldete Geländestufe. Re. zieht der Seebachfall die Aufmerksamkeit des Wanderers auf sich. Beim Gh. Berndlalm (1514) wird erstmals der Blick in den grandiosen Talschluß frei. Kurz zuvor hat man re. die Abzw. eines kurzen Steigleins zum sehenswerten Gamseckfall. Der Weiterweg führt leicht steigend taleinwärts zur Postalm, 2 1/2 Std. Man hat Muße, die herrliche Landschaft zu genießen. Im W beginnt die Kette der Dreitausender mit dem Foiskarkogel (3029); sie setzt sich s. über Vorderkopf (3027), Weiglkarkopf (3011), Unlaßkarkopf (3074) und Große Jaidbachspitze (3102) zur Schlieferspitze (3289) fort. Letztere zeigt sich besonders schön von der Postalm aus. Im Talschluß dominiert der Große Geiger (3360); nicht sichtbar dagegen ist der Großvenediger. Er wird durch den vom Keeskogel (3291) herabziehenden Bergrücken verdeckt. Auf ihm steht die im Sommer bewirtsch. Kürsinger Hütte (2549), zu der man von der Postalm in 2 1/2 bis 3 Std. aufsteigt, AV-Mark. 914. Z 5 Std., LA für Postalm 1-2, für Kürsinger Hütte am Obersulzbachkees LA 2-3, der Anstieg verlangt Ausdauer! - Hierzu Wanderwege-Karte 35 Neukirchen.

Seebachsee, 2083 m.** In einem stillen Felskar hoch an der li. Flanke des Obersulzbachtals liegt der rund 8 ha große Seebachsee. Er ist Ziel einer prächtigen Bergfahrt, die allerdings aufgrund beträchtlicher HU nur ausdauernden Gehern empfohlen werden kann. AP ist der Parkplatz auf dem Hopffeldboden → W 221. Mark. Aufstiegsweg zur Seebachalm (2037) und zum See, insgesamt 3 Std.; mark. Abstieg von der Seebachalm taleinwärts zur Poschalm (1538), wo man wieder auf den zum Gh. Postalm führenden Güterweg trifft. Eine großartige Runde, reich an schönsten Landschaftsbildern! Besonders hervorzuheben neben dem stimmungsvollen Bergsee, in dessen Wasser sich die Felsabstürze des Foiskarkogels (3029) und des Hütteltalkopfs (2962) spiegeln, ist die Aussicht auf den hochalpinen, von Fels und Eis geprägten Rahmen des Obersulzbachtals. Z 5 1/2 Std., LA 2–3. Hierzu Wanderwege-Karte 35 Neukirchen. **RW 222**

Gernkogel, 2267 m.** Ein dankbares Tourenziel für Ausdauernde! Die Besteigung des Gernkogels, der sich nw. über Wald (885) erhebt, wird man zweckmäßig als Rundwanderung durchführen. AP beim Hochedhof (1270), Zufahrt von der alten Gerlosstraße über den asphaltierten Güterweg „Walder Sonnberg", 2.8 km. Der mit 731 und 1A mark. Anstieg führt zunächst steil durch den Wald bergan zur bewirtsch. Wurf-Grundalm (1652), 1 1/4 Std., dann über satte Wiesen, deren Blumenreichtum jeden Naturfreund begeistert, weiter zur Wurf-Hochalm (1897). Hier wendet sich das Weglein nach W, und über **RW 223**

den breiten Rücken steigt man, die sich mehr und mehr entfaltende Aussicht genießend, hinauf zum Gipfelkreuz, 3 Std. Das Gernkogel-Panorama ist typisch für viele dem eigentlichen Hochgebirge vorgelagerte Aussichtshöhen. Es reicht bei klarem Wetter vom Habicht (Stubaier Alpen) bis zu den Radstädter Tauern. Besonders instruktiv der Blick über das Salzachtal hinweg auf Gipfel und Gletscher der Venedigergruppe.

Der Abstiegsweg ist ebenfalls mit der AV-Mark. 731 gekennzeichnet. Er führt über die Berger-Hochalm (2040) sw. steil abwärts zum Hochalmeck, ändert dann seine Richtung und leitet über Reitl-Asten (1540) hinab zur alten Gerlosstraße. Ihr folgt man etwa 500 m weit und biegt li. auf den Höhenweg, Mark. 25, ein, welcher, am Walder Sonnberg wieder ansteigend, über den Watschenbauern zum AP zurück führt. Wer diesen zusätzlichen Gegenanstieg mit rund 150 m HU vermeiden möchte, nimmt den (schlecht bez.) Verbindungssteig, der im Wald ob Reitl bei der Höhenkote 1370 vom AV-Weg 731 li. abzweigt und direkt zum Watschenbauer leitet. Z 6 Std., LA 2–3. Hierzu Wanderwege-Karte 36 Gerlospaß.

W 224 **Falkenstein, 1060 m.** Hübscher Aussichtspunkt über der Mündung der Krimmler Ache in die Salzach, von Krimml (1072) aus auf bequemem, fast eben verlaufenden Hangweg, Mark. 5, in etwa 30 Min. erreichbar; dort auch Gh. Etwas höher an dem zur Nößlachwand (1516) ansteigenden Kammrücken die «Friedrich-August-Warte» (zirka 1100). Kleiner, lohnender Abstecher, Mark. 8. Z 1 bis 1 1/4 Std., LA 1. Hierzu Wanderwege-Karte 36 Gerlospaß.

RW 225 **Krimmler Wasserfälle***.** Niemand, der im Oberpinzgau unterwegs ist, sollte sich das einzigartige Naturschauspiel der Krimmler Wasserfälle entgehen lassen, die mit einer Gesamtfallhöhe von 380 m als die höchsten Europas gelten. Sie können auf einem vorzüglich trassierten Pfad, für dessen Benützung eine bescheidene Gebühr zu entrichten ist, gefahrlos besucht werden. An mehreren besonders eindrucksvollen Blickpunkten bestehen Schaukanzeln; vom Gh. „Hanke" (1080) führt ein Steig direkt zum Unteren Wasserfall. Auf einer Anhöhe über dem Mittleren Fall steht das Gh. „Schönangerl" (1301), 1 1/4 Std.; wenig weiter taleinwärts zweigt der alte Tauernweg ab, welcher re. der Krimmler Ache verläuft und sich als Abstiegsalternative anbietet. Für den Aufstieg von der Mautstelle (1070) am Beginn des „Wasserfallweges" bis zur Schettbrücke (1465), die oberhalb des Oberen Falls die Krimmler Ache überquert, rechnet man mit einer Geh- und Schauzeit von insgesamt etwa 2 Std. Z 3 Std., LA 1–2. Hierzu Wanderwege-Karte 36 Gerlospaß.

Freude am Autofahren und Freude am erholsamen Wandern durch die schönsten Alpenregionen vermitteln die Kombiführer **auto + wanderschuh.** Westlich der Pinzgauer Höhe (Gerlospaß) schließt der Band TIROL an.

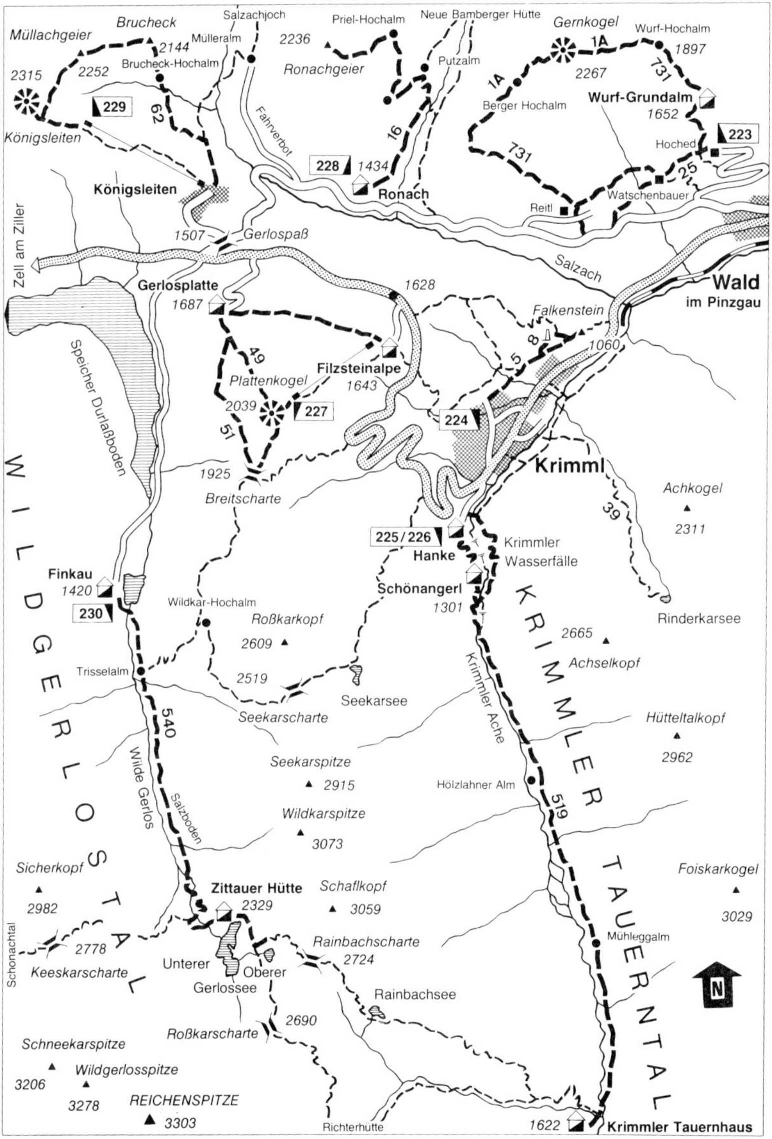
Müllachgeier
Brucheck
2144
Salzachjoch
Müllerlalm
Priel-Hochalm
2236
Ronachgeier
Neue Bamberger Hütte
Putzalm
Gernkogel
1A
2267
Wurf-Hochalm
1897
731
Wurf-Grundalm
1652
2315
2252
Brucheck-Hochalm
229
62
Königsleiten
Fahrverbot
16
228
1434
Ronach
Berger Hochalm
731
Hoched
223
25
Watschenbauer
Reitl
Königsleiten
1507
Gerlospaß
Zell am Ziller
Salzach
Wald
im Pinzgau
Gerlosplatte
1687
1628
Falkenstein
8
5
1060
Speicher Durlaßboden
49
Plattenkogel
Filzsteinalpe
1643
2039
227
224
51
1925
Breitscharte
Krimml
Achkogel
39
2311
225/226
Hanke
Krimmler
Wasserfälle
Finkau
1420
Schönangerl
1301
230
Wildkar-Hochalm
Roßkarkopf
2609
Rinderkarsee
2665
Achselkopf
Trisselalm
2519
Seekarsee
Seekarscharte
540
Krimmler Ache
Hütteltalkopf
2962
Seekarspitze
2915
Hölzlahner Alm
519
Wilde Gerlos
Salzboden
Wildkarspitze
3073
WILDGERLOSTAL
KRIMMLER TAUERNTAL
Sicherkopf
2982
Zittauer Hütte
2329
Schaflkopf
3059
Foiskarkogel
3029
Schonachtal
2778
Keeskarscharte
Rainbachscharte
2724
Mühleggalm
Unterer
Oberer
Gerlossee
Rainbachsee
N
2690
Roßkarscharte
Schneekarspitze
3206
Wildgerlosspitze
3278
REICHENSPITZE
3303
Richterhütte
1622
Krimmler Tauernhaus

W 226 **Krimmler Tauernhaus**, 1622 m.** Der Abstecher zu den Krimmler Wasserfällen läßt sich recht leicht mit einer Wanderung in das landschaftlich sehr reizvolle Krimmler Achental verbinden. Sie vermittelt eine Vielzahl von Landschaftseindrücken, die zu genießen der nur leicht ansteigende Weg reichlich Gelegenheit bietet. In etwa 2 Std. wandert man von der Schettbrücke (1465) zum Krimmler Tauernhaus, das sich einer hübschen Lage an der Mündung des engen Rainbachtals erfreut. Sein hohes Alter (holzgetäfelte Gaststube von 1435, älteste des Oberpinzgaus) weist auf die einstige Bedeutung des Tauernweges hin, welcher über den Krimmler Tauern (2633) Salzburg mit dem Süden Tirols verband. - **HU bei Wahl des AP Krimml 550 m, Z 6½ Std., LA 2. Bei Bedarf verkehrt von Krimml bis zum Krimmler Tauernhaus auch ein Jeeptaxi, welches besonders für kleinere Bergsteigergruppen von Interesse ist. - Hierzu Wanderwege-Karte 36 Gerlospaß.**

RW 227 **Plattenkogel*, 2039 m.** Trotz seiner verhältnismäßig geringen Gipfelhöhe vermittelt der Plattenkogel eine weite Aussicht, die gegen Osten durch das Salzachtal bis zum Dachsteinmassiv reicht. Besonders eindrucksvoll im Süden die Parade der vergletscherten Dreitausender mit der Reichenspitze (3303) und der Dreiherrnspitze (3499) als auffallendste Erhebungen. Den Zugang zu dem vielbesuchten Panoramapunkt erleichtert ein Sessellift, der seine Talstation unweit des anfahrbaren Alpengh. „Filzstein" (1643) hat. Von der Bergstation gewinnt man in wenigen Min. den Gipfel, auf dem ein Gedenkkreuz steht. Es erinnert an die Besteigung des Plattenkogels durch den Salzburger Erzbischof Friedrich Fürst zu Schwarzenberg im Sept. 1838. Für den Abstieg zum Hotel Gerlosplatte hat man die Wahl zwischen dem direkten Weg über die Weiglmahdalm (1865) und dem kleinen Umweg über die Breitscharte (1925). Letzterer ist mit einem zusätzlichen Zeitaufwand von etwa 40 Min. verbunden, landschaftlich aber lohnender. Von der Breitscharte, die man s. absteigend in 25 Min. erreicht, führt ein mark. Weglein durch die dem Speicher Durlaßboden zugewandte Westflanke des Plattenkogels hinab zur Gerlosplatte. Zurück zum AP auf dem fast eben verlaufenden Plattenweg via Duxeralm. Z 1¾ bis 2½ Std., LA 1–2. Hierzu Wanderwege-Karte 36 Gerlospaß.

W 228 **Ronachgeier*, 2236 m.** Der Alpengh. „Ronach" (1434) an der alten Gerlosstraße ist AP für eine Besteigung des Ronachgeiers, der, wie die ihn w. bzw. ö. benachbarten Höhen der Kitzbüheler Alpen, eine herrliche Aussicht auf Gipfel und Gletscher des Alpenhauptkamms vermittelt. Der Anstieg ist durch die AV-Sektion Oberpinzgau mark., HT „Putzalm-Ronachgeier"; er verläuft oberhalb der Baumwuchsgrenze durch offenes Gelände und bietet deshalb auch weniger Geübten keine Schwierigkeiten. Vom Gh. „Ronach" zunächst auf rot mark. Waldweg ins Tal des Nedernachbachs. Nach zirka 45 Min. trifft man auf einen Almpfad, welcher in Serpentinen zur Putzalm und weiter zur Prielalm (1800) ansteigt. Nun über weite Almböden und Wiesenhänge, Steigspuren und verblaßten Mark. folgend, durch die Ostflanke zum Gipfel des Ronachgeiers, 2¾ Std. Z 4½ Std., LA 2. Hierzu Wanderwege-Karte 36 Gerlospaß.

Königsleiten**, **2315 m.** N. über dem Speicher Durlaßboden (1405) erhebt sich der breite Rücken der Königsleiten. Ihr Gipfel bietet eine prächtige Aussicht auf die vergletscherten Dreitausender des Alpenhauptkamms. Den Zugang verkürzt ein Sessellift, dessen Talstation im Almdorf Königsleiten (1600) man vom Gerlospaß (HT) aus auf einer asphaltierten Stichstraße rasch erreicht, 1.5 km. Von der bewirtsch. Bergstation (2160) hat man nur mehr einen knapp halbstündigen Aufstieg zu dem vielbesuchten Panoramapunkt. Der Abstecher läßt sich leicht zu einer reizvollen Höhenwanderung erweitern: zunächst zurück bis zur Vorkuppe (2300) der Königsleiten, dann in nö. Richtung am Kamm entlang zum Müllachgeier (2252) und weiter ö. zum Brucheck (2144). Abstieg auf mark. Weglein über die Brucheck-Hochalm (1880) zum Almdorf Königsleiten. - HU ab Dorf 715 m, ab Bergstation 155 m, Z 3 Std. bzw. 1 Std., LA 2. - Hierzu Wanderwege-Karte 36 Gerlospaß. **RW 229**

Zittauer Hütte**, **2329 m.** Obwohl bereits jenseits der Wasserscheide zwischen Salzach und Gerlosbach-Ziller gelegen, gehört das Wildgerlostal noch zum Land Salzburg. Einen Prachtblick auf seine hochalpine Kulisse genießt man von der Westrampe der Gerlospaßstraße: li. die Wildkarspitze (3073), im Talschluß das Wildgerloskees, überragt vom kühnen Felshorn der Reichenspitze (3303) und von der Wildgerlosspitze (3278). Als Stützpunkt für Hochtouren in diesem Teil der Zillertaler Alpen dient die im Sommer bewirtsch. Zittauer Hütte. Sie erfreut sich einer herrlichen Lage am 11 ha großen Unteren Gerlossee (2321), in dessen Wasser sich die eindrucksvolle Gebirgsumrahmung spiegelt. AP des Hüttenweges ist das Wh. „Finkau“ (1420), das man vom Gerlospaß über einen asphaltierten Fahrweg erreicht, 5.8 km. Abzw. unmittelbar an der Mündung der alten in die neue Gerlosstraße (HT). Das Sträßchen zieht am Ostufer des Speichers Durlaßboden (1405) entlang und vermittelt Aussicht auf den Talschluß der Wildgerlos. Vom Gh. „Finkau“ führt der AV-Weg 540 über die Trisselalm (1584) hinauf zur Zittauer Hütte, 3 Std. Zwischen dem Salzboden (1778) und dem Schutzhaus überwindet der Pfad in vielen Windungen eine mächtige Talstufe mit fast 600 m HU. Rund eine halbe Stunde oberhalb der Hütte, am Weglein zur Rainbachscharte (2724), liegt der Obere Gerlossee (2470). Z 5 Std., LA 2. Hierzu Wanderwege-Karte 36 Gerlospaß. **W 230**

Ein neuerer Fußweg verläuft über die Dammkrone des Speichers Durlassboden, dann auf seiner Westseite über die Bärschlag-Alm (1459) und die Schütthof-Alm (1408) zum Gh. Finkau-Alm.

Wer in der **Gruppe wandert** kann auch einen **„toten Punkt“,** falls er während einer Wanderung eintritt, leichter überwinden. Ein wenig Härte gegen sich selbst ist zwar in gewissen Momenten angebracht, doch darf das Wandern niemals zu einer permanenten Strapaze werden. Stets soll man noch die Schönheiten der Natur bewußt aufnehmen und sich daran erfreuen können.

Der moorhaltige **Goldeggsee** liegt lieblich in einer Mulde zwischen bewaldeten Moränenrücken eingebettet. Im nahen Schloß Goldegg ist u.a. das Pongauer Heimatmuseum untergebracht. Foto L. Eschenauer

---

Bad Reichenhall: Heimatmuseum (Getreidegasse 4) mit Funden von Ausgrabungen aus der Bronze-, Hallstatt- und La Tèneperiode, aus der Römerzeit und aus der Zeit der Landnahme durch die Bajuwaren. Kunstwerk und Kunstgewerbe (Mittelalter, Renaissance, Barock).

BERCHTESGADENER LAND

Salzburg-Berchtesgaden-Steinpaß

Die Ausfahrt aus dem Stadtzentrum von Salzburg erfolgt am besten vom Rudolfskai und dem Rudolfsplatz durch die Alpenstraße und auf der B-150 über Anif, von dort Berchtesgadener-B 160 bez., über die AA Salzburg-Süd und St.Leonhard (456) zur deutsch-österr. Grenzübertrittsstelle Hangendenstein, 12 km. Nun weitere 11 km auf der vortrefflich ausgebauten Deutschen Alpenstraße, B 305 bis Berchtesgaden (571), welches im Mittelpunkt einer Straßenspinne liegt. Der alte Ortskern des Marktes Berchtesgaden ist auf der w. Uferterrasse über dem Zusammenfluß der Königsseer–Ramsauer- und Bischofswiesener Ache. Im SW hat man eine großartige Gebirgsszenerie. Die B 305 führt am Bahnhof vorbei und folgt der Ramsauer Ache durch ein enges, bewaldetes Tal zum Eingang in die besuchenswerte Wimbachklamm. Mit zwei Kehrschleifen und max. 12% Steigung überwindet man den HU zum Abzweig der → Schwarzeckstraße. Prächtige Ausblicke auf Watzmann, Hochkalter und den Gebirgsstock der Reiteralpe. An der Hindenburg-Linde vorbei über den einsam gelegenen Taubensee erreicht man bei der Schwarzbachwacht (868) den Scheitelpunkt der Route. Schließlich fährt man durch das bewaldete Tal zwischen Reiteralpe und Lattengebirge bei einem länger anhaltenden Gefälle von 11% hinab zur Saalachbrücke bei Unterjettenberg. Normal breite, teils asphaltierte, teils gepflasterte Fahrbahn, SG 1–2.

Grenznahes Straßennetz im Raum Scheffau–Götschen
Während die Hauptstraße zwischen Marktschellenberg und Unterau durch das Tal der Königsseer Ache zieht, gibt es in der „oberen Etage" ein einspuriges Sträßchen mit Ausweichen, welches den Ort Au durch den Nesseltalgraben mit den zahlreichen Einzelgehöften von Oberstein, Neusieden, Mehlweg, Götschen und Unterstein verbindet, um in Marktschellenberg (480) wieder auf die Hauptstraße zu treffen. Eine Fahrt durch diesen sanfthügeligen Landstrich gestaltet sich recht abwechslungsreich. Ein Abzweig leitet zur Fußgänger-Grenzübertrittsstelle in Richtung Hallein, welche sich gleich hinter dem „Zillwirt" befindet. In Neusieden gibt es eine weitere Wegverzweigung: li. am Tiefenbach hinab nach Marktschellenberg, geradeaus zum „Götschenwirt" unter der Hohen Götschen (930), re. Fahrsträßchen mit HT Mehlweg-Barmstein. Dieses gabelt sich nach 1 km nochmals, wobei man nach Mehlweg li., nach Barmstein re. fährt. Es endet beim letzten Haus in Oberbarmstein, ist bis dorthin einspurig mit Ausweichstellen angelegt und durchgehend asphaltiert, SG 3 (unübersichtliche Kurven!). Romantisch ist eine Abfahrt von Neusieden durch die bewaldete Tiefenbachschlucht nach Marktschellenberg. Einspurige Asphaltstraße mit Ausweichen, die Brücken sind zweispurig ausgebaut, SG 2–3.

Untersberg–Höhenwanderung*, Berchtesgadener Hochthron, 1972 m.** **W**
Der Untersberg ist ein Eckpfeiler der Salzburger Kalkalpen, welcher **231**
nach N zu, weit in die Niederung der Salzach reicht. Massige Formen, fast senkrecht abfallende Wandfluchten und zahlreiche Höhlen charakterisieren ihn. Er ist Hausberg der Stadt Salzburg in mehrfachem Sinne: als Bergwandergebiet, als Salzburger Quellgebiet (Fürstenbrunner Quelle) und als Lieferant des gelben und rötlichen Untersberger Marmors für viele berühmte Kunstwerke in Österreich und in Bayern. Das gesamte Areal des Untersberges wurde unter Landschaftsschutz gestellt. Für eine Bergwanderung ist der Park-

platz an der Seilbahn-Talstation in St. Leonhard (456) ein günstiger AP, der nur wenige Kilometer von Anif bzw. von der Vollanschlußstelle Salzburg-Süd der Tauernautobahn entfernt ist. Die Kabinenseilbahn mit einem Fassungsvermögen von 50 Personen je Kabine überwindet einen HU von rund 1300 m in nicht mehr als 7 Min. Fahrzeit. Sie leitet an der imposanten Untersberg-Ostwand bis zur Stütze 2 empor, welche sich in der Nähe des Schellenberger Sattels (1439) befindet; dann quert sie das obere Rosittental mit einem zirka 900 m langen Spannfeld.

Die gut mark. Standard-Höhenwanderung führt über den Salzburger Hochthron (1853), den man in 30 Min. erreicht. Dann durch Latschen- und Dolinengelände abwärts zur Mittagsscharte (1671), die im Grenzverlauf mit der BRD liegt, weitere 30 Min. Von dort bei ständigem Auf und Ab in 2½ Std. zum Berchtesgadener Hochthron (1972) mit Prachtblick auf die Beckenlandschaft von Berchtesgaden und den charakteristischen Gebirgsstock des Watzmann nebst seinem „Spiegelbild“, den Hochkalter. Vom Hochthrongipfel steigt man in wenigen Min. zum Stöhrhaus (1894) der AV-Sektion Berchtesgaden hinab, welches von Mitte Mai bis Mitte Oktober bewirtschaftet ist, Z 3½ Std.

Der Rückweg führt generell bis zur Mittagsscharte, 1 Std.; dort bieten sich mehrere Alternativen an: erstens zurück zur Bergstation am Geiereck wie Herweg. Auch dieser Weg zurück ist bereits eine 2. Wanderung, weil Tageszeit, Lichtverhältnisse und Aussicht sich vom Herweg wesentlich unterscheiden. Zweitens der Abstieg auf dem vorzüglich mark. und gesicherten Serpentinensteig des Höhlenforschervereins durch die Wand der Mittagsscharte hinab zur Toni-Lenz-Hütte (1551), 30 Min. Bei einer Felskanzel zweigt li. der Zugang zur sehenswerten Schellenberger Eishöhle (1508) ab, HT. Von der Toni-Lenz-Hütte (Eishöhlenhütte) entweder Direktabstieg durch Gräben und steile Buchenwaldhänge, zuletzt durch die Schlucht des Rothmannbaches hinab ins Tal der Berchtesgadner Ache und zirka 4 km Fußmarsch über die Grenzübertrittsstelle Hangendenstein zum AP, 2½ Std., Personalausweis mitführen!

Oder man benützt den mark. Steig zum Schellenberger Sattel. Dieser verläuft in n. Richtung unterhalb des Salzburger Hochthrons hindurch mit mehreren Zwischenab- und Wiederanstiegen. Man trifft auf den von Glanegg durch das Rosittental heraufziehenden Dopplersteig. Nun über die «Steinerne Stiege» hinauf auf das Hochplateau, wo man in den Reitsteig einmündet und auf diesem zum Zeppezauerhaus (1664) der AV-Sektion Salzburg und weiter zur Bergstation der Untersberg-Seilbahn gelangt, knapp 2 Std. Z für Standard-Höhenwanderung 4½ bis 5 Std., LA 2. Variante Schellenberger Sattel Z 5½ Std., LA 2–3. Bei Bergabwanderung Richtung Hangendenstein Z 6 Std., LA 3. Hierzu Wanderwege-Karte 37 Untersberg.

Berchtesgaden: Schloßmuseum im ehem. Chorherrenstift, Museum Schloß Adelsheim (Altes Berchtesgadener Heimatmuseum und Landesmuseum für die Bereiche des Stifts, der Wittelsbacher, des Bürgertums, der bäuerlichen Welt und der Folklore).

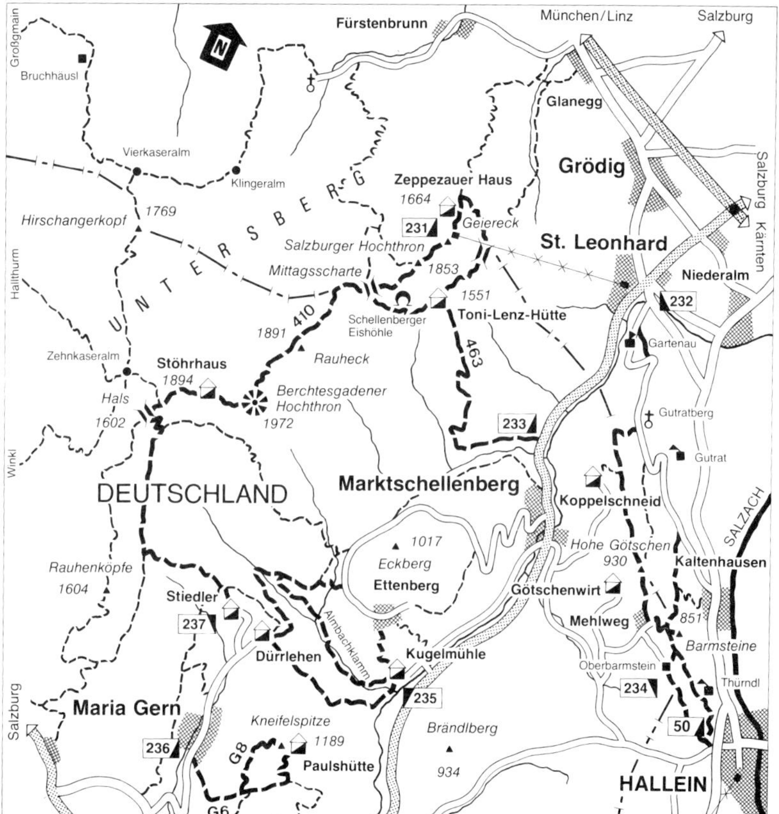

Wanderwege-Karte 37 Untersberg

Koppelschneid – Hohe Götschen, 930 m. AP ist das Dorf St. Leonhard (456) S. des Ortes wird die Königsseer Ache auf der Brücke nach Gartenau überquert. Man folgt dem blau-gelb mark. Weg und läßt das Schloß Gartenau li. liegen. Dann steigt man auf dem Knappenweg durch eine ausgedehnte Aufforstung nach Gutratberg (632) an. Wegeteilung an der Kapelle: in sw. Richtung weiterer Anstieg zum Hundskragen, wo man auf den vom Gh. „Koppelschneid" heraufziehenden Höhenweg mit der Mark. MS 9 trifft. Nun entlang der Staatsgrenze über die Koppelschneid (auch Götschenschneid) und die **RW 232**

Die **Barmsteine** mit ihren charakteristischen Felsfiguren heben sich schon von weither sichtbar als Wahrzeichen Halleins deutlich vom Horizont ab. Sie bestehen aus den vor zirka 100 Millionen Jahren abgelagerten Barmsteinkalken. Foto Gebhart

Hohe Götschen (Abstecher zum Gipfel) nach Mehlweg weiter. Dort befindet sich ein Einkehrgh. Auf einem reizvollen Steig, weiß-blau mark. gelangt man schließlich durch Wiesen und Wald zum Fuß des Großen Barmsteins.

Von Gutratberg leitet eine Variante unterhalb des eingangs beschriebenen Höhenweges zunächst in sö. Richtung über die Hubertuskapelle unterhalb der Hohen Götschen hindurch zum verlassenen Hof „Brandreit". Dann verläuft der Weg mehr in s. Richtung zum Großen Barmstein, wo er bei einem Jagdhochstand auf den direkten Anstiegsweg von Kaltenhausen trifft, Mark. weiß-rot. Von dieser Variante läßt sich auch ein kurzer Abstecher zur Ruine „Gutrath" unternehmen, die Teil einer alten Befestigungsanlage zur Überwachung und Sicherung der Salztransporte zwischen Hallein und Salzburg war. Ihr Standort bietet eine vortreffliche Aussicht auf das Salzachtal. Benützt man diese Variante als Rückweg, so hat man eine abwechslungsreiche Rundwanderung, die sich während der gesamten schneefreien Jahreszeit ausführen läßt. Auch auf die Wegvariante Gutratberg–Oberreit–Hohe Götschen sei aufmerksam gemacht, diese zweigt zirka 500 m s. der Kapelle vom Fahrweg nach Kaltenhausen re. ab. Z 4 bis 5 Std., LA 2–3. Hierzu WWK 37 Untersberg.

Schellenberger Eishöhle, 1508 m, und Toni-Lenz-Hütte, 1551 m. Der AP für den direkten Zugang aus dem Tal der Berchtesgadener Ache (Königssee-Ache) befindet sich nur wenige hundert Meter vom deutschen Zollamt Hangendenstein entfernt, HT. Abstellmöglichkeiten auf dem Uferstreifen ö. der B 305. Man folgt nun auf der Untersbergseite der rot-blauen Mark. auf Weg Nr. 463 zum Bachkaser und durch den Lochgraben zur Mitterkaser-Hütte hinauf. Nun weiter zur bewirtsch. (nur Verpflegung, keine Unterkunftsmöglichkeit) Toni-Lenz-Hütte, auch Schellenberger Eishöhlenhütte genannt, 2½ bis 3 Std. Von dort erreicht man auf einem gesicherten Steig in zirka 15 Min. die interessante Schellenberger Eishöhle; ihre Begehung ist gefahrlos, es empfiehlt sich jedoch die Mitnahme warmer Kleidungsstücke. Z 4½ bis 5 Std., LA 2. Hierzu Wanderwege-Karte 37 Untersberg. **W 233**

Kleiner Barmstein*, 851 m, AP Oberbarmstein. Den kürzesten und auch bequemsten Anstieg zu den beiden Barmsteinen hat man vom bayrischen Oberbarmstein aus. Vom EP des Fahrsträßchens folgt man zunächst der HT «Mehlweg» auf einem weiß-rot mark. Feldweg bis zum Waldrand. Hier hält man sich re. und gelangt in eine bewaldete Mulde. Beim Rastplatz Wegeteilung: re. auf den Kleinen Barmstein → W 50. Geradeaus durch Wald an der Westseite des Großen Barmsteines entlang führt ein anderer Weg hinab nach Kaltenhausen. Im Bj. nur spärliche Mark., besonders in Grenznähe. Z 1 Std., LA 2. Hierzu Wanderwege-Karte 37 Untersberg. **W 234**

Almbachklamm. AP ist das Gh. ,,Kugelmühle" am Beginn des Klammweges, mit Auto auf den Straßen beiderseits der Berchtesgadener Ache (Königssee-Ache) erreichbar. Hier befindet sich auch eine Schleiferei für den Untersberger Marmor; sehenswert sind die alten Kugelmühlen. Man folgt der Mark. ME 4. In der ersten halben Stunde durchmißt man den interessantesten Abschnitt der wildromantischen Klamm. Das Wasser stürzt sich gischtend und schäumend in die Kolke, das sind kleinere Felsbecken, welche durch die erodierende Wirkung des Wassers entstanden sind. Der Aufenthalt ist hier an heißen Hochsommertagen besonders angenehm. Im Hintergrund ragt das Untersbergmassiv auf. An der Theresienklause (Holztrift-Sperre) überschreitet man den Almbach und steigt mäßig zum Gh. ,,Dürrlehen" (830) in Hintergern an. Zurück auf gut angelegtem Fußweg, welcher unterhalb der Braunen Wand und der Kneifelspitze, jedoch hoch über der Klamm wieder zum AP leitet. Z 2½ Std., LA 1-2. **RW 235**

Eine andere, ebenfalls lohnende Runde führt von der Theresienklause über den Steingraben zum Winklbauern, dann über Gastag nach Ettenberg (832) mit dem reizvoll gelegenen Wallfahrtskirchlein am Fuße des Berchtesgadener Hochthron. Vom Ettenberger Plateau reicht der Blick bis zum Dachstein. Der direkte Abstiegsweg führt zur Kugelmühle hinab. Z 2½ Std., LA 2. Hierzu Wanderwege-Karte 37 Untersberg.

Eine fast problemlose Personenbeförderung vermitteln in den besuchenswerten **Salzbergwerken** teilweise steile Rutschen. Nach einem alten Stich von Hans Brunner im Archiv der Österr. Salinen AG

W 236 **Kneifelspitze, 1189 m.** Ein lohnender und unbeschwerlich erreichbarer Aussichtsberg in der Umgebung von Berchtesgaden. Zunächst Anfahrt von Berchtesgaden um den Lockstein herum und auf Straße nach Maria Gern am Krankenhaus vorbei. Beim Gh. „Maria Gern" in Vordergern stellt man sein Fahrzeug ab. Das Rokokokirchlein wurde anfangs des 18. Jh. erbaut und steht bilderbuchartig in der Landschaft, weshalb es zu den meistfotografierten Motiven im Berchtesgadener Land zählt.

Der Fußweg G 6 führt anfangs steil, dann mäßig zur Marxenhöhe hinauf, die der Kneifelspitze im S vorgelagert ist. Dann gelangt man an eine Wegevereinigung und folgt im Wald der Mark. G 8 über einen Bach li. aufwärts zum Kneifellehen. Der weitere Anstieg vollzieht sich über Wiesen und schütteren Wald zum Gipfel. Die Paulshütte ist nur während des Sommers einfach bewirtsch. Dank ihrer freien Lage ist die Aussicht von der Kneifelspitze rundherum sehr informativ. Einen bemerkenswerten Tiefblick hat man auf Berchtesgaden. Wenig unterhalb des Gipfels ist ein Punkt mit „Salzburger Aussicht" bezeichnet. Als Rückweg kann der sö. Abstieg hinab zum Bach empfohlen werden, wo man über den Kasperlbauern zurück zur eingangs erwähnten Wegevereinigung gelangt. Auf Weg G 6 zurück zum AP. Z 2 bis 2½ Std., LA 2. Hierzu Wanderwege-Karte 37 Untersberg.

Stöhrhaus*, 1894 m, und Berchtesgadener Hochthron, 1972 m, AP** RW
Hintergern. Den AP beim Gh. „Stiedler" (zirka 900) in Hintergern erreicht 237
man mit dem Auto von Berchtesgaden auf der Straße nach Maria Gern. Für den Aufstieg auf dem Stöhrweg, der als Versorgungsweg des Berghauses gut ausgebaut wurde, rechnet man mit 3 Std. Zunächst leitet der „Untersbergweg" durch Wiesen und im Wald aufwärts und zieht vielgewunden gegen den Höhenzug der Rauhen Köpfe (1604). Man umgeht im W den zerklüfteten Kessel mit dem wasserreichen Quellgebiet des Almbaches. Unter der felsigen Almbachwand (1658) steigt man weiter bergan und hat bald das Haus im Blickfeld. Ein Serpentinenweg, das „Leiterl" genannt, verbindet mit dem „Hals" (1602), einer schmalen Einsattelung zwischen Untersberg und dem Grat der Almbachwand. Zuletzt in weiteren Serpentinen durch ausgedehnte Latschenfelder und über den „Goldbrunnen" zum Schutzhaus. Vom Anblick der lotrechten Südwände des Untersberges ist man stark beeindruckt. Das von weither sichtbare Stöhrhaus liegt am sö. Rande des Untersbergmassives, das sich gegen NW zu einem Hochplateau verflacht. Die Aussicht in das Berchtesgadener Land ist, wie auch vom ö. davon aufragenden Hochthron, dessen Gipfelkreuz man in 20 Min. von der Hütte aus erreicht, schlicht ausgedrückt „großartig". Rückweg wie Anstiegsweg. Z $5^1/_2$ Std., LA 2–3. Hierzu Wanderwege-Karte 37 Untersberg.

Wimbachklamm, Wimbachgrieshütte*, 1326 m. Die Wimbachklamm ist W
wegen ihrer Schleierwasserfälle am Vormittag besonders besuchenswert. 238
Die Wimbachgrieshütte des Touristenvereins „Die Naturfreunde" besitzt trotz ihrer relativ niederen Tallage unterhalb der Watzmann-Südsitze (Schönfeldspitze) ein bemerkenswertes Panorama mit Großem Hundstod (2594) und Hochkalter (2607). Vom AP Wimbachbrücke an der B 305 folgt man zunächst den HT zur Klamm. Der Klammweg führt über einen langen Steg direkt unter den Felswänden. Nach Überwindung der Klammstrecke tritt man in das Wimbachtal ein und hat li. den Watzmannstock, re. den Hochkalter. Das Gh. „Wimbachschloß" (937) ist während des Sommers bewirtsch. Der mark. Weg durch das weite Wimbachgries steigt nur mäßig an. Auf den geröllbedeckten Böden vegetieren Föhren. Wildzerklüftet zeigen sich im großartigen Talschluß die Palfenhörner. Vor Erreichen der Hütte, $2^1/_2$ Std., nimmt die Steigung merklich zu. Rückweg wie Hinweg, ausgenommen die Klammstrecke, welche man re. liegen läßt und auf der orogr. li. Seite talaus wandert. Z $4^1/_2$ Std., LA 2. Hierzu Wanderwege-Karte 38 Hochkalter.

Blaueishütte*, 1650 m. Durch ihre Lage zwischen hohen Bergen im Blau- W
eistal ist zwar die Aussicht eingeschränkt, doch fasziniert der Blick zum 239
Blaueisgletscher unter dem Hochkalter (2607). Der zirka 1 km lange und 250 m breite, spaltenreiche Gletscher ist der am nördlichsten gelegene in den Alpen! Von den beiden Anstiegsmöglichkeiten zur bewirtsch. Schärtenalm (1362), $1^1/_2$ Std., bietet zwar jene vom AP Seeklaus-Holzstube am Hintersee (789) mehr Abwechslung, doch ist sie steiler; der andere Anstieg nimmt vom

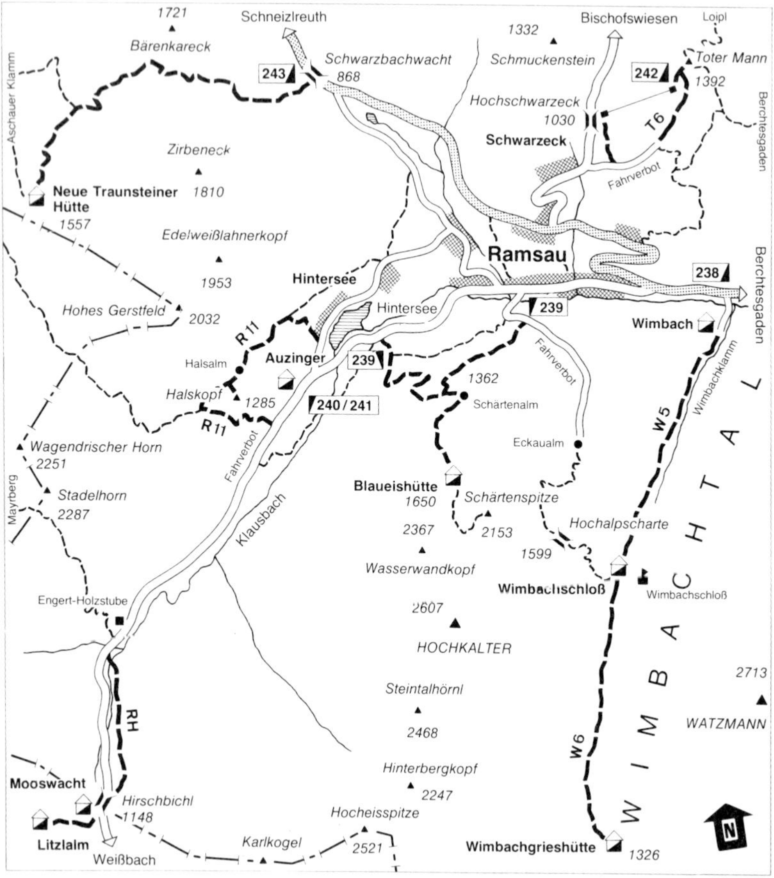

Wanderwege-Karte 38 Hochkalter

Dorf Ramsau seinen Ausgang und benützt anfangs eine teilweise in den Fels gesprengte Forststraße, worauf man im Wald die 2. Abzw. re. nicht verfehlen darf. Von der Schärtenalm, die auf einer kleinen Waldblöße liegt, wandert man leicht abwärts und um eine Felsecke mit Ausblick auf Hintersee und Reiteralpe schwenkt man in das Blaueistal ein. Auf gut gestuftem Steig gewinnt man unter den steil abfallenden Wänden durch lichten Lärchenbestand weiter an Höhe und erreicht nach 2½ bis 3 Std. die modern ausgebaute Hütte der AV-Sektion Berchtesgaden. Abstiegsweg wie Anstiegsweg. Z 4½ bis 5 Std., LA 2–3. Hierzu Wanderwege-Karte 38.

Halsalm, 1207 m, und Halskopf, 1285 m. Wegen seiner Aussicht zum Hochkalter und den bemerkenswerten Tiefblicken auf Hintersee und Ramsau ein lohnendes Wanderziel. AP ist der Gh. ,,Auzinger" am s. Ortsende von Hintersee (789). Man benützt zirka 1 km die Hirschbichlstraße und zweigt dann re. ab, um dem Anstiegsweg mit Mark. 11 zu folgen. Im Wald gewinnt man zügig an Höhe. Vor der Halsgrube, die sich unter den Felsabstürzen der Reiter Steinberge ausdehnt, hält man sich an der Wegeteilung re. (li. Böselsteig zur Neuen Traunsteiner Hütte). Der Weg führt in zwei Kehren über einen grasigen Hang zur Halsalm weiter aufwärts, $1\frac{1}{2}$ Std. Vor der Alm zweigt re. der kurze Anstieg zum Halskopf ab. Trittsichere Wanderer benützen als Rückweg die Fortsetzung des Weges R 11 in Richtung Taubensee, biegen jedoch nach Überquerung des 2. Baches re. ab, um direkt zum Hotel ,,Alpenhof" nach Hintersee abzusteigen. Z $2\frac{1}{2}$ bis 3 Std., LA 2. Hierzu WWK 38 Hochkalter. **RW 240**

Hirschbichl, 1148 m, und Litzlalm*, 1334 m. Der alte Grenzpaß wurde von der fürstlichen Probstei Berchtesgaden befestigt. Überreste von Befestigungsanlagen aus dem Bayrischen Erbfolgekrieg 1745 sind noch erkennbar. Auch im Freiheitskampf der Tiroler und Salzburger im Jahre 1809 gegen Franzosen und Bayern war dieser Übergang eine strategische Schlüsselstelle. **W 241**

Im Sommer gibt es eine Busverbindung aus der Ramsau bis Engert-Holzstube, welche den Anmarschweg um mindestens 1 Std. verkürzt. Für den Allgemeinverkehr ist die Hirschbichlstraße ab der Bushaltestelle beim Gh. ,,Auzinger" am s. Ortsende von Hintersee gesperrt! Von diesem AP hat man zunächst talein eine längere, fast ebene Wegstrecke. Nach Verlassen des Waldes und Querung des Mühlsturz- und Stadelgrabens steigt die Straße an, um eine Talstufe zu überwinden. Ein Flachstück leitet dann weiter nach Engert-Holzstube, wohin morgens und abends Busse verkehren. Man verläßt nun die Straße und folgt am Klausbach dem li. abzw. Fußweg mit Mark. RH. Oberhalb der herrlich gelegenen und von einer prächtigen Gebirgsszenerie umgebenen Bindalm wählt man den scharf nach re. zur Straße führenden Verbindungsweg und gelangt zum zahmen Hirschbichl-Paß, von Hintersee $2\frac{1}{2}$ bis 3 Std. Im Rückblick hat man die eindrucksvollen Felshörner des Stadelkammes (Reiter Steinberge). Das Gh. ,,Mooswacht" (1153) befindet sich direkt im Verlauf der deutsch-österr. Grenze. Das ,,Bergheim Hirschbichl" der AV-Sektion Burghausen steht auf der österr. Seite des Paßscheitels. Zu den schönsten Almen in der Loferer Gegend zählt die nahegelegene Litzlalm (1334), welche im Sommer bewirtschaftet ist. Rückweg wie Hinweg. Z $4\frac{1}{2}$ bis 5 Std., LA 2. Hierzu Wanderwege-Karte 38 Hochkalter.

Schwarzecker Straße*, Hochschwarzeck, 1030 m
Die asphaltierte und 5 bis 6 m breite Bergstraße nimmt in Wegscheid, Gemeindegebiet Taubensee, ihren Ausgang und steigt zunächst zu ihrem Scheitelpunkt s. der Hirscheck-Sesselbahn mit max. 13% an, SG 2. Auf ihrer Nordrampe durchmißt sie im lieblichen Tälchen des Schwarzeckbaches den Berchtesgadener Bürgerwald und erreicht nach 6.5 km den verstreut liegenden Ort Loipl (862). Hier hat man nun die Wahl, entweder die ausgebaute Straße über die Kollerhöhe (880) hinab nach Bischofswiesen (615) zu fahren,

3 km, oder den knapp zweispurigen „Schneckenmühlenweg“ über das Gh. „Loipl“ zu benützen, um s. der Haltestellte Winkl auf die B 20 zu teffen. Sämtliche Straßen sind staubfrei. Die Loipler Bergstraße, welche von der Kollerhöhe einen bemerkenswerten Watzmannblick bietet, weist auf der Talfahrt hinab zur Bischofswieser Ache ein starkes Gefälle von 25% auf, SG 2–3, der 3.5 km lange „Schneckenmühlenweg“ hingegen max. 20%, SG 3.

W 242 **Toter Mann*, Bezoldhütte, 1392 m.** Dieses aussichtsreiche Ziel bietet sich vor allem dem Verbundwanderer an. Der AP befindet sich auf dem Hochschwarzeck an der Talstation der Hirscheck-Sesselbahn (1030). Auffahrt zur Bergstation (Betriebszeiten 9 bis 16 Uhr, letzte Talfahrt 17 Uhr), an die ein Restaurant mit Aussichtsterrasse unmittelbar angeschlossen ist. Das Panorama umfaßt alle bedeutenden Erhebungen des Berchtesgadener Landes: im S hat man direkt gegenüber das Watzmannmassiv und sein „Spiegelbild“, den Hochkalter mit dem Blaueis als nördlichsten Gletscher der Alpen. Dahinter türmt sich das Steinerne Meer mit dem Großen Hundstod (2594) auf. Noch freier ist die Rundumsicht vom Toten Mann, einer nahegelegenen Graskuppe im NO der Bergstation. Ein bequemer Fußweg leitet vom bewaldeten Kamm, auf dem die Bergstation errichtet wurde, zu einer Einsattelung mit Wegespinne hinab. Hier folgt man geradeaus der HT „Zum Toten Mann“ aufwärts und erreicht, zuletzt im steilen Anstieg, den Aussichtsgipfel. Die kleine und längst verlassene Bezoldhütte hat keine Funktion mehr, sie kann lediglich bei Unwetter als schützender Unterstand dienen, von der Bergstation bis hierher 20 Min. Mehrere Bänke laden zur Rast im Freien ein. Auf einem Karrenweg vom eingangs bez. Sattel hat man eine schöne Bergabwanderung in Richtung Schwarzeck. Man benützt diesen Fahrweg allerdings nur bis zum unteren Waldrand und biegt dann scharf re. ab. Auf einem Wiesenpfad wandert man bis zu einem Vermessungszeichen weiter zum Waldrand, um das Straßeneck abzuschneiden. Nun am Zaun entlang zwischen Wiesen und Wald mäßig bergan. In der Nähe der Talstation läßt sich der Zaun leicht übersteigen. Z 1½ bis 2 Std., LA 1–2. Hierzu Wanderwege-Karte 38 Hochkalter.

W 243 **Neue Traunsteiner Hütte*, 1557 m, AP Schwarzbachwacht.** Die Hütte ist von vier Seiten her auf verschiedenen Anstiegswegen erreichbar; der ö. Anstieg nimmt von der Schwarzbachwacht (868), einer Scheitelhöhe an der Deutschen Alpenstraße-B 305 seinen Ausgang. Vergleichsweise hat man vom O her den geringsten HU zu bewältigen. Hinter dem Parkplatz führt der gut mark. Weg ohne nennenswerte Steigung durch den Wald aufwärts, wo er am Fuße des Gebirgsstockes in den Wachterlsteig überleitet. In einem serpentinenreichen Anstieg gewinnt man bald wesentlich an Höhe. Man kommt zunächst an der Unteren Schwegelalm (1160) vorbei, dann durch schönen Zirbenbestand an den verfallenen Almkasern der Oberen Schwegelalm (1439). In mehrfachem Auf und Ab überwindet man dann ein für die Reiteralpe charakteristisches Hochplateau. Beim Wegeknoten an der Kote 1508 folgt man der HT zur Neuen Traunsteiner Hütte → W durch die „Saugasse“, 3½ bis 4 Std. ab Schwarzbachwacht. Abstiegsweg wie Anstiegsweg. Z 6 bis 6½ Std., LA 2–3. Hierzu Wanderwege-Karte 38 Hochkalter.

Rund um den Obersalzberg

Das dichte Straßennetz des Obersalzberges bildet das sö. Schlußstück der Deutschen Alpenstraße. Es ist bis auf die unvollendete Dürreckstraße, welche nach den ursprünglichen Plänen der Erbauer zwischen dem Jenner und dem Königssee hätte fortgesetzt werden sollen, fertig ausgebaut. Die gut frequentierte und mautpflichtige Roßfeld-Ringstraße hat ihren Scheitelpunkt in einer Höhe von 1543 m. Sieht man von der kühn erbauten Kehlsteinstraße ab, deren Benützung ein Monopol für die Busse der Deutschen Bundespost darstellt, und deren Wendeplatz 1710 m hoch liegt, so kann man die Roßfeldstraße mit ihrer 16 km langen Scheitelstrecke als höchste für den öffentlichen Verkehr eingerichtete Straße in den Bayrischen Alpen betrachten. Die Steigungsverhältnisse innerhalb des Straßennetzes sind sehr unterschiedlich: am kräftigsten ist die Dauersteigung von 24% auf der von Berchtesgaden heraufziehenden B 425, welche am s. Obersalzberg nahe des Golfplatzes in die B 319 Richtung Hinterbrand einmündet, SG 2–3. Diese, auch Dürreckstraße genannte 8 km lange Stichstraße wartet mit max. 15% Steigung auf, SG 1–2. Die n. Auffahrt aus Richtung Salzburg–Markt Schellenberg über Unterau ist mit max. 14% Steigung motorenfreundlicher als die s. Auffahrt, SG 2.

Die Roßfeld-Ringstraße hat kürzere Steigungsabschnitte mit max. 13%. Die Fahrbahnbreiten schwanken auf der Dürreck- und Roßfeldstraße zwischen 6 und 8 m, überall wurde Asphaltbelag aufgetragen. Eingerichtete Parkplätze gibt es längs dieser schönen Touristenstraße, SG 1–2. Von Interesse ist auch der Anschluß an die neue, von Hallein (461) über Bad Dürrnberg (772) heraufziehende Landesstraße mit der Grenzübertrittsstelle Dürrnberg (845). Sie trifft zwischen Oberau und Pechhäusl, 2,5 km von der Staatsgrenze entfernt, auf die Roßfeld-Ringstraße, SG 2.

BHS-Salzbergwerk Berchtesgaden: Seit 1517 wird hier Sole im „Sinkwerkbau" gewonnen. Im Berg werden Räume ausgeschossen und mit Süßwasser aufgefüllt, welches das Salz aus dem Gestein laugt. Die unlöslichen Bestandteile des salzführenden Gesteins sinken dabei zu Boden, daher die Bezeichnung „Sinkwerk". Nach Erreichen eines Sättigungsgrades von 27% wird die Sole durch Rohrleitungen in die Saline von Bad Reichenhall geleitet. Höhepunkt einer Besichtigung des berühmten Schaubergwerkes ist eine Floßfahrt über den 100 m langen und 30 m breiten, illuminierten Salzsee. Die Schutzbekleidung der Besucher ist der alten Bergmannstracht nachempfunden.

Zinkenkogel, 1337 m. Diese zwar nicht hohe, jedoch exponierte Erhebung im Grenzverlauf der BRD mit Österreich gelegen, wird auch Zinkenkopf genannt. **W 244** Im N führt von Bad Dürrnberg ein Sessellift auf seinen Gipfel, welcher allerdings nur bei entsprechender Schneelage betrieben wird. Hier steht, von weither sichtbar, ein Sendemast des ORF. Der Anstieg beginnt in der Nähe des Gh. „Pechhäusl" (1137), nicht weit von der Mautstelle an der Roßfeld-Höhenringstraße entfernt, HT. Man hat anfangs ein Forststräßchen, das in eine Geländemulde leitet. Hier zweigt re. ein rot mark. Steig ab, der sich bald gabelt. Man folgt der roten Mark. weiter, welche zuerst auf den Vorgipfel mit dem Gipfelkreuz führt, dann auf den Hauptgipfel mit der Sendestation, vom AP in 40 Min. erreichbar. Prächtige Aussicht auf Hohen Göll, Hochfreieck, Hagengebirge, Tennengebirge und Dachstein. Das Salzachtal läßt sich nach S bis zur markanten Einsenkung am Paß Lueg verfolgen. Eindrucksvoller Tiefblick auf die alte Salinenstadt Hallein. Z 1¼ Std., LA 1–2. Hierzu Wanderwege-Karte 39 Obersalzberg.

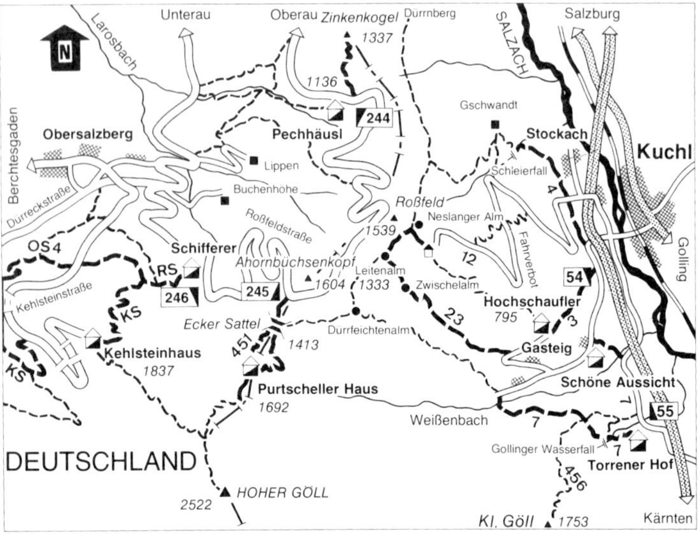

Wanderwege-Karte 39 Obersalzberg

W 245 **Purtscheller Haus*, 1692 m.** Günstigster AP ist die Bushaltestelle „Ahornkaser" (1544) an der Roßfeld-Ringstraße, sw. des Großparkplatzes gelegen. Von hier, HT, steigt man zunächst bei kräftigem Gefälle auf einem Karrenweg zum Eckersattel (1415) hinab, der im Grenzverlauf der BRD mit Österreich liegt (Personalausweis mitführen), 15 Min. Der Sattel ist Wegeknoten der von Bad Dürrnberg, von Kuchl und von der Enzianhütte heraufführenden Anstiege. Das Gebiet steht unter Landschaftsschutz. Nun hat man die Wahl, entweder den direkten Anstieg, Mark. 451, über den Eckerfirst oder den bequemeren Aufstiegsweg mit Mark. 13, welcher weiter ö. verläuft, zu nehmen. Auf beiden Wegen gewinnt man in den oberen Abschnitten mittels zahlreicher Serpentinen rasch an Höhe. Sie leiten teilweise durch Latschenfelder. Das Purtscheller Haus, welches schon von der Roßfeld-Ringstraße deutlich zu erkennen ist, wird in knapp 1 Std. erreicht. Es ist Stützpunkt für eine Besteigung des Hohen Gölls, welche allerdings nur trittfesten und schwindelfreien Personen anempfohlen werden kann. Bereits lohnend ist es, vom Haus noch zirka 20 Min. dem Steig über den First bis zur Kote 1834 zu folgen, weil sich von dieser weniger ausgeprägten Erhebung eine bemerkenswerte Aussicht bietet. Z 2 bis 2½ Std., LA 2. Hierzu Wanderwege-Karte 39 Obersalzberg.

RW 246 **Kehlsteinhaus**, 1837 m.** Das Kehlsteinhaus vermittelt dank seiner Lage auf einer vom Hohen Göll über die Mannlköpfe weit nach NW vorgeschobenen Felskanzel einen großartigen Überblick über die vielseitige Landschaft des Berchtesgadener Landes. Im SW hat man Jenner, Watzmann und Hochkalter, im N den Untersberg mit dem Berchtesgadener Hochthron. AP der Bergwanderung ist der Ofnerboden (1175), welcher auf der Roßfeld-Ringstraße von Obersalzberg aus nach wenigen Kilometern leicht zu erreichen ist, HT re. der Straße. Man folgt dem gesperrten Fahrweg mit Mark. RS am Waldrand entlang und an der Ofneralm vorbei bis man an den Kehlriedel gelangt. Zwei Abzweigungen läßt man re. liegen und wandert auf dem Serpentinensträßchen, jetzt Mark. KS, durch den Wald weiter aufwärts bis man zur großen Wendeplatte am EP der Kehlsteinstraße (Monopol der Deutschen Bundespost) gelangt, 2½ Std. Von der Nordseite des Kehlsteins leitet ein 120 m langer Tunnel in das Innere des Berges zum Aufzug; dieser überwindet einen HU von 124 m in knapp 2 Min. und setzt die Fahrgäste mitten im Kehlsteinhaus ab. Es ist aber auch möglich, von NW her zu Fuß auf gutem Serpentinenweg in 20 Min. zum Haus zu gelangen. Von der Aussichtsterrasse ist bei guten Sichtverhältnissen auch der Hohe Dachstein zu erkennen.

Zurück entweder direkt unter Benützung des Anstiegsweges zum AP, Z 4½ Std., LA 2. Oder im Rahmen einer sehr empfehlenswerten Rundwanderung mit Abstieg auf der Kehlsteinstraße über die beiden langen Kehren hinab bis zur Salzwand, wo ein Fahrweg mit Mark. KS li. zur Ligeretalm abzweigt. Für Fußgänger ist die weitere Benützung der Kehlsteinstraße verboten! Unterhalb der Salzwand umgeht man im weiten Bogen bei wechselnder Aussicht den Kehlstein. An der nächsten Wegeteilung hält man sich re. und kreuzt in einer Unterführung die Kehlsteinstraße. Schließlich wandert man durch den Wald zur Unteren Kehlsteinalm und hat von dort aus nicht mehr weit zum AP. Z 5½ bis 6 Std., LA 2–3. Hierzu Wanderwege-Karte 39 Obersalzberg.

Königsbachalm, zirka 1200 m. Im Bereich der Dürreckstraße bzw. der Jennerbahn (Mittelstation) gilt der Terrassenweg zur Königsbachalm als beliebter und stets frequentierter Wanderweg. AP ist die Wendeplatte der B 319, der unvollendeten Dürreckstraße in Hinterbrand. Zunächst hat man einen bequemen Waldweg ohne wesentliche HU hinüber zur Mittelstation der Jennerbahn, 30 Min. Nahebei steht das Dr. Hugo-Beck-Haus. Die besonders familienfreundliche Wanderung setzt sich durch Alm- und Wiesengelände, abschnittsweise auch durch kürzere Waldstreifen fort. Im Blickfeld hat man die Schönau und den Ort Königssee, nicht aber den langgestreckten Königssee, welcher beispielsweise vom Jenner aus gut zu sehen ist. Die Blicke schweifen auf der gesamten Wanderung zum ausgedehnten Watzmann-Massiv hinüber, auch zum Steinernen Meer mit dem Großen Hundstod, welches sich weiter s. auftürmt. Bei einem Gatterl weist eine Tafel auf den Abzw. zur Gotzenalm über die Priesbergalm (1460) und den Unteren Hirschenlauf. Am Königsbach trifft man auf eine Wegspinne: hier folgt man dem Karrenweg re. abwärts zum Brotzeitstüberl auf der Königsbachalm, welche in einer Mulde liegt, 1 Std. Zurück zum AP auf Forststräßchen KW 1, welches im bewaldeten Krautkasergraben ö. der Mittelstation wieder auf den Fußweg trifft. Z 3 Std., LA 1–2. Hierzu Wanderwege-Karte 40 Königssee. **RW 247**

Salzburg-Bad Reichenhall-Steinpaß

Ausfahrt von Salzburg, Ortsteil Maxglan auf Innsbrucker Straße, B 1, durch den Flughafen-Tunnel und das ausgedehnte Walser Feld zur Grenzübertrittsstelle Schwarzbach auf dem Walserberg (482), 11 km. Nach Führung der B 21 unter der Autobahn Salzburg–München auf dem re. Saalachufer nach Bad Reichenhall, das man nw. umfahren kann. Die B 21 setzt sich im S der Stadt unter dem Predigtstuhl fort und windet sich am schmalen Uferstreifen des aufgestauten Saalachsees entlang.

Zwischen Bad Reichenhall und Schneizlreuth verläuft die stark frequentierte Transitstrecke durch das „Kleine Deutsche Eck“ bis Unterjettenberg auf dem re. Saalachufer und wechselt dort die Uferseiten. Für Pkw-Fahrer von Interesse ist die gut ausgebaute Alternativstrecke, welche an Karlstein vorbeileitet und über das Südufer des Thumsees (526) zum Straßenknoten oberhalb des Weißbachgrabens führt; sie findet dort Anschluß an die Deutsche Alpenstraße und nach einer merklichen Gefällstrecke mündet sie wieder in die B-21 ein.

W 248 **Nördliche Durchquerung des Lattengebirges, Karkopf**, 1739 m.** Die bewaldete Berggruppe des Lattengebirges, das sich zwischen Bad Reichenhall und Ramsau ausdehnt, hat mehrere schöne und aussichtsreiche Wanderungen zu bieten, die sich in der schneefreien Zeit vom Frühjahr bis in den Spätherbst durchführen lassen. Eine der lohnendsten Bergwanderungen ist die Durchquerung des Nördlichen Lattengebirges vom Predigtstuhl bis zum Rotofen-Sattel mit Abstieg zur Bahn- und Busstation Hallthurm. Man erkundige sich bereits vor Antritt der Wanderung nach dem Fahrplan der öffentlichen Verkehrsmittel zwischen Hallthurm und Bad Reichenhall.

AP der Durchquerung ist die Bergstation (1574) der Großkabinen-Seilbahn auf den Predigtstuhl, welche vom Reichenhaller Ortsteil Kirchberg über die Saalach heraufführt. Bereits vom Gipfel (1613) aus genießt man eine bemerkenswerte Aussicht in das Alpenvorland (Rupertiwinkel), auf Bad Reichenhall und Bayerisch Gmain bzw. Großgmain, hinüber zum Hochstaufen und Zwiesel, zur Reiteralpe und zu den Loferer Steinbergen, nach S auf den Hochkalter.

Zunächst kurzer Abstieg zur Schlegelmulde, dann in Serpentinen durch Latschen hinauf zum Hochschlegel (1688), 30 Min. Ohne wesentlichen HU wandert man zum Karkopf (1739), der höchsten Erhebung des Lattengebirges weiter, 1 1/2 Std. vom AP entfernt. Das Panorama umfaßt u. a. Dachstein, Hoher Göll, Hochkönig mit Übergossener Alm, Watzmann und Steinernes Meer mit Großem Hundstod. Vom Karkopf hat man im N den Dreisesselberg (1680) bereits zum Greifen nahe. Er soll die letzte Erhebung sein, welche auf dieser Durchquerung zu besteigen ist. Seinen Gipfel krönt ein Kreuz.

Mit Ausnahme einiger kurzer Gegensteigungen verläuft nun der weitere Weg stets bergab. Dieser Abstieg nach Hallthurm (695) ist ziemlich lang und abschnittsweise auch steil! Zwischen Karkopf und Dreisesselberg leitet der mark. Steig durch eine schrofendurchsetzte Mulde zunächst nach O, dann in n. Richtung zur verfallenen Steinbergalm hinab. Anschließend verläuft der bewaldete

Weg unterhalb des pilzförmigen Felsturmes der „Steinernen Agnes" zur Rotofen-Alm weiter. Hier Wegeteilung: li. zum Rotofen-Sattel (1300) und steil hinab nach Hallthurm, re. zur Haltestelle Winkl. Z 5 bis 6 Std., LA 2–3. Wem die Durchquerung des Lattengebirges zu weit erscheint, kehrt vom lohnendsten Aussichtspunkt, dem Karkopf, um und wandert zur Seilbahnstation zurück. Z 2½ Std., LA 2.

Almenwanderung durch das Westliche Lattengebirge, Moosenalm, 1400 m. AP ist das Gh. „Baumgarten" (510) an der B 21 sw. des Saalach-Stausees. Auf dem für den Allgemeinverkehr gesperrten Forststräßchen steigt man durch den Rötelbachgrund zunächst bis zur Rötelbachalm (980) an, 1¼ Std. Der Naturlehrpfad im Rötelbachtal vermittelt dem Naturfreund interessante Informationen. Bemerkenswerter Wasserfall kurz vor der Klause. Am Wegeknoten hat man die Wahl zwischen zwei Alternativen, um zur Moosenalm zu gelangen: entweder folgt man dem Forststräßchen re. talein über die Dalsenalm (1180) oder man biegt li. ab zur Rötelbach-Diensthütte, um auf der gegenüberliegenden Talseite den nur mäßig ansteigenden Fußweg zu benützen. Schließlich sei auch auf die lohnende Variante hingewiesen, welche vom Predigtstuhl über die Schlegel-Jagdhütte möglich ist; auf diesem Weg sind kaum HU zu überwinden, stellenweise ist er durch Drahtseile gesichert und blau-weiß mark. Talein zum Kalten Brunnen und zur Moosenalm 2 Std. Das Forststräßchen endet an der reizvoll gelegenen Moosenalm. **RW 249**

Der blau-weiß mark. Steig mit Blick zur Reiteralpe führt nun unterhalb des Moosenkopfes (1504) und des Horns in 1½ Std. zum Prechlboden weiter, wo man auf den von Schwarzbachwacht heraufziehenden, mark. Anstiegsweg trifft. Diesem folgt man nach N zur Anthauptenalm (1239). Der kurze Abstecher zum Vogelspitz (1287) vermittelt besonders eindrucksvolle Tiefblicke hinab in das Saalachtal. Will man die Rundwanderung abkürzen, so benützt man zwischen der Dalsenalm und der Anthauptenalm den Verbindungsweg. Z 5½ bis 6 Std., LA 2.

Aschauer Klamm*, AP Schneizlreuth. Vom Ort zunächst über die Saalachbrücke und durch die Au am orogr. re. Ufer an der Saalach entlang bis der Fahrweg li. zum Haiderhof abbiegt. Hier beginnt der Steig durch die sehenswerte, romantische Klamm → RW 157. Man durchwandert die Klamm bis zu ihrer s. Austrittspforte und kehrt beim Steg über den Bach um. Zurück wählt man den Weg, welcher ungefähr in der Mitte der Klammstrecke re. abzweigt und über Oberjettenberg zum AP zurückleitet. Z 2½ Std., LA 2. Hierzu Wanderwege-Karte 25 Steinpaß. **W 250**

An der Vervollkommnung bzw. Aktualisierung der **kombiführer auto + wanderschuh** wird redaktionell ständig gearbeitet. Berichtigungen und Verbesserungsvorschläge werden unter Hinweis auf diese Ausgabe dankbar entgegengenommen.

Verlag Harald Denzel KG, Redaktion Auto- und Wanderführer, A-6020 Innsbruck, Maximilianstraße 9

Salzburg-Großgmain-Berchtesgaden-Königssee

Ausfahrt in Salzburg-Maxglan über die Innsbrucker Bundesstraße, unter dem AA Salzburg-West hindurch in das Walserfeld. Hier verläßt man die Bundesstraße und folgt li. der HT auf guter Landesstraße über das Gh. ,,Wartberg" und am Plainberg (664) mit der weithin sichtbaren Ruine Plainburg vorbei nach Großgmain (524). Der Ort ist eingebettet in die grüne, hügelige Weite des österr.-bayrischen Voralpenlandes, angeschmiegt an den Untersberg, umgeben von Wiesen und Mischwäldern, welche wie eine Parklandschaft anmuten. Am Weißbach, einem sehr bescheidenen Rinnsal, das Großgmain von Bayrisch-Gmain trennt, befindet sich die Grenzübertrittsstelle. Auf bayrischem Boden hält man sich an der ersten Straßengabelung li. und trifft auf die B 20 in Richtung Berchtesgaden. Diese führt mehrfach gewunden über den Paß Hallthurm (693), einer bewaldeten Wasserscheide, in die Talung der Bischofswiesen-Ache. Die Steigung überschreitet 9% nicht, die Fahrbahnbreiten schwanken zwischen 7 und 12 m. Will man direkt zum Königssee, so empfiehlt sich, die w. Umfahrung des verkehrsreichen Marktes Berchtesgaden zu benützen, welche s. von Bischofswiesen re. abzweigt und als B 425 beschildert ist. Sie mündet in die B 305, die man dann li. bis zum Bahnhof Berchtesgaden befährt. Nun über die Schwabenwirtbrücke und an der Kurdirektion vorbei auf der vorzüglich ausgebauten Königsseer Straße (B 20) an der Königssee-Ache aufwärts zum Ort Königssee (620) mit großem Parkplatz an der Jennerbahn, SG 1–2.

RW 251 **Naturpark Untersberg, Waldquizweg.** Der seit 1972 bestehende Naturpark Untersberg verfolgt drei Zielsetzungen: erstens Gesundheitsvorsorge und Erholung durch Wanderwege, Ruheplätze, Liegewiesen und einer Kneippanlage im Walde; zweitens Betätigungsmöglichkeiten für jung und alt durch eine Waldspielwiese, einen Bachspielplatz, Spielgeräte wie beispielsweise Indianerzelte oder eine russische Kegelbahn; drittens spielerische Vermittlung von mehr Wissen um Wald und Feld zur Bildung eines ausgeprägten Naturverständnisses. Der 1650 m lange Waldquizweg, welcher als Rundgang angelegt wurde, dient vor allem der letztgenannten Zielsetzung.

Den Naturpark Untersberg erreicht man über die Großgmainer- und Glanegger Landesstraße, HT. Beim ,,Latschenwirt" stellt man sein Fahrzeug auf einem der bezeichneten Plätze ab. Die beliebte Jausenstation mit ihrem schattigen Gastgarten liegt am AP und EP des Rundganges. Von den 18 Stationen des Waldquizweges dienen 14 der Information, vier der Geschicklichkeit. Die Kneippanlage bei Wolfschwang ist über den ,,Tannenweg" (Fahrverbot!) erreichbar, HT. Z zirka 1 Std., LA 1. Hierzu WWK 37 Untersberg.

Kurzer Überblick über die einzelnen Stationen des Waldquizweges: I Übersichtsplan, II Tafeln mit Wildtieren (Bilderquiz), III Speerwerfen (Geschicklichkeitsübung), IV Bilderquiz ,,Pilze", V Zapfenwerfen in einen Holzkorb, VI Bilderquiz ,,Geschützte Pflanzen", VII Bilderquiz ,,Kleintiere und Wildvögel", VIII Mineralienschau des nutzbaren Gesteins vom Untersberg wie gelber und rötlicher Marmor bzw. Untersberger Forellenmarmor, IX Bilderquiz ,,Singvögel und Spechte", X Bäume-Quiz, XI Bilderquiz ,,Krähen und Raubvögel", XII Holzarten-Quiz, XIII Bilderquiz ,,Bäume und Sträucher", XIV Entfernungsschätzen als Geschicklichkeitsübung, XV Baumschule, XVI Bilderquiz ,,Pflanzen und Blumen", XVII Balancestange zur Übung der Geschicklichkeit, XVIII Bilderquiz ,,Käfer und Schmetterlinge".

Stöhrhaus*, 1894 m, AP Hallthurm. Vom Bahnhof Hallthurm bzw. von W
der B 20 wandert man zunächst auf dem Weg mit AV-Mark. 465 zwischen 252
Moor und Wald zu einer Wegegabelung, an der man sich li. hält. Eine HT zeigt den Beginn des ,,Alpensteigs“ an. Er vermittelt den w. Zugang zum Stöhrhaus, Anstieg von Maria Gern → W 237. Ein Alternativanstieg führt über den Reisenkaser etwas weiter s. zum ,,Hals“ aufwärts, wo sich die beiden Wege mit dem Stöhrweg vereinigen. Der vorwiegend bewaldete ,,Alpensteig“ bewältigt als kürzerer Zugang den HU mit mehreren steilen Serpentinen. Im Bereich der Zehnkaseralm (1540) wird er von einem Flachstück abgelöst. Oberhalb der Heuschober leitet der ,,Alpensteig“ weiter bergan zum ,,Hals“. Fortsetzung zum Stöhrhaus und zum Salzburger Hochthron → W 237. Zurück ins Tal der Bischofswieser Ache empfiehlt es sich, den Abstieg vom ,,Hals“ über den Reisenkaser mit Mark. 464 zu benützen. Von der Gabelung unterhalb des Scheibelkopfes wandert man re. durch den Wald abwärts nach Hallthurm (li. nach Winkl). Z $5\,^1/_2$ Std., LA 2–3. Hierzu WWK 37 Untersberg.

Schneibstein, 2276 m.** Der Schneibstein ist der nördlichste Gipfel des W
Hagengebirges und ein hervorragender Aussichtsberg im Grenzverlauf 253
der BRD mit Österreich. Er ist ein leicht erreichbarer Zweitausender, jedoch nur bei guten Sichtverhältnissen! Bei Nebel ist der Schneibstein unbedingt zu meiden, denn die harmlos anmutenden Grashänge und Kare münden in steile Abbrüche. Es ist daher gefährlich, den Weg bei ,,Waschküchen-Atmosphäre“ zu verlassen oder ihn zu begehen, solange er nicht absolut schneefrei ist.

Von der Bergstation der Jennerbahn (1800) folgt man der HT ,,Stahlhaus“ bzw. ,,Torrener Joch“ auf mark. Weg über das Mitterkaserjoch abwärts. Das private Schneibsteinhaus (1680) steht wenig unterhalb auf bayrischem Boden, das Stahlhaus (1733) hingegen auf österr. Territorium; es gehört der AV-Sektion Salzburg. Personalausweis ist mitzuführen. Von der Jennerbahn sind es nur 45 Min. hierher.

Der Anstieg auf den Schneibstein beginnt am Torrener Joch. Der Weg folgt dem Grenzverlauf ö. der Teufelsgemäuer auf teilweise felsigen, jedoch gut gestuften Passagen, teilweise über grasnarbige Hänge oder über Schutt. Den aussichtsreichen Gipfel erreicht man nach $1\,^1/_2$ Std. vom Joch. Blick bis zur eis- und schneebedeckten Kette der Hohen Tauern und bis zum Dachstein.

Zurück entweder zum Schneibsteinhaus und li. des Königsbaches hinab zum Königsweg. Dieser leitet fast flach zur Mittelstation der Jennerbahn zurück. Ein anderer Abstieg führt vom Torrener Joch über die Mitterkaser- und Vogelhüttenalm hinab zur Bahn. Besonders ausdauernde Bergwanderer beziehen den Schneibstein in die ,,Kleine Reib'n“ ein, das ist eine Rundwanderung, welche weiter über die Windscharte (2093) und unter dem Grat bis zum Seeleinsee verläuft und dann durch den Stier- oder Hachelgraben zur Priesbergalm (1460) hinableitet. Über die alte Brennhütte gelangt man zur Wegevereinigung am Königsbach und schließlich hat man nur mehr 45 Min. zur Mittelstation der

Jennerbahn. Z Schneibstein bei AP Jennerbahn-Bergstation und retour zur Mittelstation knapp 5 Std., LA 2. Z „Kleine Reib'n" 6 bis 6½ Std., LA 2–3. Hierzu Wanderwege-Karte 40 Königssee.

RW 254 **Gotzenalm*, 1685 m, und Warteck*, 1741 m.** AP ist die Mittelstation der Jennerbahn (1190). Auf dem Königsweg mit kaum merklichem HU wandert man angesichts des Watzmannmassivs in 45 Min. zum Königsbach. Man bleibt auf dem oberen Weg, welcher über die alte Brennhütte und die Priesbergalm (1460) zum Abwärtsgraben leitet; hier zweigt re. der versicherte Steig „Unterer Hirschenlauf" ab, welcher zur Seeau-Alm (1429) führt. Dort trifft man auf den über die Gotzentalalm (1108) heraufziehenden, unteren Weg. Nun steigt man zur herrlich gelegenen Gotzenalm mit dem bewirtsch. Springlkaser (1685) an, 2½ Std. Die Aussicht von der Alm auf den Hochkönig und das Steinerne Meer entzückt jeden Wanderfreund. Am w. Rande der Hochfläche erhebt sich das Warteck: es lohnt sich der fast mühelose Anstieg dorthin und der kurze Abstieg zur Aussichtskanzel des Feuerpalfen mit dem imposanten Tiefblick auf den Königssee und auf das gegenüberliegende St. Bartholomä, überragt von der steil abfallenden Watzmann-Ostwand.

Zurück bietet sich der untere Weg über die Königsbachalm an. An dieser Stelle sei auch auf die Möglichkeit hingewiesen, über die Gotzentalalm auf dem „Reitweg", einer ausgezeichneten Steiganlage durch Mischwald mit gelegentlichen Ausblicken auf den See, hinabzusteigen, um von der Schiffsanlegestelle „Kessel" das Motorboot zurück nach Königssee zu benützen. Auf dieser Bergabwanderung sind allerdings zirka 600 Höhenmeter zu bewältigen! Z bei AP und EP Jennerbahn-Mittelstation 5½ bis 6 Std., LA 2. Hierzu Wanderwege-Karte 40 Königssee.

RW 255 **Grünstein*, 1304 m, und Kühroint-Alm*, 1403 m.** Der Grünstein ist ein relativ niederer, jedoch recht lohnender Aussichtsberg, welcher dem Watzmannmassiv im N vorgelagert ist. AP der Rundwanderung ist das Gh. „Hammerstiel" in der Hinterschönau, mit Auto von der B 305 über die Brücke an der Ramsauer Ache bei Ilsank erreichbar. Dieser Anstieg von N ist, gegenüber dem vom Ödbauern in Königssee ausgehenden, nicht so steil. Der Weg leitet durch den Graben mit dem Hasenbrunnen gleichmäßig ansteigend zu bewirtsch. Grünstein- oder Gamshütte, 1½ Std. Von hier sollte man den kurzen Abstecher auf den Gipfel mit Aussicht auf die Berchtesgadener Beckenlandschaft, den Königssee und den Hochkönig mit Übergossener Alm unternehmen, 20 Min. Besonders beeindruckt ist man von der unmittelbaren Nähe des Watzmannmassivs. Wieder zur Hütte hinab. Die Wanderung setzt man auf dem rot mark. Steig, HT „Watzmann-Haus", in allgemein s. Richtung fort, dabei wird ein Forststräßchen überquert und man steigt zum Schapbachboden an. Hier gelangt man direkt zur bewirtsch. Kühroint-Alm, 1½ Std. In der näheren Umgebung befinden sich eine Kaserne des Bundesgrenzschutzes und mehrere Almhütten. Ausdauernde wandern noch bis zum s. Rand der Hochfläche, zur Archenkanzel (1342), um von diesem Aussichtspunkt den prächtigen

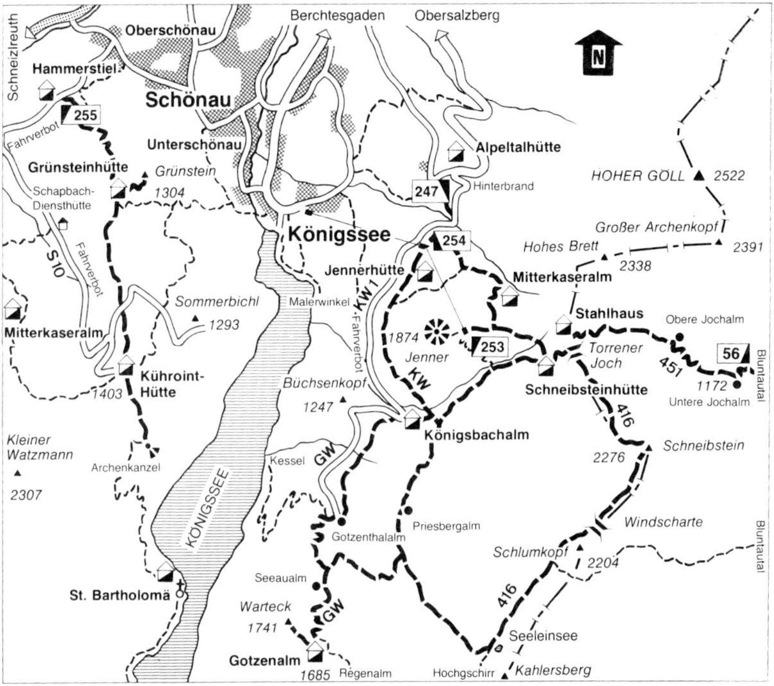

Wanderwege-Karte 40 Königssee

Tiefblick auf St. Bartholomä und den Königssee zu genießen, 30 Min. (Der steinschlaggefährdete Serpentinensteig mit zirka 800 m HU hinab durch das Rinnkendl ist nur geübten Berggehern anzuraten!)

Als Rückweg wählt man am besten jenen durch den Schapbachboden zur Diensthütte hinab. An der Wegeteilung hält man sich re. und folgt weiter der Mark. S 10, welche direkt zum AP zurückleitet. Z einschließlich der genannten Abstecher zum Grünsteingipfel und zur Archenkanzel 6½ Std., LA 2–3. Die RW läßt sich sowohl durch die Schleife über die Mitterkaseralm (1394) und Stubenalm erweitern als auch durch Abstieg vom Grünstein nach Unterschönau verkürzen. Hierzu Wanderwege-Karte 40 Königssee.

Zur **Grundausrüstung** bei jeder Bergfahrt gehören hohe Schuhe mit griffigen Sohlen, eine zweckmäßige Bekleidung, die geeignet ist, den Körper sowohl gegen Unterkühlung als auch gegen Überhitzung zu schützen, Proviant (Notvorrat) und eine Taschenapotheke.

OBERÖSTERREICHISCHES SALZKAMMERGUT

Paß Gschütt-Gosautal-Hallstätter See

Gosautal*, Vorderer Gosausee, 933 m**

Die Paß Gschütt-B 166 nimmt ihren Anfang s. von Bad Goisern (503) und überbrückt hinter dem Bahnhof Steeg-Gosau die Traun und leitet ein kurzes Stück am Westufer des Hallstätter Sees bis zum sogenannten Gosauzwang, der engen Einmündung des Gosaubaches in den See. Über die Straßenbrücke wechselt man die Talseite. Bis zum Ort Gosau (736) hat man eine windungsreiche Straße, welche durch das eingeschnittene Vordertal sanft ansteigt. In Gosau folgt man li. der Beschilderung zum Vorderen Gosausee, 7 km. Die modernisierte Straße durchmißt die anfangs breite Talung mit ihren prächtigen Wiesen und Bergwäldern und bietet bemerkenswert schöne Vorblicke auf den sich vom Dachsteinplateau abtrennenden Gosaukamm mit seinen wilden Felsspitzen und Graten, deren Kühnheit etwas an die Dolomiten erinnert. Beim Gh. Gosauschmied (768), einem bekannten Stützpunkt der Bergsteiger, beginnt die Auffahrt der nun merklich ansteigenden Straße (maximal 14%) zum Vorderen Gosausee, SG 2. Kurz vor dem See gibt es zwei größere Parkplätze und vom Uferparkplatz aus genießt man einen der malerischesten Blicke in den Ostalpen auf den einzigartigen Bergsee mit dem Gletscher und den Felszinnen des Dachsteins.

Die **Gosaukamm-Seilbahn**, welche zur Zwieselalm hinaufleitet und ihre Bergstation nahe der Gablonzer Hütte (1522) hat, erschließt im Sommer mehrere Wanderrouten, u.a. den Austriaweg, welcher wiederum eine Teilstrecke des Europäischen Fernwanderweges 4 Pyrenäen-Jura-Neusiedlersee bildet. Im Winter winkt in der Region Dachstein-West ein ideales Schigebiet, welches durch mehrere Aufstiegshilfen gut erschlossen ist; eine Schischaukel reicht bis nach Annaberg im Lammertal.

Die **Gosauseen**** einschließlich der Gosaulacke reihen sich hintereinander in einer Bruchlinie, welche der früher tiefer herabreichende Hallstätter Gletscher ausgehobelt hatte. Vom Vorderen Gosausee (933), der einst 1.5 km lang, 70 m tief ist und eine Fläche von 0,5 km² bedeckt, führt ein Fußweg in 1½ Std. über die Gosaulacke (974) zum kleineren Hinteren Gosausee (1154) hinauf, der dicht unter den Steilwänden des Dachsteinplateaus liegt.

RW 256 **Gosausee-Rundweg*, Gh. Gosausee, 940 m.** Es handelt sich dabei um einen zirka 4 km langen Promenadenweg rund um den Vorderen Gosausee. Der besonders für Erholungsuchende geeignete Weg wurde auf dem s. Ufer sinnvoll angelegt und ist auch mit Tischen und Rastbänken ausgestattet. Er beginnt wenig unterhalb der Gosaukammbahn und leitet über das bewaldete Ufer fast eben in Richtung zur Holzmeister-Alm, wobei man manch schönen Ausblick auf den Dachstein genießen kann. Eine kurze Verbindung führt li. zum Fahrweg auf dem n., teilweise felsigen Ufer zurück zum AP. – Z 1½ Std., LA 1-2. – Hierzu Wanderwege-Karte 10 Bischofsmütze.

Blick von Westen auf den **Mondsee** mit Drachenwand und Schafberg. Im Vordergrund der Markt Mondsee. Foto Verlagsarchiv

Eindrucksvolle Tiefblicke genießt man von der besuchenswerten Aussichtskanzel auf dem **Aberfeldkogel** → W 273 hinab zum Vorderen Langbathsee. Aufnahme Fotoklub Ebensee

Halleiner Salzbergwerk am Dürrnberg. Grubenausfahrt durch den Wolf-Dietrich-Stollen. Fotoarchiv der Österr. Salinen AG

Bei der **Kasbergalmstraße** handelt es sich um die einzige, bis zur Baumgrenze führende Hochstraße Oberösterreichs zwischen dem Toten Gebirge und den Waldalpen. Foto E. Denzel

Der besuchenswerte **Wasserfall des Gainfeldbaches** → Seite 86 ist ein beliebtes Ausflugsziel für jung und alt in der näheren Umgebung von Bischofshofen. Foto Hans Dankl

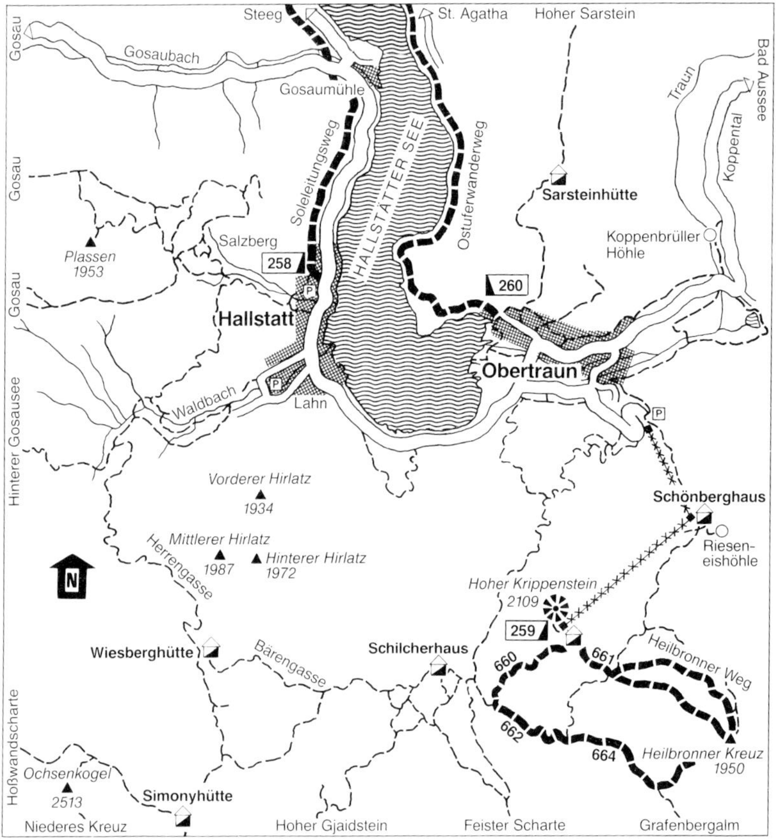

Wanderwege-Karte 41 Hallstatt-Hoher Krippenstein

Vorderer Gosausee*, 933 m, und Gh. Hintere See-Alm, 1154 m. AP ist der Gh. Gosausee. Zunächst auf dem Promenadenweg wie → RW 256. Die Wanderung setzt man ab Holzmeister-Alm talein auf einem geschotterten Fahrweg zur Gosaulacke (974) fort. Li. tritt aus dem Naßtal ein Bach hervor, welcher die Schwelle in das Haupttal als sehenswerter Launigg-Wasserfall überwindet. Mäßig steigt der Fahrweg mit wenigen Kehren zum Becken des Hinteren Gosausees an, an dessen s. Ende sich eine während der Sommermonate bewirtsch. Jausenstation befindet, 2 Std. Rückweg wie Hinweg, alternativ bietet sich auch das Sträßchen entlang dem NO-Ufer des Vorderen Gosausees an. – Für einen Anstieg zur bewirtsch. Adamek-Hütte **W 257**

(2196) auf AV-Weg 614 muß man ab dem Hinteren Gosausee mit zirka 3 Std. rechnen; der Weg ist bis zur Abzw. „Am hohen Riedel" (1943) vorwiegend steil. – HU 220 m, Z 3½ bis 4 Std., LA 2. – Hierzu Wanderwege-Karte 10 Bischofsmütze.

Hallstätter See-Uferstraße*, Hallstatt und Obertraun, 511 m

Dem Steilufer des Sees abgerungen wurde die parallel zur Soleleitung verlaufende Straße nach Hallstatt, bis zum s. Ortsteil Lahn 5 km. Mit zwei langen Tunnelröhren und richtungsgetrennten Fahrbahnen wird der altehrwürdige Ort Hallstatt umgangen. Bez. Parkplätze und Abgänge über Stufen wurden für die Besucher des Ortes angelegt. Auch an der ufernahen Fortsetzung der Straße nach Obertraun gibt es seit Errichtung von zwei Kunstbauwerken keine Verkehrsprobleme mehr. Nach Obertraun hat man bis zur Talstation (616) der Dachsteinseilbahn ab Lahn weitere 5 km zurückzulegen. – Beim Strandbad von Obertraun nimmt der → Hallstättersee-Ostufer-Wanderweg seinen Ausgang. – Der Obertrauner Höhenweg, welcher beim Seewirt beginnt, leitet zur Koppenbrüller Höhle, einer sehenswerten Tropfsteinhöhle, in deren Tiefe bei hoher Wasserführung der Bach braust.

W 258 **Soleleitungsweg, Hallstatt, 514 m, Ebensee, 427 m.** Der zirka 40 km lange, zwischen Hallstatt und Ebensee fast flach verlaufende Soleleitungsweg kann selbstverständlich auch in Etappen, welche den jeweiligen Leistungsanforderungen entsprechen, begangen werden. Wählt man beispielsweise Bad Goisern (512) für einen „Einstieg", so wandert man am li. Ufer der Traun in 45 Min. nach Steeg am Hallstätter See, in 1½ Std. bis Gosaumühle und in 2½ Std. bis nach Hallstatt. Diese Strecken, vorwiegend in Traun- bzw. Seenähe sind landschaftlich abwechslungsvoll und auch interessant angelegt: so überspannt beim Gosauzwang ein 43 m hoher Viadukt mit der Soleleitung den Gosaubach und die von Gosau durch das enge Tal herabziehende Autostraße. Das Brückenbauwerk stammt aus dem 18. Jh. – In n. Richtung verläuft der Soleleitungsweg von Bad Goisern ebenfalls am li. Traunufer über Lauffen und vorbei am Kaiser-Franz-Joseph-Jagdstandbild nach Bad Ischl (464), 2 Std. Die Anschlußstrecke durch das eintönige Trauntal bis Ebensee bietet nur wenig Abwechslung. – Hierzu Wanderwege-Karte 41 Hallstatt-Hoher Krippenstein, WWK 42 Bad Goisern, WWK 44 Höllengebirge-Feuerkogel und WWK 45 Traunsee.

Die **Salzbergbahn**, eine Standseilbahn, leitet von der Talstation Hallstatt-Lahn (515) zur Bergstation Rudolfsturm (843), von dort hat man noch 10 Min. Fußweg bis zum Eingang in das Salzbergwerk; es ist täglich ab 9 Uhr bis 1½ Std. nach der letzten Führung geöffnet. Mit dem Grubenhunt und im Anschluß daran gelangt man über eine Rutschbahn in die Tiefe. Schließlich erreicht man zu Fuß den beleuchteten Salzsee und diverse Schaustellen. Nach erfolgter Besichtigung bringt der Grubenhunt den Besucher wieder zu Tage. – Das keltische Wort „hal" bedeutet Salz. Der Wortstamm ist u.a. auch in den Ortsnamen Hallstatt, Bad Hall in OÖ, Hall in T., Hallein zu finden, welche allesamt auf das Vorkommen von Salz hindeuten. – Das gesamte Gebiet Oberösterreichs und der Steiermark, in dem Salz gewonnen wird, war seinerzeit der habsburgischen Hofkammer unterstellt, was in der jeweiligen Namensgebung „Salzkammergut" zum Ausdruck kommt.

Dachstein-Eishöhlen, Schönbergalm, 1418 m**

Die Dachstein-Seilbahn, deren Talstation (616) sich in Winkl, 2.5 km außerhalb des Ortes Obertraun befindet, erleichtert den Besuch der weltberühmten Eishöhlen in der Nähe des Schönberghauses (1345). Es handelt sich dabei sowohl um die einzigartige Dachstein-Rieseneishöhle (Eingang 1418) als auch um die Mammuthöhle (1365), die beide einstmals, vor der Hebung des Gebirges von unterirdischen Flußläufen gebildet wurden und nunmehr ohne Wasserlauf phantastische Hallen, Eisdome und Tropfsteinbildungen zeigen. – Die weiteren Stationen der mit Großkabinen betriebenen Dachstein-Seilbahn sind die Bergstation Krippenstein (2078) und das Krippeneck (1830) oberhalb der Gjaidalm. – Die Hauptattraktion der Rieseneishöhle ist der 30 m dicke Tristandom; doch auch der König-Artus-Dom, die Iwanhalle, der Keye-Schluf, die Eiskapelle und der Parzivalsdom ziehen zahlreiche Besucher an, allesamt sind elektrisch beleuchtet.

Die Mammuthöhle ist mit dz. 28 km Länge die größte der Dachsteinhöhlen. In mehreren Stockwerken übereinander verlaufen die stark verzweigten Gänge. Die oberen Stockwerke werden vom Wasser nicht mehr durchflossen, in den untersten hingegen trafen Forscher auf noch aktive Wasserläufe und Wasserfälle. Gigantisch sind die Ausmaße des Riesenganges „Paläotraun" (Flußtunnel) und des „Mitternachtsdomes". Geöffnet sind die Dachsteinhöhlen (Eis- und Mammuthöhle) vom 1.Mai bis 15.Oktober zwischen 8 Uhr 15 und 17 Uhr. Führungen, die zu jeder vollen Stunde und nach weiterem Bedarf erfolgen, dauern 50 Min. Warme Unterkleidung wird empfohlen, weil in den Höhlen die Null-Grad-Grenze nur wenig überschritten wird.

Bergstation Krippenstein, 2080 m, Heilbronner Weg*, Heilbronner** **RW**
Kreuz, 1950 m. Diese Runde wird von der Dachstein Fremdenverkehrs AG **259**
als höchstgelegene Wanderung Oberösterreichs propagiert. Diese Aussage trifft nicht zu, weil Eingeweihte wissen, daß es gerade in der Dachsteinregion höher gelegene Bergwanderziele gibt. So beispielsweise die Adamekhütte (2196), die Simonyhütte (2204) und den dort aufragenden Hohen Gjaidstein (2794). Statt des angewandten Superlatives sollte man präzise formulieren „halbtägige Bergwanderung". Was die landschaftlichen Reize der Rundwanderung anlangt, so kann man bei kritischer Beurteilung auch geteilter Meinung sein, denn das wilde, zerklüftete Gelände mit seinen mächtigen Dolinen und unergründlichen Tiefen ist nicht jedermanns Geschmack, gleichwohl der mark. Steig gut angelegt ist und dem Geher keine technischen Schwierigkeiten aufgibt. Man soll jedoch diese Bergwanderung durch das hochalpine, nur schwer überblickbare Gelände bei guten Sichtverhältnissen unternehmen, weil man sonst im Nebel oder bei Dunkelheit Gefahr läuft, die Orientierung total zu verlieren! Die Bergtragödie von Ostern 1954, bei der 13 Personen, meist Jugendliche, im Schneesturm den Tod fanden, muß eine ernste Mahnung bleiben! Zum Gedenken an die verunglückte Heilbronner Jugendgruppe wurde am Rande des zerklüfteten Karrengeländes das schlichte Heilbronner Kreuz errichtet, zu dem jährlich zahlreiche gleichgesinnte Menschen aus nah und fern pilgern. – AP ist die Bergstation beim Krippensteinhaus, welche auch eine bemerkenswert gute

Aussicht bietet. Man folgt dem, mit 661 bez. Weg und auf halber Strecke soll man nicht versäumen, das pyramidenartige Margschief (2080) wegen seiner Ausblicke auf das Dachstein-Hochplateau in wenigen Min. zu ersteigen. Vom Gipfel läßt sich bereits das Gedächtniskreuz ausmachen, welches nach insgesamt 1 1/2 Std. erreicht wird. – Der Rückweg, bez. mit 664, leitet entweder durch die Tragelgruben oder alternativ über das Mariedl zu den Seeaugen des Hirzkars. Der weitere Abstieg an den Abhängen des Hirzkarkogels (1859) hinab zur Wegeteilung am Krautschwelerjoch ist ein wenig beschwerlich. Schließlich zweigt re. Weg 660 hinauf zur Bergstation Krippenstein ab, damit ist ein Anstieg von zirka 45 Min. verbunden. – HU summarisch zirka 400 m, Z 3 1/2 Std., LA 2. – Hierzu Wanderwege-Karte 41 Hallstatt-Hoher Krippenstein.

W 260 **Hallstätter See-Ostuferwanderweg.** Abseits von Autostraßen verläuft zwischen Bad Goisern (Reitern-Au) über das Ostufer des Hallstätter Sees parallel zum Schienenstrang der ÖBB der rund 10 km lange, fast ebene Wanderweg nach Obertraun (511). Die Gehzeit für die gesamte Strecke beträgt zirka 3 Std.; die Wanderung ist für jung und alt problemlos. Die Trasse wartet mit interessanten Anlagen auf wie z.B. mit einer Seilbrücke, die eine Spannweite von 42 m hat, auch mit mehreren romantisch anmutenden Holzbrücken. Von der engsten Stelle des Sees zwischen der Bahnhaltestelle Gosaumühle und der, auf einer Halbinsel liegenden Gosaumühle kann man mit dem Schiff die Uferseiten auf kürzeste Distanz wechseln, woraus sich eine Runde um den n. Seezipfel über den Ort Steeg ergibt. – Beginnt man die Wanderung in Obertraun, so findet man den „Einstieg" gleich hinter dem Strandbad. – Hierzu Wanderwege-Karte 41 Hallstatt-Hoher Krippenstein und WWK 42 Bad Goisern.

Bad Ischl-Pötschenhöhe-Bad Aussee

Pötschenhöhe*, 982 m

Die Salzkammergut-B 145 stellt die Hauptverbindung sowohl zwischen dem oberösterreichischen und steirischen Salzkammergut als auch zwischen der oberen Traun und der oberen Enns her. Dank ihres Ausbauzustandes mit Fahrbahnbreiten zwischen 7 und 8 m und ihrer günstigen Steigungsverhältnisse (Pötschenhöhe im W max. 9%, im O max. 7%, Klachauer Höhe im O 7%) ist sie auch für Wohnwagengespanne ein geeigneter und landschaftlich reizvoller Straßenzug auf der Route Salzburg-Graz, SG 1-2.

Dachstein-Rieseneishöhle*.** Ab Anfang Mai bis Oktober werden täglich Führungen in diese herrlichen Eispaläste veranstaltet. Ein Besuch jeweils in den ersten Wochen nach Wiedereröffnung ist besonders empfehlenswert, weil in dieser Zeit der im Winter gebildete Rauhreif den bizarren Eisgebilden einen zusätzlichen Reiz verleiht. Feste Halbschuhe und warme Bekleidung sind für diesen einstündigen Ausflug in die „Unterwelt" angebracht.

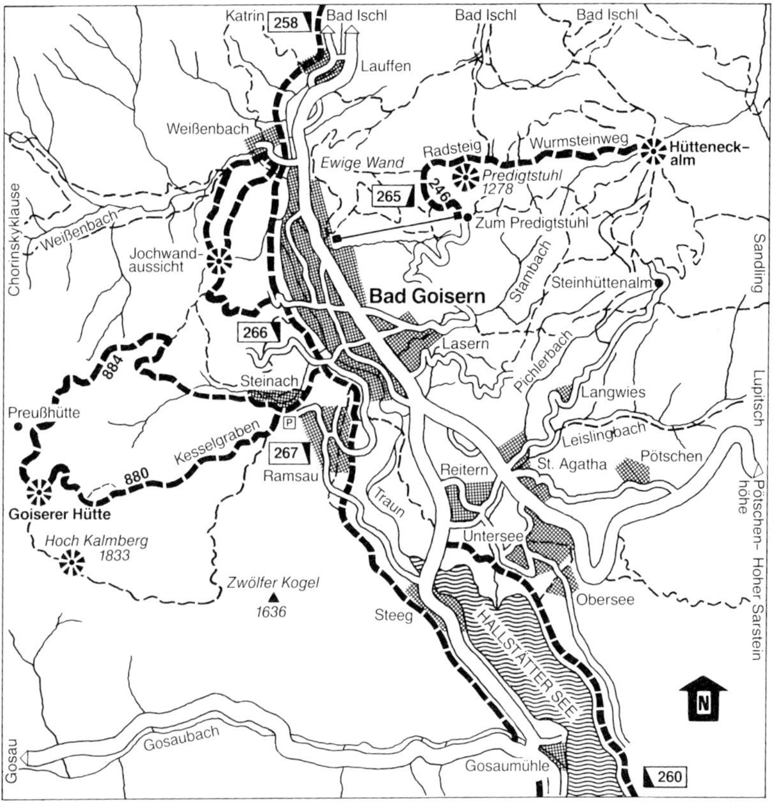

Wanderwege-Karte 42 Bad Goisern

Jainzenberg, 835 m. Diese pyramidenförmige Erhebung n. des Mündungsgebietes der Ischl in die Traun war eines der Ausflugsziele der Prinzessin Elisabeth von Bayern (Sissy), der späteren Kaiserin Elisabeth. Die nahegelegene Kaiservilla war Sommersitz von Kaiser Franz Joseph, dessen bevorzugter Aufenthalt Bad Ischl gewesen ist. Im Marmorschlößl war die Kaiserin Elisabeth untergebracht. Eine Ersteigung des Jainzenberges läßt sich mit einem Spaziergang durch den Kaiserpark und einem Besuch der Kaiservilla (geöffnet zu Ostern und an Wochenenden im April, dann täglich vom 1. Mai bis 15. Oktober von 9 bis 12 sowie von 13 bis 17 Uhr) problemlos verbinden. Die Mühe des relativ steilen Anstieges von einer guten Stunde wird sowohl durch einen imposanten Tiefblick auf die Stadt als auch auf die Berge in nah und fern wie Sagstein, Dachstein, Kalmberge, Katrin, **RW 261**

Sparber, Zwölferhorn und die Zimnitz (Leonsberg) belohnt. Silbern glitzern im Sonnenlicht die Wasserläufe von Ischl und Traun. – Den Rückweg nimmt man am besten über den nö. Abstieg gegen das Jainzental zu, wo am Fuße des Berges li. ein Spazierweg zum AP abzweigt und man dadurch nicht den Umweg über die Ortschaft Jainzen zu machen braucht. – HU 360 m, Z 1 Std. 45 Min., LA 2. – Hierzu Wanderwege-Karte 43 Bad Ischl.

RW 262 **Zimnitz (Leonsberg)**, 1745 m.** Sie zählt zu den lohnendsten Bergfahrten im Raum von Bad Ischl; die zirka 2 km lange, aussichtsreiche Gratwanderung über die Zimnitzschneid ist im Salzkammergut kaum mehr an Schönheit zu übertreffen. Die Schneid ist ein Charakteristikum dieses Hausberges, der auch unter dem Namen Leonsberg bekannt ist. Der teilweise recht steile Anstieg ist kein „Honiglecken" und erfordert gute Kondition. Die Mühen werden aber durch eine grandiose Gipfelschau belohnt. Vom Höllengebirge bis zum Dachstein, vom Toten Gebirge bis zum Hochkönig und bis zu den Gletschern der Hohen Tauern schweifen die Blicke schier ins Unendliche. Aus den Tiefen der Täler und der großen Sammelbecken im Voralpenland leuchten die Seen, welche im Wesentlichen die berühmte Berge-Seen-Landschaft des Salzkammergutes bilden. – Günstigster AP für die Rundwanderung ist das Gh. „Nocken-Toni" in Kreutern (500), welches man über die Bad Ischler Ausfahrt in Richtung St. Gilgen sowohl mit eigenem Fahrzeug als auch mit dem Linienbus erreichen kann. Der direkte Anstiegsweg 816 leitet zunächst neben dem Zimnitzbach durch schattigen Buchenwald bis in das Quellgebiet. Dann steigt man über zahlreiche, kurze Serpentinen durch die Enge Zimnitz hinauf zur Wegevereinigung 816/817 nahe der Jagdhütte Schüttalm (1166), knappe 2 Std. Der parallel dazu führende, sehr steile Anstieg von Jainzen über die Sailerbach-Alm und den Gspranggupf (1368) ist nicht zu empfehlen, weil man im Abstieg von diesem Berg eine verlorene Höhe von 200 m in Kauf zu nehmen hat. Der Steig 816 findet hinter der Schüttalm seine Fortsetzung. Oberhalb der Waldgrenze wandert man durch teilweise felsdurchsetztes Gelände hinauf zum Gipfel, den ein Kreuz ziert, 1½ Std. – Für den Rückweg wählt man den Steig 814 über die Zimnitzschneid hinüber zum Gartenzinken (1556); diese Gratwanderung ist zweifellos das Kernstück der beschriebenen Bergtour. Nach Überschreiten der Baumgrenze gelangt man hinab zum Walkerskogel (1543) und in weiterem, starken Gefälle auf teilweise geschotterten Serpentinen hinab zum Zimnitzbach und zurück zum AP in Kreutern, 2½ Std. – HU 1250 m, Z 6 bis 6½ Std., LA 2-3. – Hierzu Wanderwege-Karte 43 Bad Ischl.

W 263 **Katrinalm, 1480 m, Hainzen*, 1638 m, und Roßkopf*, 1657 m.** Sämtliche hier genannten Ziele einschließlich der bewirtsch. Ahornfeld-Alm (1601) befinden sich im Katergebirge (Schreibweise auch Kattergebirge) bei Bad Ischl (468) innerhalb eines NSG. Die Katrinalm läßt sich bequem vom Ortsteil Kaltenbach, im SW der ehem. Kaiserstadt, mit einer Vier-Personen-Gondelbahn in wenigen Min. erreichen. Im Zusammenhang der Höhenwan-

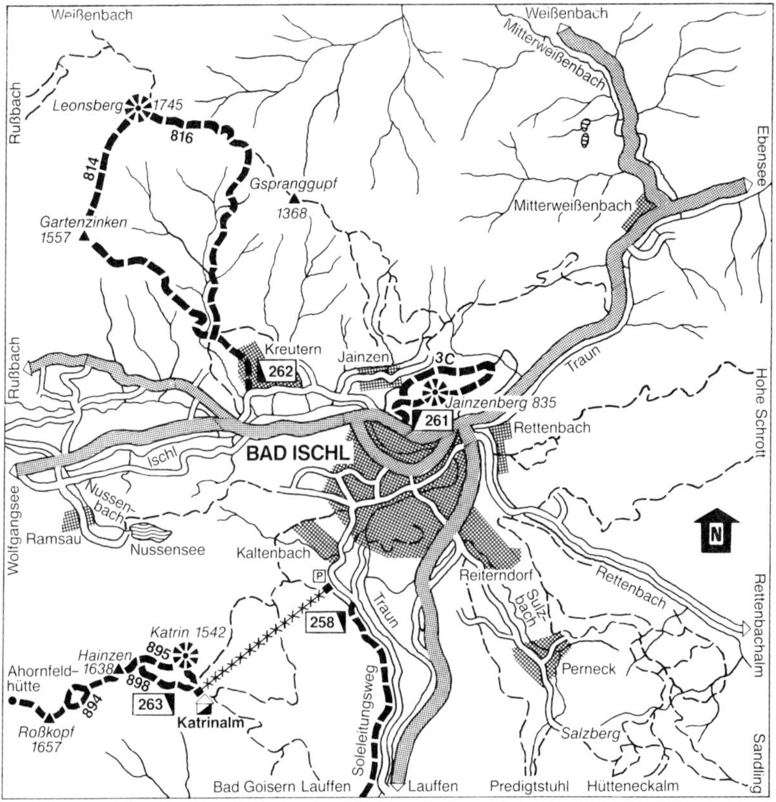

Wanderwege-Karte 43 Bad Ischl

derung ist es zweckmäßig, nicht erst den Umweg über den Katringipfel (1542) zu unternehmen, sondern gleich den vorzüglich angelegten Südweg, bez. 898, in Richtung Hainzen einzuschlagen; dieser abwechslungsvolle Steig abseits des Seilbahnrummels bietet eindrucksvolle Ausblicke u.a. auf die Gletscherfelder des Dachsteingebirges. Der Hainzen bietet gegen SW unter Einschluß des markanten Rettenkogel-Hornes (1781) und des massigen Rinnkogels (1823) eine bemerkenswerte Gipfelschau. Der Steig setzt sich auf dem Grat über den nahe aufragenden Roßkopf fort, ehe man nach 1½ Std. ab Katrinalm die kleine Ahornfeld-Alm erreicht. Es ist nicht die Höhe, welche den Bergwanderer auf die Gipfel des Katergebirges lockt, sondern es sind die lieblichen Ausblicke über die abwechslungsvolle Berge-Seen-Landschaft des Salzkammergutes. – Rückweg wie Hinweg bis zur Wegeteilung 895/898, wo man sich li. hält und über den Katerer Kogel (1603) noch den vorgeschobenen Gipfel der Katrin (1542) ersteigen sollte, was zwar einen Umweg ausmacht, aber wegen seiner berühmten Aussicht auf Bad Ischl, die weite Talung der Traun, den Traunstein und das Höllengebirge jene von den benachbarten Gipfeln übertrifft. Nicht von ungefähr wurde auf der Katrin im Jahre 1908 zum sechzigsten Regierungsjubiläum von Kaiser Franz Josef I. ein Gipfelkreuz errichtet, in dessen unmittelbarer Umgebung sich heute ein Sendemast des ORF befindet. Von der Katrin zurück zum AP an der Seilbahn 20 Min. – HU 300 m, Z 4 bis 4 1/2 Std., LA 2. – Hierzu Wanderwege-Karte 43 Bad Ischl.

W 264 **Rettenbachtal, Rettenbachalm, 647 m, und Ischler Hütte, 1369 m.** Das Rettenbachtal ist ein nach NW verlaufendes Seitental der Traun; der Rettenbach mündet im NO von Bad Ischl in die Traun, den Hauptfluß des Salzkammergutes. Bis zur bewirtsch. Rettenbachalm führt von Bad Ischl ein auch öffentlich benützbares 7 km langes Forststräßchen. An der Alm befindet sich ein größerer Wanderer-Parkplatz. Irgendwelche Beschränkungen bezüglich der Fahrzeugabmessungen bzw. der Tonnage bestehen hier nicht. Eine Weiterfahrt ist verboten und auch durch Schranken versperrt; folgt man dem Forstweg weiter über die Wasserscheide bis zur Blaa-Alm, so rechnet man mit einer guten Gehstunde → STEIERMARK kombiführer auto + wanderschuh. Ö. der Rettenbachalm beginnt nach Überschreitung des Kargrabens der Anstieg auf Weg 211 über die Kainalm (1175) zur bewirtsch. Ischler Hütte auf der Schwarzenberg-Alm, welche man nach 2 Std. erreicht. Will man auf den, wegen seiner guten Aussicht gelobten Schönberg (2093), auch Wildenkogel genannt, so muß man für weitere 700 Höhenmeter im Anstieg nochmals 2 Std. zugeben. Den Schönberg kann man auch vom Ebenseer Hochkogelhaus der NF auf Weg 211 ersteigen. Das Haus liegt auf der n. Seite des Toten Gebirges. Rückweg wie Hinweg. – HU 720 m, Z 3 1/2 Std., LA 2. – Hierzu Wanderwege-Karte 43 Bad Ischl.

Das **Salzbergwerk Bad Ischl** ist von der ehem. Kaiserstadt über den s., an der Grazer Route gelegenen Ort Reiterndorf auf einem 5 km langen Asphaltsträßchen in Richtung Perneck erreichbar. Die Zufahrt endet zirka 5 bis 10 Gehmin. vor der Einfahrt (680) in das Bergwerk mit einem größeren Parkplatz. In der Zeit vom 14. Mai bis 30. Juni finden Grubeneinfahrten von 9 bis 16 Uhr durchgehend statt; vom 1. Juli bis 15. September von 10 bis 17 Uhr jeweils Montag bis einschließlich Samstag. An Sonn- und Feiertagen bleibt das Bergwerk geschlossen. Aus Sicherheitsgründen beträgt das Mindestalter bei Kindern vier Jahre. – Die Besucher des Schaubergwerkes werden, mit Kappen und Schutzbekleidung ausgestattet, in Gruppen auf Hunten durch die Stollen zu den Salzlagern geschleust; hierbei wird auch ein beleuchteter Salzsee im Berginneren besichtigt.

Berghotel „Zum Predigtstuhl", 973 m

Das Berghotel und die Bergstation der im Sommer eingestellten Doppelsesselbahn sind auf einem ausgebauten, staubfreien Güterweg von Bad Goisern (502) aus erreichbar. Die Josef-Putz-Straße nimmt in der Ortsmitte von der Marktstraße ihren Ausgang, leitet unter der Salzkammergut-B 145 hindurch und führt über die Orte Lasern, Riedln und Wurmstein (792), zuletzt mit mehreren Serpentinen, hinauf zum Berghotel bzw. zur Bergstation, welche günstig gelegene Ausgangspunkte für Wanderungen um den Predigtstuhl → RW 265, zur Roßmoos-Alm (1039) und zur bewirtsch. Hütteneckalm (1240) sind, 5 km . Die Steigungsverhältnisse sind gut ausgeglichen und betragen maximal 12%, SG 2-3.

Predigtstuhl, 1278 m, und Hütteneckalm*, 1240 m.** Im Raum von Bad Goisern ist der Predigtstuhl, an seiner relativen Höhe gemessen, der wohl lohnendste Aussichtsberg. Will man zur „Ewigen Wand", so benützt man von der Wegevereinigung 245/246 am Fuße vom Gipfelaufbau des Predigtstuhls den „Goiserer Höhenweg" in w. Richtung; dieser Weg leitet sowohl nach Wurmstein als auch weiter talwärts bis Anzenau hinab. Die „Ewige Wand" ist eine Bildung imposanter Kalkfelsen. Der Goiserer Höhenweg leitet stellenweise durch Felstunnels bzw. dort angelegte Galerien. – Als alternativer AP für eine Wanderung zur Hütteneckalm, welche prächtige Ausblicke auf den Dachstein mit dem Hallstätter Gletscher vermittlelt, bietet sich vom Parkplatz unterhalb der Steinhüttelalm (948) AV-Weg 248 an, 1 Std. An der Bergstation beim Gh. Predigtstuhl hat man die Wahl, entweder den teilweise steilen Weg 246 oder den leichten, über die Roßmoos-Alm (1050) führenden Weg zu benützen. Weg 246 überwindet eine ausgesetzte, jedoch drahtseilgesicherte Felspassage und mündet in den Radsteig (1183) ein; auf diesem, zuletzt auf Eisenleitern, gelangt man ohne nennenswerte Schwierigkeiten auf den Gipfel. Die Aussicht umfaßt im SW die beiden Kalmberge, im NW das Katergebirge mit der Katrin, im NO das Höllengebirge mit dem Schönberg (Wildenkogel), im SO den Hohen Sarstein und im S das Dachsteingebirge mit seinen weit gegen den Hallstätter See herabziehenden Gletschern. Vom Gipfel direkt hinab zur Wegevereinigung an der Roßmoos-Alm und auf dem Wurmsteinweg bei sanftem Anstieg hinauf zur bewirtsch. Hütteneckalm. Über den Predigtstuhl-Gipfelweg nimmt dieser Anstieg 2¼ Std. in Anspruch, über den Wurmsteinweg nur 1½ Std. – Zurück bieten sich mehrere Alternativen an: entweder wandert man am Fuße der Zwerchwand und unter den beiden Rosenkogeln hindurch zur Roßmoos-Alm oder man benützt den Wurmsteinweg zurück zum Parkplatz. – HU gesamt 700 m, ab Bergstation zur Hütteneckalm nur 300 m, Z bei abgekürzter Tour nur 2½ Std., bei Gipfeltour 4 bis 5 Std., LA 2, Predigtstuhl-Gipfel LA 2-3. – Hierzu Wanderwege-Karte 42 Bad Goisern. **RW 265**

Gasthof Halleralm, 830 m, und Steinhüttelalm, 948 m

Von St.Agatha (539), das wenig abseits der Salzkammergut-B 145 am Fuße des Hohen Sarstein (1975) liegt, führt ein ausgebauter, streckenweise jedoch schmaler Güterweg über den Gh. Halleralm hinauf zum Parkplatz unterhalb der nicht bewirtsch. Steinhüttelalm, wo er nach 4 km endet, SG 3. Das Steigungsmaximum beträgt zirka 12%. Die

Steinhüttelalm ist günstiger Ausgangspunkt für die Anstiege auf Karrenwegen zur bewirtsch. Hütteneckalm (1240), 1 Std. bzw. zur Lambacher Hütte (1432), 1 1/2 Std.; letztere Hütte ist nur für Selbstversorger eingerichtet.

Das Gh. „Chorinskyklause" (635) und die bewirtsch. Weißenbachalm sind öffentlich nicht anfahrbar, weil sowohl die Weißenbachstraße als auch die Dürrenstraße den ÖBF als Forststraßen dienen. Auch steht dem mot. Touristen das Sträßchen von Weißenbach auf der von Bad Goisern gegenüberliegenden Talseite bis zur Jausenstation Hochmuth (898) nicht zur Verfügung. Das Katergebirge ist von Bad Ischl aus durch die Katrin-Seilbahn erschlossen, während auf den Hochkalmberg und zur Goiserer Hütte (1592) von Bad Goisern aus nur mark. Fußwege führen.

RW 266 **Jausenstation Jochwand-Aussicht*, 800 m, AP Bad Goisern.** Dieses lohnende Wanderziel läßt sich von Bad Goisern (502) auf mehreren leichten Wegen erreichen, die sich nach freier Wahl auch jeweils in eine Rundwanderung einbeziehen lassen: Von Weißenbach leitet eine Forststraße über den Jochbauer zum Obermuthbauern, welche kaum Aussicht bietet. Parallel hierzu verläuft vom Ausgang des Weißenbachtales ein Steig an der Jochwand und über den Jochbach, um auf Höhe der Jausenstation „Jochwand-Aussicht" in das erwähnte Forststräßchen einzumünden, 1 Std; die Aussicht erstreckt sich über das gesamte Goiserer Tal bis zum Hallstätter See. Man hat dann die Wahl, entweder bis zum, nur im Winter bewirtsch. Gh. Hochmuth (898) auf einem steilen Pfad anzusteigen, 30 Min., von dort läßt sich der Abstieg in weiteren 45 Min. hinab nach Steinach vornehmen, Mark. A 20. Oder man benützt den direkten Steig A 14, welcher in Serpentinen steil nach Unterjoch hinabführt, wo man anschließend zum AP zurückkehren kann, 1 Std. – Wer in der Gegenrichtung von Steinach (580) bis zum Gh. Hochmuth mit Pkw hinauffahren möchte, kann dies zwar mit einem Normalantrieb bewerkstelligen, doch wird das nur besonders geübten Bergfahrern gelingen, SG 4. – Für Besucher der Goiserer Hütte → RW 267 ist der Wanderer-Parkplatz Stroblanger (580) am Beginn des Forststräßchens zur Trockentannalm (805) von Interesse. – HU 300 m, Z je nach gewählter Alternative zwischen 1 1/2 und 2 1/2 Std., LA 2. – Hierzu Wanderwege-Karte 42 Bad Goisern.

RW 267 **Goiserer Hütte*, 1592 m, und Paul-Preuß-Hütte*, 1560 m.** Beide Hütten liegen auf einer Einsattelung zwischen dem Sonnenwendkogel (1636) und dem Hoch-Kalmberg (1833) relativ dicht beieinander. Während die Paul-Preuß-Hütte eine Selbstversorgerhütte des TVN ist, wird die Goiserer Hütte der ÖAV-Sektion Bad Goisern am Kalmberg jeweils zwischen dem 1. Juni und dem 30. September bewirtschaftet. Als günstiger AP gilt der Wanderer-Parkplatz „Stroblanger" (580), im S von Steinach. Der AV-Hüttenweg 880 verläuft neben dem Schüttbach hinauf zur Trockentannalm, folgt dann durch den Kesselgraben zur Unteren Schartenalm (1179) und steigt schließlich in zahlreichen, kurzen Serpentinen, vorbei an der Dichterinquelle kräftig zur Goiserer Hütte bzw. zur Oberen Schartenalm an, 3 Std. Von der Hütte bietet sich ein prächtiger Ausblick auf den Hoch-Kalmberg. – Als Rückweg kommt entweder der Anstiegsweg in Betracht, oder was lohnender ist, der AV-Weg 884, welcher den Übergang zum nur während des Winters bewirtsch. Gh. Hochmuth (898) über die Pramesberger Rast bildet, 1 1/4 Std. Zuletzt benützt man den Almfahrweg, mark. mit A 20, durch den Arzgraben und Niedermuth zum Parkplatz „Stroblanger“, 45 Min. – HU 1020 m, Z 5 Std., LA 2-3. – Hierzu Wanderwege-Karte 42 Bad Goisern.

Bad Ischl-Ebensee-Gmunden-Vöcklabruck

Straße zum Offensee, Seeau, 665 m

Zum Offensee, der abseits des großen Verkehrs in einem Talbecken am n. Rand des Toten Gebirges liegt, führt nur eine einzige Zufahrt; sie zweigt kreuzungsfrei im Ortsgebiet von Plankau von der Salzkammergut-B 145, als Abfahrt Offensee bez., nach O ab. Die 9 km lange Asphaltstraße leitet zunächst neben dem Frauenweißenbach, dann neben dem Offenseebach, für Pkw knapp zweispurig, talein. Bei größeren Reisebussen ist es an engen Passagen erforderlich, daß entgegenkommende Fahrzeuge an Ausweichstellen kurz anhalten bzw. den äußersten re. Rand ansteuern. Steigungen bzw. Gefälle sind ausgeglichen und überschreiten kaum 10%. Bez. Parkplätze sind ausreichend vorhanden. Für größere Reisebusse besteht weder eine Abmessungs- noch eine Gewichtsbeschränkung, SG 2-3. Rund um den Steinberg (1458) gibt es ein Netz von Forststräßchen, die jedoch öffentlich nicht befahren werden dürfen.

Ebenseer Hochkogelhaus*, 1558 m, Schönberg, 2093 m.** Das Haus der NF steht im Toten Gebirge n. des Schönbergs dicht am Hochkogel (1591), welchen man vom Haus aus in 15 Min. besteigen kann. Beeindrukkend ist der fast senkrechte, 600 m messende Absturz dieses Berges. Vom Parkplatz Schwarzenbachstüberl (532), der von Ebensee her über die Straße zum Offensee anfahrbar ist, wenn man von dieser am Eingang in das Schwarzenbachtal beim E-Werk der OKA re. abzweigt, beginnt der Anstieg. Der Hüttenweg ist mit 211 bez. und leitet vom AP in 2 1/2 bis 3 Std. über das bewirtsch. Mittereckerstüberl (804) und das Eiblbrünndl zuletzt in zahlreichen Serpentinen hinauf zum romantisch gelegenen Haus der NF. Ein normaler Abstieg läßt sich in 1 1/2 Std. vollziehen. – HU 1026 m, Z 4 bis 5 Std., LA 2. **RW 268**

Eine besonders lohnende Runde bei einem weiteren Zeitaufwand von 3 bis 3 1/2 Std. führt vom Haus durch das Feuertal mit der Eishöhle (1695) um den Wehrkogel (1988) herum zum Schönberg, den die Einheimischen als „Wilden Kogel“ bezeichnen. Der Name Schönkogel kommt aber nicht von ungefähr, weil sein Umfeld landschaftlich sehr reizvoll ist und, bedingt durch seine Abgeschiedenheit, diese Region noch mit unverfälschter Natur aufwarten kann! So trifft man zur Blütezeit noch eine reiche Bergflora an und wenn man Glück hat, kann man dort noch ganze Rudel von Gemsen beobachten.

In der felsigen Region horstet ein Adlerpaar. Die Aussicht reicht nach S bis zum Hohen Dachstein und zu den vielgegliederten Gesäusebergen. Die Runde setzt sich vom Schönberg zum Möselhorn (1740) mit seinen vier Bergseen fort. Schließlich kehrt man über den Hinteren und Rauhen Kogel zum NF-Haus zurück. Die Wegebezeichnungen im Uhrzeigersinn lauten 211/230/228/227. Mit Ausnahme eines schmalen, gesicherten Steiges am Gipfelgrat des Schönberges wird man mit keinen nennenswerten Schwierigkeiten konfrontiert. – HU 600 m, LA 2-3. – Hierzu Wanderwege-Karte 44 Höllengebirge-Feuerkogel.

W 269 **Erlakogel (Schlafende Griechin)**, 1575 m.** Diese durch ihre Gestalt besonders profilierte Erhebung ist ein Aussichtsberg par excellence und stellt für ambitionierte Bergwanderer eine Art „Pflichtübung“ dar. Der Anstieg birgt zwar keine nennenswerten Gefahren in sich, doch ist die Gipfelplattform teilweise stark ausgesetzt und erfordert erhöhte Vorsicht: Kinder sollte man vorbeugend „an die Leine nehmen“! AP ist der Ort Rindbach (447) bei Ebensee, Abstellplätze findet man im Vorderen Rindbachtal, auch am Anstiegsweg, welcher mit 421 bez. ist. – Nach Überschreitung des Rindbaches setzt unvermittelt eine kräftige Steigung ein, die sich erst auf der verlassenen Spitzlstein-Alm (1050) mäßigt. In der Nähe des abzweigenden Forstweges am unteren Rand der Alm spendet eine Quelle ihr erquikkendes Wasser. Die Serpentinen des Forstweges schalten zwar zwei Steilstücke des Fußweges aus, doch muß man sie nach Begehung der obersten Kehre am Sattel re. verlassen. Zuletzt überwindet man ein felsiges Gelände und erkennt ll. eine ausgeprägte Doline, ehe man nach 3 Std. Anstieg den aussichtsreichen Gipfel erreicht. Die Tiefblicke konzentrieren sich vor allem auf den Traunsee mit seinen Uferorten Ebensee und Traunkirchen. An Föhntagen erkennt man im S den Großglockner und den Dachstein mit ihren Gletscherfirnen. Greifbar nahe hat man den Feuerkogel, dessen ausgedehntes Gipfelplateau sich von hier gut überblicken läßt. – Der Beiname „Schlafende Griechin“ entstammt dem Volksmund, weil das Profil des Erlakogels von Gmunden, Altmünster bzw. von anderen Standorten aus, wie z.B. vom Richtberg oder Hochkreut, die Figuration des Berges bei einiger Phantasie mit einem Mädchenkopf und dessen wallendem Haar vergleichbar ist. Rückweg wie Anstiegsweg. – HU 1130 m, Z 5 Std., LA 2-3. – Hierzu Wanderwege-Karte 45 Traunsee.

W 270 **Gassl-Tropfsteinhöhle-Schutzhaus*, 1249 m, und Gasslkogel*, 1411 m.** Zu den geologischen Besonderheiten des Salzkammergutes zählen sowohl die berühmten Salzberge als auch die großen Höhlen, die wie hier das verzweigte Höhlenlabyrinth mit der eindrucksvollen Welt unter Tag zu einer interessanten Besichtigung einladen. Mit dem Besuch der Höhle ist eine Schau der merkwürdigsten Tropfsteinbildungen verbunden, so u.a. die Bärenschlucht, Kanzel, Herkulessäule mit der Herkuleswand und der Adlerflügel. Führungen finden zwischen Pfingsten und Mitte September jeweils an Wochenden statt. Nähere Auskünfte erteilt der Fremdenverkehrsver-

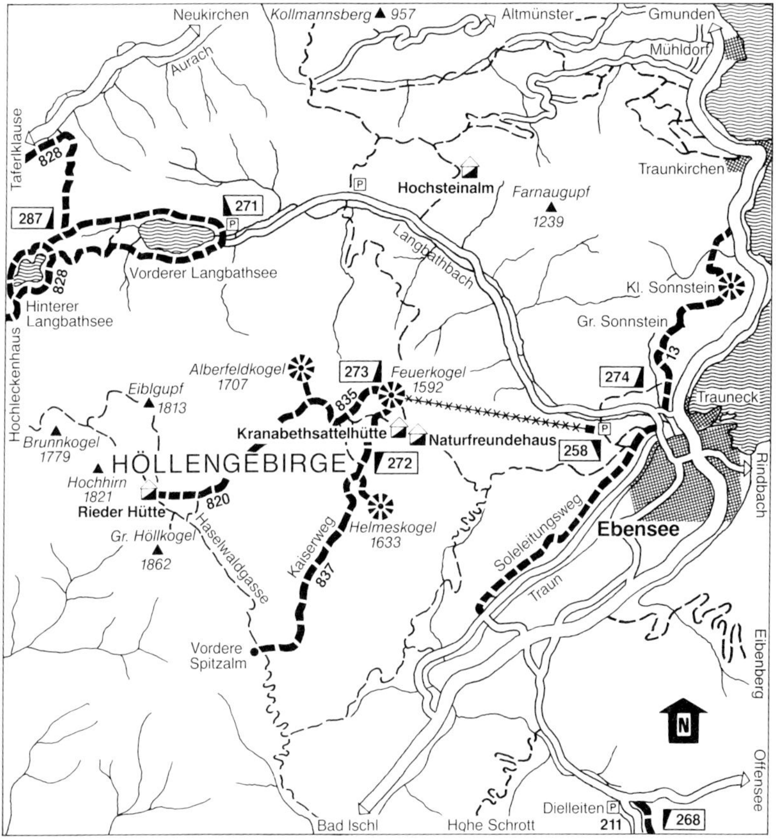

Wanderwege-Karte 44 Höllengebirge-Feuerkogel

band Ebensee unter der Rufnummer 06133-8016. – AP ist Rindbach bei Ebensee, Abstellplätze findet man am Bach vor dem Wasserfall, dort auch Sperrschranken (469). Den kleinen Umweg zur Besichtigung des Wasserfalles sollte man nicht versäumen. Talein folgt man dem mit 430 bez. Forstweg bis li. der Anstiegsweg 424 zur Gassl-Tropfsteinhöhle über die Spitzer Alm (948) abzweigt. Bis zum Schutzhaus bzw. Höhleneingang rechnet man ab Parkplatz mit einer Anstiegszeit von 2½ Std., weitere 30 Min. hat man dann noch bis zum Gipfel des Gasslkogels. Rückweg wie Anstiegsweg. – HU (einschließlich Gipfel) 950 m, Z 5 Std., LA 2. – Hierzu Wanderwege-Karte 45 Traunsee.

Langbathtal, Vorderer Langbathsee*, 664 m

Der Industrieort und Umschlagplatz für den Handel Ebensee (443) liegt im S des Traunsees. Vom Ortsteil Oberlangbath führt eine 8 km lange, für Pkw knapp zweispurige Asphaltstraße durch das enge Langbathtal zum Sporthotel Langbathsee mäßig bergan. Bei Kohlstatt, am Eingang des Tales, gelangt man an der Feuerkogelbahn vorbei, dort wurden zwei Großparkplätze angelegt. Für den Bergwanderer ist das Gh. „In der Kreh" (647) von Interesse, weil es am Anstiegsweg zur bewirtsch. Hochsteinalm liegt. Man erreicht es nach einer Fahrstrecke von zirka 6 km. Beim Sporthotel wurde zwar ein großer Parkplatz vor dem Eintritt in das lückenlos beschilderte NSG angelegt, doch reicht dieser an Schönwettertagen und bei großem Andrang meistens nicht aus. Die Steigungsverhältnisse der Straße sind gut ausgeglichen, die Maxima überschreiten kaum 8%, SG 2-3.

RW 271 **Langbathseen**, Hinterer Langbathsee, 753 m.** Diese Runde ist als erholsamer, alpiner Spaziergang für jung und alt einzustufen. AP ist der Parkplatz beim Sporthotel am Vorderen Langbathsee. Die Uferwege leiten durch ein beschildertes NSG. Beginnt man li. am s. Ufer des Vorderen Langbathsees (664), so hat man re. das ehem. Jagdschloß. Das Gebiet n. des Höllengebirges ist reich an Gemsen, deren häufiger Wildwechsel sich von hier aus gut beobachten läßt; in den beiden Seen tummeln sich zahlreiche Wasservögel. Nach Überquerung des Kläuselgrabens hat man die Wahl, entweder sich auf den Spaziergang um den vorderen See zu beschränken (Abzw. nach re.) oder man wandert diesseits des Pfrillenbaches weiter, überschreitet den Brenntenberggraben und gelangt so zum Ostufer des hinteren Sees, der nur halb so groß wie der vordere ist. Den Wendepunkt erreicht man an der Abzw. des teilweise versicherten Schafluckensteiges, AV-Mark. 828, der sowohl auf den Brunnkogel (1708) als auch mit seiner Fortsetzung, dem AV-Weg 820, in 3½ Std. zum Hochleckenhaus (1574) hinaufleitet. – Den Rückweg nimmt man über die Hinterseestube und jenseits des Pfrillenbaches zum Nordufer des vorderen Sees. Die Uferwege sind stets gut instand gehalten, mehrere Rastbänke wurden an lauschigen Plätzen der Seeufer aufgestellt. Der zu überwindende HU ist unbedeutsam, weil er kaum 100 m ausmacht. – Z 2 Std. und mehr, je nach Verhaltensweisen, LA 1. – Hierzu Wanderwege-Karte 44 Höllengebirge-Feuerkogel und WWK 47 Hochleckenhaus-Richtberg-Hongar.

W 272 **Helmeskogel **, 1633 m, Kaiserweg*, Vordere Spitzalm, 1381 m.** Die Wanderung bietet mancherlei Abwechslung. Den Höhepunkt erlebt man auf dem Helmeskogel mit den Ausblicken auf das Tote Gebirge, welches sich sowohl in Ost- als auch in Südrichtung weit erstreckt. Dominierend ragt über dem Traunsee der Felskoloß des Traunsteins als eine Art Wahrzeichen auf. Weiter s. hat man den Erlakogel, welcher auch „Schlafende Griechin" genannt wird. Vom Feuerkogel kann man auf verschiedenen Wegen zum Großen Helmeskogel gelangen, am besten ist es, der zielführenden Beschilderung zu folgen. Die Gehzeiten belaufen sich bis zum Gipfel auf eine knappe Std. – Will man die Wanderung bis zur Vorderen Spitzalm, einer unbewirtsch. Jagdhütte, ausdehnen, so schlägt man ab Helmeskogel den Kaiserweg mit AV-Mark. 837 ein. Ein Abstieg ins Tal nach Langwies ist wegen der zahlreichen Serpentinen im steilen Gelände nicht zu empfehlen. Auch der Anstiegsweg durch die Haselwaldgasse Nr. 830 zur Rieder Hütte gilt als mühevoll. – Als Rückweg benützt man am besten den Hinweg. – HU einschließlich Hermeskogel runde 300 m, Z $3^1/_2$ bis 4 Std., LA. – Die lohnendsten und von der Bergstation nächstliegenden Ziele Aberfeldkogel und Helmeskogel kann man in eine eigene Rundwanderung einbeziehen; die reine Gehzeit beträgt für diesen Fall zirka $2^1/_2$ Std. und die Runde ist ohne nennenswerte Schwierigkeiten machbar. - Hierzu Wanderwege-Karte 44 Höllengebirge-Feuerkogel.

Die **Feuerkogelseilbahn** befördert mit ihrer Großraumkabine in sechs Min. die Fahrgäste von der Talstation Ebensee-Kohlstatt (475) zur Bergstation (1580) Feuerkogel. Pro Stunde kann sie maximal 300 Personen befördern. Auf dem Feuerkogel-Plateau gibt es rund 10 km ausgebaute Höhenwanderwege und 40 km mark. Wandersteige. Das Plateau, welches auch mit seinen Unterkünften als Luftkurort geschätzt wird, zählt zu den beliebtesten Wanderregionen im Salzkammergut. Die meistbesuchten Wanderziele für jung und alt sind die Aussichtskanzeln am Alberfeldkogel und am Helmeskogel, ferner die Rieder Hütte und der Große Höllkogel, die höchste Erhebung im Höllengebirge. Eine Überschreitung des gesamten Gebirgszuges vom Feuerkogel bis zum Hochleckenhaus nimmt zirka 7 Std. in Anspruch und ist nur geübten Gehern, die über eine gute Kondition im kräfteraubenden Karstgelände verfügen, zu empfehlen. – Die Seilbahn ist gj. in Betrieb, über den Fahrplan und die Beförderungstarife einschließlich bestimmter Ermäßigungen erteilt die Betriebsleitung in Ebensee unter der Rufnummer 06133/219-0 die gewünschten Auskünfte.

Aberfeldkogel, 1707 m, und Rieder Hütte*, 1752 m, AP Feuerkogel.** **W**
Von der Bergstation der Seilbahn folgt man der AV-Mark. 835. Der Weg ver- **273**
läuft zunächst am Fuß des Heumahdgupfes (1680). Der beschilderte Zugang zum Aberfeldkogel zweigt re. ab. Von der Aussichtskanzel, die man vom Feuerkogel in 45 Min. erreicht, hat man prächtige Tiefblicke auf die beiden Langbathseen, welche in einer Talung zwischen dem Höllengebirge und den n. Voralpen eingebettet liegen. Nach W richten sich die Ausblicke auf den Attersee und die ihn umgebenden Berge. Zurück zum Hüttenweg 835/820, welcher das Edltal quert und den Totengrabengupf (1782) tangiert. Nach knapp 2 Std. gelangt man zur bewirtsch. Rieder Hütte der AV-Sektion Ried. Die Bewirtschaftungszeiten sind wie folgt geregelt: von Februar bis zwei Wochen nach Ostern, ab Pfingsten bis Ende Oktober jeweils nur an Samstagen, Sonn- und Feiertagen. Hüttenberg ist der Große Höllkogel (1862), welchen man von der Rieder Hütte aus in 45 Min. besteigen kann. – Zurück wie auf dem Hinweg, wobei sich an der Abzw. durch das Edltal alternativ der Haasweg anbietet, welcher sich unterhalb des Heumahdgupfes wieder mit dem Anstiegsweg vereinigt. Zuletzt über das Gh.

Edelweiß (1625) bzw. das Gh. „Dachsteinblick" zur Seilbahnstation. – HU bis zur Rieder Hütte unter Einschluß des Aberfeldkogels, jedoch unter Ausschluß des Großen Höllkogels, runde 150 m; Z 3½ bis 4 Std., LA 2. – Hierzu Wanderwege-Karte 44 Höllengebirge-Feuerkogel.

Der **Traunsee* (422)** ist mit 24 km^2 Fläche der zweitgrößte See des Salzkammergutes. Durch seine Längsausdehnung von 12 km erstreckt er sich vom Gebirgsvorland über die Flyschzone bis weit in die Kalkalpen hinein, die im Felskoloß des Traunsteins nach N vorgeschoben sind und zur Seeseite hin steil abstürzen. Die Tiefe des Sees beträgt nach neueren Messungen 228 m, damit übertrifft er alle anderen Seen des Salzkammergutes.

W 274 **Großer Sonnstein*, 1037 m, und Kleiner Sonnstein*, 923 m.** Die beiden Sonnsteine über dem Westufer des Traunsees sind lohnende Wanderziele, die während der gesamten aperen Jahreszeit begehbar sind. Der Große Sonnstein wird wegen seiner Nähe zu Ebensee auch Ebenseer Sonnstein, der Kleine Sonnstein, welcher sich unweit von Traunkirchen erhebt, Traunkirchner Sonnstein genannt. In der Regel wird nur einer der beiden Sonnsteine besucht, was hauptsächlich für Benützer von Kraftfahrzeugen zutrifft, die wieder zu ihrem Fahrzeug zurückkehren müssen. Als alternatives Verkehrsmittel zwischen Ebensee und Traunkirchen bietet sich die Buslinie an, welche die Haltestellen neben der B-145 in Ebensee (Trauneck), Siegesbach und Traunkirchen anfährt, sodaß sich beliebig kombinieren läßt. Gehzeiten von Ebensee (Unterlangbath) auf den Großen Sonnstein 1½ Std., Verbindungssteig zwischen beiden Zielen über den Sattel 45 Min., Anstieg von der Häusergruppe Siegesbach zum Kleinen Sonnstein 1 Std., Zugang zur kleinen Sonnsteinhütte (900) 10 Min. Durchgehend rote Wegmark. mit Bez. 13. Kurze, ausgesetzte Stellen sind an der Felswand mit Drahtseilen gesichert. Kinder sind an den Steilabstürzen von erwachsenen Begleitpersonen fest an die Hand zu nehmen! Sowohl die Tiefblicke auf den Traunsee als auch die Ausblicke über den See zum Felskoloß des Traunsteins und zum Erlakogel (Schlafende Griechin), welche sich über dem Ostufer dominierend erheben, faszinieren den Bergwanderer. – HU 610 m bzw. 490 m, LA 2. – Hierzu Wanderwege-Karte 44 Höllengebirge-Feuerkogel und WWK 45 Traunsee.

RW 275 **Grünberg*, 1004 m, und Laudachsee*, 895 m.** Der Grünberg ist Hausberg der Gmundner. Seinen aussichtsreichen Gipfel kann man sowohl in 1½ Std. zu Fuß oder in zwölf Min. mit der Gondelseilbahn erreichen. Der kürzeste Anstieg beginnt direkt an der Talstation der Grünberg-Seilbahn in Weyer und leitet über den Ortnersteig hinauf zum Weg 11 bzw. zur breit ausgeschlagenen Schiabfahrt. Bequemer ist allerdings der mark. Anstieg über die Silberroith, welcher gute Ausblicke auf die Stadt Gmunden und den Traunsee vermittelt. Weiter zur Grünbergwiese und zur Tiefau (Rastplatz mit Brünndl); dort Vereinigung mit dem Ortnersteig und gemeinsame Wegführung zum Bergrestaurant der Seilbahn bzw. zum Gipfel mit Blick auf

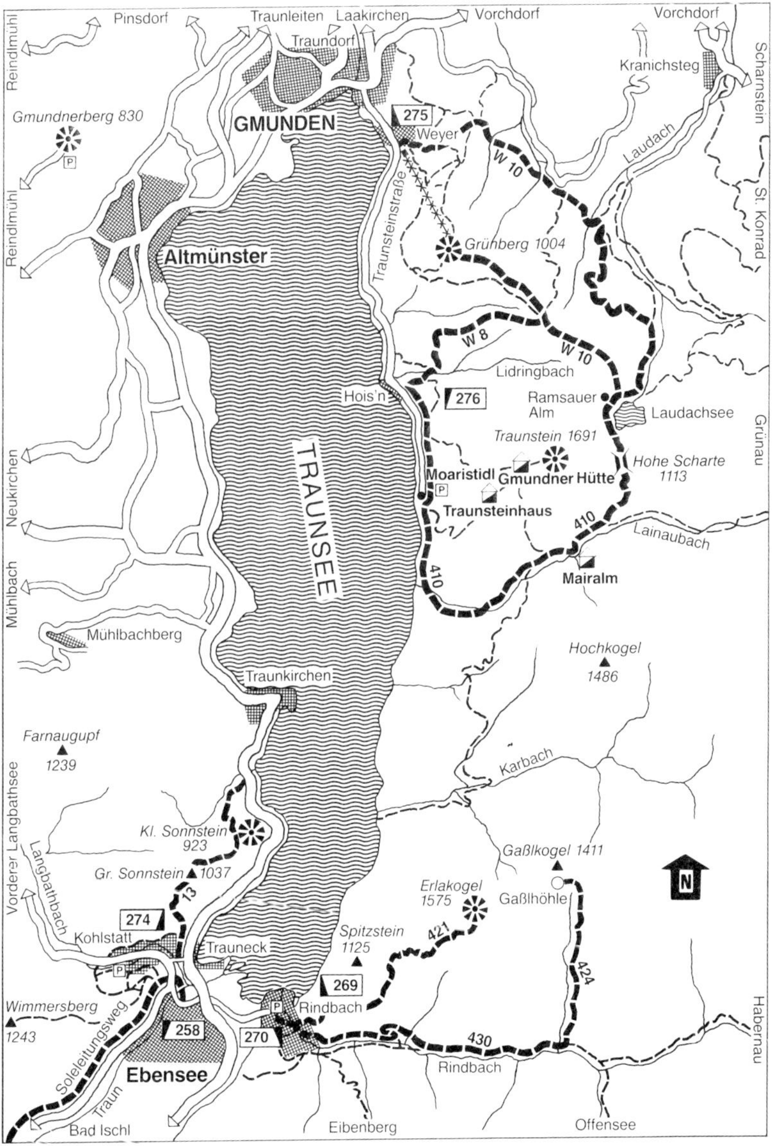
Reindlmühl
Pinsdorf
Traunleiten
Laakirchen
Vorchdorf
Vorchdorf
Traundorf
Kranichsteg
Scharnstein
Gmundnerberg 830
GMUNDEN
275
Weyer
W 10
Laudach
St. Konrad
Reindlmühl
Altmünster
Traunsteinstraße
Grünberg 1004
W 8
W 10
Lidringbach
Hois'n
276
Ramsauer
Alm
Laudachsee
TRAUNSEE
Traunstein 1691
Grünau
Hohe Scharte
1113
Moaristidl
Gmundner Hütte
Traunsteinhaus
Neukirchen
410
Lainaubach
410
Mairalm
Mühlbach
Mühlbachberg
Hochkogel
1486
Traunkirchen
Farnaugupf
1239
Karbach
Kl. Sonnstein
923
Vorderer Langbathsee
Langbathbach
Gr. Sonnstein 1037
Gaßlkogel 1411
Erlakogel
1575
Gaßlhöhle
13
274
Kohlstatt
Trauneck
Spitzstein
1125
421
424
269
Wimmersberg
1243
Rindbach
258
270
430
Habernau
Soleleitungsweg
Ebensee
Rindbach
Traun
Bad Ischl
Eibenberg
Offensee

das Tote Gebirge. Die dominierende Erhebung im S ist der zum Greifen nahe Felskoloß des Traunsteins. In der Ferne glitzert das Eis bzw. der ewige Schnee des Hohen Dachsteins mit dem weit herabziehenden Hallstätter Gletscher. Vom Grünberghaus zum Laudachsee nimmt man den geringen Umweg über den Aussichtspunkt Hochgeschirr (981) in Kauf und gelangt auf kurzem Serpentinenabstieg wieder auf den mit 7 bez. Wanderweg, der sich nach SO mit dem Grünberg-Waldlehrpfad fortsetzt, Mark. 10; an ihm gelangt man am Rastplatz „Sieben Brünnlein“ vorbei. Im Hintergrund ragen die Felswände des Traunstein (1691) auf. Der Sage nach handelt es sich bei den Sieben Brünnlein (Bächlein) um sieben verwunschene Söhne eines herrschsüchtigen und grausamen Königs, der einst hier gewirkt haben soll. Auf bewaldeter Strecke wandert man schließlich auf dem fast flachen Forstweg zum Laudachsee mit der bewirtsch. Ramsauer Alm (895), 1 1/2 Std. ab Grünberghaus. – Als Rückweg wählt man den am Fuße des Katzensteins verlaufenden Traunsee-Ringwanderweg, wobei man wiederum den AV-Weg 410 wie herwärts benützt, dann aber bei den Sieben Brünnlein sich re. hält, um zum Gh. „Franzl im Holz“ (652) hinabzusteigen, HT. Im weiteren Verlauf nicht der Fahrstraße folgen, sondern li. abwärts den Fußweg 10 über Mitter- und Lehenberg einschlagen! Unterhalb vom Hotel Moosberg, das nahe am Sonnenweg steht, gelangt man nach 1 1/2 Std. zum AP zurück. HU 600 m, Z 4 1/2 Std., LA 1-2. – Hierzu Wanderwege-Karte 43 Gmunden und Ebensee.

Traunsteinstraße (Traunsee-Ostuferstraße), Jausenstation „Moaristidl“, 431 m**

Die 6 km lange, aussichtsreiche Uferstraße nimmt ihren Ausgang in Gmunden (440) von der Traunbrücke, an ihrem ö. Kopf und leitet am Seebahnhof vorbei zunächst zur Talstation der Grünberg-Seilbahn in Weyer. Sie ist bis zum Gh. Hois'n für Pkw zweispurig, dann bis zum EP nur noch einspurig ausgebaut. Sie verläuft direkt am Seeufer fast flach, SG 2, Omnibusse dürfen nur bis zum Gh. Hois'n verkehren, davon ausgenommen sind nur Schulbusse. Die Tonnagebeschränkung wurde mit 16 t festgesetzt. Ab Traunbrücke bis zum Gh. Hois'n ist eine Geschwindigkeitsbeschränkung von 50 km/h, bis zum EP eine solche von 30 km/h aufrecht. Das Asphaltsträßchen mündet am Ende in einen Parkplatz, auf dem zirka 25 Pkw Aufstellung finden können. Zur Jausenstation Moaristidl hat man dann noch fünf Gehmin. – Über das abgeschrankte Lainausträßchen der ÖBF, welches oberhalb des offiziellen EP anschließt, wurde ein allgemeines Fahrverbot verhängt, von dem nur Anrainer ausgenommen sind; es leitet gemeinsam mit dem Miesweg durch den Lainaugraben zur bewirtsch. Mair-Alm (789), um sich dann in mehrere Stichstraßen, die der Holzaufbringung dienen, zu verzweigen. – Gut geführte Gasthöfe laden entlang der Uferstrecke zur Einkehr ein; sie sind meist auch geeignete Stützpunkte für Bergwanderer mit Ziel Grünberg bzw. Traunstein.

RW 276 **Laudachsee*, 895 m, und Hohe Scharte, 1113 m.** Diese Wanderung rund um den Traunstein erfordert etwas Übung und Ausdauer. Weder der Traunsteingipfel (1691) noch die Gmundner Hütte (1666) des Alpenvereins bzw. das Traunsteinhaus der NF (1575), welche nur über gesicherte Klettersteiganlagen wie den Hermlersteig bzw. den Naturfreundesteig erreichbar sind, wurden in die beschriebene Runde einbezogen! – AP ist der Gh. Hois'n (440) an der Traunsteinstraße. Die Mark. 9 leitet in die Kaltenbachwildnis, die davon li. Abzw. Mark. 8 zum Dürrenberg (687) und weiter zum Rastplatz Sieben Brünnlein, 1 1/2 Std.; in weiteren 30 Min. gelangt man zum idyllisch gelegenen Laudachsee (895) mit der bewirtsch. Ramsauer Alm. Daran schließt ein zwar seilgesicherter, jedoch kräftiger Anstieg hinauf zur Hohen Scharte an, 45 Min. Jenseits der Scharte leitet der bewaldete, serpentinenreiche Steig hinab ins Lainautal und trifft ö. der bewirtsch. Mairalm (789) auf das asphaltierte Forststräßchen. Wenig weiter nimmt der mit 412 bez. Lainausteig, welcher auf das Gipfelplateau des Traunsteins mit seinen beiden Hütten leitet, re. seinen Ausgang, HT. Durch den Lainaugraben wandert man nunmehr bis zur Brücke und hat dort die Wahl, entweder den Miesweg zu benützen oder auf dem durch Tunnels führenden Sträßchen zum See hinaufzuwandern. Über die Jausenstation „Moaristidl" erreicht man den AP beim Gh. Hois'n, 2 1/2 Std. ab Hoher Scharte. – HU 700 m, Z 5 Std., LA 2-3. – Hierzu Wanderwege-Karte 43 Gmunden und Ebensee

Gmunden-Scharnstein-Almtal

Almtalstraße*, Gasthof Seehaus am Almsee, 589 m

Die 18 km lange, landschaftlich reizvolle Strecke durch das Almtal beginnt in Mühldorf bei Scharnstein und erreicht nach 6 km Grünau (528), den Hauptort des Tales. Modern ausgebaut, setzt sie sich im meist bewaldeten, mittleren und hinteren Talabschnitt fort, um über eine letzte kaum ausgeprägte Stufe bei Schwarzenbrunn das Westufer des idyllisch gelegenen Almsees zu erreichen. An der Uferstraße gibt es mehrere kleine Parkplätze; einen Großparkplatz findet man beim Seehaus, das auch im Schnittpunkt von mehreren mark. Wanderwegen liegt. Im S vermittelt die Bergkette des Toten Gebirges, das im Großen Priel (2515) kulminiert, einen eindrucksvollen Hintergrund. Am Almsee endet die 6 m breite Asphaltstraße mit kaum merklichen Steigungen, SG 1-2. Sämtliche Haltestellen werden von einem Omnibus-Liniendienst angefahren. Die Befahrung aller anschließenden Forststräßchen ist verboten!

Bergstraße Farrenau, Berggasthaus Hochberghaus, 1180 m

Die mautfreie Bergstraße nimmt ihren Anfang in der Langau, 3.3 km ö. von Grünau im Almtal gelegen, und überwindet auf einer Straßenlänge von 5.3 km mit zwölf Serpentinen einen HU von 620 m. Entsprechend gestalten sich auch die Steigungsverhältnisse, welche zwar ein lokales Flugblatt mit bescheidenen 12% im Durchschnitt angibt, jedoch maximal zwischen 18 und 20% einzuschätzen sind! Die meist bewaldete, kehrenreiche Bergstrecke bietet kaum Ausblicke; sie ist für Pkw nur einspurig mit Ausweichstellen angelegt, jedoch durchgehend asphaltiert, SG 3. Das bewirtsch. Hochberghaus ist ein frequentierter Stützpunkt für den Bergwanderer, dessen Ziele die Farrenau-Alm der NF (1283), 20 Min., und das Sepp-Huber-Haus (1506), 1 Std., weiters die Jagerspitz-Hütte (1271) sind. Als beliebte Gipfel sind vor allem die pyramidenförmige Kasbergspitze (1747), und die Schwalbenmauer (1657) zu nennen. Die Anstiegszeiten, jeweils vom Sepp-Huber-Haus dorthin betragen 1 bzw. 1 1/2 Std. – Um das Hochberghaus herum gibt es genügend Abstellplätze für Fahrzeuge. Dicht neben der Terrasse befindet sich auch ein Startplatz für Hängegleiter.

Cumberland-Wildpark Grünau im Almtal, 560 m

Der Natur-Wildpark von Grünau ist mit Tausenden Hektar Wald umgeben. Er ist 60 ha groß und bietet Einblick in die heimische Tierwelt von einst und jetzt. Auf Wanderungen durch Wälder und über Wiesen, entlang einem Bach und vorbei an mehreren Teichen lassen sich Tiere in ihrer natürlichen Umgebung beobachten, so z.B. alle heimischen Schalenwildarten, die Raubtiere vom Iltis bis zum Wolf, Luchs und Braunbären, Tag- und Nachtraubvögel, Wasser- und Singvögel, Fische. Alle Wildparkwege sind eben und nehmen einen unbeschwerlichen Verlauf, an ihnen sind mehrere Rastbänke aufgestellt. Der Cumberland-Wildpark ist Forschungsstelle des Konrad-Lorenz-Institutes und ist als solcher gj. geöffnet. Besuchszeiten: April-Oktober von 9 bis 18 Uhr, November-März Samstag und Sonntag ab 9 Uhr bis zum Einbruch der Dunkelheit. Wochentags ab 11 Uhr bis Einbruch der Dunkelheit.

Kasbergalmstraße**, EP 1530 m

Es handelt sich bei ihr um die einzige, bis zur Baumgrenze führende Hochstraße zwischen dem Toten Gebirge und den Waldalpen. Alle weiter ö. des Almtales und diesseits der Alpenhauptkammlinie gelegenen, anfahrbaren Hochpunkte erreichen diese Höhenlage nicht mehr! Dementsprechend sind auch hier die Frequenzen, vor allem von Besuchern aus dem Raum Linz und dem Traunviertel. Der EP vermittelt mit nur 1 Std. den kürzesten Anstieg auf den Gipfel des Kasberges (1747). – Die ausgebaute Bergstraße hat ihren Anfang an der Almtalstraße gegenüber des Cumberland-Wildparks (570), an dessen besetzter Kasse auch die Maut für die Straßenbenützung zu entrichten ist. Der Einlaß erfolgt nach Einwurf eines Jetons und Heben des Schrankens. Mit insgesamt 16 Kehren bewältigt man auf der 10 km langen Bergstrecke einen HU von 960 m! Das schwierige, vom Spitzplaneck steil abfallende Gelände haben die Erbauer meisterhaft genutzt und die Bergstraße steht anderen, weit bekannteren in hochalpine Regionen führende Straßen kaum nach. Die Anlage ist für Pkw durchwegs zweispurig, in den Kehren hat man den Kurvenradius erweitert. Die Höchststeigung ist mit 14% anzusetzen. Aus Sicherheitsgründen ist an besonders bez. Stellen das Halten verboten. Die Fahrbahnränder waren im Bj. talseitig nicht lückenlos abgesichert, sodaß sich manche gefährliche Stelle auftat. Steinschläge im Frühjahr und Herbst, also in Gefrier- und Auftauperioden, lassen sich nicht total ausschließen. Zur Erhöhung der Sicherheit wurde für Talfahrende eine Geschwindigkeit bis 30 km/h verordnet, SG 2-3. Bemerkenswert ist der Ausblick von der vierten Kehre durch die weite Talung auf den Almsee und das Tote Gebirge. Die bewirtsch. Kasbergalm-Hütte (1500) ist eine beliebte Einkehrstation und bietet auch genügend Parkplätze. Die Betriebszeiten der Mautstraße sind für die Auffahrt von 8 Uhr 30 bis 17 Uhr, für die Abfahrt bis 20 Uhr. Die Bergstraße ist auch für Busse geeignet, jedoch ist eine besonders vorsichtige Fahrweise Voraussetzung.

Hetzaustraße, Almtaler Haus, 760 m

Beim bekannten Gh. „Jagersimmerl“ in Habernau (577) mündet die durch die Hetzau herabziehende 6 km lange Talstraße in das Haupttal ein. Die fast flach verlaufende, einspurige, jedoch durchwegs staubfreie Nebenstraße erschließt sowohl das familienfreundliche Wandergebiet um die beiden Ödseen als auch das Bergwandergebiet um die Welser Hütte (1726) und den Großen Priel (2515), SG 3. Vor unübersichtlichen Kurven rechtzeitig akustische Signale geben!

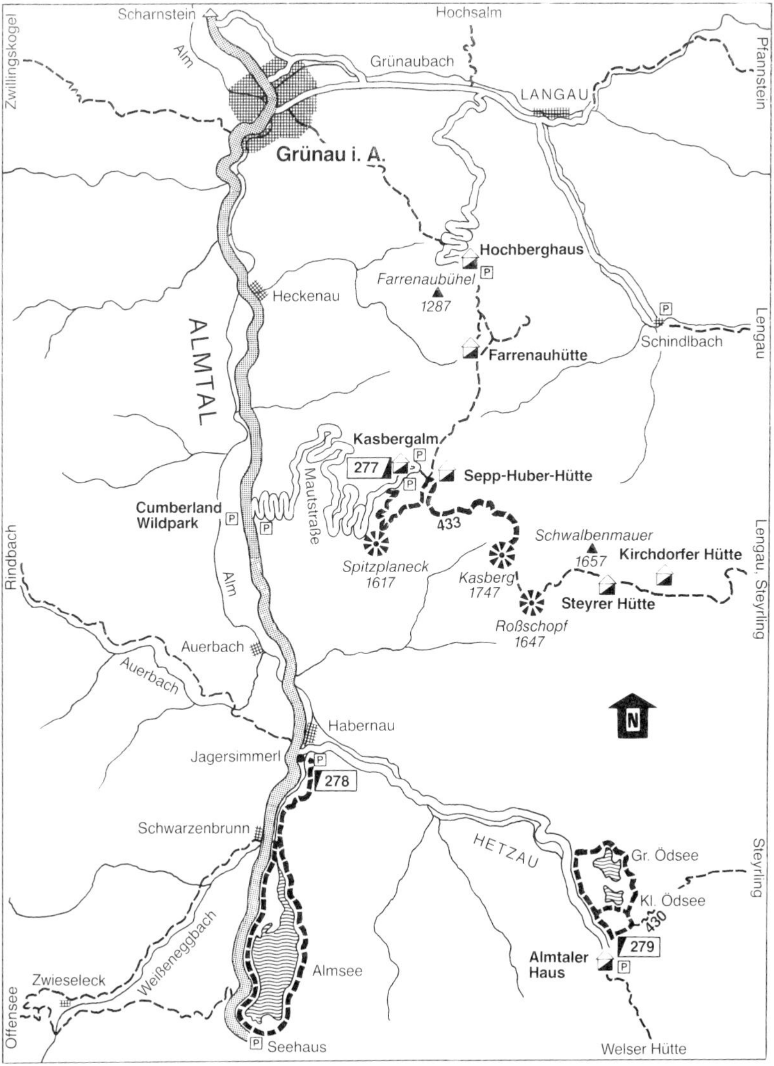

Wanderwege-Karte 46 Almtal

W 277 **Spitzplaneck*, 1617 m, und Kasberg **, 1747 m.** Der Kasberg ist ein stark frequentierter Gipfel seitdem sein unmittelbares Umfeld im W (Almtal) und im N (Langau) durch Bergstraßen bzw. Aufstiegshilfen intensiv erschlossen wurde. Bei heute wesentlich kürzeren Anstiegszeiten erfährt man ein Gipfelerlebnis mit bemerkenswerter Aussicht: Totes Gebirge mit Großem Priel (2515), das Tennen- und Hagengebirge, die Berchtesgadener Alpen mit dem Watzmann (2713) und dem Hochkalter (2607), die Hohen Tauern und der Hohe Dachstein. – Fährt man auf der Mautstraße zur bewirtsch. Kasbergalm hinauf, so läßt sich über einen Steig das nach dem Almtal vorgeschobene Spitzplaneck in 20 Min. erreichen. Man genießt nach SO einen vortrefflichen Durchblick über den Almsee hinweg zur Gipfelkette des Toten Gebirges und nach N weit über das Voralpenland hinaus. Im Tiefblick läßt sich die kühne Trassierung der Kasbergstraße verfolgen. Mit einem kurzen Abstieg gelangt man zur Sepp-Huber-Hütte (1506), wo der Anstiegsweg vom Parkplatz am Hochberg-Haus (1200) über die Farrenau-Hütte (1180) heraufzieht, 1 1/2 Std. Den Kasberg mit seinem Gipfelkreuz im Vorblick traversiert man schließlich über seine nordostseitig gelegenen Hänge. Der Weg führt über Almböden und durch Latschenfelder. An zwei kurzen Passagen wurde der Steig durch Drahtseile gesichert. Schließlich gelangt man an mehreren Dolinen vorbei und erreicht nach 1 1/4 Std. ab Sepp-Huber-Hütte das Gipfelkreuz. – Auf einer Gratwanderung läßt sich vom Kasberg der benachbarte Roßschopf (1647) mit Tiefblick auf die Ödseen und in die Hintere Hetzau in 20 Min. erreichen. Im Hintergrund ragt der Große Priel, die höchste Erhebung des Toten Gebirges, auf. Weg 433 leitet dann weiter hinab zur bewirtsch. Steyrer-Hütte (1400) und zur bewirtsch. Kirchdorfer Hütte (1336), beide an der Ahornalm gelegen. – Vom Kasberg benützt man zurück denselben Weg wie im Anstieg. – HU ab Sepp-Huber-Hütte 250 m, Z 2 Std., LA 2. – Hierzu Wanderwege-Karte 46 Almtal.

RW 278 **Almsee*, AP Gh. Jagersimmerl in Habernau, 577 m.** Eine leichte und wegen ihrer landschaftlichen Reize lohnende Runde auf ebenen Wegen. Auf dem w. Ufer muß man allerdings die an Schönwettertagen stark frequentierte Autostraße auf Teilstrecken benützen. Wer diese meiden möchte, bleibt auch für den Rückweg auf dem orogr. re. Ufer der Alm. Größere Parkplätze findet man sowohl in Habernau als auch beim Seehaus vor. – Gleich hinter dem Gh. Jagersimmerl, am Eingang in die Hetzau, findet man nach Überschreitung der Almbrücke scharf re. den mit 404 bez. Weg, der zu Beginn ein geschotterter Fahrweg ist, in weiterer Folge jedoch in den vorwiegend bewaldeten Ostuferweg, einen guten Fußweg mit Rastbänken, überleitet. An der Einmündung des Weißeneggbaches in die Alm kann man als Fußgänger über einen Steg die Uferseiten wechseln; an der Straße findet man dort die Bushaltestelle Schwarzenbrunn. Auf dem Almsee tummeln sich zahlreiche Wasservögel, vor allem Wildenten. Der Uferweg tangiert die Fischerhütte ehe man den Aagbachsteg überschreitet, um zum bewirtsch.

Seehaus mit dem Großparkplatz zu gelangen. Weg 214 leitet nach S in die Röll und zum Röllsattel (1755), welcher als Klettersteig den Übergang zur Pühringer Hütte (1637) am Elmsee vermittelt, 3 1/2 Std. – Das stark gegliederte Westufer des Almsees zeichnet sich durch seine bemerkenswerten Ausblicke auf den Großen Priel (2515), den Schermberg und das Rotgschirr aus, welche im Toten Gebirge ö. des Röllsattels eine Kammlinie bilden; dahinter ragt die unverwechselbare Spitzmauer (2446) auf. – Z Minimum 2 Std., LA 1. – Hierzu Wanderwege-Karte 46 Almtal.

Rund um die Ödseen*, Almtaler Haus, 714 m. Eine Wanderung durch eine romantische, fast noch unberührte Natur, geeignet für jung und alt! Beste Jahreszeit hierfür ist der Herbst, wenn die verfärbten Laubbäume und die klaren Wasser der Seen in Türkisfarben aufleuchten. – AP ist das Almtaler Haus der AV-Sektion Wels mit ausreichend Abstellplätzen für Fahrzeuge. Zum Kleinen Ödsee folgt man zunächst der Mark. 430, zugleich auch Voralpenweg 404 bzw. Europ. Fernwanderweg 4 Pyrenäen-Neusiedler See. Nach 15 Min. weist li. ein Schild zu den Ödseen, wenig weiter eine andere HT an der Wegeteilung li. zum Kleinen Ödsee, welcher, wie auch sein größerer Nachbar, in einem NSG reizvoll eingebettet liegt. Ein Steiglein leitet über sein Südufer. Will man zum Großen Ödsee, so hält man sich an der erwähnten Wegeteilung re. und folgt der Beschilderung. Auf einem anderen Steig gelangt man an sein Ost- und Nordufer, wo man im Sommer auch lauschige Badeplätze vorfindet. – Den Rückweg nimmt man am zweckmäßigsten über das Forststräßchen, welches wenig oberhalb des großen Sees das Jagdhaus Seeleiten (695) berührt; es mündet hinter einem Schranken in die bewaldete Autostraße ein, auf der man hergefahren ist. Nach einem Fußmarsch von knapp 30 Min. auf der nur wenig frequentierten Straße kehrt man zum AP beim Almtaler Haus zurück. – HU im welligen Gelände fast unbedeutend, Z 1 1/2 bis 2 Std., LA 1. – Die Mark. 215 leitet vom Almtaler Haus in die autofreie Hintere Hetzau (942) und setzt sich als steiler Hüttenweg durch den Hinteren Ackergraben hinauf zur Welser Hütte (1726) fort, 3 Std. – Hierzu Wanderwege-Karte 46 Almtal. **W 279**

Zwischen dem Alm- und Offensee gibt es eine Fußwegverbindung, welche über den **Hochpfad-Sattel (1029)** leitet und mit 420 bez. ist; auch der Europäische Fernwanderweg Nr. 4 und der Weitwanderweg 404 (Voralpenweg) benützen die Verbindung als Teilstrecke, die an den Abhängen des Gschirrecks (1410) steil zum Offensee hinabführt und sich an dessen Ostufer fortsetzt, um sich dann beim Restaurant „Zum Jagdschloß Offensee" der Habsburg-Lothringen'schen Gutsverwaltung nach N zum Zipfel des Traunsees zu wenden. Die reine Gehzeit vom Großparkplatz beim Seehaus im Almtal über die Wasserscheide zum Offensee beträgt 2 1/2 bis 3 Std.

Im **Schloß Scharnstein** ist das Österreichische Kriminalmuseum in 21 Schauräumen mit einer Dokumentation der österr. Rechts- und Kriminalgeschichte, des Polizei- und Justizwesens sowie des historischen Strafvollzuges vom Mittelalter bis zur Aufhebung der Todesstrafe untergebracht. Besuchszeiten sind vom 1.Mai bis 1.November täglich außer Montag von 9 bis 12 und von 13 bis 17 Uhr.

W 280 **Pernecker Kogel, 1080 m, AP Gh. Kronbauer.** Das Alpenvorland wird zwischen Alm- und Kremstal von zwei Höhenrücken in der Ostwestrichtung durchzogen, welche durch den Steinbach bzw. durch die Ziehberg-Landesstraße voneinander geschieden sind. Der n. Höhenrücken kulminiert im Pernecker Kogel, welcher von der Pettenbacher Seite über die Seisenburg (739) bzw. vom Magdalenaberg (679) auf mark. Wegen 10, 11 und 12 leicht zu besteigen ist. Lohnender und auch kürzer sind allerdings die Anstiege von S her, weil sowohl von Steinberg am Ziehberg (547) als auch weiter ö. eine Zufahrt von der Landesstraße abzweigt. Bei ersterer handelt es sich allerdings um einen zustandsmäßig miserablen Güterweg bis zum oberen Perneckhof (898), bei letzterer um eine durchaus akzeptable Zufahrt, welche über den Zieh- und Sonnberg zum Gh. Kronbauer (913) hinaufleitet. Vom EP hat man Anschluß an den mark. Wanderweg, welcher in 45 Min. über den aussichtsreichen Grat zum Pernecker Kogel führt. Die Gratwanderung läßt sich nach W bis zum Kaiserkogel (947) fortsetzen. Die Ausblicke nach S richten sich hauptsächlich gegen das Tote Gebirge mit der Prielgruppe. Davor erhebt sich der vielbegangene, pyramidenförmige Kasberg (1747). Nach W öffnet sich ein Durchblick auf den Felskoloß des Traunsteins (1691), in ö. Richtung erkennt man die Falkenmauer (1569) und die markante Kremsmauer (1599), welche durch das Törl voneinander geschieden sind. Für Wanderungen eignen sich hier besonders Frühjahr und Herbst, aber auch in schneearmen Wintermonaten kann man hier eventuell apere Wege vorfinden. HU und Z je nach Wahl der Strecken. LA 1-2.

Die Touristenstraßen um Mond- und Attersee

Von der Autobahntrasse, welche als Hangtrasse unter dem Mondseeberg (1029) bzw. der Kulmspitze (1096) verläuft, bieten sich zwischen den Orten Mondsee und Loibichl hervorragende Ausblicke auf den See und die ihn umgebenden Salzkammergutberge. Mehrere Parkplätze wurden an beiden Richtungsfahrbahnen angelegt.

Als Uferstraßen mit vorbildlichem Ausbauzustand fungieren sowohl die Attersee-B 151 zwischen den Orten Mondsee und Au als auch die Mondsee-B 154 zwischen Mondsee und Scharfling auf dem s. Ufer; letztere stellt über den ausgeprägten Scharfling-Sattel und St.Gilgen (545) am Wolfgangsee eine hervorragende Verbindung mit Bad Ischl her. – Nur teilweise ausgebaut bietet sich der kurze, jedoch romantische Streckenabschnitt zwischen Scharfling und Au an; dort tritt das Gebirge ganz an das Ufer heran. Einspurig mit Ausweichmöglichkeiten ist eine kurze Passage durch kleinere Tunnels, die aus dem Fels des Kienberges gehauen wurden. Hier gelten folgende Beschränkungen: Breite 2.20 m, Höhe 2.80 m und Gewicht 16 t. Wegen der drohenden Steinschlaggefahr ist das Anhalten oder Parken auf dieser Strecke unbedingt zu meiden!

Die Attersee-B 151 setzt sich von Unterach (477), das umfahren wird, über Stockwinkl, Nußdorf am Attersee, den Ort Attersee, Litzlberg bis Seewalchen (498) am Westufer des Attersees windungsreich fort, 23 km. Der Ausbauzustand ist wegen der zahlreichen Ortsdurchfahrten wechselhaft, auch gibt es geländebedingt mehrere Engstellen. – Die weniger frequentierte Attersee-Ostuferstraße, als Seeleiten-B 152 bez., mißt zwischen Unterach (Mühlleiten) und Kammer-Schörfling 26 km. Engstellen gibt es noch zwischen Unterburgau und Weißenbach, im Anschluß daran findet man jedoch vorwiegend ausgebaute Streckenabschnitte vor. Die gesamte Ostuferstraße genießt den Vorzug, daß kaum ein lästiger Durchzugsverkehr die Harmonie dieser Landschaft stört.

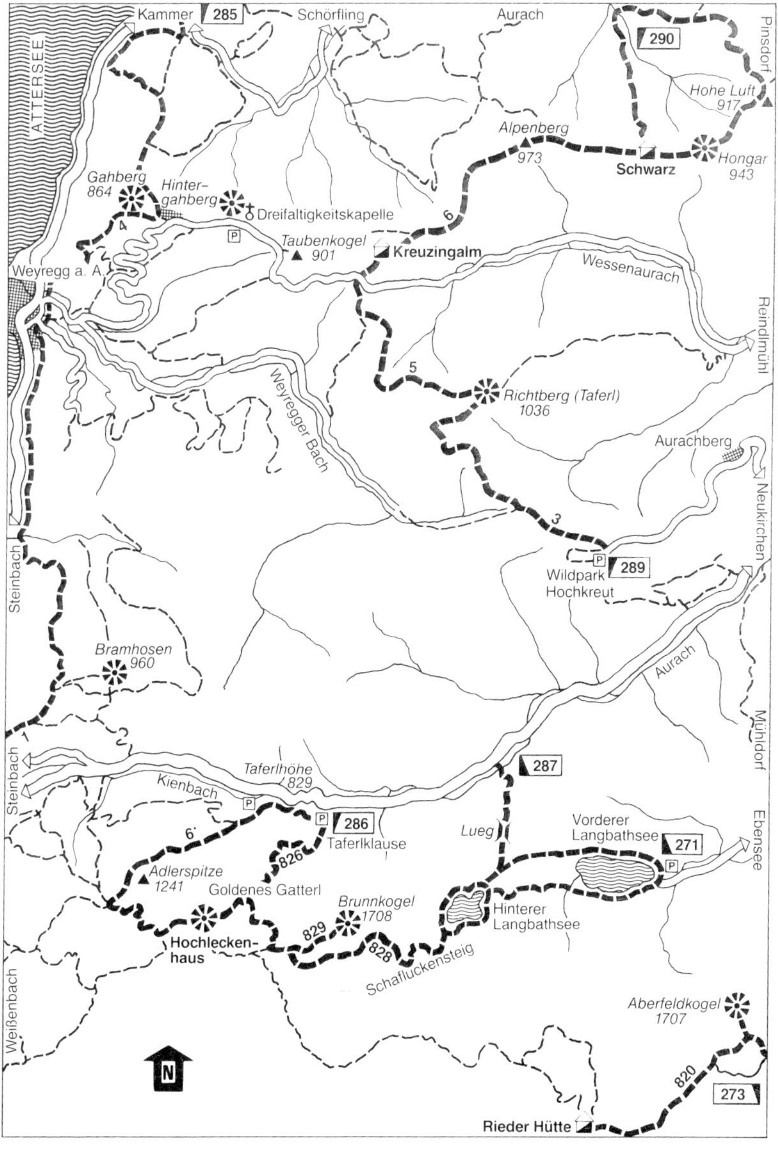
Kammer
285
Schörfling
Aurach
290
Pinsdorf
ATTERSEE
Hohe Luft
917
Alpenberg
973
Schwarz
Hongar
943
Gahberg
864
Hinter-
gahberg
Dreifaltigkeitskapelle
6
4
Taubenkogel
901
Kreuzingalm
Weyregg a. A.
Wessenaurach
Reindlmühl
5
Weyregger Bach
Richtberg (Taferl)
1036
Aurachberg
Neukirchen
3
Wildpark
Hochkreut
289
Steinbach
Bramhosen
960
Aurach
Mühldorf
1
2
Steinbach
Taferlhöhe
829
287
Kienbach
286
Taferlklause
6
Lueg
Vorderer
Langbathsee
271
Ebensee
826
Adlerspitze
1241
Goldenes Gatterl
Brunnkogel
1708
Hinterer
Langbathsee
829
Hochlecken-
haus
828
Schafluckensteig
Weißenbach
Aberfeldkogel
1707
N
820
273
Rieder Hütte

RW 281 **Kulmspitze, 1095 m, Radstatt-Sattel*, 992 m, und Mondseeberg, 1029 m.** AP sind die vom Markt Mondsee auf einem windungsreichen Bergsträßchen anfahrbaren Höfe von Oberstabau (863). Der mit 1 bez. Wanderweg leitet in 1 Std. zum bewaldeten Grat und zur Kulmspitze hinauf, die mit zwei Gipfeln die östlichste Erhebung des bewaldeten Vorgebirges zwischen der Vöckla und der Wangauer Ache bildet. Nun setzt man seine Wanderung in Richtung Oberwang auf dem mark. Weg fort, zweigt jedoch an der Kreuzung (950) mit dem Forstweg nach li. ab, überquert zunächst den Kulmgraben, dann den Siebenbaumgraben und trifft wenig weiter auf den Alten Mondseeweg Nr. 5 mit seinen Kreuzstationen, welcher auch gequert wird. Der Forstweg berührt nun die Jagdhütte Almplatzstube (914) und mündet in den, von Riedschwandt heraufziehenden Alpenweg, Bez. 3, ein, dem man nach W bis zur Vereinigung mit dem Pabstweg folgt. Dieser, mit 2 bez. Weg leitet über den Mondseeberg zur Wallfahrtskapelle Radstatt (992) in den Sattel; dieser befindet sich in aussichtsreicher Lage mit Ausblicken nach beiden Seiten. Der Radstatt-Sattel bildet einen uralten Übergang zwischen dem Tal der Dürren Ager und dem Markt Mondsee; seine ö. Rampe wird zwischen der Höllangerstube und der Scheitelhöhe als Kalvarienberg begangen. Auch die Fortsetzung des Höhenweges über zwei bewaldete Kuppen bietet zwischendurch bemerkenswerte Ausblicke auf den Mondsee, die Drachenwand und den Schafberg. Am oberen Rand des Kulmgrabens trifft man wieder auf die Wegevereinigung mit dem Anstiegsweg 1, welcher eine problemlose Rückkehr zum AP vermittelt. – HU unter Einschluß der Zwischenanstiege zirka 350 m, Z 4 bis 4 1/2 Std., LA 2. – Hierzu Wanderwege-Karte 48 Mondsee-Schafberg.

RW 282 **Rund um die Ackerschneid, Burggrabenklamm*, Buchberghütte*, 1015 m.** Diese Rundwanderung stellt keine allzu großen Anforderungen an die Kondition, gleichwohl ein HU von 550 m auf einem gestuften Klammsteig zwischen steil abfallenden Felswänden zu bewältigen ist. Kinder soll man vorbeugend „an die Leine nehmen" und darauf achten, daß sie keine Steine lösen, weil sie für unten befindliche Geher eine ernste Gefahr bedeuten.

AP ist der Gh. „Jagerwirt" in Burgbachau (479), welcher in unmittelbarer Nähe des Klammeinganges an der Seeleiten-B 152 liegt. Auf dem Klammsteig, der bereits im Jahre 1890 meisterhaft im steilen Felsgelände unter der Bezeichnung „Erzherzogin-Valerie-Weg" angelegt wurde, gelangt man nach wenigen Min. am sehenswerten Wasserfall vorbei, welcher auch der höchste innerhalb der Klamm ist. Im Rückblick zeigt sich ein Teil des s. Attersees. An der Magdalenen-Quelle, welche mit einem frischen, köstlichen Bergwasser aufwartet, ist eine erste, große Talstufe nach 45 Min. bewältigt. Hier auch Wegeteilung: Nr. 28 leitet, als Eisenauweg bez., in

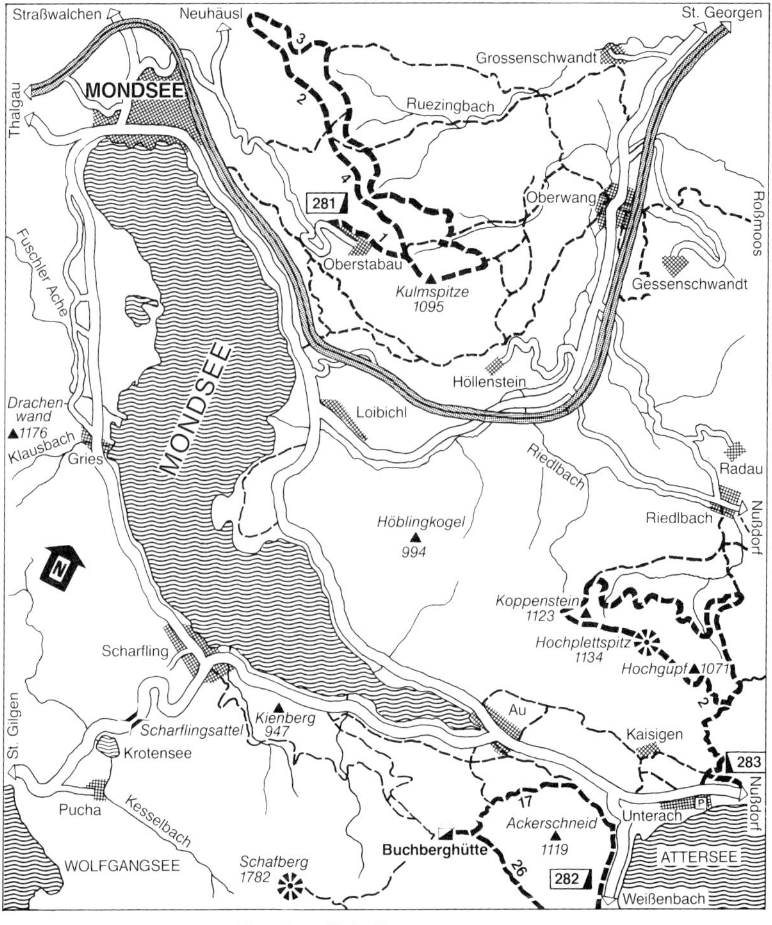

Wanderwege-Karte 48 Mondsee-Schafberg

Südrichtung über die Moosalm zum Schwarzensee (716). Auf dem Ackerweg Nr. 26 gelangt man über die Unter- und Oberackeralm zur bewirtsch. Buchberghütte auf der Eisenauer Alm. Das Landschaftsbild ändert sich nach dem Austritt aus der romantischen Klamm, was unübersehbar ist: ein dunkler Buchenwald wird abgelöst durch lichten Lärchenwald, dahinter breiten sich ausgedehnte Almböden aus. Der Blick konzentriert sich dann auf die gewaltige Wandflucht des Schafberges, welche diese Szenerie beherrscht. Die ab Mitte Mai bewirtsch. Buchberghütte ist von Burgbachau in 2 Std. erreichbar. – Die Rückkehr zum AP über den serpentinenreichen Attersee-Ostwanderweg (Nr. 17) hinab zur Seeache und über den Burgauweg, welcher im Durchschnitt 50 m über der B-152 verläuft, kann man leicht in 1½ Std. vollziehen. – Z 5½ Std., LA 2-3. – Hierzu Wanderwege-Karte 48 Mondsee-Schafberg und WWK 49 Attersee-Süd.

Der **Mondsee** (481)** ist bis zu 2 km breit und bis zu 68 m tief; er bedeckt eine Fläche von 16 km^2 und wird im O von waldigen Flyschbergen umrandet, im W dagegen liegen die Hügelwellen der Moränen aus der letzten Eiszeit. Im S reicht er an einen Gebirgszug heran, welcher von der schroffen Drachenwand zum Höllengebirge zieht und sich dort zur hohen Wand des Schafsberg aufschwingt. Wegen der schönen Vorblicke auf das Gebirge im S sind die Fahrten von N her am genußreichsten. Es lohnt sich, den Mondsee auf seinen Uferstraßen zu umfahren und eventuell auch einen Abstecher über den zahmen Scharfling-Sattel (604) nach St.Gilgen am Wolfgangsee zu unternehmen.

Der **Attersee* (467)**, früher auch Kammersee genannt, ist mit 47 km^2 sowohl der größte See des Salzkammergutes als auch der größte innerhalb der österr. Alpen. Seine Länge beträgt 20 km, die Breite 3.5 km und die Tiefe bis 170 m. Sein Nordteil erstreckt sich bis in das Alpenvorland; von diesem trennen ihn die Endmoränen des einstmaligen Gletschers bei Seewalchen und gewähren von dort aus einen wundervollen Blick auf das Gebirge. Der überwiegende Teil des Sees wird von bewaldeten Flyschbergen eingerahmt. Das Südufer grenzt an die Kalkvoralpen; unter ihnen beherrscht der Schafberg (1782) mit seinen mächtigen und steil abfallenden Wänden die Szene. Im SO drängen sich die Abstürze des Höllengebirges nahe an das Seeufer heran. So bietet eine Fahrt von N nach S, sei es über die Uferstraßen oder auf einem kleinen Dampfer der Attersee-Schiffahrt, eine Aufeinanderfolge von Eindrücken, die sich allmählich von Lieblichkeit und Anmut zu erhabener Gebirgsszenerie steigern wie kaum bei einem anderen Salzkammergutsee.

RW 283 **Hochplettspitze*, 1134 m.** AP ist der, an der Attersee-B 151 schöngelegene Kastanienwald mit Seeblick und informativem Schaubild. Um den richtigen Einstieg in den Wanderweg zu finden, muß man der Straße 300 m in w. Richtung folgen; dort sind re. mehrere HT mit den Aufschriften „Waldlehrpfad, Kastanienwald, Jubiläumsbaum, Höhenweg, Hochplettspitze und Brückelstube“ zu finden. Der Waldlehrpfad beginnt nur wenige hundert Meter von der Bundesstraße entfernt. Der Edelkastanienhain ist durch seine geographische Lage klimatisch stark begünstigt. Er liegt direkt oberhalb von Unterach (477). – Beim „Jubiläumsbaum“ handelt es sich um eine im Jahre 1908 zu Ehren des Monarchen auf einem Hügel gesetzte Edelkastanie, welche von mehreren Rastbänken umgeben wird. Der Höhenweg leitet zunächst in Richtung der Gehöfte von Kaisigen und setzt sich als „Doktor-Kaplan-Weg“ (benannt nach dem Erfinder der Kaplan-Laufkraftwerke-Turbine) nach W bis zur Ortschaft Au fort, wo man den ö. Zipfel des Mondsees erreicht. – Die Hochplettspitze vermittelt eine Aussicht, die sich vom Schafberg bis zum Dachstein erstreckt. Der mit 2 bez. Anstieg nimmt zirka 1 Std. 45 Min. in Anspruch; er leitet gut mark. vorwiegend durch Wald. Die Steiganlage ist dort serpentinenreich. Auf dem Hochgupf (1071) erreicht man den Grat und folgt diesem bis zum höchsten Punkt. Man hat nun die Wahl, entweder auf demselben Weg zurückzukehren, 1 1/4 Std., oder die Gratwanderung zum Koppenstein (1123) fortzusetzen, um dort zum Jagdhaus Hochplettstube (840) abzusteigen. Nach Überquerung des Hollerberggrabens auf einem Forstweg trifft man unterhalb des Jagdhauses Hollerbergstube auf den Fußweg zum Jagdhaus Brückelstube; hier hält man sich re. und folgt dem Weg 4, der sich wenig weiter mit dem Anstiegsweg 2 vereinigt. Über den Jubiläumsbaum kehrt man schließlich zum AP zurück. – HU 650 m, Z 3 1/2 bis 4 Std., LA 2. – Hierzu Wanderwege-Karte 48 Mondsee-Schafberg und WWK 49 Attersee-Süd.

Attersee-Westufer-Höhenstraße*, Aichereben, 750 m

Das knapp 10 km lange Bergsträßchen erschließt das sanftwellige Hinterland zwischen Nußdorf am Attersee (500) und Oberwang (573); im S wird diese Region durch den Bergrücken der Hochplettspitze (1134), im N durch den Roßmoos-Bergrücken (1015) abgegrenzt. Im steten Auf und Ab hat man mehrere Hügel und Gräben zu überwinden. Das durchwegs asphaltierte Sträßchen ist für Pkw nur einspurig angelegt, doch gibt es zahlreiche Ausweichmöglichkeiten. Unübersichtlichen Kurven begegnet man vor allem auf bewaldeten Abschnitten. Die max. Steigungen sind mit 12% einzuschätzen, das höchstzulässige Gewicht beträgt zwar 14 t, doch sind mehrere Streckenabschnitte wegen ihres kurvigen Verlaufs und der vorhandenen Engstellen für größere Busse ungeeignet, SG 3. – Man durchmißt ausgedehnte Weideflächen und Mischwälder, dazwischen liegen im Landschaftsschutzgebiet reizvolle, kleinere Hochmoore. Der s. AP ist Stockwinkl an der Attersee-B 151, dort findet man die Beschilderung „Güterweg Aichereben“. Die n. Einmündung in die B-151 befindet sich im Ortszentrum von Nußdorf, bald nachdem man den Gh. „Wieserbauer“ passiert hat. – Den Attersee-Westwanderweg kreuzt man bei km 1.4; an dieser Stelle (588) gibt es für Pkw mehrere Abstellplätze und Wanderungen in beide Richtungen wie z.B. zum Egelsee bzw. nach Unterach.

Egelsee, 624 m. Den versteckt in einer Mulde nahe Buchenort eingebetteten See kann man auf mehreren Wegen bequem erreichen: Erstens vom Punkt 588 am → Güterweg Aichereben aus, dann den Urfangbach querend und unterhalb vom Modlinger Bauern den Attersee-Westwanderweg verlassend, und re. über den Hausmannhof zum w. Seeufer wandern. Weiter zum Holzberggut, einem alten Erbhof; hier besteht die Möglichkeit, über die n. Höfe von Buchenort den Rückweg ö. des Sees anzutreten. Z 1 1/4 Std., LA 1. Zweitens bei Anfahrt über den Güterweg Misling-Kratzersberg bis zum Holzberghof fahren und dort das Fahrzeug abstellen; zum Egelsee sind es dann nur mehr wenige Min. Drittens bei Anfahrt aus Richtung Unternach bis zum 2. Parkplatz re. der Bundesstraße fahren. Nach weiteren 200 m hat man li. die HT „Egelsee“ und folgt dem Wanderweg, 1 Std. bis zum Ziel. Zurück alternativ über die Jausenstation Druckerhof hinab zum Attersee-Westwanderweg und auf diesem zum AP. – HU 150 m, Z knappe 2 Std., LA 1. – Hierzu Wanderwege-Karte 49 Attersee-Süd. **W 284**

W 285 **Attersee-Westwanderweg* und Attersee-Ostwanderweg*.** Während die beiden Uferstraßen, die Attersee-B 151 im W und die Seeleiten-B 152 im O sämtliche Uferorte des Attersees untereinander verbinden, durchziehen die o.a. Wanderwege jeweils das Hinterland des Sees und berühren touristisch lohnende Punkte, darunter auch leicht erreichbare Höhen, welche eine gute Aussicht vermitteln. Die Begehung nur eines dieser Wanderwege erfordert allerdings Ausdauer und für den Westwanderweg einen Zeitaufwand von zirka 8 Std., für den Ostwanderweg zirka 10 Std. Als Angelpunkte hat man im N die Orte Kammer-Schörfling, im S Unterach am Attersee. Durch die lückenlose Erschließung beider Ufer mit öffentlichen Verkehrsmitteln sowohl auf dem Land- als auch auf dem Seeweg kann der Wanderer das seiner individuellen Leistungsanforderung entsprechende Etappenziel mit Rückfahrmöglichkeit per Bus oder per Schiff jeweils selbst bestimmen. Bus-Haltestellen und Anlegestellen der Schiffahrt gibt es am Westufer in Litzlberg, Attersee, Nußdorf, Parschallen, Stockwinkl und in Unterach; am Ostufer in Kammer-Schörfling, Weyregg, Steinbach, Weißenbach, Burgau und Burgbachau. Der Wegeverlauf ist der Skizze Attersee zu entnehmen. Als lohnende Abstecher bzw. Alternativen bieten sich im W an: der Naturlehrpfad am Schloßberg n. des Ortes Attersee mit dem Aussichtspunkt „Carl Michael Ziehrer-Ruhe“, der Hauserbichl bei Breitenröth, die auch anfahrbare Jausenstation „Dachsteinblick“, der Egelsee in Buchenort und der Waldlehrpfad von Unterach mit dem einzigartigen Edelkastanienhain. – Am Ostwanderweg soll man die Besteigung des Wachtberges (823) oberhalb von Weyregg, weiters die Besteigung des Bramhosen (960), auch nicht den Anstieg von Weißenbach auf den Schoberstein (1030) versäumen. Burgbachau kann mit einem sehenswerten Wasserfall aufwarten und die besuchenswerte Burggrabenklamm liegt am Valerieweg. Den Anschluß zur Buchberg-Hütte (1015) auf der Eisenauer Alm stellt der Ackerweg her. – Hierzu Wanderwege-Karte 47 Hochleckenhaus-Richtberg-Hongar und WWK 49 Attersee-Süd.

Weißenbacher Sattel, Umkehrstube, 568 m

Von Weißenbach (471) am Ostufer des Attersees stellt die Weißenbacher-B 153 eine schnelle und kurze (nur 14 km) Verbindung durch das ausgedehnte Waldgebiet s. des Höllengebirges mit Mitterweißenbach (453) her. Die vorwiegend modern ausgebaute Straße leitet durch eine breite Talung bis zur kaum ausgeprägten Wasserscheide an der Umkehrstube, um dann an der romantischen Klamm vorbei, die Talstufe des Mitterweißenbaches zu überwinden und im breiten Tal der Traun in die Salzkammergut-B 145 einzumünden. Im Bj. ab Umkehrstube Tonnagebeschränkung von 16 t, Steigungsmaximum 10%, SG 2. – In der Klamm genießt man von der Marienkapelle imposante Tiefblicke auf die Auskolkungen, welche durch die sägende und wirbelnde Wirkung des Wassers entstanden sind. Das Wasser hat hier beste Qualität (Trinkwasser).

Geben Sie bei längeren Wanderungen in alpinem Gelände **Tourenziel** und Zeitpunkt der Rückkehr an Ihrem Aufenthaltsort (Hotel, Privatquartier, Campingplatz usw.) bekannt.

Taferlhöhe (Krahbergtaferl), 829 m

Am n. Rand des Höllengebirges verlaufend, stellt die ausgebaute Straße von Altmünster (442) über Neukirchen und die Taferlhöhe nach Steinbach (509) eine gute Verbindung zwischen dem Traunsee-Westufer und dem Attersee-Ostufer her, 22 km; sie leitet ab Neukirchen durch das gewundene Aurachtal zur Taferlklause hinauf, um mit einer letzten Steigung von 12% durch drei Serpentinen die nur wenig ausgeprägte Wasserscheide zwischen Aurach und Kienbach zu überwinden. Im eingeschnittenen Kienbachtal gelangt man zunächst zum Gh. Kienklause (621) mit der Straßenteilung: li. auf modernisierter Straße hinab nach Steinbach am Attersee, SG 1-2, re. auf der alten Straße neben dem Bach abwärts nach dem schöngelegenen Uferort Seefeld, SG 2-3.

RW 286

Hochleckenhaus*, 1574 m, AP Taferlklause, 760 m. Auf der ausgebauten Landesstraße Steinbach am Attersee-Neukirchen zunächst zum Großparkplatz Taferlklause, wo man sein Fahrzeug abstellt. Der Forstweg tangiert den wenig weiter w. in romantischer Umgebung gelegenen Taferlklausesee, an dem sich zahlreiche Wasservögel tummeln; ein Rundgang um diesen kleinen See nimmt zirka 20 Min. in Anspruch. – Der mit 826 bez. Anstiegsweg zum Hochleckenhaus der AV-Sektion Vöcklabruck beginnt unmittelbar hinter dem Parkplatz. Bald verläßt man wieder das Forststräßchen und gelangt zum Aurach-Ursprung. Mit acht Serpentinen gewinnt man im felsigen und von Latschen durchsetzten Gelände relativ rasch an Höhe. An der Wegeteilung 826/827 unterhalb des „Goldenen Gatterl" hält man sich re. und erreicht nach einer Anstiegszeit von 2 1/2 Std. nahe der Grießalm das bewirtsch. Hochleckenhaus im äußersten NW des Höllengebirges. Im Gegensatz zum benachbarten Hochleckenkogel (1691) bzw. vom Brunnkogel (1708) ist vom Haus die Aussicht beschränkt. Wegen seiner Lage am Europäischen Fernwanderweg 4 Pyrenäen-Neusiedler See eignet es sich auch als Stützpunkt für Fernwanderer. – Für den Rückweg wählt man zunächst jenen mit 823 bez. hinab zum Antoniusbrünndl und vorbei an den von Kletterern häufig stark frequentierten Adlerspitzen (1241) bis man am Fuße des felsigen Geländes auf den Valerieweg, Bez. 6, trifft. Diesem folgt man oberhalb vom Jagdhaus Aurachkar-Hütte (907) und bei nur mehr mäßigem Gefälle gelangt man hinab zum Krahbergtaferl (829); dort hält man sich re. und benützt den Fußweg hinab zum AP. Diesen Abstieg vollzieht man in 2 Std. – HU 800 m, Z 4 1/2 Std., LA 2-3. Der Valerieweg war im Bj. abschnittsweise schadhaft! – Hierzu Wanderwege-Karte 47 Hochleckenhaus-Richtberg-Hongar.

RW 287

Brunnkogel, 1708 m, AP Taferlklause.** Den kürzeren Anstieg zu diesem Aussichtsberg hat man zweifellos von der Taferlklause aus. Am „Goldenen Gatterl" teilen sich die Wege und man folgt dort li. der Bez. 827, nach Abzw. des Zuganges zum Hochleckenkogel (1691) der Bez. 829, welche direkt auf das Gipfelplateau mit dem wiedererrichteten Gipfelkreuz leitet; es ist mit einer Höhe von 14 m das dz. größte Gipfelkreuz in den Ostalpen. In Einzellasten aufgeteilt wurde es per Hubschrauber auf den Gipfel befördert, wo es jetzt dem Gedenken an die tödlich verunglückten Bergsteiger und an die, im 2. Weltkrieg Gefallenen aus den umliegenden Gemeinden dient. Man rechnet bis dorthin mit einer Anstiegszeit von 2 1/2 Std. – Der Anstieg vom Gh. Großalm (645) im Aurachtal auf Weg 826 führt über die Niedere Lueg (830), einen bewaldeten Hügel, und die Hinterseestube zum Hinteren Langbathsee; von seinem sw. Ufer nimmt der steile Schafluckensteig seinen Ausgang. Auf ihm überwindet man einen HU von 465 m. Er ist teilweise als Klettersteig mit Drahtseilsicherungen angelegt und kann nur geübten Berggehern angeraten werden, wobei absolute Schwindelfreiheit und Trittsicherheit die notwendigen Voraussetzungen bilden. Seine Begehung ist zweifellos ein nicht alltägliches Erlebnis! Im Zusammenhang mit anderen AV-Wegen bildet er in dieser Hochregion als wichtigstes Verbindungsglied eine abwechslungsvolle Runde unter Einbeziehung des Brunnkogels und des Hochleckenkogels. Wegen seiner Aussicht auf den Traunsee, den Mondsee mit Schafberg, sollte man auch das Hochleckenhaus in die Tour miteinbeziehen. Bemerkenswert ist auch der Tiefblick vom Hohen Spielberg auf den Hinteren Langbathsee. Für den Abstieg wählt man den kürzesten Weg über das „Goldene Gatterl". Vollzieht man diese Runde im Uhrzeigersinn, so wird der kräfteraubende Anstieg über den Schafluckensteig mehr an den Anfang der Hochtour gerückt und auch ein Finale, verbunden mit einem „Hatscher" zum Parkplatz wird vermieden! – HU 1100 m, Z 5 bis 6 Std., LA 3. – Hierzu Wanderwege-Karte 44 Höllengebirge-Feuerkogel und WWK 47 Hochleckenhaus-Richtberg-Hongar.

Jausenstation Dachsteinblick, 771 m

Ein 1.3 km langes, beschildertes Stichsträßchen zweigt bei km 6.2 der Attersee-Westufer-Höhenstraße ab und leitet, als „Mahdbauerweg" bez., bergan zur Jausenstation „Dachsteinblick". Es handelt sich um einen nur einspurigen, geteerten Fahrweg, welcher an unübersichtlichen Kurven zwar mit Verkehrsspiegel ausgestattet ist, doch empfiehlt es sich, dort nur im Schritt-Tempo zu fahren statt der erlaubten Geschwindigkeit bis zu 30 km/h. Leitplanken findet man an ausgesetzten Stellen, SG 3-4.

RW 288 **Roßmoos, 1015 m, und Reither Gupf, 881 m.** AP für diese leichte, familienfreundliche Rundwanderung ist die auch mit Kraftfahrzeugen erreichbare Jausenstation „Dachsteinblick", welche geschützt vor rauhen Nordwinden auf einer sonnigen Terrasse am Waldesrand liegt. Die Ausblicke nach SO beschränken sich aber nicht nur auf den Dachstein, weil man auch mehrere Erhebungen des Höllengebirges im Blickfeld hat. Im O ragt der markante Felskoloß des Traunsteins (1691) auf. Gleich hinter dem Haus beginnt die Rundwanderung mit der Begehung der Schindelbaum-Forststraße. Den auf einer großen Schautafel dargestellten Verlauf vollzieht man am besten im Uhrzeigersinn, indem man zunächst nach W ausholt und dann auf den rot-gelb mark. Gratwanderweg einschwenkt; dieser leitet über den Roßmoosgipfel und den Reither Gupf in 2 Std. zurück zum AP. HU 244 m, LA 1-2. – Hierzu Wanderwegekarte 49 Attersee-Süd.

Der idyllisch in den Talschluß zwischen grünen Matten und Nadelwald eingebettete, stille **Zauchensee** ist ein günstiger AP für Höhenwanderungen sowohl im Gebiet der Gamskogelhütte als auch zum Roßkopf → RW 124 bzw. zum Strimskogel → W 125. Foto Verlagsarchiv

Der Denkmalhof **„Kößlerhäusl"** im Großarltal. Foto G. Czak, Bildarchiv Salzburger Heimatpflege. - Echte, alte Kulturgüter bilden den Inhalt gediegener Sammlungen in zahlreichen salzburgischen Heimatmuseen. Sie vor Verfall und Untergang zu schützen und der Nachwelt zu erhalten, sind die Hauptanliegen der Salzburger Heimatpflege

Der Kramersattel → W 111 bietet herrliche Einblicke in die wilde Fels- und Eislandschaft des **Dachsteinmassivs**. Foto Eugen E. Hüsler

Die gewaltige **Liechtensteinklamm** ist eine besondere Sehenswürdigkeit, deren Besuch sich auch bei schlechtem Wetter lohnt → W 114. An einigen Stellen treten die lotrecht abfallenden Klammwände bis auf wenige Meter zusammen. Foto L. Eschenauer

Der **Traunsee bei Gmunden** mit dem charakteristischen Inselschloß Ort. Foto Verlagsarchiv

Der Denkmalhof **„Kalchofengut"** in Unken. Foto G. Czak, Bildarchiv Salzburger Heimatpflege

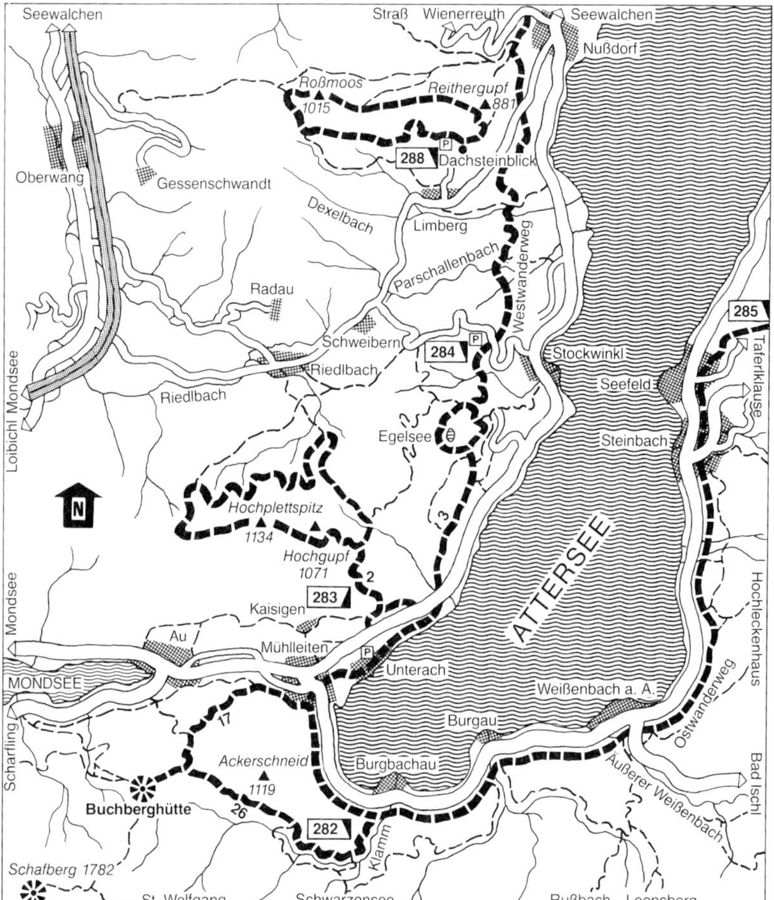

Wanderwege-Karte 49   Attersee-Süd

Gasthaus Wachtberg*, 700 m

Ein kurzer Abstecher von der Seeleiten-B 152 in Weyregg am Attersee (482) zum Wachtberg vermittelt eine gute Aussicht auf den n. Zipfel des Attersees mit seinen Uferorten Attersee, Litzlberg und Seewalchen. Das 2.7 km lange, knapp zweispurige Bergsträßchen ist durchwegs asphaltiert und weist Steigungsmaxima von 14% auf, SG 2-3. – Es beginnt nahe der Weyregger Kirche; vom EP leitet ein Fußweg neben der Schipiste dem Waldessaum entlang und hinauf zum Gipfel des Wachtberges (823), 20 Min. Gehzeit. Dort erweitert sich die Aussicht über den gesamten See und den Naturpark Höllengebirge-Hongar.

Hintergahberg, Dreifaltigkeitskapelle, 863 m**

Das Besondere für die Anfahrt dieses Zieles ist seine Aussicht nach beiden Seiten der Kammlinie, welche sich vom Gahberg über den Alpenberg (973) bis zum Hongar (943) erstreckt und ihre Fortsetzung über die Hohe Luft (917) bis zum Kronberg (815) findet. Die gesamte Kammlinie bietet sich als lohnende Höhenwanderung mit Wegbezeichnung 6 an. Günstig gelegene „Einstiege" gibt es sowohl am Taubenkogel, wenig ö. der Dreifaltigkeitskapelle, als auch von der anfahrbaren bewirtsch. Kreuzing-Alm (780). Das windungsreiche, öffentlich befahrbare Bergsträßchen nimmt in Weyregg am Attersee (482) seinen Ausgang und leitet über den Weiler Bach und die Zimmerberghöfe mit sieben Serpentinen aussichtsvoll den Gahberg empor. Die Steigungen sind ausgeglichen und erreichen kurze Maxima von 10%. Nach 6 km hat man re. die kurze Zufahrt zum schöngelegenen Gh. Kogler (800), eine beliebte Einkehrstation. Das Sträßchen setzt sich mit sanftem Gefälle über die, vom Miglbach gebildete Wasserscheide fort. Bei km 7.3 hat man re. die Frühstückspension „Schmidjell" (Moadl) und wenig weiter die Weggabelung mit der Zufahrt zur Kreuzing-Alm, li. Re. gelangt man hinab zum Forststräßchen Hölltalstube-Wessenaurach mit der Durchfahrt in Richtung Reindlmühle; über das Forststräßchen wurde jedoch ein Fahrverbot verhängt. Nach knapp 10 km endet das durchwegs geteerte und knapp zweispurige Bergsträßchen an der Kreuzing-Alm, SG 3.

W 289 **Richtberg (Taferl), 1036 m, Alpenberg, 973 m, und Gh. Hongar.** Diese Wanderung leitet durch ausgedehnte Waldgebiete und aussichtsreiche Höhen abseits verkehrsreicher Straßen; sie werden von Gehern bevorzugt, die sich einmal so richtig in freier Natur „auslaufen", aber auch Ruhe und Erholung in einer abgeschiedenen Mittelgebirgsregion finden wollen. – Als günstiger AP bietet sich der Großparkplatz vor dem Wildpark Hochkreut (959) an, wobei die Zufahrt über Aurachberg erfolgt. Weg 4 leitet zunächst abwärts in den Schwarzenbach-Sattel (781), dann bergwärts durch den Klausgrabenwald auf den Richtberg mit seiner Wallfahrerkapelle (Marienkapelle), knapp 1 Std. Nun wendet man sich nach NW, wo sich der Wanderweg 5 über den Windhag (970) zur Kreuzingalm fortsetzt. Im Quellgebiet der Wessenaurach stößt man auf die vom Hintergahberg herüberziehende Höhenstraße. Man folgt nun der Zufahrt zur bewirtsch. Kreuzingalm (800), wo ein Steiglein mit dem Höhenweg 6 verbindet, welcher über den langgestreckten Hongarrücken verläuft. An der Einmündungsstelle hat man die Wahl, ob man dem Höhenweg in w. Richtung zum Gh. „Kogler" nach Hintergahberg folgt oder ostwärts über den Alpenberg zum Gh. „Hongar" (934) weiterwandert, vom Richtberg 2 Std. – Zurück auf demselben Weg, um „verlorene Höhen" zu meiden. – HU zirka 500 m, Z 5 bis 5½ Std., LA 2. – Hierzu Wanderwege-Karte 47 Hochleckenhaus-Richtberg-Hongar.

Aurachberg, Wildpark Hochkreut, 959 m

Im Raum Altmünster-Neukirchen begegnet man häufig einer grünen Beschilderung mit Hinweisen auf den Wildpark Hochkreut. Die ausgebaute, 5 km lange Zufahrt nimmt n. Neukirchen (566) von der Landesstraße nach Pinsdorf ihren Ausgang und leitet bei beschränkter Aussicht, zuletzt auf stark bewaldeter Strecke zum Eingang des Wildparks hinauf, wo ein Parkplatz angelegt wurde, der auch größeren Reisebussen Aufstellung bietet. Die Gewichtsbeschränkung wurde auf der knapp zweispurigen Bergstraße mit 6 t festgesetzt. Die Bergstraße ist durchwegs asphaltiert, die max. Steigung ist mit 13% einzuschätzen, SG 2-3.

Aus einem ehem. Jagdbesitz wurde hier auf der abgeplatteten Kuppe eines Grasberges ein Wildpark für jene Menschen geschaffen, die im Kontakt mit der Natur und ihren Tieren Erholung suchen. Der besondere Reiz dieses Parkes mit seiner bemerkenswerten Aussicht von der Terrasse der Gaststätte auf den Traunsee mit dem Traunstein, auf die Gipfel des Toten Gebirges und des Höllengebirges, nach SW bis zum charakteristischen Schafberg, liegt in der harmonischen Eingliederung von Wildtiergruppen in ihre natürliche Umgebung.

Weit über 200 Wildtiere leben im **Wildpark Hochkreut**: kapitales Rotwild, Damwild, Dybowskyhirsche, Steinböcke, Mähnenspringer, Mufflons, Yaks, Wisente, Bisons, Wildschweine, Schaf- und Ziegenarten, Wildpferde, Ponys, Esel und viele Streicheltiere. Uhus, Schnee- und Schleiereulen, Wald- und Steinkäuze sowie Auerhahn und Bussard werden in Volieren gehalten. – Einbezogen in den Rundweg, der an allen Gehegen des Wildparks vorüberführt, sind die Lehrwege.

Entlang des 1. Vogelstimmen-Lehrpfades Österreichs hat man sowohl in ausgehöhlten Baumstämmen als auch auf Pfählen Dioramen angebracht. An heimischen Vogelarten werden gezeigt: Gimpel, Fichtenkreuzschnabel, Kleiber, Buchfink, Grünfink, Amsel, Rotkehlchen, Gartenrotschwanz, Waldlaubensänger, Singdrossel, Nachtigall, Waldohreule und Waldkauz. Auf Knopfdruck können die Stimmen der einzelnen Vögel abgerufen werden; die Stimmwiedergabe ist so naturgetreu, daß die Vögel aus der Umgebung antworten, weil sie einen Rivalen in ihrem Revier vermuten.

Außer dem beliebten Vogelstimmen-Lehrpfad stehen dem Besucher ein Pilze-Lehrpfad und ein Frosch-Lehrtümpel zur Verfügung. Dioramen, die am Rande dieses interessanten Biotops aufgestellt sind, zeigen heimische Froschlurche und lassen ihr „Gequake" hören. – Der Park ist im Frühling, Sommer und Herbst täglich von 9 Uhr bis zum Einbruch der Dunkelheit geöffnet. Nähere Auskünfte erteilt die Wildparkleitung unter der Telefonnummer 07618-205.

Gmundnerberg**, Gasthaus Urzen, 830 m

Der anfahrbare Hochpunkt bei der Marienkapelle bzw. dem ORF-Umsetzer befindet sich oberhalb Altmünster (442) am Traunsee. Die Auffahrt zu diesem außergewöhnlich lohnenden Ziel beginnt im Weiler Oed (630), das im Schnittpunkt der Straßen Altmünster-Reindlmühle bzw. Neukirchen-Gmundnerberg liegt. Die 4.2 km lange, ausgebaute Bezirksstraße ist durchgehend asphaltiert und weist ein Steigungsmaximum von 15% auf, SG 2. Ausgesetzte Stellen wurden mit Leitplanken abgesichert. Auf der Scheitelstrecke findet man eine größere Anzahl von bez. Parkplätzen, insbesondere im Bereich des Landeskrankenhauses. – Die Tiefblicke auf den Traunsee sind faszinierend. Von den Berggestalten hoch über dem Ostufer des Sees treten der Felskoloß Traunstein (1691) und der Erlakogel (1575), letzterer im Volksmund als „Schlafende Griechin" bezeichnet, unverwechselbar in Erscheinung. Nach N reicht der Blick bis in das bewaldete Hügelland des Mühlviertels.

Der **Almsee** zählt wegen seiner idyllischen Lage mit der Bergkette des Toten Gebirges als südliche Abschlußkulisse zu den bemerkenswertesten Gebirgsseen Oberösterreichs → RW 278.

RW 290 Hongar, 943 m, und Hohe Luft, 917 m. Vom Dorf Aurach am Hongar (488), das dicht an der Westautobahn zwischen den Anschlußstellen Seewalchen und Regau liegt, fährt man auf einer Nebenstraße 2 km nach S und gelangt am Ortsrand von Kasten zur Sagfeiler-Kapelle (527), wo der kürzeste Anstieg vom N her zum Gh. Hongar (Schwarz) in 1 Std. durch ein ausgedehntes Forstgebiet hinaufleitet. Den Forstgraben läßt man li. liegen, quert bzw. tangiert mehrere Male einen Fahrweg und gelangt oberhalb der Schusterwiese zum gj. bewirtsch. Gh. Schwarz (884). Dort li. über den langgestreckten Rücken leichter Gipfelanstieg von 20 Min. Man setzt dann die Höhenwanderung in Richtung Hohe Luft fort, weitere 20 Min. Nun verläßt man die Wasserscheide nach li. und folgt dem mark. Weg, der um den bewaldeten Schimplgupf (838) herum verläuft. Man wandert aber nur eine kurze Strecke auf dem Fahrweg, um hinter der nächsten Wegespinne geradeaus zum AP Sagfeiler zurückkehren zu können. – HU 416 m, Z 2½ Std., LA 1-2. – Andere Anstiege zum Hongarrücken leiten im W von der Straße Hintergahberg-Kreuzingalm an der Abzw. des Weges 6 am Taubenkogel (901) bzw. vom kurzen Verbindungssteig über die Jausenstation Kreuzingalm (780) hinauf zum Höhenweg. – Der zeitlich weitere und auch steilere Anstieg führt von Pinsdorf (493), das im O gegen die Stadt Gmunden zu liegt, als Teil des Traunsee-Ringwanderweges zunächst auf den Kronberg (815) und folgt dann der Kammlinie über den Gipfel des Hongar. – Hierzu Wanderwege-Karte 47 Hochleckenhaus-Richtberg-Hongar.

STEIRISCHES SALZKAMMERGUT

Mit seinen Gegensätzen zwischen schroffen Felsbergen, großen und kleinen Seen gehört das Steirische Salzkammergut zu den landschaftlich reizvollsten Teilen des wanderbaren Österreichs. Das Tote Gebirge läßt schon durch seinen Namen erkennen, wie sehr es wegen seiner kahlen Hochflächen außerhalb des forst- und landwirtschaftlichen Raumes steht. Größere Almflächen trifft man nur auf seinen s. und ö. Ausläufern an, sie wurden in jüngster Zeit auch als Schigebiete gut erschlossen wie z.B. die Tauplitzalm. Jenseits der weiten, von Wiesen und Almen eingenommenen Mitterndorfer Senke, die vom Ennstal her den Zugang zum Salzkammergut bildet, ragen die schroffen Abstürze der Dachsteingruppe auf; sowohl ausgedehnte Gletscherfelder als auch verkarstete Hochflächen ziehen von ihr gegen den Hallstätter See und die Gosauseen herab. Grundlsee, Toplitzsee und Kammersee sind drei übereinander liegende Becken eines langgestreckten Taltroges, welche der einstmals vom Gebirgsplateau herabziehende Gletscher auskolkte. Ein weiteres eiszeitliches Relikt findet man an den Ausläufern des Toten Gebirges in der Mitterndorfer Seenplatte mit Großsee, Steirer See und Schwarzensee unweit der Tauplitzalm. Das Ausseer Land ist Quellgebiet der Traun, welche aus dem Zusammenfluß der Kainisch Traun mit der Grundlseer Traun entsteht und als Koppentraun in den Hallstätter See bei Obertraun einmündet. Zwischen Bergen, Wäldern, Wiesen und Almen sind zahlreiche Seen eingeschlossen. Als Badeseen mit hochsommerlichen Temperaturen bis 24° C sind Altausseer See, Grundlsee, Sommersberger See und der dem Toten Gebirge im SO auf einer schmalen Terrasse vorgelagerte Spechtensee mit seinem Moorwasser zu nennen. – Zirka 150 km markierte Wanderwege bieten fast alle Facetten des Wanderns an wie z.B. Talwanderungen entlang von Gewässern (Flußläufen, Seeufern), Wald- und Wiesenwege, Almwanderungen und Bergwanderungen. Mehrere Aussichtsberge zeichnen sich durch hervorragende Panoramen aus; die Loserstraße zum Großparkplatz Augstsee vermittelt mühelos einen umfassenden Überblick des gesamten Ausseer Landes. – Jahrtausende alt ist die Salzgewinnung, die eine Reihe von Siedlungen entstehen ließ.

Das Salzbergwerk Altaussee liegt nw. des Ortes, die Sudhütte für die gewonnene Sole ist in Bad Aussee. Die Orte des Steirischen Salzkammergutes sind Altaussee, Bad Aussee, Bad Mitterndorf, Grundlsee, Pichl-Kainisch und Tauplitz bzw. Tauplitzalm. Bad Aussee und Bad Mitterndorf warten mit zeitgemäßen Kurbetrieben auf. – Der Koppensattel ist eine der beiden Eingangspforten in das Ausseer Land, wenn man vom W her anreist. Der meistbenützte Straßenübergang ist jedoch die landschaftlich abwechslungsvolle Strecke über die Pötschenhöhe, trotzdem ihr Scheitel 300 m höher als jener des Koppensattels liegt. Vom O gelangt man aus dem Ennstal auf der kreuzungsfreien Salzkammergut-Bundesstraße in die Mitterndorfer Senke; direkt von S gibt es nur eine beschränkt verkehrstaugliche Verbindung, welche „Durch den Stein“ entlang der aufgestauten Salza leitet.

Pötschenhöhe-Bad Aussee-Tauplitz

Die Salzkammergut-B 145 stellt die Hauptverbindung sowohl zwischen dem oberösterreichischen und steirischen Salzkammergut als auch zwischen der oberen Traun und der oberen Enns her. Dank ihres Ausbauzustandes mit Fahrbahnbreiten zwischen 7 und 8 m und ihrer günstigen Steigungsverhältnisse (Pötschenhöhe im W max. 9%, im O max. 7%, Klachauer Höhe im O 7%) ist sie auch für Wohnwagengespanne ein geeigneter und landschaftlich reizvoller Straßenzug auf der Route Salzburg-Graz, SG 1-2. Die neue Trasse durch die Klachau ist absolut lawinensicher und auf den Steigungsstrecken dreispurig; der Ort Untergrimming wird umfahren.

Auf der Fahrt von der Pötschenhöhe hinab nach Bad Aussee hat man nahe dem „Tannenwirt“ re. den Zugang zu einem besuchenswerten **Alpinum** mit Pflanzen aus verschiedenen Hochgebirgen der Erde, wie aus dem Himalaja und den Anden; eine Besichtigung läßt sich mit einer kurzen Rundwanderung um den Jochkogel verbinden. Der Fußweg berührt dabei den versteckt liegenden Sommersberger See (856) mit Schwimmbad.

W 291 **Hoher Sarstein***, 1975 m, AP Pötschenhöhe.** Es gibt drei Möglichkeiten, diesen berühmten Aussichtsberg zu erreichen: die eine führt von der Pötschenstraße oberhalb der Agathakehre über die Simonywarte zur Goiserer Sarsteinalm (1711) und dann zum Gipfel, eine andere von Obertraun (511) über die Goiserer Aussicht (1269) und die Obertrauner Sarsteinhütte (1638) zum Gipfel. Der kürzeste Anstieg von der Pötschenhöhe (992) ist nur Geübten zu empfehlen; die kritischen Passagen der mit Drahtseilen gesicherten Steiganlage befinden sich zwischen dem Niederen und dem Kleinen Sarstein.

– Zunächst auf nur mäßig ansteigendem Weg vom Rande der großen Schottergrube schräg aufwärts durch den Wald zu einer Lichtung. Hier trifft man mit dem vom Tannenwirt heraufziehenden Weg mit AV-Mark. 691 zusammen; auf diesem dann stets steiler werdend bergan und durch den Graben zwischen Niederem und Kleinem Sarstein. Der Weg führt über Felsstufen und eine kurze Eisenleiter steil aufwärts, man kommt an einer Höhle vorbei, die man jedoch re. liegen läßt. Nach 2¼ Std. ist die bewirtsch. Goiserer Sarsteinalm, welche zu den höchstgelegenen bewirtsch. Almen im Salzkammergut zählt, erreicht; die Almleute verabreichen hier Milch und Käse. Bemerkenswert ist die prächtige Aussicht nach SW über das Becken des Hallstätter Sees hinweg auf den vielgezackten Gosaukamm. Im Umfeld der Alm gibt es mehrere kleine Erhebungen, die auch Tiefblicke auf den Hallstätter See vermitteln. Der leichte Gipfelanstieg nimmt von der Alm nur mehr eine schwache Stunde in Anspruch. Man erreicht ihn von NW her über einen rot mark. Serpentinenweg. Vom Gipfelkreuz hat man ein großartiges Panorama: Im N Sandling, im NO Altausseer See mit Loser und Trisselkogel, Grundlsee und alle bedeutenden Gipfel des Toten Gebirges, im O Lawinenstein und Tauplitzalm, im SO Grimming und Kemetgebirge, im S Hoher Krippenstein und Hoher Dachstein mit dem weit herabziehenden

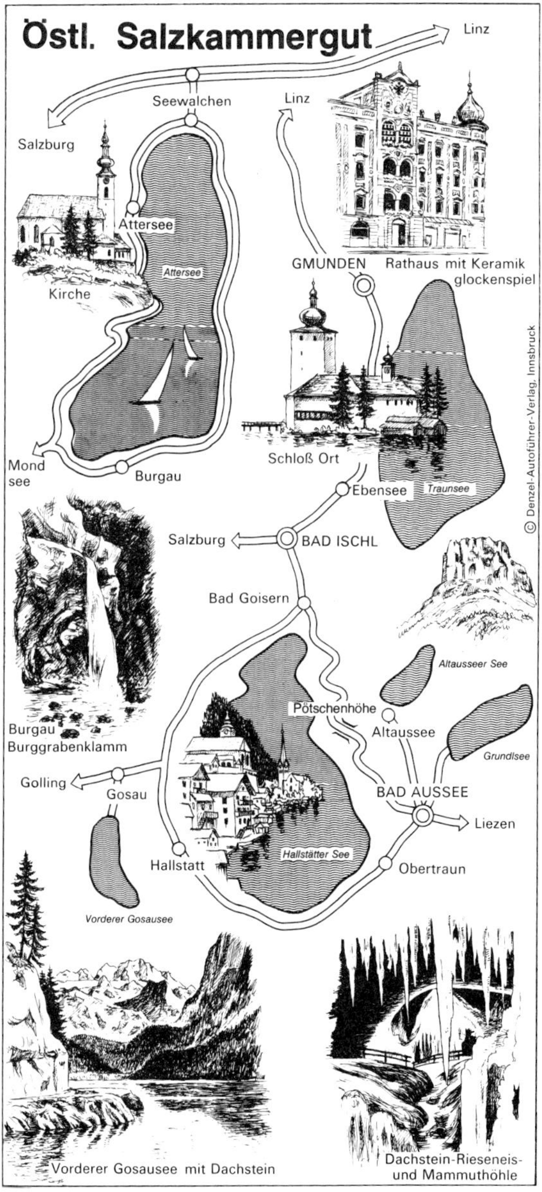
Östl. Salzkammergut
Linz
Seewalchen
Linz
Salzburg
Attersee
Attersee
Kirche
GMUNDEN
Rathaus mit Keramik glockenspiel
© Denzel-Autoführer-Verlag, Innsbruck
Mond see
Burgau
Schloß Ort
Ebensee
Traunsee
Salzburg
BAD ISCHL
Bad Goisern
Altausseer See
Pötschenhöhe
Altaussee
Grundlsee
Burgau Burggrabenklamm
Golling
Gosau
BAD AUSSEE
Liezen
Hallstatt
Hallstätter See
Obertraun
Vorderer Gosausee
Vorderer Gosausee mit Dachstein
Dachstein-Rieseneis- und Mammuthöhle

Hallstätter Gletscher, welche immer wieder den Blick auf sich lenkt. – Zurück in 2 Std. auf dem Anstiegsweg. – HU 983 m, Z 5 Std., LA 2-3. – Hierzu Wanderwege-Karte 50 Bad Aussee.

Bad Aussee (659), Soleheilbad (die Sole kommt aus dem Altausseer Salzberg), reizvoll und windgeschützt in einer Weitung am Zusammenfluß der Altausseer und Grundlseer Traun gelegen, ist Mittelpunkt des Steirischen Salzkammergutes und ein vortrefflicher AP für Touren im Ausseer Land. Der Markt und Hauptort des Bezirkes zählt rund 5.000 Einwohner. Hier hat sich viel lebendiges Brauchtum erhalten. Besonders urwüchsig und ohne kommerziellen Beigeschmack ist der Ausseer Fasching. Schützen mit Armbrüsten sind hier keine Seltenheit. Die Kuranlagen sind modern ausgebaut und die Ausseer Sulfatquelle wird von Ärzten in ihrer Wirkung mit jener von Karlsbad verglichen. Ähnlich wie am Grundlsee, im Ennstal w. und ö. von Liezen, werden im Frühjahr auch in der Umgebung von Bad Aussee die Wiesen von einer Unzahl blühender Narzissen bedeckt und ziehen jährlich in der 2. Maihälfte viele Besucher an. – Auf der 5 km langen, normal breiten L 702 kommt man von Bad Aussee nach dem ebenfalls reizvoll in einem Becken gelegenen Ort Altaussee, der im W von der steil abfallenden Trisselwand (1755), im N vom Loser (1838) überragt wird. Der Altausseer See (709) ist 3 km lang, 1 km breit, bis 55 m tief, und ringsum auf einem Spaziergang begehbar.

RW 292 **Rund um den Altausseer See*.** Von Altaussee (723) kann man auf ebenen Wegen in 2 Std. rund um den See wandern. Es spielt dabei kaum eine Rolle, ob man die Wanderung im oder gegen den Uhrzeigersinn unternimmt; beginnt man sie in Fischerndorf beim Hotel am See, so geht man zunächst den Kerryweg, Mark. 1a, unter der Steinwand hindurch und stets am Seeufer bleibend zur Jausenstation Seewiese am Ostersee. Es bieten sich hierbei prächtige Ausblicke sowohl auf den Trisselkogel (1673) mit der stark abfallenden Trisselwand als auch auf die Weiße Wand, welche den markanten Gebirgsstock des Losers gegen SO abgrenzt. Am Fuße der steil abfallenden Trisselwand spiegeln sich im See die Dachsteingletscher. Viele, entlang des Ufers aufgestellte Ruhebänke laden zur Rast ein. An der Lechhütte vorbei und durch lichte Baumbestände kehrt man über die Seeklause (Abfluß der Altausseer Traun) zum AP zurück, LA 1. – Hierzu Wanderwege-Karte 50 Bad Aussee.

Loser-Panoramastraße, SB-Bergrestaurant, 1600 m**

Wohl eines der schönsten Panoramen im Steirischen Salzkammergut erschließt die 9 km lange und mit 15 Kehren vorzüglich angelegte Bergstraße auf den Loser. Die beschilderte, 4 km lange Zufahrt von Altaussee bis zur Mautstelle (850) ist nur knapp zweispurig mit Ausweichen vor Engstellen, Vorsicht vor unübersichtlichen Kurven! – Kommt man auf der Salzkammergut-B 145 von der Pötschenhöhe herunter, so kann man im Pkw bereits ab Vorderluppitsch einen zwar nur einspurigen, jedoch asphaltierten „Abschneider“ über Lichtersberg und das Gh. Schießstätte nach Altaussee benützen, um nicht den Umweg über Bad Aussee machen zu müssen; auf dieser 3 km langen Strecke hat man allerdings ein kurzes Gefälle von 17% zu bewältigen. – Die ganzj. geöffnete, gebührenpflichtige Bergstraße ist normal breit ausgebaut und asphaltiert. In den insgesamt 15 Kehren ist sie durch Leitschienen randgesichert. Die Steigungen sind gut ausgeglichen und überschreiten 10% nur in einem kurzen, günstig verlaufenden Straßenstück unterhalb der ersten Kehre. Bergstrecke SG 2, Zufahrt von Bad Aussee SG 2 – 3, Abschneider Luppitsch SG 3. Im Gebiet der Augstalm erweitern sich oberhalb der Waldgrenze die Ausblicke mit zunehmender Höhe, welche von den Niederen Tauern über die schillernden Dachsteingletscher bis zum Großvenediger reichen. Von den Kehren hat man Tiefblicke auf den Altausseer See. Parkplätze findet man sowohl an der Kehre 11 unterhalb der Loserhütte als auch am Straßenende unterhalb des Augstsees. Das Gebiet um den Loser steht unter Naturschutz, die Bergwacht kontrolliert hier vor allem die strikte Einhaltung des Pflanzenschutzes! – Von der Mauteinhebestelle lohnt sich noch der zirka 2 km lange Abstecher zum Almgh. Blaa-Alm (902), in einem herrlichen Erholungsgebiet gelegen. Der einspurige geschotterte Fahrweg zieht am Augstbach entlang in dessen Quellgebiet. Die Blaa-Alm liegt inmitten freundlicher Almmatten und ist von dunklen Nadelwäldern umgeben. Prächtiger Blick auf die charakteristische Felsgestalt des Loser mit seinem senkrecht abfallenden Aufbau. Die Weiterfahrt durch das Rettenbachtal nach Bad Ischl ist verboten.

Auf dem Loser befindet sich das dz. größte Sonnenkraftwerk Europas mit sehenswerter Solaranlage.

Loserhütte*, 1504 m. AP ist das Gh. auf der Blaa-Alm (902), von Wiesen und Wäldern herrlich umgeben. Der Anstieg erfolgt über die Saurugg'n auf Weg mit Mark. 201 (die Strecke ist einbezogen in den Europäischen Fernwanderweg Nr. 4 Pyrenäen – Jura – Neusiedler See) über Almböden und prächtigen Nadelwald zum Brombeerkogel (1177), dann steiler auf einem Serpentinensteig in den Mahderwald und an der sw. Flanke einen Bogen beschreibend in ö. Richtung zur Augstalm, wo man auf die Mautstraße trifft. Am Fuße der Felsabstürze des Losers befinden sich oberhalb der Augstalm zwei Höhlen. Auf der Straße hat man dann noch knapp 1 km bis zur bewirtsch. Loserhütte (1504), 2 Std. Von hier kann man über das Graskögerl (1761) in einer guten Std. den aussichtsreichen Gipfel des Loser (1838) besteigen, man benützt dazu den Serpentinensteig mit Mark. 255, der zuletzt über das fast flache Gipfelplateau leitet. – Von der Augstalm setzt man die Rundwanderung mit einem Abstieg auf dem mark. Reitweg hinab zur Bushaltestelle Scheiben an der Straße Altaussee – Mautstelle Loserstraße fort, geht zirka 400 m auf der Straße Richtung Maut, um dann li. über die Brücke den Augstbach zu queren. Unterhalb vom Scheibenstollen des Altausseer Salzbergwerkes wandert man re. auf dem Wiesenweg 2a weiter. Hinter einem Waldstück gelangt man zum Gh. „Zur Wiese". In der 2. Maihälfte sind hier die grünen Matten mit unzähligen weißen Blütensternen der wilden Narzisse übersät. Mit ständiger Aussicht auf die hellen Zinnen des Loser und seine steil nach NW abfallenden Felswände wandert man fast flach über Wiesen und an kleinen Bächen vorüber bis man an der Holzstube re. in den Fahrweg zur Blaa-Alm einmündet und in wenigen Min. zurück am AP ist. – HU 602 m (unter Einschluß des Losergipfels 936 m), Z 3½ bis 4 Std., mit Losergipfel 5½ Std., LA 2 bzw. 2-3. – Hierzu Wanderwege-Karte 50 Bad Aussee. **RW 293**

W 294 **Loser**, 1838 m.** Der berühmte Aussichtsberg bietet nicht nur einen guten Überblick der Berge- und Seenlandschaft des Steirischen Salzkammergutes, sondern vermittelt (besonders an klaren Herbsttagen) auch eine herrliche Fernsicht über die Gletscher des Dachsteins hinaus bis zu den firnbedeckten Gipfeln der Hohen Tauern mit Großglockner, Ankogel und Wiesbachhorn. AP ist der Parkplatz nächst der Loserhütte (1504), welcher eine gute Aussicht über das Ausseer Land bietet. Wenig w. von ihr zweigt vom Weg zur Augustalm re. der anfangs steile Serpentinensteig mit Mark. 255 ab, welcher unter dem Grasködgerl (1761) zum Loserboden hinaufführt. Der Loserboden ist eine Mulde zwischen dem Losergipfel und dem Hochanger (1837); auf letzterem steht ein Sendemast des ORF. Den aussichtsberühmten Losergipfel erreicht man im Weiteranstieg vom Loserboden, 1 Std. ab AP. – Vom Gipfel zurück zum Loserboden, dann aber dem Weg mit Mark. 256 n. des Hochangers folgen. Der Weg führt am sogenannten Loserfenster, einem Steindurchbruch mit Blick zum Schönberg (Wildenkogel) vorbei und mit zunehmendem Gefälle hinab zum fischreichen Augstsee, den man auf seinem Nordufer umwandert. Vom Augstsee ist man in wenigen Min. beim SB-Bergrestaurant (1600), an dem die Loserstraße mit einem Großparkplatz endet. Entlang der Loserstraße kehrt man schließlich zum AP zurück, $1^1/_2$ Std. ab Losergipfel. – HU 334 m, Z $2^1/_2$ Std., LA 2. – Hierzu Wanderwege-Karte 50 Bad Aussee.

W 295 **Bräuningzinken**, 1899 m.** AP ist das SB-Bergrestaurant Loser (1600). Man geht zunächst über den Parkplatz in n. Richtung und folgt den Mark. 201 und 257 bis zu einer Wegeteilung (HT), an welcher der «Karl-Stöger-Steig» bzw. der WW 01 zum Albert-Appel-Haus re. abzweigt. Geradeaus auf Weg 257 weiter zur unbewirtsch. Bräuningalm (1608) mit erquickender Quelle. Der Anstieg erfolgt über den Gschwandsattel (1773) zuletzt durch dichten Latschengürtel steil hinauf zum Bräuningzinken, den ein Steinmann krönt, 2 Std. ab AP. Die Aussicht ähnelt der des Losers. Zurück auf dem Anstiegsweg. – HU 300 m, Z $3^1/_4$ Std., LA 2. – Loser und Bräuningzinken lassen sich mit AP Großparkplatz Augstsee in eine RW von vier- bis fünfstündiger Dauer einbeziehen. Sie nimmt folgenden Verlauf: Augstsee – Loserboden – Losergipfel – letzte Felsstufe über dem Augstsee – Greimuth – Gschwandsattel – Bräuningzinken – Bräuningalm-AP. – Vom SB-Bergrestaurant hat man über den «Karl-Stöger-Steig» und den Hochklapf-Sattel (1500) den wohl günstigsten Zugang zum Albert-Appel-Haus (1638), gute 3 Std. – Hierzu Wanderwege-Karte 50 Bad Aussee.

Jede **Tour** sollte **sorgfältig geplant** werden. Dabei sind nicht nur Zeitaufwand, Höhenunterschiede und Leistungsanforderungen, sondern auch die eigene körperliche Verfassung zu berücksichtigen. Wer untrainiert ins Gebirge kommt, sollte auf jeden Fall mit leichten, nicht zu langen Wanderungen beginnen und das Pensum erst nach und nach steigern. Man hüte sich vor einer Überschätzung der eigenen Fähigkeiten gegenüber dem Berg!

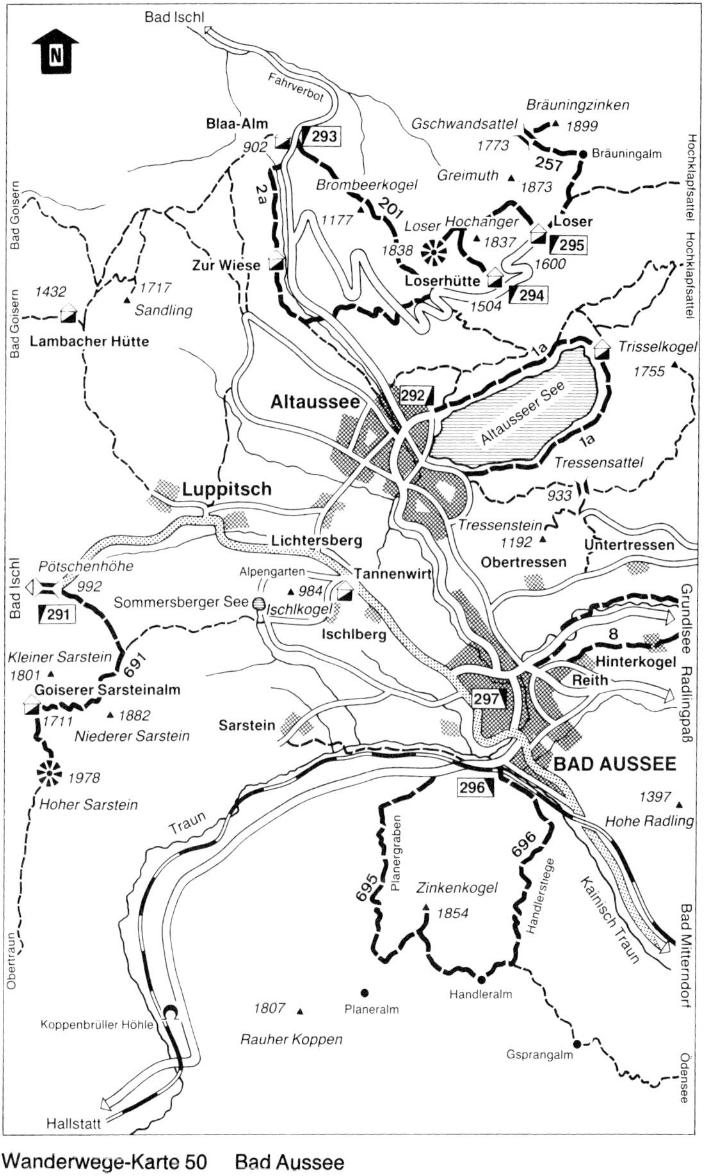
Bad Ischl
N
Fahrverbot
Blaa-Alm
902
293
2a
Bräuningzinken
Gschwandsattel
1899
1773
Bräuningalm
257
Greimuth
1873
Brombeerkogel
201
1177
Loser
Hochanger
1837
1838
295
1600
Loserhütte
294
1504
Zur Wiese
Bad Goisern
1432
1717
Sandling
Lambacher Hütte
Hochklapfsattel
Trisselkogel
1755
1a
292
Altaussee
Altausseer See
Tressensattel
Luppitsch
933
Tressenstein
1192
Lichtersberg
Untertressen
Obertressen
Tannenwirt
Alpengarten
984
Ischlkogel
Pötschenhöhe
992
Bad Ischl
291
Sommersberger See
Ischlberg
Grundlsee
8
Hinterkogel
Reith
Radlingpaß
Kleiner Sarstein
1801
691
Goiserer Sarsteinalm
1711
1882
Niederer Sarstein
Sarstein
297
BAD AUSSEE
1978
Hoher Sarstein
296
1397
Hohe Radling
Traun
Planergraben
695
696
Zinkenkogel
1854
Handlerstiege
Kainisch Traun
Bad Mitterndorf
Obertraun
Handleralm
Planeralm
1807
Koppenbrüller Höhle
Rauher Koppen
Gsprangalm
Ödensee
Hallstatt

Koppenstraße, 690 m

Sie stellt die direkte Verbindung zwischen Bad Aussee und Obertraun, 12 km, bzw. Hallstatt, 16 km, her und führt hoch über der Traun zwischen dem Hohen Sarstein (1975) und dem Zinkenkogel (1854) hindurch. Die Koppenstraße überwindet demnach keinen Übergang im Sinne einer Wasserscheide, sondern durchmißt den engen Durchgang der Traun; es ist daher auch nicht richtig, sie den Paßstraßen zuzuordnen, wohl aber verdient sie wegen ihrer kühnen Trassierung an den Abhängen des Zinkenkogel mit Steigungs- bzw. Gefällstrecken von max. 23% die Bezeichnung „Bergstraße". Hinter dem Bahnhof von Bad Aussee bei Unterkainisch hat man einen schienengleichen Übergang und steigt auf schmaler Strecke kurz aber kräftig an. Vielgewunden fährt man dann auf knapp zweispuriger Straße fast flach durch den mit Bergahornen durchsetzten Mischwald. Nach einem bez., schattigen Rastplatz erreicht man die oberösterr. Landesgrenze. Von hier aus ist die Koppenstraße in Richtung Obertraun bei 6 bis 7 m Fahrbahnbreite vorzüglich ausgebaut. Mit anfangs 23%, dann 14% Gefälle überwindet sie den HU hinab zum Gh. Koppenrast. Diese Bergstrecke einschließlich der großen Kehre ist mit beständigem Kleinsteinpflaster ausgestattet, SG 2 – 3. Den Besuch der wildromantischen Koppenbrüller Höhle (HT) mit unterirdischen Wasserfällen und schönen Tropfsteinbildungen soll man sich nicht entgehen lassen (Führungsdauer 50 Min.).

RW 296 **Zinkenkogel (Ausseer Zinken)**, 1854 m.** AP ist der Bahnhof von Bad Aussee (620). Zunächst geht man in sö. Richtung bis zum Sudhaus Kamitz und zweigt dann re. in den Weg mit AV-Mark. 696 ab, der anfangs steil, dann mäßig ansteigend durch Laubwald in den Wintergraben führt, 30 Min. Nach Überqueren des Grabens geht es ohne nennenswerte Schwierigkeiten weiter bergwärts bis der Weg merklich steiler wird. Eine flache Stelle im Wald lädt zur kurzen Rast ein bevor der steilste Abschnitt zur Handlerstiege beginnt; die Handlerstiege, ein in den Fels gehauener Steig, ist eher eine Anstiegshilfe als ein mühsam zu überwindendes Hindernis. Bei trockenen Wegverhältnissen ist sie völlig ungefährlich. Allmählich öffnet sich die Aussicht über das Ausseer Land. Nach Passieren einer Quelle und Bewältigung eines HU von rund 1000 m kommt man nach 3 Std. vom AP zur Handleralm (1649) in prächtiger Aussichtslage; dominierend ist hier der Blick auf den Hohen Dachstein mit dem weit herabziehenden Hallstätter Gletscher, li. davon Koppenkarstein und Schladminger Gletscher. In einem großen Bogen geht man um den s. Ausläufer des Zinkenkogels herum und in leichtem Anstieg erreicht man den Gipfel mit eindrucksvoller Rundschau über das gesamte Steirische Salzkammergut, das Tote Gebirge, Grimming, Kemetgebirge, Dachsteingruppe und Gosaukamm, 1 Std. – Für den Abstieg wählt man den Weg mit AV-Mark. 695, welcher unterhalb des Eislochkogels zunächst in Richtung Planeralm (1669) verläuft, sich jedoch oberhalb von ihr in n. Richtung wendet und vorwiegend durch Wald, an einer Quelle vorbei hinab in den Planergraben leitet; auf einem Serpentinensteig verliert man hier rasch an Höhe und zuletzt wandert man auf gutem Weg bei nur mäßigem Gefälle hinab zur Koppenstraße und zurück zum AP. – HU 1234 m, Z $6^1/_2$ Std., LA 3. - Hierzu Wanderwege-Karte 50 Bad Aussee.

Richard-Eybner-Promenade* und Rebenburg-Promenade*. AP ist der Kurpark in Bad Aussee (723). Von seinem ö. Ausgang zunächst über dem Gamsensteig und über die Tauschringgasse zum Gasteig, den man überquert. Nach 100 m gelangt man an eine Wegegabel, an der man sich re. hält und kommt kurz darauf zu einer weiteren Wegeverzweigung: li. die «Richard-Eybner-Promenade», ein 2 km langer, schattiger Wanderweg, welcher parallel zur Landstraße durch das Tal der Grundlseer Traun leitet, re. Weg 8 über Hintenkogl zur Weißenbachbrücke. Die «Richard-Eybner-Promenade» ist ausnahmslos den Fußgängern vorbehalten. Auf ihr kommt man an der Juniorenschanze (Schisprungschanze mit Kunststoffmatten) vorbei und durchmißt dann einen schattenspendenden, schönen Hochwald. Kurz vor dem „Eisernen Steg" mündet der erholsame Waldweg in die Rebenburg-Promenade ein, welche über diesen Steg das Traunufer wechselt. Nun flußaufwärts an der Holzbrücke zum Sägewerk vorbei bis zu einem schmalen Holzsteg, über den man nochmals die Uferseite wechselt. Nach Überqueren der Grundlseer Landesstraße findet man neben der re. Straßenseite die Fortsetzung der Traunpromenade, welche zur Seeklause und weiter bis zum Café Rebenburg führt, 1 Std. – Zurück bis zur Weißenbachbrücke (Postbushaltestelle), dann li. in den Wanderweg 8 nach Hintenkogl abbiegen. Vor dem Sägewerk Köberl hält man sich re., wandert durch ein Waldstück und dann durch die kleinen Ortschaften Gallhof, Hintenkogl und Reith nach Bad Aussee zurück. Z $2^1/_4$ Std., LA 1. Eine vollkommen ebene und besonders familienfreundliche Runde. – Hierzu Wanderwege-Karten 50 Bad Aussee und 51 Grundlsee. **W 297**

Grundlseer Straße*, Gößl, 720 m

Sie beginnt in Bad Aussee (659) und folgt zunächst der Grundlseer Traun durch das bewaldete Tal zur Seeklause am w. Ende des Grundlsees. Dort steht das Hotel „Seeblick"; von hier aus läßt sich der wohl schönste See des Steirischen Salzkammerguts, der sich 6 km lang unter dem steil abfallenden Toten Gebirge erstreckt, eine Breite von 1 km hat und dessen größte Tiefe mit 64 m gemessen wurde, überblicken. Die hervorragend ausgebaute Uferstraße führt ohne Steigungs- bzw. Gefällstrecken durch den Ort Grundlsee mit seinen Fraktionen Ötz und Kreuz bis zum Erholungsort Gößl, 11 km. Im Streckenabschnitt zwischen Kreuz und Gößl sind mehrere Parkplätze eingerichtet, um die Freibadeplätze am Uferstreifen auf kürzestem Weg zu erreichen. Nahe der Schiffsstation von Gößl leitet ein Gemeindesträßchen noch bis zum Gh. St. Veit ein kurzes Stück weiter. Hier stellt man sein Fahrzeug ab, denn der Fahrweg bis zur Jausenstation Toplitzsee ist gesperrt. Man steht im Ort unter der eindrucksvollen, steil abfallenden Gößler Wand. – Die Uferstraße zieht um die ö. Seebucht und endet schließlich in der Fraktion Wienern (763) unterhalb des Gipsbergwerkes; hier befindet sich auch ein schöner, terrassenartig angelegter Campingplatz.

An der Vervollkommnung bzw. Aktualisierung der **kombiführer auto + wanderschuh** wird redaktionell ständig gearbeitet. Berichtigungen und Verbesserungsvorschläge werden unter Hinweis auf diese Ausgabe dankbar entgegengenommen.

Verlag Harald Denzel KG, Redaktion Auto- und Wanderführer,
A-6020 Innsbruck, Maximilianstraße 9

Wanderwege-Karte 51 Grundlsee

RW 298 **Rund um den Grundlsee*, 708 m.** Als AP kann man sowohl Bad Aussee (659) als auch die Seeklause wählen; im ersteren Fall läßt sich die Rundwanderung mit einer Begehung der empfehlenswerten Traunpromenade → W 178 verbinden, bedeutet allerdings einen zeitlichen Mehraufwand von 2 Std. Von der Seeklause leitet der Weg entlang des Südufers leicht ansteigend durch den Wald. Nach einem kurzen Gefälle erreicht man den Zugang zum Freibad. Nach re. abzweigend gelangt man mit einer kurzen leichten Steigung in den Ort „Auf der Au“, wo das Sträßchen endet. Der mit 1 mark. Uferweg führt am Fuße des Ressen (1303) auf einer bewaldeten Strecke mit zwischendurch guten Ausblicken auf den See und das Tote Gebirge an der Fischerhütte vorbei und hinauf zur Ortschaft Wienern (763). Nun auf der Straße am terrassenartig angelegten Campingplatz vorbei zum Ostende des Sees mit dem Strandbad Gößl, 1 1/2 Std. ab Seeklause, 2 1/2 Std. ab Bad Aussee. Hier befinden sich auch die Autobushaltestelle und der Schiffsanlegeplatz, was eine Kombination wanderschuh + bus bzw. wanderschuh + schiff ermöglicht. Die Runde setzt man fort und umgeht die Seebucht auf einem Fußgängersteig neben der Straße. Auf einer Halbinsel steht verträumt die Villa Roth. Nach Überquerung des Zimitzbaches in Schachen gelangt man zum Gh. Ladner und folgt weiter der Uferstraße bis man vor Erreichen des Mühlbaches re. die Abzw. des Fußweges mit Mark. 2 hat, welcher teilweise bewaldet, über Gaiswinkel und Rößlern nach Grundlsee führt, HT. An der Pfarrkirche der Ortschaft Grundlsee vorbei und noch eine kurze Strecke auf dem oberen Promenadeweg weiter bis li. der Zugang zum Gasthof am See (Lindlbauer) abzweigt. Zuletzt auf der Uferstraße zurück zur Seeklause und eventuell auf der Traunpromenade bis Bad Aussee. Z mit AP Seeklause 3 Std., mit AP Bad Aussee 5 Std., LA 1-2. – Hierzu Wanderwege-Karte 51 Grundlsee.

Toplitzsee, 718 m, Kammersee und Kammerboden, 854 m.** Vom verträumt unter der Gößler Wand liegenden Ort Gößl (720) zunächst auf dem «Konrad-Mautner-Weg», Mark. 3 in 15 Min. zur kleinen Schleuse des Toplitzbaches, den Abfluß aus dem romantisch zwischen hohen Felswänden eingeschlossenen Toplitzsee. Am w. Ufer steht ein Gedenkstein zur Erinnerung an die erste, im Jahr 1819 stattgefundene Begegnung Erzherzog Johanns mit der Ausseer Postmeisterstochter Anna Plochl, seiner späteren Gemahlin (im Jahr 1850 zur Gräfin von Meran erhoben). Der See hat nach dem zweiten Weltkrieg durch den hier gehobenen Schatz aus dem Dritten Reich von sich reden gemacht. Geradeaus am Nordufer befindet sich bei der Jausenstation auch der Anlegeplatz für die Plätte mit Außenbordmotor, welche den Fahrgast in 20 Min. bis an das ö. See-Ende befördert. Die Fahrt auf dem Wasser führt an hohen, waldumsäumten Felswänden vorbei, aus deren Spalten der Hinterbach als schöner Wasserfall heraustritt. Vom ö. Anlegeplatz leitet ein bewaldeter Steig über eine deutlich ausgeprägte Stufe in 5 Min. zum Kammersee. Grundlsee, Toplitzsee und Kammersee sind drei übereinander liegende Becken eines langgestreckten Taltroges, welche der einstmals vom Gebirgsplateau herabziehende Gletscher auskolkte, ähnlich wie bei den Gosauseen durch den Dachsteingletscher. Der Kammersee war im Bj. stark abgesenkt und eher als Tümpel zu bezeichnen, sein Kessel machte einen verwilderten Eindruck. Zwischen Kammersee und Toplitzsee wurde im 16. Jh. von Waldarbeitern mit Hammer und Meißel ein Kanal aus dem Felsen gehauen, welcher lange Zeit der Holztrift diente und dessen Verlauf man heute noch deutlich erkennen kann. Steigspuren führen vom Kammersee, der auf seiner w. Seite von knorrigen, alten Buchen umgeben ist, hinauf zu den Karstquellen mit dem Traunursprung und in den Kammerboden, 30 Min. ab Bootsanlegeplatz.

W 299

Zurück mit der Plätte zur Jausenstation, dann aber auf dem mit 4 bez. Weg zwischen Toplitz- und Stimitzbach unter Einbeziehung eines kurzen Abstechers zur ehem. Ranftlmühle, zuletzt auf einem reizvollen Wiesenweg zum AP in Gößl. – Z reine Gehzeit 2 Std., LA 1-2. Die motorisierte Plätte über den Toplitzsee verkehrt je nach Bedarf. – Hierzu WWK 51 Grundlsee.

W 300 **Rötelstein*, 1614 m.** Dieser wegen seiner rötlichen Felspartien auffallende Aussichtsberg ist von mehreren Seiten aus leicht zu erreichen. Der wohl günstigste AP ist der Radlingpaß (853) an der Landesstraße Bad Aussee – Kainisch gelegen. Man folgt von hier der roten Mark. 253 durch hochstämmigen Wald an der sw. Flanke des Berges bis man auf das von Kainisch heraufziehende Forststräßchen trifft; dieses wird bald wieder li. verlassen. Auf dem gut mark. Steig gewinnt man weiter an Höhe und oberhalb der Waldgrenze eröffnet sich der Blick auf den Hohen Dachstein. Nachdem man am „Kalten Bründl", einer köstlichen Quelle, vorübergekommen ist, biegt man w. der Langmoosalm li. auf den Gipfelsteig ab; er leitet durch felsiges Gelände und über ein Latschenfeld auf das Hochplateau, 2½ Std. vom AP. Der Gipfel ist von einem Steinmandl gekrönt und bietet gute Ausblicke auf das Dachsteinmassiv mit seinen herabziehenden Gletschern. Nach N richtet sich der Blick auf Loser und Bräuningzinken. Im SO hat man den gewaltigen Felsriegel des Grimming. Die Südhänge des Rötelsteins üben wegen ihrer wunderbaren Alpenflora während der Monate Juni und Juli eine besondere Anziehungskraft auf den Bergwanderer aus. Rückweg wie Anstiegsweg. – HU 761 m, Z 4 Std., LA 2. – Hierzu Wanderwege-Karte 51 Grundlsee.

RW 301 **Kampl*, 1685 m.** Wegen seiner hervorragenden Ausblicke auf das Dachsteinmassiv und auf das Tote Gebirge lohnt sich diese Rundwanderung besonders. AP ist der zwischen Bad Mitterndorf und Kainisch an der alten Straße gelegene Ort Obersdorf (809). Der Anstieg beginnt beim Feuerwehrdepot am w. Ortsrand. Man benützt zunächst die Zufahrt bis zum letzten Bauernhaus, um dann li. dem Weg am Bach entlang mit Mark. 25 zu folgen. Dieser leitet unter der Steinwand hindurch und zu einer Jagdhütte (1216) hinauf, welche man auf zirka halber Strecke und halber Anstiegshöhe erreicht. Dort trifft man auf den von Bad Mitterndorf über die Abraham-Halt heraufziehenden Weg mit AV-Mark. 270. Nun wandert man auf einem Güterweg zur Hinterberger Teltschnalm weiter, zuerst an den ö., dann an den n. Abhängen des Kampl entlang. Bei der Weggabelung hält man sich li. denn re. führt ein anderer Weg durch den Eisengraben hinab nach Weißenbach. Der Weg zum aussichtsreichen Kampl führt nun am Fuße des Hasen- und Feuerkogels vorbei (bei der nächsten Gabelung wiederum li. halten, da re. Weg zum Rötelstein) zum Gipfel, den ein Kreuz krönt, ab AP 3½ Std. Als Abstieg wählt man Weg 24 über die Seidenhofalm und durch den Obernbergwald hinab. Unterhalb einer Wildfütterungsstelle folgt man nicht dem Forstweg, sondern weiter dem mark. Steig 24 bis zur alten Straße hinab. – HU 876 m, Z 5½ Std., LA 2. Hierzu Wanderwege-Karte 51

Tauplitzalm*, Hollhaus, 1621 m

AP der 9.7 km langen Tauplitzstraße ist Bad Mitterndorf (809). Sie erschließt im Winter eines der schönsten Schigebiete des Steirischen Salzkammergutes, in der schneefreien Jahreszeit ein beliebtes Wander- und Erholungsgebiet. Der alpine Schilauf erlebte hier durch Zdarsky und Bilgeri seine Pionierzeit. Grüne Tafeln mit weißer Aufschrift weisen von der Salzkammergut-B 145 den Zufahrtsweg. Die Mauteinhebestelle befindet sich in unmittelbarer Nachbarschaft des Jagdhofes Hübler im Ortsteil Thörl. Die normal breite Bergstraße gewinnt mit sieben Kehren einen HU von rund 800 m und bietet gute Ausblicke auf den Lawinenstein und über das Mitterndorfer Becken hinweg auf den langgestreckten Gebirgsstock des Grimming. Im SW schweift der Blick über das Kemetgebirge hinweg zu den Erhebungen der Dachsteingruppe. Die max. Steigung beträgt 11%, im Bj. gab es nur eine 30 m lange Passage, an der sich Omnibusse nicht begegnen konnten, doch ist die Beseitigung dieser Engstelle geplant. Leitschienen dienen der Absicherung in den Kehren, SG 2. – Die Tauplitzstraße führt von der Mautstelle zunächst hoch über dem Zauchenbach, um dann li in den Kohlstattgraben abzubiegen, diesen dann bergan zur Jagdhütte Ramsanger (1328). Mit einer Gruppe von vier Serpentinen erreicht man die Lopernalm (1572) mit SB-Restaurant, zuletzt hat man einen nur mehr mäßigen Anstieg durch das Roßhüttental zum Hollhaus, wo die Bergstraße mit zwei großen Parkflächen endet.

Kochalmbauer, 902 m

Die Kochalmstraße, welche von Bad Mitterndorf (809) salzaaufwärts dem Bach folgt, ist bis zum Campingplatz mit Jausenstation beim „Kochalmbauern" öffentlich befahrbar, SG 2-3. Die Fortsetzung des Fahrweges durch das Öderntal nach Flecklmoos zur Ödernalm (1210) ist gesperrt, kann jedoch bequem erwandert werden.

RW 302

Lawinenstein*, 1965 m. AP ist das Hollhaus (1621) auf der Tauplitzalm. Man folgt der HT „Lawinenstein" in nw. Richtung. Der Weg quert oberhalb der Talstation des Sesselliftes den Hang. Dann überschreitet man die kahlgeschlagene Schneise der Schiabfahrt und läßt das Ferienheim der Voest-Alpine re. liegen. Es folgt ein kurzer Aufstieg auf gut ausgetretenem Pfad, den man auf der Schipiste fortsetzt bis nach zirka 300 m der spärlich mark. Weg 274 sichtbar wird, welcher zum no. Grat des Lawinensteins leitet. Diesen steigt man durch Latschen und über kleine Wiesenflecken, welche im Frühsommer wahre Blumenteppiche sind, bergan und genießt bemerkenswerte Ausblicke auf das re. unten herabziehende Öderntal und auf die Berge rund um den Grundlsee. Bald kommt die Bergstation des Sesselliftes ins Blickfeld, auf die man nun zugeht. Schließlich folgt man re. dem breiten Weg auf das weitläufige Gipfelplateau des Lawinensteins. Der Gipfel selbst bietet durch seine nach W vorgeschobene Lage einen umfassenden Blick auf Dachstein, Ausseer Land und Totes Gebirge. Trotz starker Erschließung des Gipfelplateaus mit Aufstiegshilfen für den Schifahrer findet der Naturfreund noch leicht ein von der Technik unberührtes Fleckchen. Zurück in Richtung Kriemandl; auf halber Wegstrecke zweigt re. der mark. Steig 274a ab, welcher ö. vom Bärental zur Krennalm und zum SB-Restaurant auf der Lopernalm (1572) hinableitet. Neben der Tauplitzalmstraße wandert man schließlich zum AP zurück. – HU rund 400 m, Z 2 bis 3 Std., LA 1-2. Eine Fahrt mit dem Sessellift lohnt zeitlich kaum. – Hierzu Wanderwege-Karte 52 Tauplitzalm.

W 303 **Traweng*, 1981 m.** Vom AP Hollhaus (1621) führt Weg 218 hoch über dem Großsee in 30 Min. zum Ort Tauplitzalm (1640) mit seiner auffallenden, im modernen Stil errichteten Kirche. Im Ort besteht die letzte Möglichkeit, eventuell noch fehlenden Tourenproviant zu ergänzen. Hinter dem Naturfreundehaus wendet man sich am Ortsende li. leicht abwärts zu einem Tümpel. In Höhe des re. liegenden Linzer Tauplitzhauses trifft man auf den Weg zum Traweng, welcher mit einem roten Kreis mark. ist. Man wandert an der letzten Hütte vorbei und steigt durch Latschen zum Fuß des Berges an. Am Waldgürtel angelangt, leitet der Weg nach li. über eine steile, geröllbedeckte Rampe und an einer kleinen Höhle vorbei, durch die Wand. Der Ausblick auf das ausgedehnte Hochplateau der Tauplitzalm weitet sich. Nach Ausstieg von der Rampe führt der mark. Weg weiter nw. über Kare auf den Westgipfel des Traweng und biegt hier ö. ab. Nach einer leichten und aussichtsreichen Gratwanderung erreicht man bald den mit einem Kreuz gekrönten Hauptgipfel des Traweng, 2$^1/_2$ Std. vom AP. Die Aussicht vom Gipfel ähnelt jener vom Lawinenstein; wenn man allerdings vom ö. Vorgipfel absteigt, der eine nur um 20 m geringere Höhe aufweist, so hat man einen herrlichen Tiefblick auf den Steirersee (1445). – Der Rückweg ist der gleiche wie der Anstiegsweg. Vor Erreichen des Ortes Tauplitzalm, etwa in Höhe des Quendlingsees, empfiehlt es sich li. abzuzweigen und bei der folgenden Wegeteilung sich re. zu halten, um die reizvolle Wanderstrecke durch parkähnlichen Bergwald und über freundliche Almböden zurück zum Hollhaus zu unternehmen. Dieser gut mark. Weg führt einmal unter dem Tauplitz-Sessellift hindurch und bietet landschaftlich viel Abwechslung. – HU 360 m, Z 3$^1/_2$ bis 4 Std., LA 2. – Hierzu Wanderwege-Karte 52 Tauplitzalm.

W 304 **Großes Tragl**, 2179 m.** Vom AP Hollhaus (1621) wandert man zunächst auf Weg 218 über die Hochfläche der Tauplitzalm. Nach dem re. oben stehenden Linzer Tauplitzhaus und dem li. abzw. Weg zum Traweng folgt man de HT „Werner-Bankerl". Dieses ist in zirka 45 Min. erreicht und bietet einen zauberhaften Blick auf den Steirersee (1445). Vom „Werner-Bankerl" (1600) hat man einen kurzen Abstieg zu den Steirersee-Hütten (1550). Von diesen unbewirtsch. Hütten geht es nun endgültig bergauf bis zu einer Wegeteilung vor einer Jagdhütte. Man verläßt Weg 218, der zum Schwarzensee weiterführt und folgt li. dem Weg 276, HT „Tragl", der steil zum Jungbauernkreuz „In den Karen" hinaufleitet. Das große Kar wartet im Frühsommer mit einer besonders schönen Bergflora auf. Der Weg setzt sich nun flacher werdend fort und man wandert unter den Ostwänden des Höhenzuges Sturzhahn – Großes Tragl hindurch und empor zum Traglhals, einer Einsattelung (zirka 2000) mit der Quelle „Schwaigbrunn". Mehrere HT zeigen hier eine Wegeteilung an: man hält sich li. und steigt über leichtes, felsiges Gelände, einen Bogen beschreibend zum aussichtsreichen Gipfel des Großen Tragls an, 3$^1/_2$ Std. vom AP. Der Berg und seine Umgebung vermitteln bleibende Eindrücke von der grandiosen Öde des Toten Gebirges. Rückweg wie Anstiegsweg. – HU 558 m, Z 5$^1/_2$ Std., LA 2 – 3. Man beachte die aufgestell-

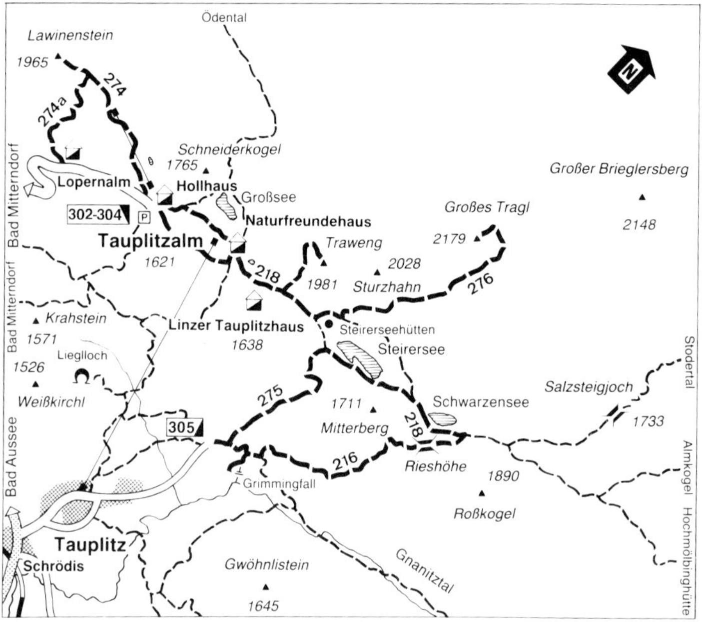

Wanderwege-Karte 52 Tauplitzalm

ten Warntafeln, welche auf gefährliche Schächte und Dolinen aufmerksam machen, welche im Frühsommer noch mit Schnee bedeckt und nicht erkennbar sein können! Auch sollte die Bergwanderung keinesfalls bei Neuschnee oder Nebel unternommen werden; sie ist unter günstigen Verhältnissen auch für Familien mit gehtüchtigen Kindern geeignet. – Hierzu Wanderwege-Karte 52 Tauplitzalm.

Der **Tauplitz-Sessellift.** Tauplitz rühmt sich, den längsten Sessellift der Welt zu besitzen. Mit mehreren Teilstrecken überwindet dieser Berglift von der Talstation (928) bei einer Gesamtlänge von 5.2 km einen HU von über 700 m! Er endet auf dem Tauplitzplateau, einem breiten Sporn des Toten Gebirges beim Berghotel Tauplitzalm. In „Hochtauplitz" haben sich um das moderne Bergkirchlein herum mehrere Beherbergungsbetriebe und Restaurants angesiedelt, man findet dort u. a. auch ein modernes Ozon-Hallenbad.

Besondere Beachtung ist im Gebirge der **Wetterentwicklung** zu schenken. Informieren Sie sich deshalb stets über den aktuellen „Stand der Dinge". Bei einer Wetterverschlechterung sollte man rechtzeitig umdisponieren, die Tour abkürzen oder eventuell sogar abbrechen.

RW 305 **Steirersee*, 1445 m und Schwarzensee*, 1549 m.** Vom Ort Tauplitz (869) zunächst Fahrt auf dem Sträßchen in das Gnanitztal an der Jausenstation Schranz vorbei bis li. zur Abzw. des Weges 275, HT „Steirersee“, knapp 3 km. Am Straßenrand findet man geeignete Abstellmöglichkeiten für sein Fahrzeug. Vom bez. AP (963) zunächst auf einem Forstweg bis zur Niederblas, einer Waldblöße mit Almböden und gefaßter Quelle (Brunnen). Von hier leitet ein zwar gut ausgetretener, jedoch nur schwach mark. Weg mit zunehmender Steilheit durch lichten Bergwald in die Lahnergrube empor. Unterwegs bietet sich ein herrlicher Ausblick auf den im S aufragenden Grimming. Nach zirka 2 Std. Anstieg erreicht man die Grathöhe (1550) und von ihr öffnet sich erstmals der Blick auf den schöngelegenen Steirersee; angesichts des tiefblauen Sees und der darüber aufragenden Zinne des Sturzhahns (2028) lohnt es sich, an dieser Stelle eine Rast einzulegen.

Dann verläßt man den Weg 275 und steigt ö. auf Wegspuren zirka 100 Höhenmeter zum See hinab und wandert am s. Seeufer auf gutem Weg entlang. Es folgt ein kurzer Anstieg von zirka 100 Höhenmetern in ö. Richtung zum Sattel vor dem Schwarzensee; hier trifft man auf Weg 218, welcher vom Hollhaus über die Steirersee-Hütten und die Steirersee-Leiten hierher führt. Er bietet Gehern mit AP Tauplitzalm die Möglichkeit, die Seeumwanderung als leichte Tour ohne nennenswerten HU durchzuführen. Vom Sattel hat man nur noch eine kurze Wegstrecke hinab zum idyllisch gelegenen Schwarzensee zurückzulegen. Gegen das ö. See-Ende zu trifft man auf den vom Salzsteigjoch herabziehenden Weg 216, dem man nun scharf re. abbiegend hinauf zur Rieshöhe (1604) folgt. Er führt dann steil den Hang „Der Riesen“ durch einen Latschengürtel hinab zur unbewirtsch. Riesnerhütte (1274). Auf einer bewaldeten Wegstrecke gewinnt man bei zuletzt sanftem Gefälle das geteerte Sträßchen durch das Gnanitztal, welches man überqueren soll, um noch den kurzen Abstecher von 20 Min. (hin und zurück) zum Grimmingfall, HT, zu unternehmen. Von der Einmündungsstelle des Weges 216 in das Sträßchen hat man letztlich nur mehr eine Wegstrecke von 800 m bis zum AP in w. Richtung zurückzulegen. – HU einschließlich Grimmingfall rund 700 m, Z 5 1/2 Std., LA 2-3. WWK 52 Tauplitzalm.

Register

A
Aberfeldkogel 239
Abersee (Zinkenbach) 47
Aberseeblick 44
Abraham-Alm 142
Abtenau 69, 73
Abtsdorfer See 22
Acharting 24
Achhorn 147
Achselkopf 82
Adamek-Hütte 225
Adamhütte 164
Adlerhorst, Gh. 113
Adlerspitzen 255
Adolf-Schärf-Haus 188
Ahornfeld-Alm 230
Ahornkarkopf 115
Ahornstein 88
Aich 44
Alchereben 253
Alexander-Enzinger-Weg 187
Almbachklamm 209
Almbachwand 211
Almfried, Gh. 132, 134
Almsee 243, 246
Almtaler Haus 244, 247
Almtalstraße 243
Alpa-Alm 150
Alpasteig 150
Alpenberg 258
Alpenrose, Gh. (Habachtal) 196
Altausseer See 264
Altenmarkt i.P. 110, 118
Altentann 29
Althauser Sattel 90
Am Jöchl 77
Amertal 191
Amertaler See 192
Anderlsee 136
Andreassteig 100
Anger 36
Angerkaralpe 74
Angertal 94
Anlauftal 101
Annaberg 78
Anthering 21
Archenkanzel 222
Ardackersteig 98
Arlscharte 113
Arltörl 93
Arsenhaus 124
Arthurhaus 86, 87
Arzbergalm 80
Aschau 36, 40, 147
Aschauer Klamm 146, 219
Asitzbahnen 165
Asitzkopf 166
Astau 76
Attersee 252
Attersee-Ostwanderweg 254
Attersee-Westwanderweg 254
Aubach-Wasserfall 70
Aubachfall 72
Auerhütte 65
Augstsee 265, 266
Aumühle, Gh. 70
Aurach am Hongar 260
Aurachtal 255
Ausseer Zinken 268
Austriaweg 75, 77, 78
Auzinger, Gh. 213

B
Bachlalm 106
Bachrain, Berghof 66
Bachwinkl 170, 171
Bad Aussee 262, 264, 269, 270
Bad Dürrnberg 60, 215
Bad Fusch 176
Badgastein 95
Bad Goisern 226, 228, 233, 234
Bad Hofgastein 94
Bad Ischl 226
Bad Mitterndorf 273
Bad Reichenhall 204
Bärennock 145
Bärenschlucht 173
Bärenwirt 68
Bärnkogel 158, 168
Bärschlag-Alm 203
Bärweg 80
Baukarlscharte 102
Baukogel 181
Baumgarten 219
Bauregger Kaser 149
Begöriach 132
Beißzangenweg 82
Bellevue-Alm 95
Berchtesgaden 206
Berchtesgadener Hochthron 205, 211
Berchtesgadener Land 205
Bergalm 38, 64
Bergblick, Gh. 91
Berger-Hochalm 200
Bergheim 21
Bergwelt-Zoo 57
Bernau 36
Berndlalm, Gh. 199
Bernkogel 182
Bernkogel-Weg 182
Bertgenhütte 172
Bezoldhütte 214
Biberg-Sl. 156
Bindalm 213
Birgkarhaus 86
Birgkarweg 88
Birnbachloch 165
Bischlinghöhe 84
Bischofshofen 86
Bischofsmütze, Gh. 76
Bischofswiesen 213
Blaa-Alm 232, 265
Blaueishütte 211
Blaueistal 212
Bleckwand 47
Bleckwandhütte 47
Bluntautal 68
Blutige Alm 136
Böckfeldalm 101
Bockhartscharte 102
Bockhartsee-Hütte 102
Bockleiteneck 142
Böckstein 92, 101, 102
Böcksteiner Höhenweg 101
Böcksteiner Thermalstollen 102
Bodenhaus, Gh. 180
Böndlsee 91
Böselsteig 150, 213
Brandlalm 93, 94

Brandleiten 134
Brandsteinbahn 93
Bräugföllalm 152
Braunauer Hütte, Jst. 46
Braunedelkogel 50
Bräuningzinken 266
Breiteckalm 161
Breitenebenalm 113
Breitfußalm 160
Breitscharte 202
Brennkogel 177
Brennkogelscharte 177
Bretterscharte 177
Brucheck 203
Bruck an der Großglocknerstraße 178
Brunnkogel 238, 255
Brunnwinkl 44
Buchberg 25, 91
Buchberghütte 250
Buchbergstraße 25
Bucheben 180
Buchegg 72
Buchenkopf 91
Bundschuhtal 136
Burgbachau 250
Burggrabenklamm 250
Bürglhütte 162, 190
Burschach 32
Buttermilchalm 69

C

Chorinskyklause, Gh. 234
Cumberland-Wildpark Grünau 244

D

Dachserfall 70
Dachsgut, Jst. 178
Dachstein-Eishöhlen 227
Dachstein-Rieseneishöhle 228
Dachstein-Sb. 227
Dachsteinblick, Jst. 256
Dachsteinruhe, Gh. 106
Dalsenalm 154, 219
Daxlueg 28
Dicktiernhütte 142
Dielalm 83
Dienten 86, 168
Dientner Sattel 86, 88
Dientner Schneeberg 88, 90
Dießbach-Stausee 156
Dießbachscharte 156
Dolomitenhof 76
Doppelmühle 28
Dopplersteig 206
Dorfwerfen 84
Dr.Franz-Rehrl-Haus 174
Dr.Friedrich-Oedl-Haus 82
Dr.Josef-Mehrl-Hütte 136
Dr.Hugo-Beck-Haus 217
Dr.Kaplan-Weg 252
Draugstein 114
Draugsteinhütte 114
Drei-Wallner-Höhe 186, 187
Dreisesselberg 218
Drossensperre 187, 188
Druckerhof, Jst. 253
Durchenkopf 156
Durlaßboden-Speicher 195, 203
Dürlstein 65
Dürreckstraße 215
Dürrlehen, Gh. 209
Dürrnbacheck 150
Dürrnbachhorn 150
Dürrnberg, Zollamt 215
Dürrnberg-Panoramastraße 60
Duxeralm 202

E

Eben i.P. 104, 105, 106
Ebenau 52
Ebenbergalm 161
Ebenfeld 65
Ebensee 238
Ebenseer Hochkogelhaus 232, 235
Ebenseer Sonnstein 240
Ebnerbauer 36
Ebnerscharte 164
Ebnerweg 35
Eckersattel 216
Edelweiß, Wh. (Hollersbach) 195
Edelweißklause 179
Edelweißspitze 176
Edelweißstraße 176
Eder Grundalm 187
Edltal 239
Egelsee 253
Eggenreith, Jst. 74
Egger Höhe 42
Eibensee 43
Eibenseekopf 43
Eignerriedl 45
Eisenauer Alm 52, 251
Eiskapelle 37
Eiskeller 85
Eisriesenwelt 82
Ellmautal 114
Elmau-Alm 84, 85
Elsbethen 57
Embach 179
Engert-Holzstube 213
Enkerbichl 92
Ennskraxen 116
Ennsmann Kaser 149
Entrische Kirche 92
Enzinger Boden 188, 189
Erentrudisalpe, Gh. 58, 59
Erichhütte 87, 88
Erlakogel 236
Erlhofplatte 163, 164, 178
Ernstalm 130
Eselsrücken 104
Essersee 123
Ettenberg 209
Eugendorf 28
Ewige Wand 233

F

Fageralm, Gh. 58
Fahrbachalm 46
Faistau 152
Faistenau 36, 39
Faistenauer Schafberg 39
Falkenstein 44, 200
Fanning-Seitling 143
Fanningberg 143
Fanninghöhe 143
Farrenau-Bergstraße 243
Felbertal 191
Felbertauerntunnel 191
Felseralm 128

Ferleiten 173
Ferleitental 173
Festungsberg 21
Feuchtenstein 38
Feuchtensteinalm 38
Feuchter Keller 65
Feuerkogel, Bergstation 239
Feuerkogel-Sb. 239
Feuerpalfen 222
Feuertal 235
Filbling 40
Filblingsee 40
Filzenkempfelsen 103
Filzensattel 168
Filzkogel 92
Filzmoos 105
Filzmooshörndl 114
Filzmoossattel 114
Filzstein, Gh. 202
Filzsteinalpe 195
Finkau, Wh. 203
Finkenschwandt 33
First 73
Fischbachfall 149
Fischbachmühle 26
Fischerndorf 264
Fischtaging 30
Flachau 120
Flachautal 121
Flachgau 21
Flecklmoos 273
Forsteck 112
Forsthofalm 160
Franz-Fischer-Hütte 117, 122
Franzl im Holz, Gh. 242
Französachalm 189
Franzosenschanze 46
Frauenalmsattel 115
Frauenkogel 43
Frauenstein 44
Friedrich-August-Warte 200
Friedrich-Oedl-Haus 81
Fulseck 94
Fürberg 44
Fuschertal 173
Fuschertörl, Parkplatz 174
Fuschl am See 40
Fuschler Moor 42
Fuschlsee 40, 42

G

Gablonzer Hütte 75, 77, 224
Gabrielsruhe 24
Gahberg 258
Gaipahöhe 136
Gaißau 54, 55
Gaisberg 34
Gaisbergspitze 33
Gaisbergstraße 33
Gaißriesenscharte 78
Gamsblick 84
Gamseckfall 199
Gamsfeld 74
Gamshütte 222
Gamskarkogel 98, 113
Gamskogel-Sb. 118
Gamskögerl 91
Gamsleiteck 142
Gamsleitenspitze 130
Gamswandalm 46
Gantalscharte 134
Gantalweg 132
Gappmayeranger 140
Gartenzinken 230
Gassl-Tropfsteinhöhle 236
Gasslkogel 236
Gasteiner Alpenstraße 102
Gasteiner Heilstollen 95
Gasteiner Höhenweg 95
Gasteiner Tal 92
Gebertsham 27
Geiereck 206
Geierkogel 166
Geißstein 187, 190
Genneralm 38
Gennerhorn 38
Gensbichler Scharte 196
Georgenberg 65
Gerlospaß 195, 203
Gerlosplatte 202
Gerlosstraße 195
Gernkogel 199
Gersbergalm 34
Gigeracher Tunnel 81
Gimpl 59
Gjaidalm 227
Glasenbach 58
Glasenbachklamm 58
Glemmtal 157
Gletscherdrachen 185
Glingspitze 116
Glocknerblick, Gh. 186
Glöcknerin 130
Gmunden 242
Gmundner Hütte 242
Gmundnerberg 259
Gnanitztal 276
Goiserer Aussicht 262
Goiserer Höhenweg 233
Goiserer Hütte 234
Goiserer Sarsteinalm 262
Goldegg 91
Goldeggsee 91
Goldenes Gatterl 255
Golling 67, 69
Gollinger Wasserfall 67
Göriachtal 144
Göriachwinkel 144
Gosau 69, 224
Gosaukamm-Sb. 77, 224
Gosaulacke 225
Gosaumühle 226, 228
Gosauschmied, Gh. 224
Gosausee, Gh. 224
Gosauseen 224
Gosautal 224
Gosauzwang 224, 226
Gößl 269
Götschenwirt 205
Gotzenalm 217, 222
Grabendorf 144
Grabensee 27
Grafenberg-Sb. 115
Granitzl 144
Graukogel 100
Graukogel-Sl. 99
Grazer Hütte 140
Gries i.P. 178
Grießenkar-Sb. 115, 118
Grießenkareck 115, 118
Grimmingfall 276
Großalm, Gh. 256
Großarl 113, 114
Großarltal 113
Große Bischofsmütze 106
Große Plaike 29, 30, 33
Großeck 132
Großer Barmstein 208
Großer Donnerkogel 78
Großer Höllkogel 239
Großer Königstuhl 138
Großer Pleißlingkeil 130
Großer Silberpfennig 102

Großer Sonnstein 240
Großer Traunstein 73
Großes Hundhorn 150
Großes Tragl 274
Großgmain 220
Großmauerhof 80
Großmauerreith 80
Grubenwirt, Gh. 70
Grubereck 182
Gruberhorn 65
Grubhörndl 152
Grünau 243
Grünberg 240
Grünberg-Sb. 240
Grünberg-Waldlehrpfad 242
Grünberghaus 242
Grundbichl, Gh. 62, 64
Grundlsee (Ort) 269
Grundlsee 270
Grüner Baum 95, 98
Grünsee 189
Grünstein 222
Grünwaldkopf 127
Grünwaldsee 127
Gschrieteshütten 145
Gschwand 74, 77
Gschwendter Trett 149
Gsengalm 73
Gsenghöhe 74, 76
Gstoßhöhe 145
Guggenthal 33
Gurpitscheck 130
Gutratberg 207
Gutrath, Ruine 61, 208
Gwechenberg 75
Gwechenbergalm 76, 78
Gwechenberghütte 76

H

Haarberg 90
Haasweg 239
Habachklause, Wh. 196
Habachtal 196
Habernau 244
Hachau 106
Hafeichtalm 122
Hafeichtkapelle 122
Hafeichtscharte 122
Hagener Hütte 103
Hahnbalzköpfl 122
Hahnbaum, Hotel 110
Hahnbaumalm 110
Haiden 140
Haiderbergkopf 166
Haiderhof 219
Hainzen 230
Hakarsattel 119
Hallein 55, 59
Halleiner Haus 55
Halleiner Salzbergwerk 60
Halleralm, Gh. 233
Hallstatt 226
Hallstatt-Lahn 226
Hallstätter See-Ostufer-wanderweg 228
Hallthurm 218, 221
Hals (Salzburger Hochthron) 221
Halsalm 213
Halskopf 213
Hamburger Schiheim 95
Hammerstiel, Gh. 222
Hangendenstein 205, 206, 209
Hanke, Gh. 200
Haselloch 117
Haselwaldgasse 239
Haslau 59
Haunsberg 22, 24
Heidnische Kirche 188
Heilbronner Kreuz 227
Heilbronner Weg 227
Heimalm 180
Heimkehrerkreuz 30
Heinrich-Hackel-Hütte 84
Heinrich-Kiener-Haus 112
Heinrich-Schwaiger-Haus 188
Hellbrunn 21, 57
Helmeskogel 238
Henlabjoch 160
Henndorf am Wallersee 28
Herbstkaser 150
Hermann-Bahlsen-Weg 103
Hermlersteig 242
Heuberg 28
Heumoosalm 93
Hexenküche 173
Hieflertunnel 81
Himmelpforte 52
Himmelpforthütte 46
Hinterberg 76
Hinterbrand 217
Hintere Großwandspitze 130
Hintere Hetzau 247
Hintere Lignitz-Alm 144
Hintere Prossau 99
Hintere See-Alm, Gh. 225
Hinterebenau 53
Hinterer Gosausee 225
Hinterer Langbathsee 238, 256
Hinteres Modereck 176
Hinteres Weißpriachtal 142
Hintergahberg 258
Hintergern 209, 211
Hinterglemm 157, 160
Hinterkrimml 195
Hinterschönau 222
Hintersee 36, 37, 38, 53, 192, 213
Hintertal 172
Hintertrattberg-Alm 64, 65
Hirschbichl 213
Hirschbichl, Bergheim 213
Hirschbichlstraße 155, 213
Hirscheck-Sb. 213, 214
Hirschkarkogel 101
Hirschkarspitze 94
Hirschkopf 181
Hirschwandsteig 128
Hoch-Kalmberg 234
Höchalm 119
Hochalm 149, 180
Hochalm-Sb. 180
Hochanger 266
Hochberghaus 243
Hochedhof 199
Hochegg 92
Hochegg, Gh. 178
Hochgeschirr 242
Hochglocker 90
Hochgründeck 112
Hochkeil 87
Hochkeilhaus 86
Hochklingberg 90
Hochkogel 235
Hochkönig 87
Hochlackenhof, Gh. 43
Hochleckenhaus 238, 255
Hochmais, Parkplatz 173
Hochmuth 234

Hochpfad-Sattel 247
Hochplettspitze 252
Hochsattel 70
Hochschaufler, Gh. 66
Hochschlegel 218
Hochschwarzeck 213
Hochsteinalm 238
Hochtortunnel 173
Hochwiesalm 39
Hoferalm 108
Hofhaus 69
Hofmark 91
Höfnerhäuser 42
Hofpürglhütte 107, 108
Hohe Götschen 207
Hohe Luft 260
Hohe Penhab 160
Hohe Scharte 242
Höhenburg 188
Höhenwald 59
Hohenwerfen, Burg 82
Hoher First 65
Hoher Sarstein 262
Hoher Spielberg 256
Hoher Tauern 101
Hoher Zinken 38
Hois'n, Gh. 242
Höllbergwald 106
Höllbergweg 106
Höllbrunn-Sl. 99
Hollersbach 195
Hollersbachtal 195
Hollhaus 273
Höllkar 43
Holzmeister-Alm 225
Hongar 260
Hongar, Gh. 258
Hopffeldboden 199
Hühnerleit'n 60
Hundsattel 151
Hundsdorf 94
Hundstein 164, 172, 179
Hundstodgatterl 156
Hütteneckalm 233, 234
Hüttenkogel 99, 100
Hüttschlag 113
Hüttwinkltal 179

I
Illinger Alm 46
Imbachhorn 185
Imbachweg 185
In der Kreh, Gh. 238
Ingolstädter Haus 156
Innersbachklamm 147
Irlach 32
Irrsberg 31
Irrsdorf 31
Ischler Hütte 232

J
Jagernasen 56
Jägersee 116
Jagersimmerl, Gh. 244
Jahnhütte 157
Jainzenberg 229
Jakoberalm 123
Jennerbahn 217, 220, 221
Jochwand-Aussicht, Jst. 234
Johannes-Wasserfall 126, 128
Judenbergalm 34
Jufenalm, Wh. 171
Jungerscharte 101

K
Kainalm 232
Kainisch 272
Kaiserbuche 22
Kaiservilla 229
Kaiserweg 238
Kallbrunnalm 156
Kalser Tauern 189
Kaltenbachtal 168
Kaltenbachwildnis 243
Kaltenhausen 208
Kameritzhöhe 136
Kammer-Schörfling 254
Kammersee 271
Kampl 272
Kanzel des Pinzgaus 178
Kaprun 185
Kapruner Gletscherbahnen 185, 186
Kapruner Tal 185
Kapruner Törl 188
Kapruner Winkel 186
Kapuzinerberg 21
Karalm 104
Karalm, Gh. 182
Karbachalm 90
Kareck 133, 134
Karkogel 73
Karkogel-Sb. 72
Karkopf 218
Karl-Stöger-Steig 266
Kärlinger Haus 156
Karlstein 218
Karneralmstraße 145
Kasberg 246
Kasbergalmstraße 244
Kasereck 176
Katerer Kogel 232
Katrinalm 230
Katringipfel 231
Katschberghöhe 132, 134
Katschbergtunnel 121
Kehlriedel 217
Kehlsteinhaus 216
Kehlsteinstraße 215
Kendlbruck 143
Kessel, Schiffsanlegestelle 222
Kesselfall-Alpenhaus 185, 187
Kesselwand 108
Kienbachtal 255
Kinderalm 90
Kirchdorfer Hütte 246
Kitzlochklamm 179
Kitzstein 94, 113
Kitzsteinhorn 186
Kitzsteinhorn-Sb. 187
Klagenfurter Jubiläumsweg 176, 177
Klammstein, Ruine 92
Klausalmkreuz 88
Kleefeld, Almgh. 48
Kleinarl 116
Kleinarler Hütte 116
Kleinarltal 116
Kleine Reib'n 221
Kleine Scharte 95
Kleine Weitscharte 78
Kleiner Barmstein 61, 209
Kleiner Breitstein 72
Kleiner Königstuhl 145
Kleiner Lanschütz 132
Kleiner Sonnstein 240
Kleines Deutsches Eck 146, 218

Kleßheim 21
Klingler Törl 158
Klockau-Alm 77
Klölingnock 145
Knappelbäudelsee 102
Knappensteig 60
Kneifelspitze 210
Kobenzl, Hotel 34
Kochalmbauer 273
Kogler, Gh. 258
Köhlergrabenweg 161
Kohlmais-Sl. 158, 168
Kohlmaiskopf 158, 168
Kohlstatt 238
Köllerhöhe 213
Kollmannsegg 88
Kolm-Saigurn 183
Kolm-Saigurn, NF-Haus 179
Kolmkarscharte 103
Kolomansberg 32
Kolomanstaferl 33
Königalm 122
Königsbachalm 217
Königsleiten 203
Königssee 220
Königsstuhlscharte 138
Königstattmühle 37
Königsweg 221
Konrad-Mautner-Weg 271
Koppelschneid, Gh. 207
Koppenbrüller Höhe 226, 268
Koppenstein 253
Koppenstraße 268
Koppl 35
Korein 104
Koreinalm 104
Kößlerhäusl 113
Köstendorf 26
Kötschachtal 99, 100
Krameralm 196
Kramerkogel 108
Kramersattel 108
Kramerspitz 108
Kratzenberger See 195
Krautschwelerjoch 228
Krefelder Hütte 187
Krepper, Jst. 151
Kreutern 230
Kreuzbergmauth 104
Kreuzboden 180
Kreuzing-Alm 258
Kreuzkogel 102
Kreuzköpfl 176
Krimml 200, 202
Krimmler Achental 202
Krimmler Tauernhaus 202
Krimmler Wasserfälle 195, 200
Krippeneck 227
Krippenstein, Bergstation 227
Krispl 55
Krispler Sattel 55
Krombauer, Gh. 248
Krotensee 44
Kuchler Schihütte 67
Kugelmühle, Gh. 209
Kühroint-Alm 222
Kulmspitze 250
Kürsinger Hütte 199

L

Labenberg 49
Lackenalm 121
Lackenkogel 121
Laimerwirt 40
Lainaugraben 242
Lainausträßchen 242
Lambacher Hütte 234
Lämmerbach 36
Lammeröfen 69
Lampersbach 85
Lamprechts-Ofenloch 155
Lamprechtshausen 21
Landschitzseen 140
Landwiersee-Hütte 144
Langau 243
Langbathtal 238
Langbrand 113
Lange Gasse 76
Langeck 171
Langwies 62, 239
Lärchwand-Schrägaufzug 187
Lärchwandstraße 185
Lasaberg 139
Lasern 233
Lasshofer Alm 140
Lattengebirge 218
Laudachsee 240, 242
Laufen 21
Laufener Hütte 72
Lauffen 226
Launigg-Wasserfall 225
Lawinenstein 273
Lehmberg 33
Leitenalm 66
Lend 92
Lengau 157
Leogang 165
Leogang-Rosental 165
Leoganger Asitzbahnen 167
Leonsberg 230
Leopoldskron 21
Lessach 140
Lichtentann, Ruine 30
Lidaunberg 37
Lidaunstraße 37
Liechtensteinklamm 112
Lielonberg 25
Lienbachhof 49
Lienbachstraße 70
Ligeretalm 217
Lignitz-See 144
Lignitzhöhe 144
Lignitztal 144
Limbergsperre 187
Lindlingalm 157
Linzer Tauplitzhaus 274
Linzer Weg 108
Litzlalm 213
Lochalm 78, 166
Loderbichl, Gh. 152
Lofer 152, 154
Loferer Alm 152
Loferer Hochtal 154
Lohfeyer, Gh. 155
Lohhäusl, Gh. 58
Loipl 213
Loipler Bergstraße 214
Loßeckalm 80
Loser 265, 266
Loser-Panoramastraße 264
Loserboden 266
Loserhütte 265
Lospichl 36
Ludlalm, Gh. 142
Lueg-Winkel 68
Lungau 120, 135
Lungauer Taurachtal 126
Lungkogel 95
Lungötz 69, 80

M
Madling 143
Mahdalmhütte 77, 80
Mahdegg, Gh. 85
Mähderriedel 80
Mahdhäusl 47
Mair-Alm 242
Maisereck 158
Maiskogel 186
Maiskogel-Sb. 185, 186
Mallnitzer Tauern 103
Mandlingpaß 104
Mandlwandhaus 86
Mandlwandstraße 86
Margschief 228
Maria Alm 170
Maria Brunneck 68
Maria Elend 179
Maria Gern 210
Maria Gern, Gh. 210
Maria Kirchenthal 154
Maria Plain 22
Mariapfarr 142, 144
Marien-Halbinsel 30
Marktschellenberg 205
Marxenhöhe 210
Matrashaus 87
Mattehanshöhe 136
Mattighofen 25
Mattsee (Ort) 27
Mattsee 25, 27
Matzing 28
Mauterndorf 126, 130, 143
Mayerhofalm 84
Mayrwies 28
Medelzkopf 189
Mehlweg 205, 208
Mehlweg-Barmstein 62
Mehrlhütte 138
Melleck 146
Metzger-Steinalm 170
Michaelbeuern 21, 24
Miesweg 242
Mislitz 145
Mittagsscharte 166, 206
Mitterberghaus 86
Mitterbergsattel 87
Mittereckerstüberl 235
Mitteregg, Gh. 34
Mitterfeldalm 87
Mitterkaser-Hütte 209
Mitterkaseralm 156
Mittersee 52
Mittersill 185, 192
Moaristidl, Jst. 242
Moarlack, Jst. 150
Mölkham 26
Mönchsberg 21
Mondsee (Ort) 32
Mondsee 32, 252
Mondseeberg 250
Mondseeweg, Alter 250
Mönichsee 52
Moosalm-Hütte 178
Moosangerlalm 65
Moosegg 66
Moosenalm 219
Mooserboden-Stausee 187, 188
Mooserbodenstraße 187
Moosereck 115
Moosersperre 187
Mooswacht, Gh. 213
Moritzenalm 124
Möselhorn 236
Möserer Stube 150
Mosermandl 123
Mozartblick 43
Mozartsteig 43
Mühlbach am Hochkönig 86
Mühlbacher Schihütte 90
Mühlbacher Schneeberg 88
Mühldorf bei Scharnstein 243
Mühlhauser Höhe 145
Mühlstein 59
Muhr 124
Müllachgeier 203
Murwinkel 124

N
Naßfeld 102
Naßfelder Tal 102
Nationalpark Hohe Tauern 173, 193
Nationalparkmuseum 193
Naturpark Plötz 53
Naturpark Untersberg 220
Neslanger Alm 66
Nesseltalgraben 205
Neubachtal 80
Neue Fürther Hütte 195
Neue Thüringer Hütte 196
Neue Traunsteiner Hütte 150, 213, 214
Neukirchen am Großvenediger 196
Neumayeralm 185
Neuseß 132
Niechlweg 107
Niedergaden-Alpenstraße 47
Niedergadenalm 47
Niedernfritz 69, 104
Niedersachsenhaus 103, 183
Niedertrum 27
Niedertrumer See 27
Nocken-Toni, Gh. 230
Nockstein 36
Nußdorf am Attersee 253
Nußdorf am Haunsberg 22, 24

O
Oberbarmstein 62, 205, 209
Oberbrunn 42
Obere Jochalm 68
Obere Pleißlingalm 128
Obere Wandneralm 114
Obere Wengalm 92
Oberer Bockhartsee 102
Oberer Gerlossee 203
Oberer Landwiersee 144
Oberer Rotgüldensee 125
Oberhofalm 106
Oberhütte 142
Oberjettenberg 147, 219
Oberlangbath 238
Oberlangenberg 62
Oberlehen 78
Oberndorf 21, 24
Oberösterr. Salzkammergut 224
Oberpinzgau 195
Oberreiterjoch 160
Obersalzberg 215
Oberscheffau 70, 72
Obersdorf 272
Oberstabau 250

Obersulzbachtal 198
Obertauern 126
Obertraun 226, 228
Obertrauner Höhenweg 226
Obertrauner Sarsteinhütte 262
Obertrum 22, 25
Obertrumer See 27
Oberwang 253
Oberwinkl 34
Ohekopf 164
Ödernalm 273
Ödseen 247
Ofenauer Tunnel 81
Offensee 235, 247
Ofnerboden 217
Oichten 25
Ortbergscharte 101
Ortnersteig 240
Ostermaißalm 105
Ostermaißspitze 105
Ostpreußenhütte 84
Otto-Reichert-Weg 101

P

Palfnerscharte 99, 100
Palfnersee 99
Paß Grießen 165
Paß Gschütt 69, 75
Paß Hallthurm 220
Paß Lueg 57, 68, 81
Paß Lueg, Gh. 68
Paß Strub 152
Paß Thurn 191
Passauer Hütte 165
Paul-Preuß-Hütte 234
Paulshütte 210
Pechhäusl, Gh. 215
Penninghofalm 180
Perchtkessel 149
Pernecker Kogel 248
Pertill, Gh. 109
Pertillhof 118
Perwang 25
Peter-Wiechenthaler-Hütte 170
Petzl 132
Pfannenstiel 73
Pfarrwerfen 84
Pfongau 31
Piffkar, Parkplatz 173
Pinzgau 146
Pinzgauer Lokalbahn 196
Pinzgauer Spaziergang 162, 190
Plainberg 22
Plainburg, Ruine 220
Plankau 235
Plattenkogel 202
Plötz 53
Pointing 37
Pöllaer Alpen 133
Pommerbauer 77
Pongau 81
Pongauer Taurachtal 126
Poschalm 199
Poserhöhe 98
Postalm 48
Postalm, Gh. (Obersulzbachtal) 198, 199
Postalmhütte 48
Pötschenhöhe 228, 262
Pramesberger Rast 235
Preber 142
Preber-Halterhütte 142
Preberhütte 142
Prebersee 140
Prechlboden 219
Predigtstuhl 218, 233
Predigtstuhl-Sb. 218
Predlitz 143
Prielalm 202
Priesbergalm 217, 221
Priestereck, Jst. 165
Primbachalm 171
Primbachkogel 171
Prodingeralm 142
Proksch-Haus 84
Pröllweg 103
Prossau, Gh. 99
Pründelkopf 168
Pucha 45
Purtscheller Haus 216
Purtschellersteig 52
Pürzlbach 155
Putzalm 202

Q

Quehenbergalm 73

R

Rackersing 27
Radlingpaß 272
Radstadt 104, 109
Radstädter Hütte 110
Radstädter Tauern 126
Radstatt-Sattel 250
Radsteig 233
Ramingstein 143, 145
Ramsau 212
Ramsauer Alm 242
Ramseiderscharte 170
Rasthütte 81
Rauchfang 76
Rauchzaglkogel 99
Rauenbachtalstraße 76
Rauher Kogel 236
Rauris 180, 182
Rauriser Tal 179
Rauriser Talmuseum 180
Rebenburg-Promenade 269
Rechteck, Gh. 198
Reedsee 99
Reedseehütte 99
Regenspitze 38, 64
Reichebenalm 99, 100
Reisenkaser 221
Reißrachkopf 181
Reit 74, 150
Reitdorf 110, 120
Reiter Alm 150
Reiter Steinberge 150
Reither Gupf 256
Reitl-Asten 200
Reitlehen 54
Reitsteg 105
Resterhöhe 192
Rettenbachalm 232
Rettenbachriedel 84
Retteneggalm 106, 107
Rettenkogel-Horn 231
Richard-Eybner-Promenade 269
Richtberg 258
Rieder Hütte 239
Riedersteig 52
Riedingscharte 124
Riedingtal 122
Riedkaralm 77
Riemannhaus 170
Riffelhöhe 103

Riffelscharte 103, 183
Rindbach bei Ebensee 236
Rinderfeld 108
Rinnbergalpe 74
Rinnkogel 231
Ritzensee 168
Roadberg 70
Rodelberg-Heimalm 94
Röhrmoosermühle 28
Rojacher Hütte 183
Röllsattel 247
Römersattel 155
Ronach, Gh. 202
Ronachgeier 202
Ronachköpfl 164, 179
Roßbachalm 91
Roßbrand 110
Roßbrandstraße 110
Rosenbühel 170
Roßfeld-Ringstraße 215, 217
Roßkopf 118, 230
Roßmoos 256
Roßmoos-Alm 233
Roßsattel 118
Roßscharte 142, 177
Roßschopf 246
Rötelbachalm 219
Rötelstein 109, 272
Rotgülden 124
Rotgüldensee-Hütte 125
Rotgüldenseen 125
Rotofen-Sattel 218
Rudolfshöhe 95
Rudolfsturm 226
Ruhpoldinger Weg 150
Rupertihaus 86
Rupertiweg 179
Rußbach 69, 74
Rußbach-Saag 74

S

Saalach-Stausee 219
Saalachtaler Höhenweg 156, 158, 166
Saalalm 160
Saalbach 157, 158
Saalfelden 156, 168, 169
Saalfeldener Hütte 172
Saaljoch 160
Sagfeiler-Kapelle 260
Salzachöfen 68
Salzbergbahn 226
Salzbergwerk Bad Ischl 232
Salzbergwerk Berchtesgaden 215
Salzboden 203
Salzburg 21
Salzburger Dolomitenstraße 69
Salzburger Hochthron 206, 221
Salzburger Hütte 187
Salzburger Steig 154
Salzkammergut 21, 226
Salzwand 217
St.Agatha 233
St.Andrä i.L. 144
St.Georg am Palfen, Einsiedelei 169
St.Gilgen 33, 40, 44, 46
St.Johann i.P. 110
St.Koloman 62
St.Kolomaner Gletscherschliff 62
St.Kolomanskapelle 33
St.Leonhard 138, 206, 207
St.Magarethen i.L. 136
St.Martin am Tennengebirge 69, 104
St.Martin bei Lofer 154
St.Michael i.L. 120
St.Pankraz 24
St.Pöltner Hütte 192
St.Veit 90, 91
St.Wolfgang 44, 50
Sattelalm 64
Sattelbauer, Gh. 118, 121
Sattelkogel 140
Sauereggnock 138
Saugasse 214
Saukaralm 114
Saukarkopf 114, 115
Saulach 27
Sausteigalm 40, 46
Sausteigen 156
Schabergkogel 166
Schafbachalm 39
Schafberg 45, 50, 52
Schafbergalpe 45, 52
Schafbergbahn 50, 52
Schafluckensteig 238, 256
Schaitberg, Jugendheim 130
Schapbachboden 222
Scharfling 44
Scharfling-Sattel 44
Schärtenalm 211
Schartenalm 48
Schattberg 158
Schattberg-Ostgipfel 162
Schaufelbergtunnel 185
Scheffsnoth 150
Scheffsnother Alm 150
Scheideckriedel 166
Schellenberg-Sattel 206
Schellenberger Eishöhle 206, 209
Scherlreith 80
Schettbrücke 200, 202
Schideck-Sb. 102
Schiedergrabenstraße 154
Schiereck 116
Schindelmaißalm 78, 80
Schlafende Griechin 236
Schleedorf 26
Schlenken 55
Schlenkenalm 56
Schlierer Alm 122
Schloß Finstergrün 145
Schloß Fischhorn 178
Schloß Fuschl 42
Schloß Goldegg 91
Schloß Langreith 37
Schloß Lichtenberg 169
Schloß Mauterndorf 134
Schloß Moosham 132
Schloß Ritzen 168
Schloß Scharnstein 247
Schloß Schernberg 91
Schloß Sighartstein 29
Schloßalm 94
Schlößlwirt 42
Schloßpark Hellbrunn 57
Schmalzgraben 126
Schmidt-Zabierow-Hütte 154
Schmiedingergletscher 186
Schmittenhöhe 161
Schmittenhöhebahn 161
Schmittenstein 55
Schmittentunnel 178

Schneckenmühlenweg 214
Schneeberg 88
Schneibstein 221
Schneibsteinhaus 221
Schneizlreuth 147, 219
Schober (Abtenau) 73
Schober (Fuschl) 43
Schödertal 113
Schönangerl, Gh. 200
Schönberg 232, 235
Schönbergalm 227
Schönblick, Jst. 164
Schöne Aussicht, Gh. 67
Schönfeld-Sattel 136
Schönleitenhütte 166, 168
Schoppmanntörl 192
Schrambachkopf 161
Schrieflingalm 182
Schrovinschartl 125
Schuhflicker 93
Schultersbachhöhe 156
Schüttalm 230
Schütterbad, Gh. 147
Schütthof-Alm 203
Schwabalm 116
Schwaitlalm, Gh. 58
Schwandt 28
Schwarzach i.P. 91
Schwarzbach, Zollamt 218
Schwarzbachwacht 214
Schwarzenbachstüberl 235
Schwarzenberg-Alm (Bad Ischl) 232
Schwarzenbergalm (Glasenbach) 59
Schwarzenbichl 134
Schwarzeneck, Jst. 47
Schwarzensee 276
Schwarzer Berg 66
Schwarzleotal 168
Schwarzpalfen 190
Schweizer Alm, Jst. 47
Schwermberglerhütte, Gh. 49
Seeau-Alm 222
Seebachalm 199
Seebachfall 199
Seebachsee 199
Seebauer 113
Seefeldmühle 55
Seeham 24, 25, 27
Seekarhaus 128
Seekarspitze 127
Seekirchen 30
Seeklaus-Holzstube 211
Seeklause 270
Seekopf 103
Seeleinsee 221
Seewaldsee 65
Seisenbergklamm 155
Seisenbergklamm, Gh. 156
Seisenburg 248
Seitenalm 70
Senator-Beindorf-Weg 102, 103, 183
Sepp-Huber-Hütte 243, 246
Sieben Brünnlein 242
Siebenspitz 95
Sieberer, Gh. 107
Siegesbach 240
Siggen, Gh. 198
Siglitztal 103
Siglweg 26
Silberroith 240
Simonhütte 48
Simonywarte 262
Sintersbachscharte 190
Soder-Voken-Alm 152
Soleleitungsweg 226
Sommerau 64
Sommerholz 29
Sonnalm 115, 161
Sonnalm-Sb. 162
Sonnblick-Observatorium 183
Sonnegg 152
Sonneggbahn 152
Sonnenweg 242
Sonnenwendkogel 234
Sonnkogel 161
Sonnkogel-Sl. 162
Sonnsteinhütte 240
Sonntagshorn 149
Sonntagskogel 115
Spanswag 26
Sparber 48
Speiereck 132
Spielbergalm 55, 168
Spielbergalm, Gh. 54
Spielberghaus 158
Spielberghorn 158
Spielbergtörl 158, 167
Spitzer Alm 237
Spitzlstein-Alm 236
Spitzplaneck 246
Sportgastein 102
Springlkaser 222
Stabler Au 170
Staffkogel 160
Stahlhaus 68, 221
Stangerhöhe 187
Stanzscharte 94
Statzer Haus 164, 172, 179
Staubfall 149
Stauchgut 107
Stauchweg 107
Steeg 226, 228
Stegenwald 81
Steiglkogel 108
Steiglpaß 108
Steinach 234
Steinbach am Attersee 255
Steinberg am Ziehberg 248
Steineralm 196, 198
Steinerne Agnes 219
Steinerne Stiege 206
Steinhüttelalm 233
Steinkarsattel 115
Steinkogel 198
Steinpaß 146
Steinriesenkogel 78
Steinwandl 29
Steirersee 276
Steirisches Salzkammergut 261
Steyrer-Hütte 246
Sticklerhütte 124
Sticklhof 190
Stiegl 85
Stierkarkopf 122
Stockeralm, Wh. 198
Stocklaus 155
Stockwinkl 253
Stöhrhaus 206, 211, 221
Storchenhütte 64
Straßwalchen 28
Strimskogel 119
Strobl 33
Stroblanger, Parkplatz 234
Strowollner Schlucht 151
Strubberg-Sattel 72
Strubberge 70
Strubklamm 53
Stubach-Weißseebahn 189
Stubachtal 188

Stubennock 138
Stubnerkogel 100
Stuhlalm 77, 78
Stuhlfelden 162, 190
Südwiener Hütte 121, 122, 128
Sulzbachwaldstraße 80
Sulzenalm 106, 109
Sulzenhals 106, 109
Sulzkaralm 77
Suppan-Alm 136

T
Taferlhöhe 255
Taferlklause 255
Taferlklausesee 255
Taghaube 88
Tagweide 76
Taimeralm 191
Tamsweg 138, 143
Tannberg 26
Tannbergsträßchen 26
Tappenkarsee 116
Tappenkarsee-Hütte 116
Tappenkarseealm-Hütte 116
Tauernautobahn 120
Tauernhöhenweg 122, 123, 128
Tauernkogel 85, 177
Tauernmoos-Stausee 188
Tauernmoossee 190
Tauernscharte 85
Taugl 62
Tauglboden 62, 64
Tauglschluchten 64
Tauplitz 276
Tauplitz-Sl. 275
Tauplitzalm (Ort) 274
Tauplitzalm 273
Taurachbahn 127
Taxenbach 179, 180
Tennengau 57
Tennengebirgsbahn 84
Teufelsgraben 27
Teufelslöcher 172
Teufelsmühle 65
Thalgau 32, 52
Thalgauberg 29, 32
Theodor-Körner-Hütte 77
Theresienklause 209
Thorau-Alm, Jst. 171
Thörl 114
Throneck 98
Thumersbach 162
Thumersbacher Kammweg 164
Thumsee 218
Thürndl, Ruine 61
Tiefau 240
Tiefenbachschlucht 205
Tiefsteinklamm 26
Tiroler Steig 154
Tischkogel 101
Toferer Scharte 98, 113
Toni-Lenz-Hütte 206, 209
Toplitzsee 271
Törleck 73
Torren 67
Torrener Hof 67
Torrener Joch 68, 221
Toter Mann 214
Trauneck 240
Traunkirchen 240
Traunkirchner Sonnstein 240
Traunsee 240
Traunsee-Ringwanderweg 242
Traunsteinhaus 242
Traunsteinstraße 242
Traunwandalpe 74
Traweng 274
Tricklfall 70
Trisselalm 203
Trockentannalm 234
Trumer Seenplatte 27
Tschaneck 133
Tscharra 144
Tschelleralmen 140
Tschrötteralm 145
Türchlwand 94
Türchlwandscharte 95
Tweng 130
Twenger Alm 130
Twenger Almsee 130
Twenger Au 126
Twenger Talpaß 126

U
Übergossene Alm, Gh. 86
Ullach 165
Ulnhütte 142
Umkehrstube 254
Unken 147
Unkener Heutal 147
Unterach 252, 254
Unterau 205
Unterbergeralm 119
Unterburg-Hochalm 198
Unterdürrmoos 80
Untere Eßlalm 122, 123
Untere Jochalm 68
Untere Kehlsteinalm 217
Untere Piendlalm 144
Untere Promaualm 113
Untere Radeckalm 101
Untere Schartenalm 234
Untere Schloßalm 95
Untere Schwegelalm 214
Unterer Bockhartsee 102
Unterer Gerlossee 203
Unterer Rotgüldensee 125
Unterer Törlecksattel 78
Unterjettenberg 218
Untersberg-Sb. 206
Untersbergweg 211
Unterschönau 223
Untersulzbachtal 198
Uttendorf 188

V
Valeriehaus 102
Verwaltersteig 183
Vigaun 62
Vogelspitz 219
Voglau 70
Voglau, Gh. 70
Vollererhof 59
Vordere Göriachalmen 144
Vordere Spitzalm 238
Vordere Strimshütte 119
Vordere Zehner-Alm 144
Vorderer Gosausee 224
Vorderer Langbathsee 238
Vorderer Schafbichl 190
Vorderfager 34, 58
Vorderkaser, Jst. 154
Vorderkaserklamm 154
Vorderschroffenau 53
Vordersee 36, 37, 53
Vordertrattberg-Alm 64, 65
Voregg 66

W
Wachtberg, Gh. 257
Wachterlsteig 150, 214
Waginger See 22
Wagrain 110, 116
Wagrainer Haus 115, 118
Wagrainer Höhe 110
Wald 120
Wald i.P. 195
Walder Sonnberg 199
Waldquizweg 220
Walkerskogel 230
Wallehen, Gh. 109
Wallehenalm 106
Wallersee 30
Walserberg 218
Wandalm 73
Warteck 222
Wartenfels, Ruine 42
Wasserfallboden 187
Wasserfallweg 200
Watschenbauer 200
Weberhäusl, Gh. 48
Wechsel 154
Wegscheid (Abtenau) 70
Wegscheid (Taugl) 62, 65
Wehrkogel 235
Weinbühel 193
Weißbach 155
Weißbachbrücke 155
Weißeck 124
Weißenbach 254
Weißenbachalm 234
Weißenbachscharte 177
Weißgrubenscharte 117
Weißwand, Gh. 46
Weitenau 70
Weitwörth 22
Welser Hütte 247
Wendelbergtunnel 146
Weng 91
Wengeralm 94
Werfen 81, 82
Werfener Hütte 84, 85
Werfenweng 84
Weyer 240, 242
Weyregg 257
Wichenham 27
Wied 30
Wiegenköpfe 189
Wiegenwald 189
Wieselberg 53
Wieserhörndl 54
Wieslerhorn 50
Wiestalstausee 54
Wildbühel 115
Wildenkarkogel 168
Wildenkogel 232, 235
Wilder Weg 147
Wildgerlostal 203
Wildkar-Wasserfall 27
Wildkogel 196
Wildkogelhaus 196
Wildkogelscharte 196
Wildpark Ferleiten 177
Wildpark Hochkreut 258
Wildsee 129
Wimbachbrücke 211
Wimbachgrieshütte 211
Wimbachklamm 211
Wimbachschloß, Gh. 211
Wimmer-Rasthütte 81
Wimmerhof am Irrsberg 31
Windischgrätzhöhe 95
Windischscharte 123
Windscharte 221
Winkl 227
Winklmoosalm 150
Winnerfall 70, 72
Winterbauer, Gh. 118
Wintererhof 75
Wirtsalm 158
Wolfgangsee 45
Wörenhof 80
Wurf-Grundalm 199
Wurf-Hochalm 199
Wurmkarsattel 118
Wurmkogel 116
Wurmstein 233
Wurmsteinweg 233
Wurmwinkl 54
Wurmwinkltal 53

Z
Zaglau 84
Zauchensee 118
Zauchtal 118
Zauner Alm 124
Zauner See 122
Zechnerhöhe 136
Zechnerkarspitze 143
Zederhaustal 120, 122
Zehnerkar-Sb. 130
Zehnerkarspitze 130
Zehnkaseralm 221
Zeisenthal 27
Zell am See 160, 178
Zeller See 162
Zeppezauer Haus 206
Ziehfanken 29
Zillreit, Gh. 55
Zillwirt 205
Zimnitz 230
Zimnitzschneid 230
Zinken 60
Zinkenbach (Abersee) 47
Zinkenkogel 215, 268
Zistelalpe, Hotel 34
Zistelberg 85
Zittauer Hütte 203
Zittelhaus 183
Zitterauer Alm 101
Zitterauer Tisch 100
Zum Predigtstuhl, Berghotel 233
Zwieselalm 75
Zwieselalmhaus 75, 76
Zwieselalmhöhe 75, 76
Zwieselbachhöhe 170
Zwieselbergalm 74
Zwölfer-Kogel-Lift 160
Zwölferhorn 40, 46
Zwölferhornhütte 40